Carl-Auer-Systeme

Change Handbook

Peggy Holman · Tom Devane (Hrsg.)

Zukunftsorientierte Großgruppen-Interventionen

Aus dem Amerikanischen von Astrid Hildenbrand
2002

Carl-Auer-Systeme im Internet: **www.carl-auer.de**
Bitte fordern Sie unser Gesamtverzeichnis an:

Carl-Auer-Systeme Verlag
Weberstr. 2
69120 Heidelberg

Satz: Verlagsservice Josef Hegele
Umschlaggestaltung: WSP Design, Heidelberg
Titelabbildung: © ZEFA/Allofs
Printed in Germany
Druck und Bindung: Kösel, Kempten, www.koeselbuch.de
Erste Auflage, 2002
ISBN 3-89670-291-2

Die Deutsche Bibliothek – CIP-Einheitsaufnahme

Ein Titeldatensatz für diese Publikation ist bei
Der Deutschen Bibliothek erhältlich.

Inhaltsverzeichnis

Vorwort zur deutschen Ausgabe

Großgruppen als systemische Interventionen

Eine der interessantesten Neuerungen im Bereich der Organisationsberatung kommt (wieder einmal) aus den USA: Großgruppeninterventionen.

In den letzten Jahren sind verschiedene Methoden auch in Europa bekannt geworden, die alle eine Gemeinsamkeit haben: Sie versprechen schnellen Wandel in Organisationen und nutzen dafür systematisch Großgruppen-Settings. Die Namen, unter denen sie bekannt geworden sind, haben allesamt etwas Programmatisches und sprechen für sich: „Open Space Technology", „Whole-Scale Change", „Future Search" usw.

Wie viele der aus den USA kommenden Managementmethoden zeigen auch sie charakteristische Merkmale: Sie sind von einer beispielhaften und kompromisslosen Pragmatik geprägt. Getreu dem Motto „Mach mehr von dem, was sich bewährt, und lass alles weg, was zweifelhaft ist!" haben sie ein sehr ausgefeiltes Methodenrepertoire entwickelt, das auch dem ansonsten mit Gruppen oder Großgruppen Unerfahrenen Tools an die Hand gibt, die ihm Sicherheit versprechen. Die Detailverliebtheit bei der Methodik ist dabei für den Europäer, der eher auf Haltungen und Einstellungen, abstrakte Prinzipien und theoretische Begründungen schaut, manchmal ein wenig gewöhnungsbedürftig: Ihm wird gesagt, wie er den Filzstift zu halten hat, wie und wo die Stühle in welcher Form aufgereiht sein müssen, wo das Flipchart zu hängen hat usw. Das Ganze erhält dann noch einen klangvollen Namen, um es von anderen, ähnlichen Verfahren abzugrenzen und (wahrscheinlich) um Claims abzustecken.

Und dennoch, all diesen („typisch europäischen") Einwendungen zum Trotz: Die verschiedenen Großgruppeninterventionen haben ein revolutionäres Potenzial für Organisationen, das nicht allein aus pragmatischer Sicht interessant ist (was Legitimation genug für ihre Anwendung wäre), sondern auch aus der Perspektive des Theoretikers bedeutungsvoll erscheint.

Die systemische Organisationsberatung hat in den letzten anderthalb bis zwei Jahrzehnten versucht, die Entwicklung eines pragmatisch-nützlichen Repertoires von Beratungs- und Interventionsmethoden mit der Entwicklung elaborierter (system)theoretischer Modelle zu kombinieren, um so einen Reflexionsrahmen für Management und Beratung zu schaffen. In diesem Zusammenhang werden Organisationen als Kommunikationssysteme konzeptualisiert. Je nach Organisationstyp sind sie durch spezifische Kommunikationsformen, -prozesse und -strukturen gekennzeichnet. Es sind autonome Systeme, die nicht von außen oder einseitig geändert oder gesteuert werden können. Sie verändern sich weitgehend selbstorganisiert in der Interaktion und Wechselbeziehung mit ihren Umwelten. Dabei reagieren sie auf Verstörungen, Irritationen, Änderungen in der Beziehung von System und Umwelt. Und ihre Reaktionen beruhen auf den Prozessmustern, die bislang ihr Überleben als Einheit gewährleistet haben: Sie bewahren ihre Kontinuität und Identität in der Regel durch die Wiederholung dessen, was bislang getan wurde, d. h., wenn nichts Besonderes geschieht, geschieht das, was immer geschah ... Man mag dies als „Widerstand" gegen Veränderung definieren oder aber als „Zuverlässigkeit", je nachdem, ob man den Wandel der Organisation anstrebt oder nicht. Die jeweilige Bewertung entsteht im Auge des Betrachters.

Aus der Außenperspektive kann man ganz allgemein feststellen, dass der Status quo einer Organisation sich dadurch erhält, dass auf bestimmte Kommunikationen immer wieder, mehr oder weniger stereotyp und vorhersehbar, bestimmte andere Kommunikationen folgen. Die Struktur der Organisation, ihre Spielregeln, ihre vorgeschriebenen formalen Berichtswege wie die informellen Nachrichtenkanäle und Handlungsmuster, bestimmen, wer mit wem kommuniziert, wer welche Informationen erhält oder nicht erhält, welchen Argumenten Gewicht zugemessen wird und welche leicht genommen werden, welche Geschichten erzählt werden und welche, auch wenn sie sich vor aller Augen ereignen, sofort dem Vergessen anheim fallen. Derartige Kommunikationsmuster sorgen schließlich dafür, dass Entscheidungen in der Art und Weise zustande kommen, wie sie zustande kommen, und dass sie die Konsequenzen haben, die sie haben ...

Eines der strukturierenden Prinzipien von Organisationen besteht darin, dass nicht jeder mit jedem *face-to-face* kommunizieren kann (schon bei Organisationseinheiten ab einer Größe von etwa zwölf Personen ist dies erfahrungsgemäß in der alltäglichen Kommunikation kaum mehr möglich); daher bedarf es der Etablierung von Auswahlkriterien und -verfahren, die festlegen, wer wann wo wie und unter welchen Bedingungen mit wem kommunizieren darf, kann oder muss. Es entwickeln sich Berichtswesen, Bürokratien, Regelkommunikationen, Sitzungs- und Gremienkulturen und andere Prozeduren, die alle der Reduktion der Komplexität der Kommunikation dienen. Auf diese Weise braucht nicht mehr jeder mit jedem zu kommunizieren und kann es auch gar nicht, d. h., es werden nicht alle Kommunikationsmöglichkeiten genutzt, sondern sie werden systematisch beschränkt.

Wenn man die Ablaufschemata, die in einer Organisation realisiert werden, als deren implizites Wissen versteht, so wird deutlich, warum Änderung so schwierig ist. Sie ist mit der Aufgabe des bislang bewährten Wissens verbunden, was stets mit Risiko und – in der Folge – Angst verbunden ist. Einen Weg zu kennen macht das Beschreiten eines neuen Weges unwahrscheinlicher. Wissen macht daher immer ein wenig lernbehindert – das gilt für menschliche Individuen, aber auch für Organisationen.

Illustrieren lässt sich dieses Prinzip der Strukturentwicklung vielleicht am besten durch einen Vergleich der Organisation mit dem menschlichen Gehirn: Auch hier werden im Laufe der Lerngeschichte seines „Besitzers" und „Benutzers" bestimmte Kommunikationswege gebahnt, d. h., die Verbindung zwischen Nervenzellen werden aufgrund ihrer wiederholten Aktivitäten verstärkt. Es ist ein selbstverstärkender Prozess. Wie Trampelfade über eine Wiese aufgrund ihrer Nutzung immer ausgetretener werden und immer wahrscheinlicher genutzt werden, wird die Aktivierung bestimmter Prozessmuster des Gehirns immer wahrscheinlicher, je öfter sie aktiviert werden. Und im Gegenzug dazu verkümmern die Nervenbahnen, die nicht oder nur wenig genutzt werden. Lernen ist auch hier mit der Reduzierung von Möglichkeiten verbunden.

In einem analogen Sinne haben auch die eingefahrenen Interaktions- und Kommunikationsmuster in Organisationen eine konservative, das Bestehende bestätigende Wirkung. Hier setzen nun die genannten Großgruppenverfahren an. Sie können als systemische Interventionen verstanden werden, die den Prinzipien anderer Interventionsformen der systemischen Beratung folgen. Ganz allgemein lässt sich dabei zwischen Interventionen, deren Ziel es ist, Komplexität zu reduzieren, und Interventionen, die darauf zielen, Komplexität zu erhöhen, unterscheiden.

Großgruppeninterventionen erhöhen die Komplexität, sie bringen Menschen, Akteure, Organisationseinheiten, Ideen, Sichtweisen und Perspektiven (bzw. ihre Repräsentanten) zusammen, die sich aufgrund der alltäglich eingefahrenen organisatorischen Routinen nie begegnen würden. Auf diese Weise ermöglichen sie ansonsten höchst unwahrscheinliche Kommunikationen und neue Verknüpfungen, die den Weg zu alternativen Ideen und Entwicklungen eröffnen.

Hinzu kommt ein sozialpsychologisches Moment. Das Großgruppen-Setting kommt im Alltag unserer westlichen Gesellschaft nur selten vor: in der Kirche, im Theater, im Kino, im Fußballstadion. Es sind Situationen, in denen der Einzelne sich als in einer Masse aufgehend erleben kann. Er ist passiv, doch die Aufmerksamkeit der Teilnehmer ist koordiniert und fokussiert. Diese „gleichschaltende", suggestive Wirkung, die von solch einem Setting ausgeht, verführt den Teilnehmer dazu, sich als Teil eines größeren „Wir" zu erleben und die Grenzen seines eigenen „Selbst" aufzulösen und zu überschreiten. Großveranstaltungen wecken rituelle Assoziationen und gewinnen leicht einen quasireligiösen Charakter. Dies ist einer der Gründe, warum solchen Großgruppenprozessen stets mit einer gewissen Skepsis zu begegnen ist. Auch Reichsparteitage nutzten die verführerische Wirkung von Massenveranstaltungen.

Die hier als Interventionen vorgestellten Großgruppen-Settings zeigen aber alle einen gravierenden Unterschied zu den genannten, eher entmündigenden Massenveranstaltungen: Sie bringen den einzelnen Teilnehmer ins Spiel und geben ihm eine verantwortliche Rolle. Alle hier vorgestellten Verfahren nutzen die Großgruppe zwar als Rahmen (und damit auch die sozialpsychologischen, energetisierenden Effekte), sie liefern aber auch klar vorgegebene Rezepte zur Auflösung der Großgruppe in Kleingruppen, in denen dann der Einzelne in Face-to-face-Kommunikation in die Verantwortung genommen wird. Auf diese Weise werden das Wissen und die Erfahrung einer Vielzahl von Teilnehmern in die Kommunikation gebracht und nutzbar gemacht. Es entstehen Kontakte, die bislang nicht spontan im Rahmen der Organisation entstanden sind. So können nicht nur Ideen ausgetauscht werden und neue Ideen entstehen, sondern es können auch ganz konkrete Maßnahmen geplant und Vereinbarungen getroffen werden. Durch die Gestaltungsmöglichkeiten bei der Zusammensetzung der Kleingruppen kann solch ein Prozess für die unterschiedlichsten Ziele fruchtbar gemacht werden.

Da eine Vielzahl von Personen gleichzeitig in das Geschehen involviert ist, lassen sich Botschaften organisationsweit transportieren, Veränderungsimpulse brauchen nicht langsam durch die Hierarchieebenen von oben nach unten zu tröpfeln oder Zeit raubend von unten nach oben zu diffundieren. Alle sind in einem Raum, und alle spüren den Geist, der sich breit macht (wenn er sich denn breit macht). Die Inspiration kann eine organisationsweite Wirkung entfalten, da die kritische Masse der Beteiligten groß genug ist. Allerdings, und das mag manchem traditionellen Manager Bauchgrimmen verursachen: Die Kontrollmöglichkeiten sind begrenzt. Es wird systematisch das Selbstorganisationspotential der Gruppen genutzt. Und bei solchen Prozessen lässt sich das Ergebnis nicht sicher vorhersagen. Hierin liegen Risiko wie Chance dieser Verfahren.

Um noch einmal einen biologischen Vergleich zu bemühen: Wenn die alltäglichen organisatorischen Abläufe der Aktivität des Nervennetzes analog sind, so ist eine Großgruppenintervention mit dem Ausstoß eines Hormons (zum Beispiel Adrenalin) zu vergleichen. Ein alternatives Medium der Kommunikation wird genutzt, das an den unterschiedlichsten Stellen im Organismus zugleich wirksam werden und die Funktionsweise der verschiedenen Organe beeinflussen kann.

Dieser Vergleich sollte die Skepsis wecken, ob solche Einzelereignisse wirklich ausreichen, um dauerhafte Veränderung in Organisationen zu bewirken. Schließlich kehrt auch der Organismus nach einem hormonellen Höhenrausch wieder zu seinem Normalzustand zurück. Aber im besten Fall hat er in der Zwischenzeit besondere Leistungen erbracht, Gefahren überstanden, Fusionen bewältigt usw.

Dementsprechend sollte auch genau geplant werden, wie derartige Verfahren gezielt in Organisationsentwicklungs- oder Change-Managementprozesse einbezogen werden können. Sie nicht zu nutzen scheint auf jeden Fall sträflich.

Im vorliegenden Buch werden nun die bekanntesten Großgruppenverfahren von ihren Erfindern dargestellt. Es gibt daher einen einzigartigen Überblick über die Methodik, die unterschiedlichen Zielsetzungen und Variationen sowie die zugrunde liegenden Überlegungen und Erfahrungen.

Für den an einer fundierten Reflexion und Theoriebildung interessierten Europäer mag hier noch ein gewisser Nachholbedarf aufscheinen; das sollte ihn aber nicht daran hindern, diese Methoden anzuwenden und die nötige Reflexionsarbeit selbst zu leisten. Auf diese Weise werden sich auch Möglichkeiten der Weiterentwicklung ergeben, die bislang noch nicht ausgeschöpft sind.

Großgruppenveranstaltungen als systemische Interventionen zu verstehen und sie sinnvoll in übergreifende Veränderungsprozesse einzubinden scheint im Moment auf jeden Fall eine der wichtigen Herausforderungen, mit denen sich die systemische Beratung und das systemische Management auseinander zu setzen haben.

Fritz B. Simon
im März 2002

Vorwort der Herausgeber

Veränderung ist beunruhigend, wenn sie uns aufgezwungen wird,
und belebend, wenn sie durch uns geschieht.
Rosabeth Moss Kanter *(Harvard Business School)*

Der Grund des Buches

Dieses Buch gibt Antworten auf eine brennende Frage, die von all denjenigen gestellt wird, die signifikante Veränderungen in Unternehmen oder Kommunen durchführen möchten:

Wie können wir die nötigen Veränderungen so durchführen, dass viel Energie erzeugt und außergewöhnliche, nachhaltige Ergebnisse erzielt werden?

Dieses Buch ist für all diejenigen gedacht, die wollen, dass ihre Organisation oder Kommune

- sich einer gemeinsamen Zukunftsvision verpflichtet,
- vom „großen Bild" her operiert,
- Veränderungen in Gang setzt,
- Verantwortung sucht und Initiative ergreift,
- ihr Potenzial an Kreativität voll ausschöpft.

Wenn Sie wissen wollen, wie Sie mit bewährten, systematischen Methoden diese Vorteile erreichen können, lesen Sie weiter. Lernen Sie von führenden Praktikern des Change Management Möglichkeiten kennen, wie Sie Menschen dafür gewinnen, elementare Bedürfnisse zu formulieren, Arbeitsvorgänge umzustrukturieren und gemeinsam die Zukunft zu erschaffen.

Das Ziel des Buches

Das Thema des Buches ist der effektive Wandel. Spezifischer formuliert, beschreibt es Veränderungsmethoden, die auf zwei starken Grundprinzipien beruhen: auf Partizipation und einem systemischen Verbesserungsansatz. Diese Veränderungsmethoden *mit starker Hebelwirkung* können Ihnen helfen, nachhaltige Verbesserungen in Ihrer Organisation oder Kommune zu initiieren. Beachten Sie, dass die Betonung auf „starker Hebelwirkung" liegt. Bei jedem Verbesserungsvorhaben wollen wir den größtmöglichen Nutzen aus der investierten Anstrengung erreichen. Wir sind überzeugt, dass in der systematischen Einbeziehung der Menschen der Schlüssel für die starke Hebelwirkung liegt und dass einige der in diesem Buch beschriebenen Methoden Ihnen diese Hebelwirkung bieten. Sie selbst müssen entscheiden, welche Methoden sich am besten dafür eignen, dass sich in Ihrer Organisation oder Kommune die von Ihnen gewünschte Kultur ansiedeln kann. Wir wollen Sie mit diesem Buch in Ihrer Entscheidung unterstützen.

Damit Sie eine gute Wahl treffen können, brauchen Sie einige Grundinformationen. Statt im Detail darzulegen, wie die einzelnen Methoden anzuwenden sind, geben wir Ihnen einen Überblick über die vorhandenen Ansätze und beschreiben die Werkzeuge, die Ihnen die Fokussierung Ihrer Exploration erleichtern.

Die Zielgruppen des Buches

Wir haben dieses Buch für Personen in Organisationen und Kommunen geschrieben, die dramatische und nachhaltige Veränderungen anstreben. Es unterstützt diejenigen, die in ihren Organisationen und Kommunen bessere Ergebnisse, höhere Lebensqualität, verbesserte Beziehungen und eine gesteigerte Kapazität, in turbulenten Zeiten erfolgreich zu sein, erzielen möchten. Es ist für Führungskräfte gedacht, die Unternehmen und Kommunen schaffen wollen, in denen hohe Verpflichtung durch Partizipation gefördert wird.

Die Idee zu diesem Buch entstand aus einem Workshop heraus, den Tom Devane mit einer Beratergruppe durchgeführt hatte. Die Teilnehmer hörten von Veränderungsmethoden, mit denen Großgruppen gemeinsam Annahmen, Richtungen und Aktionspläne entwickeln. Sie setzten sich mit vielen für sie verwirrenden Fragen auseinander: Was sind das für Methoden? Wie wende ich sie an? Funktionieren sie? Wenn ja, weshalb? Wie finde ich den richtigen Ansatz für meine Situation? Wie erkläre ich diese Veränderungen meinen Kunden? Welche Ergebnisse werden dabei erzielt? Was muss ich tun, um mich selbst darauf vorzubereiten?

Genau diese Fragen wollen wir für Sie beantworten.

Dieses Buch ist geschrieben für ...	die ...
mittlere Manager und Projektmanager	nach bewährten Methoden suchen, um die entmutigende Aufgabe einer erfolgreichen, nachhaltigen Veränderung zu bewältigen.
Verantwortliche in Kommunen	effektive Ansätze für eine nachhaltige Entwicklung suchen.
Führungskräfte	die gesamte Verantwortung für signifikante organisationale Leistungen tragen.
interne Berater für Organisationsentwicklung (OE)	nach bewährten Methoden für systemische, groß angelegte Veränderungen suchen.
interne Berater für Total Quality (TQ)	einen sinnvollen, zuverlässigen Weg suchen, die Organisation in einen kontinuierlichen Verbesserungsprozess einzubinden.
interne Gruppen, die für die Umstrukturierung eines Geschäfts zuständig sind	Vorhaben der Prozessumstrukturierung mit der „menschlichen Seite der Veränderung" bereichern, um die individuelle Motivation, Verpflichtung und Leistung zu steigern.
Leiter großer Projekte für Informationssysteme	einen Weg suchen, um die neue Technik effektiver einsetzen zu können und die Menschen durch die Einbindung in den Veränderungsprozess produktiver zu machen.
Menschen, die Eigentümer ihrer Prozesse sind und Schlüsselprozesse der Organisation managen	Methoden suchen, um die Prozessleistung zu erhöhen.
externe Berater	ihren Klienten mit Methoden beistehen, die eine starke Hebelwirkung haben und dadurch die Leistung der Organisation dramatisch verbessern und Vorhaben zur kommunalen Entwicklung unterstützen.

Tabelle 1: Zielgruppen

Kriterien für die Aufnahme der Methoden in dieses Buch

Wir haben die Methoden nach sechs Kriterien ausgewählt, die wir aus unserer Überprüfung erfolgreicher, nachhaltiger Veränderungsvorhaben entwickelt haben. Jede Methode ist gekennzeichnet durch

- einen Prozess, der die Menschen auf sinnvolle Weise einbezieht,
- einen Prozess, in dem gemeinsame Annahmen entdeckt und entwickelt werden,

- eine fundierte Forschungsbasis,
- eine mindestens fünfjährige Anwendungspraxis mit nachgewiesenen Leistungen,
- einen systemischen Veränderungsansatz,
- eine beträchtliche Hebelwirkung, d. h., dass die Methode mit einem moderaten Zeit- und Ressourcenaufwand dramatische Ergebnisse erzielt.

Wir haben mehrere Bereiche durchforstet, um bewährte Methoden zu finden, die diesen Kriterien entsprechen. Viele dieser Methoden sind zwar in der Organisationsentwicklung verwurzelt, doch andere haben starke Traditionslinien in der kommunalen Entwicklung, in Total Quality (TQ), in der Sozialwissenschaft, Systemdynamik, Weisheit indigener Kulturen und Intelligenzforschung, Kreativität und in den Künsten. Praktiker aus diesen verschiedenen Bereichen haben unabhängig voneinander den Wert festgelegt, den diese sechs Kriterien für ihre Methoden darstellen. Dies hat spannende Implikationen für die Praktiker der Veränderungsmethoden, weil dadurch neue, kompatible Ansätze möglich sind. Wir hoffen, dass auch die Praktiker in diesen vielfältigen Bereichen – gewissermaßen als Nebenprodukt – aus den Arbeiten der anderen lernen und darauf aufbauen.

Anleitung zum Gebrauch des Buches

Dieses Buch soll dem Leser einen schnellen und leichten Zugang zu Informationen verschaffen. Es ist ein Werkzeug – ein praktisches Nachschlagewerk, das Fragen zu Veränderungen mit starker Hebelwirkung beantwortet. Nachdem Sie Teil 1 gelesen und sich orientiert haben, sollten Sie sich in dem Buch frei bewegen – und z. B. die Vergleichsmatrix in Teil 4 anschauen oder die Methoden durchlesen, die Sie besonders interessieren. Wenn die Veränderungspraxis für Sie etwas Neues ist, können Sie auch zuerst die nützlichen Praktiken und abschließenden Ratschläge in Teil 3 lesen, bevor Sie sich in die einzelnen Methoden vertiefen.

Das Buch ist folgendermaßen aufgebaut.

Teil 1: Eine Reise durch die Veränderungsmethoden
Dieser Abschnitt gibt den Rahmen, in dem die Methoden zu verstehen sind. Er beleuchtet allgemeine Merkmale und Botschaften, die wir in der Arbeit mit den mitwirkenden Autorinnen und Autoren entdeckt haben.

Teil 2: Die Methoden
Jeder Methode ist ein eigenes Kapitel gewidmet, das eine Geschichte aus der Praxis, eine kurze Beschreibung der Methode, Informationen über Merkmale, durch die sich diese Methode von anderen Ansätzen unterscheidet, sowie Ratschläge zur praktischen Anwendung enthält. Die Abfolge der Methoden beruht auf ihrer jeweils ersten Anwendung – ihrem Entstehungsdatum – innerhalb des in Teil 1 beschriebenen Rahmens.

Teil 3: Abschließende Gedanken der Herausgeber
Viele Einblicke haben wir dadurch gewonnen, dass wir uns intensiv mit den Experten auseinander gesetzt haben. Das erste Kapitel in Teil 3 (19. Kapitel) enthält praktische Vorschläge und abschließende Ratschläge für das weitere Vorgehen, die auf unserer Arbeit mit den mitwirkenden Autorinnen und Autoren und auf unserer eigenen Erfahrung beruhen. In den letzten beiden Kapiteln formulieren wir Vermutungen über die zukünftige Entwicklung: Im 20. Kapitel legt Tom Devane seine Sichtweise dar, und im 21. Kapitel präsentiert Peggy Holman ihre Sichtweise.

Teil 4: Vergleichsmatrix

Mit dieser Matrix haben wir ein Instrument entwickelt, das die spezifischen Merkmale der einzelnen Methoden auf einen Blick gegeneinander abgrenzt und das auf häufig gestellten Fragen zu Zielsetzung und Prozess sowie zu Anzahl und Art der Teilnehmer beruht.

Über die mitwirkenden Autorinnen und Autoren

Die 31 mitwirkenden Autorinnen und Autoren haben dazu beigetragen, dass Unternehmen, Regierungsbehörden, gemeinnützige Organisationen, Kommunen und Gesellschaften rund um den Globus ihre Ziele erreichen konnten. Sie haben gemeinsam mit uns eine reichhaltige Sammlung von Beiträgen über partizipative, systemische Veränderungsmethoden angelegt.

Die Herausgeber, Peggy Holman und Tom Devane, praktizieren selbst mehrere dieser Veränderungsmethoden. Ihre praktischen Erfahrungen mit Unternehmen und ihre Beratungsarbeit, die sie in einigen der bekanntesten amerikanischen Firmen durchgeführt haben, bringen sie in dieses Buch ein. Peggy Holman hat das Design des Buches entwickelt und bei seiner Entstehung fortwährend den Blick des Praktikers in Erinnerung gerufen. Tom Devane hat dem Buch die fundierte theoretische Basis und die Perspektive des oberen Managements gegeben, die er in seiner jahrelangen Arbeit in der Wirtschaft und als Berater kennen gelernt hat.

Wir hoffen, dass Sie das Buch mit vielen Eselsohren versehen, weil das Material so einfach anzuwenden ist und Ihre dringenden Fragen zum Thema Veränderung beantwortet. Wir hoffen auch, dass das Buch Sie auf Ihrem Weg begleitet, die Organisationen und Kommunen zu schaffen, in denen Sie wirklich arbeiten und leben möchten.

Peggy Holman und Tom Devane
Mai 1999

Dank

Wir sind allen mitwirkenden Autorinnen und Autoren zu großem Dank verpflichtet. Wir danken ihnen für ihre Originalbeiträge, ihre zahlreichen Einblicke in eine effektive Veränderungspraxis, ihre Flexibilität und ihre durchdachten Überarbeitungen; alle diese Aspekte machen dieses Buch zu einem leicht zugänglichen Nachschlagewerk.

Wir danken den Kritikern für die ausgezeichneten Vorschläge, die das Manuskript ungemein verbessert haben: Will Blackstone, Sara Jane Hope, Carol Kirsch, Jennifer Leigh, Diane Robbins, Bill Schmidt, Alis Valencia und Richard Weaver.

Wir danken Valerie Barth und Steve Piersanti für ihre Überzeugung, dass dieses Buch die Anstrengungen von Menschen in Kommunen und Organisationen intensivieren wird, die aus ihrer Welt einen besseren Ort machen wollen. Darüber hinaus sind wir den bei *Berrett-Koehler*[1] „hinter den Kulissen" tätigen Menschen, die dieses Buch redigiert, gestaltet und produziert haben, zu großem Dank verpflichtet.

Wir danken Alis Valencia in ihrer Rolle als „Patin". Ohne ihre Ermutigung am Anfang und ihre kontinuierliche Unterstützung wäre dieses Buch nicht zustande gekommen.

Bei der gemeinsamen Herausgabe eines Buches ist es wie in einer Ehe: Man sagt, wenn alles reibungslos läuft, sei einer von beiden überflüssig. Wir möchten einander danken, weil wir nämlich glauben, dass die unterschiedlichen Perspektiven, die wir in dieses Buch eingebracht haben, und unsere Verpflichtung zur gemeinsamen Arbeit zu einem guten Ergebnis geführt haben. Wir sind überzeugt, dass wir Ihnen ein gutes Produkt anbieten können, weil wir unsere Differenzen miteinander klären konnten.

Von Tom Devane

Ich danke Bob Rehm und Nancy Cebula dafür, dass ich an ihren Überlegungen, Einblicken und reichhaltigen Erfahrungen im Bereich groß angelegter Veränderungen teilhaben durfte. Danken möchte ich auch Susan Conway Devane für ihre Ideen und Unterstützung bei den ersten Entwürfen und den zahlreichen Überarbeitungen des Manuskripts, für die an den Wochenenden und im Urlaub viele Arbeitsstunden aufgewendet wurden.

Von Peggy Holman

Mein innigster Dank geht an die Menschen bei Weyerhaeuser, die ganz praktische Fragen zu groß angelegten Veränderungen stellten: Cheryl Brandt, Gary Crowell, Nancy Jaenicke, Rich Jellison, Ken Karch, Doug Kearns, Lila Knox, Margot Licari, Marie Medlin, Susan Mersereau, Allan Paulson, Chick Sandifer, David Seitz, Pat Shuman, Christine Wailand und Bob Wroblewski. Ich bin Lorne Rubis dafür dankbar, dass sie mich weggeschickt hat, um die Welt der Veränderung kennen zu lernen. Ich danke meinen Freunden und meiner Familie dafür, dass sie mich von An-

---

1 *Berret-Koehler*, San Francisco, ist der Verlag, der die amerikanische Originalfassung herausgebracht hat.

fang bis Ende mit ihren Ideen unterstützt haben: Dina Bray, Margaret Dorchester, Larry Dressler, Roger und Winona Holman, Arnold Kern, Harrie Anne Kessler, Ilana Kessler, Marvin und Ethel Kessler, Wendy Potter und Shelley Schermer. Und ich danke meinem Mann, Neil Holman, der mir nicht nur mit unschätzbarem Rat zur Seite stand, sondern mich während dieses ganzen Prozesses begleitet hat.

Einleitung:
Das Wesen der Veränderung ist die Veränderung

Wenn wir unsere Richtung nicht ändern,
enden wir wahrscheinlich da, wo wir hingelenkt werden.
Chinesisches Sprichwort

Die Veränderung ist ein wesentlicher Teil des Lebens. Ein Blick in ein Geschichtsbuch zeigt, wie sich im Laufe der Jahre alles ändert: von der Mode bis zur Einstellung. Veränderungen spiegeln die Verschiebungen in den Wertvorstellungen und Erwartungen ihrer Zeit. Als Gutenberg im Europa des 15. Jahrhunderts die Druckerpresse mit rotierendem Zylinder erfand, gab dies dem entstehenden Humanismus der Renaissance Auftrieb. Die neue Technik rundete die aufkommende Betonung der individuellen Ausdrucksformen ab, wodurch neue Entwicklungen in Musik, Kunst und Literatur zustande kamen. Ökonomische und politische Veränderungen gingen Hand in Hand mit dem sich wandelnden Geschmack in den Künsten und führten zu einem prosperierenden und innovativen Zeitalter – das einen krassen Gegensatz zum vorausgehenden Mittelalter bildete. Tatsächlich ist die Veränderung in der Geschichte der Menschheit oft schon ein wertvoller Freund gewesen.

Weshalb aber hat die Veränderung heute einen so schlechten Ruf?

Der Grund ist unserer Ansicht nach der, dass bei der Veränderung zwei Aspekte anders geworden sind:

- die Frequenz der Veränderung (Geschwindigkeit),
- die Auswirkungen der Veränderung auf viele Bereiche unseres Lebens (Ausmaß).

Wir spüren tagtäglich die Wucht dieses sich ändernden Wesens der Veränderung. Schriftliche Kommunikation hieß früher, dass man einen Brief schrieb, ihn abschickte und Tage oder Wochen auf eine Antwort wartete. Heute kommunizieren wir dank der E-Mail-Technik in Minutenschnelle mit der ganzen Welt. Ein Kollege ging zum Händler, um sich ein Mobiltelefon zu kaufen, und verließ das Geschäft mit dem Gefühl, von den angebotenen Wahlmöglichkeiten erschlagen worden zu sein: ein analoges oder digitales Gerät, Funk oder Kopplung von Fest- und Mobilnetz, welcher Provider, welcher Tarif? Der Erwerb eines Mobiltelefons verlangt danach, eine ganz neue Sprache zu lernen.

Wir spüren den Wandel auch in unserer schnelllebigen Welt der Arbeit. Die durchschnittliche Lebensdauer eines elektronischen Verbrauchsprodukts liegt unter neun Monaten, was dazu führt, dass Mitarbeiter sich permanent abstrampeln, um neue Produkte zu erfinden, zu gestalten und zu produzieren. Blieb noch das T-Modell von Ford fast 20 Jahre lang praktisch unverändert, so bestehen heute bei Hewlett-Packard fast zwei Drittel der Aufträge aus Produkten, die in den letzten zwei Jahren eingeführt worden sind (Hewlett-Packard 1998). Die Auswirkungen spüren die Menschen, die am Ende solcher Veränderungsketten stehen. Ein Unternehmen, mit dem die Mitherausgeberin dieses Buchs arbeitete, führte gerade eine neue Version des Computer-Betriebssystems ein. Sie hörte, wie viele Mitarbeiter stöhnten: „Wie bitte, Sie wollen mein System ändern? Ich kenne ja kaum die Version, die ich gerade erst bekommen habe!"

Die Veränderungen werden zwar auf der individuellen Ebene wahrgenommen, doch die Verschiebungen finden auf der Makroebene statt. Beispielsweise haben nach dem Ende des Ost-West-Konflikts die transnationalen Waren– und Kapitalströme aufgrund der wirtschaftlichen Globalisierung drastisch zugenommen. Zwischen 1988 und 1996 ist der Fluss von Privatkapital in Entwicklungsländer von 36,4 Milliarden Dollar um mehr als das Sechsfache auf 234 Milliarden Dollar angestiegen (Martens a. James 1998). Wenn es so aussieht, als ob nationale Volkswirtschaften heutzutage enger miteinander verflochten seien als in früheren Zeiten, dann kommt das daher, weil sie es de facto auch sind. Ein anderer Trend ist der, dass Einzelhandelsgeschäfte als „Vergnügungsstätten" aufgemacht werden, um den seit 1980 verzeichneten Umsatzrückgang von 35 % durch Kundenabwanderung zu riesigen Einkaufszentren zu stoppen (FDIC 1997). Diese Präsentation des Einzelhandels ist auch eine Alternative zum Einkauf per Katalog oder Internet: Wenn ein Geschäft schon keine Bequemlichkeit bieten kann, so kann es immerhin einen angenehmen Aufenthalt bieten. Die Fusion von *Chrysler* und *Daimler-Benz* zeigt anschaulich die Internationalität der Verschiebungen. Wenn das Ursprungsland eines Unternehmens zweitrangig wird, dann ist das Geschäft wahrlich global geworden. Derart massive organisationale Veränderungen erzeugen oft Ungewissheit und Angst unter der Belegschaft und wirken sich auf die Menschen sehr unterschiedlich aus.

Auch der Nonprofit-Sektor ist gegen den rapiden und tief greifenden Wandel nicht gefeit. Die Spendenquellen mit dem beispiellosen Volumen von schätzungsweise 10 Billionen Dollar erleben eine dramatische Verlagerung von der Generation der Weltwirtschaftskrise zur Generation der *baby boomers* (die geburtenstarken Jahrgänge der Nachkriegsgeneration) (Cohen 1998). Im Weltbankbericht des Jahres 1996 wurde ein enger Zusammenhang zwischen Krieg und Armut hergestellt und auf ein Konfliktpotenzial hingewiesen, das in den letzten 20 Jahren des 20. Jahrhunderts größer war als jemals in diesem Jahrhundert. Etwa 35 Millionen Menschen, deren Häuser und Lebensgrundlage zerstört wurden, mussten flüchten oder sind vertrieben worden, was den Bedarf an Dienstleistungen weltweit erhöht (Moreels 1997). Aufgrund der Geschwindigkeit dieser Veränderungen befinden sich viele gemeinnützige Organisationen in einem Wettlauf darum, praktisch jeden Aspekt ihrer Operationen neu zu definieren.

Selbst die Kommunen, einst Bastionen der Stabilität, werden von Geschwindigkeit und Ausmaß der Veränderungen überrollt. Heute leben über 125 Millionen Menschen außerhalb ihres Geburtslandes (Technical Symposium 1998). Weltweit kämpfen lokale Gemeinschaften mit der Aufgabe, Werte neu zu definieren, um die immer größer werdende Vielfalt religiöser, ökonomischer, politischer und sozialer Hintergründe miteinander in Einklang zu bringen.

Ein Weg durch den Wandel

Flächendeckender, schnelllebiger Wandel heißt die neue Norm. Wir müssen uns gangbare Wege erschließen, auf denen wir von den relativ vorhersehbaren, stabilen Bedingungen früherer Zeiten zu den turbulenten Bedingungen von heute gelangen. Die Vorteile der Anpassung sind groß: größere individuelle Auswahl, bessere Geschäftsmöglichkeiten und höhere Lebensqualität – *wenn* wir uns der Geschwindigkeit und dem Ausmaß des Wandels anpassen können. Aus unserer Sicht ist dies ein großes „Wenn", das davon abhängt, wie die meisten Organisationen und Kommunen an Veränderung herangehen. Viele tolerieren den Wandel, wenige machen ihn zum Verbündeten.

Die in diesem Buch dargestellten Veränderungsmethoden bieten Ansätze dafür, wie man in einem Umfeld erfolgreich bestehen kann, in dem die einzige zuverlässige Erwartung die Veränderung ist. Diese Methoden beruhen auf der Annahme, dass Turbulenzen antizipiert werden müssen und von Gruppen, die darauf vorbereitet sind, erfolgreich bewältigt werden können. Diese zentrale Überzeugung führt zu den neuen Arbeitsweisen, die Merkmale dieser Methoden sind – Arbeitsweisen, die den Wandel zum Freund machen. Diese Methoden bereiten uns auf morgen vor, indem sie uns zeigen, wie wir auf „den Wellen der Veränderung surfen" können. Besonders wertvoll sind sie dadurch, dass sie uns neue Fähigkeiten für das Leben mit Turbulenzen beibringen und zugleich die Herausforderungen aufgreifen, mit denen wir uns bei der Verschiebung auseinander setzen müssen.

Die Herausforderungen

Die heutigen Turbulenzen setzen viele unserer Methoden der Organisationsleitung und kommunalen Planung außer Kraft. Dies erzeugt eine Fülle von Herausforderungen.

Die erste Herausforderung besteht darin, dass viele Orientierung gebende Annahmen über Organisationen und Kommunen nicht mehr gültig sind. Die demographischen Daten waren einigermaßen stabil. Das Tempo technischer Neuerungen war zwar rasch, aber handhabbar. Die Informationen kamen aus relativ wenigen Quellen. In diesen Szenarios waren die Führungskräfte in Kommunen und Organisationen gut gerüstet, wenn sie die Signale aus ihrem Umfeld interpretierten, auf der Basis der verfügbaren Informationen Entscheidungen fällten und die Veränderungen durch das System von oben nach unten weitergaben. Der Prozess war vielleicht nicht perfekt, aber er war zumindest einigermaßen vorhersehbar. Das ist heute nicht mehr so. Die Methoden, die einst gut dazu getaugt haben, die Veränderung in stabilen Zeiten zu managen, verlieren ihre Effektivität, wenn das Umfeld turbulent wird.

Eine zweite Herausforderung erwächst aus der revolutionären Informationstechnologie. Diese Revolution hat zwar viele Vorteile, ist aber nicht ohne Nachteile. Ausmaß, Vielfalt und Verfügbarkeit von Informationen übersteigen die Kapazität eines Menschen, alle diese Informationen aufzunehmen. Die Menge an technischen Informationen weltweit verdoppelt sich z.B. alle fünfeinhalb Jahre (Naisbitt 1982, p. 24)[2] Es überrascht nicht, dass Führungskräfte der alten Schule es derzeit schwer haben, ohne fremde Hilfe einen strategischen Kurs festzulegen. Heutzutage versagen viele Führungskräfte, die in Schwierigkeiten geraten, nicht deshalb, weil sie schlecht oder inkompetent sind, sondern weil sie oft ihre Operationen weiterführen, ohne von anderen einen Beitrag zum „großen Bild" zu bekommen.

Die dritte Herausforderung steckt in den Patchworkansätzen, die früher angewendet wurden, um Veränderung zu initiieren und zu managen. Schon immer haben umsichtige und zeitgemäße Führungskräfte Methoden angewendet, die nur auf einen Teil des Veränderungsprozesses abzielten. Das ist insofern nachvollziehbar, als sie sich bezeichnenderweise nur von ihrem Sachgebiet her äußerten.

- Die Vertreter der Informationstechnologie betrachteten die Technik als das Mittel, um höhere Leistungen zu erzielen.

---

2 1990 greift *Megatrends 2000* diesen Punkt auf und weist darauf hin, dass sich das Tempo nur noch beschleunigt hat (Naisbitt a. Aburdene 1990, p.12).

- Die Vertreter der Industriebetriebslehre lehrten uns, dass die Welt zu einem bessern Ort werde, wenn man Prozesse, Entscheidungen und Verzögerungen grafisch darstellt.
- Psychologen und Organisationsentwickler vertraten eine Sichtweise, die auf der Macht und dem Potenzial des Menschen basierte.
- Lehrer für Führungsqualitäten predigten, dass Veränderungen einfach seien und Leistung daraus folgen würde, wenn die Organisationen bessere Führungskräfte hätten.

So besaß zwar jeder einen Stein des Veränderungsmosaiks, aber niemand setzte die Teile zu einem Gesamtbild zusammen. In einem Artikel des *Wall Street Journal* „wies" Michael Hammer, der Erfinder der Business-Umstrukturierung, „auf einen Schönheitsfehler hin. Er und andere Führungskräfte in der Umstrukturierungsindustrie mit einem Volumen von 4,7 Milliarden Dollar hatten die *Menschen* vergessen. ‚Ich war in dieser Hinsicht überhaupt nicht klug', sagt er. ‚Ich war in meinen Ideen der Umstrukturierung versunken und habe die menschliche Dimension nicht genügend gewürdigt. Ich habe gelernt, dass das aber entscheidend ist.'" Hammer und andere gaben öffentlich zu, dass in 70 % der Fälle die Umstrukturierungsvorhaben fehlgeschlagen waren. Das ist verhängnisvoll, wenn man bedenkt, wie wertvoll viele Prinzipien der Neugestaltung von Geschäftsprozessen für den Umbau des Arbeitsflusses in Organisationen sind. Was Führungsgurus, Praktiker der Veränderung und im Wandel begriffene Unternehmen gleichermaßen lernen, ist, dass nachhaltige Veränderungen nur durch die Arbeit in allen Aspekten des Systems möglich ist.

Die vierte Herausforderung ist dann gegeben, wenn die Verantwortlichen zwar erkennen können, wie wichtig es ist, multiple Aspekte der Veränderung – Geschäftsprozesse, Strategie, Informationstechnologie, Organisationsstruktur, Führung und Unternehmenskultur – in Angriff zu nehmen, aber nicht unbedingt aus diesem Wissen heraus handeln. In vielen Organisationen übersieht man das vielleicht wichtigste Element: die Menschen. Der Experte im TQ-Bereich, W. Edwards Deming, schlug ein umfangreiches Paket von Methoden, Philosophien und Managementpraktiken vor, doch viele Qualitätsprogramme konzentrieren sich lediglich auf die Anwendung der Werkzeuge wie z. B. Pareto-Diagramme und Kontrolldiagramme. Dies dürfte kaum einem umfassenden Veränderungsvorhaben entsprechen, wie es Edwards Deming sich vorstellte.

Im Jahr 1997 unterhielt sich Tom Devane, Mitherausgeber dieses Buches, mit einem Vice President eines Unternehmens von *Fortune 100*. Bei dieser Gelegenheit erfuhr er, dass die Firma gerade viel Geld für ein Umstrukturierungsprojekt ausgab und dass es beträchtlichen Widerstand gegen die Veränderung, erhebliche interne Machtkämpfe und eine schlechte Moral in den betreffenden Gruppen gab. Tom Devane fragte den Vice President, was er vorhabe, um diese Probleme zu lösen. Der Vice President antwortete: „Ich möchte mich jetzt noch nicht mit den Problemen der Menschen beschäftigen. Wir konzentrieren uns jetzt auf die Einführung der Technik, auf den Umbau der entscheidenden Geschäftsprozesse, und dann schauen wir, welche Nutzen wir davon haben." Gefragt, weshalb er sich nur auf diese Bereiche konzentrieren wolle, antwortete der Vice President: „Der menschliche Teil ist einfach zu schwierig zu bewältigen, und den möchte ich jetzt noch nicht angehen."

Leider stehen viele Vorgesetzte in ähnlichen Situationen auf demselben Standpunkt. Wirklich tragisch – sowohl für die Volkswirtschaft als auch für die Moral der Organisation – ist dabei die Unkenntnis darüber, dass „der menschliche Teil" die größten Chancen bieten kann, das Mögliche zu erreichen. Tatsächlich wird ohne Fokussierung auf die Menschen der menschliche Teil fast immer zum größten Hindernis für Veränderungen. Vorhaben sind weniger effektiv und scheitern nur allzu oft.

Die gegenwärtige Situation sieht so aus: Das Umfeld ist turbulenter geworden, wir werden mit Informationen überschwemmt, die auf ein einzelnes Sachgebiet begrenzte Veränderung funktioniert nicht mehr, und der menschliche Teil der Veränderung ist schwierig anzugehen. Die Implikation ist die, dass es an der Zeit ist, Menschen systematisch in den Veränderungsprozess einzubinden und ihre Kapazität aufzubauen, damit die Turbulenzen bewältigt werden können.

Wir räumen ein, dass es einen wichtigen Punkt in der Veränderung gibt: Wenn in einem Veränderungsvorhaben eine größere Anzahl von Personen involviert ist als vorher, kann das dazu führen, dass einige Teilnehmer sich dabei nicht mehr wohl fühlen. Dieses Unbehagen können Manager erleben, die traditionell die Verantwortung für wichtige Entscheidungen übernommen haben. Paradoxerweise wird dieses Unbehagen oft auch von Basismitarbeitern erlebt, die zuvor noch nie zur Partizipation aufgefordert worden sind. Dieses – in beiden Gruppen von Mitarbeitern erlebte – Unbehagen können wir dadurch lindern, dass wir solide, bewährte Prozesse anwenden, um die Menschen systematisch in Veränderungsvorhaben einzubeziehen. Ein bewährter Veränderungsprozess kann das Risiko senken und gleichzeitig die Chance auf besonders gute Ergebnisse erhöhen.

Möglichkeiten und Chancen

Erinnern Sie sich an Zeiten, in denen Sie zu einer Gruppe gehörten, die außergewöhnliche Ergebnisse erzielte. Was war geschehen? Auf diese Frage erhält man übereinstimmend die Antwort: Die Ziele waren klar und wichtig; jeder nahm sich zusammen, um diese Ziele zu erreichen; bestimmte Personen übernahmen ganz natürlich die Führung; jeder machte die Arbeit, für die er sich besonders geeignet hielt; man nahm bereitwillig Risiken auf sich. Und wenn die Beteiligten später über ihre Erfahrungen nachdenken, sind sie oft erstaunt über ihre Leistungen. Vielleicht war dieses tiefe Gefühl von Gemeinschaft und der Bereitschaft, außergewöhnliche Ergebnisse hervorbringen zu können, einmal die Norm, nach der Organisationen und Kommunen funktioniert haben?

In den letzten 30 Jahren nimmt die Zahl der Geschichten zu, wie solche Organisationen und Kommunen entstehen und bestehen. In solchen Vorhaben arbeiten engagierte Menschen nach neuen Methoden, um sehr ehrgeizige und fundamentale Veränderungen mit erstaunlichen Ergebnissen zu erreichen. Die Geschichten spiegeln verschiedene Annahmen darüber, was es braucht, um eine Kultur erfolgreich zu verändern. Sie spiegeln den Gedanken, dass Menschen zu handeln beginnen, wenn sie eine gemeinsame und zwingende Vorstellung von einem gewünschten Resultat haben. Sie beruhen auf der Überzeugung, dass Wissen und Intelligenz in den Menschen steckt. Sie zeigen außerdem, dass sich aus der Sicht der Teilnehmer auf das ganze System ein verbindliches Engagement entwickelt, das zu signifikanten und dauerhaften Leistungen führt.

Diese Veränderungsgeschichten sind nach unserer Überzeugung ein klarer Beweis dafür, dass es bessere Wege des Zusammenarbeitens gibt. Diese Ansätze füllen zwei riesige Lücken, die bei den meisten groß angelegten Veränderungsvorhaben nicht beachtet werden. Die erste Verbesserung besteht darin, dass man die Teilnehmer in die Veränderung ihrer Unternehmen oder Gemeinden *auf intelligente Weise einbezieht*. Wir denken dabei an Methoden, mit denen die betreffenden Personen motiviert werden, ihre fundamentalen Bedürfnisse zu formulieren, ihre Arbeit umzugestalten und die Zukunft gemeinsam zu entwerfen. Die zweite Verbesserung besteht darin, dass man einen *systemischen* Veränderungsansatz wählt. Mit dieser Herangehensweise kann die Leistung der ganzen Organisation – und nicht nur die einer Abteilung oder einer Niederlassung – optimiert werden.

Die 18 in diesem Buch beschriebenen Methoden zeigen, dass das Potenzial von unvorstellbaren Ergebnissen in Reichweite rückt, wenn Partizipation stattfindet und ein systemischer Ansatz angewendet wird. Goethe erinnert uns sehr eloquent daran: „Was immer wir tun können oder glauben, tun zu können, sollten wir auch beginnen. Beherztheit trägt Genie, Macht und Magie in sich."

Worauf warten Sie?

Teil 1. Eine Reise durch die Veränderungsmethoden

1970   1980   1990   2000

Ich bin immer bereit zu lernen,
auch wenn ich es nicht mag, immer belehrt zu werden.
– Winston Churchill

Dieses Buch ist auf die unterschiedlichsten Lernstile und Lektürepräferenzen eingestellt. Sie können beginnen und aufhören, wo Sie wollen, ganz so, wie es Ihrem Stil und Ihrer Stimmung entspricht. Um Ihnen bei der Navigation durch die 18 Methoden zu helfen, haben wir sie zu einzelnen Gruppen zusammengefasst. Die Einteilung in Kategorien kann allerdings heikel sein. Wir persönlich halten es mit Buckminster Fullers Definition von Kategorisierung: Beginnen Sie mit dem Universum. Jede Subkategorisierung unterhalb dieser Ebene ist völlig beliebig.

Wir haben intensiv nach einem Klassifikationsschema gesucht, in dem die Methoden mit ihren Unterscheidungsmerkmalen erfasst sind und das für erfahrene Benutzer wie auch für Novizen hilfreich ist. Wir haben die unterschiedlichsten Optionen durchgespielt, z. B. wie strukturiert bzw. unstrukturiert die Methoden sind, was den Führungskräften an Veränderungen im Machtgefüge abverlangt wird und wie abhängig die Methoden vom Moderator sind. Nach langem Experimentieren und Beraten mit den mitwirkenden Autorinnen und Autoren haben wir schließlich zwei Sparten ausgewählt, von denen wir annehmen, dass sie Ihnen die Durchsicht der Methoden erleichtern: die Anwendung der Methoden und die Entfaltung der Methoden.

Im Anschluss an diese Diskussionen gibt der restliche Teil 1 Einblick in Gemeinsamkeiten der einzelnen Methoden und in ihre oftmals subtile Aufgabe für die Schaffung von Verbesserungsbedingungen. Teil 1 schließt mit Fragen, die Ihnen bei der Beurteilung und der Entscheidung helfen können, welche Methode bzw. Methoden in Ihrer Organisation oder Kommune funktionieren könnte bzw. könnten. Statt Ihnen Ratschläge zu geben, für welche Methoden Sie sich entscheiden sollen, geben wir Ihnen Werkzeuge für die Auswahl an die Hand: die Evaluierungsfragen, die Vergleichsmatrix und die Methodenkapitel selbst.

Die Anwendung der Methoden

Eines der nützlichsten Unterscheidungsmerkmale der einzelnen Methoden ist in erster Linie ihre Anwendung. Wofür sind die Methoden speziell entwickelt worden? Worauf fokussieren sie die Aufmerksamkeit der Teilnehmer vor einem Change Event, während des Events und nach ihm? Mit manchen Methoden sollen Organisationen und Kommunen darin unterstützt werden, effektive Pläne für ihre

Zukunft zu entwickeln. Die gesamte Arbeit vor dem Event, die Prozesse während des Events selbst und die danach folgende Arbeit sind so gestaltet worden, dass die Planung das zentrale Element ist. Diese Methoden nennen wir „Planungsmethoden".

Mit anderen Methoden werden Organisationen in der Entwicklung von Strukturen unterstützt, die ihnen bei der Umsetzung ihrer Pläne für die Zukunft helfen. Die gesamte Arbeit vor dem Event, die Prozesse während des Events selbst und die danach folgende Arbeit sind so gestaltet worden, dass die Strukturierung das zentrale Element ist. Auch wenn der Fokus dieser Methodengruppe auf dem Strukturierungsprozess liegt, verlangen alle diese Methoden nach einem effektiven Plan für die Zukunft der Organisation. Diese Methoden nennen wir „Strukturierungsmethoden".

Eine dritte Methodengruppe verlagert mit jeder Anwendung ihren Fokus. Diese Gruppe arbeitet mit Prinzipien und Rahmenprozessen, die sich den wechselnden Bedürfnissen der Gemeinde oder der Organisation anpassen. Manchmal werden diese Methoden benutzt, um Pläne zu entwickeln; manche Organisationen benutzen diese Methoden, um Strukturen zu entwerfen; und manchmal werden sie benutzt, um komplexe, wichtige Fragen anzugehen, die nicht unmittelbar mit Planung oder Strukturierung zusammenhängen. Diese Methoden nennen wir „Anpassungsmethoden".

Planungsmethoden
Die Planungsmethoden helfen Organisationen oder Kommunen, eine Richtung festzulegen. Mit den Methoden, die auf Planung fokussieren, werden aktuelle Bedingungen und zukünftige Möglichkeiten untersucht. Nach Gruppendiskussion und Gruppenentscheidung legen die Teilnehmer eine Richtung für die Zukunft fest und entwickeln Aktionspläne für das weitere Vorgehen.

Beispiele sind ein Strategieplan für einen Hersteller elektronischer Produkte, ein Entwicklungsplan für eine ländliche Gemeinde und Produktentwicklungspläne für einen Softwareentwickler.

Die vier Methoden, die auf Planung ausgelegt sind, werden in der Reihenfolge ihrer Entstehung aufgeführt:

- Search Conference (SC),
- Future Search (FS) bzw. Zukunftskonferenz
- Technology of Participation's™ (ToP) Participatory Strategic Planning (PSP),
- Strategic Forum™ (SF) bzw. Strategieforum

Kommunen und Organisationen führen zwar seit Jahrhunderten Planungsaktivitäten durch, doch diese Methoden unterscheiden sich in mehreren wesentlichen Aspekten deutlich von traditionellen Planungsmethoden:

Der gesamte Planungsprozess wird mit einer Gruppe von Personen durchgeführt, die die vielfältigsten Perspektiven und nicht nur ein paar ausgewählte Sichtweisen vertreten.

Die Teilnehmer lernen die Annahmen, Wahrnehmungen und Standpunkte der anderen dadurch kennen, dass sie während des Planungsprozesses intensiv miteinander arbeiten.

Annahmen und der Status quo werden konsequent infrage gestellt.

Diese Methoden erzeugen häufig eine größere Verpflichtung zur Durchführung von Plänen, weil sich die Teilnehmer dem höheren Ziel, das sich in den Plänen spiegelt, stärker verbunden fühlen.

Strukturierungsmethoden
Die Strukturierungsmethoden definieren Arbeitsbeziehungen unter den Mitgliedern der Organisation neu und schaffen neue Strukturen für das Arbeiten. Mit diesen Methoden werden Entscheidungen und Aufgaben innerhalb einer Organisa-

tion neu platziert. Die daraus entstehende Organisation kann sich schneller und leichter den Veränderungen in ihrem äußeren Umfeld anpassen. Darüber hinaus sind die Teilnehmer, weil sie am Umbau ihrer Arbeitsstruktur partizipieren, tendenziell motivierter, zufriedener mit ihrem Arbeitsplatz, und sie fühlen sich stärker verpflichtet, die neue Struktur erfolgreich zu verwirklichen.

Beispiele sind: ein Design, das neue Partnerschaften zwischen Vertrieb und Technik schmiedete, die ihre Organisationsstrukturen miteinander kombinierten, um die „Linie der Sicht" auf den Kunden zu verbessern; ein Design, das Produktion, Designentwicklung, Verkauf und Finanzabteilung miteinander kombinierte, damit daraus eine für neue Produkte zuständige Entwicklungsgruppe zu gebildet werden konnte, die Entscheidungsbefugnisse hatte, die zuvor ausschließlich den Vice Presidents des Unternehmens vorbehalten waren; und ein Design, das die analytische Chemie und die Abteilung Forschung und Entwicklung zu sich selbst steuernden Teams zusammenschloss, die 15 % ihrer Arbeitszeit darauf verwenden durften, ihren persönlichen wissenschaftlichen Interessen nachzugehen.

Die vier Methoden, die auf bessere organisationale Strukturen und Interaktionen am Arbeitsplatz als Endresultate abzielen, werden in der Reihenfolge ihrer Entstehung aufgeführt:

- Participative Design Workshop (PDW),
- Gemba Kaizen®,
- Fast-Cycle Full-Participation (FCFP),
- Whole Systems Approach[SM] (WSA).

Bei allen Methoden, die auf Strukturierung fokussieren, geht man davon aus, dass ein Strategieplan existiert, sodass die Teilnehmer, während sie umstrukturieren, auf klar definierte gemeinsame Ziele hinarbeiten. In den Methoden FCFP, Gemba Kaizen und WSA ist ein Prozess vorgesehen, in dem ein solider Plan entwickelt wird. PDW erhält die Strategieinformationen von einer Search Conference (einer der Planungsmethoden) oder aus einer anderen Quelle der strategischen Planung.

Organisationen haben sich zwar schon vor der industriellen Revolution umstrukturiert, doch die hier beschriebenen Methoden unterscheiden sich deutlich von den meisten herkömmlichen Umstrukturierungsmethoden. Die Ergebnisse beschränken sich *nicht* auf die Neuordnung von Linien und Kästchen des Organigramms. Die Ergebnisse umfassen oft folgende Aspekte:

- Entscheidungen werden näher an der betreffenden Arbeit getroffen.
- Die Zusammenhänge zwischen Mitarbeitern, ihren Aufgaben und Kompetenzen werden besser durchschaut.
- Als Ergebnis der Reflexion darüber, wie die Arbeit vor sich geht, verbessern sich die Bedingungen für Leistungen.
- Unter den Teilnehmern entsteht eine größere Verpflichtung, die neue Struktur erfolgreich einzusetzen, weil sie an ihrer Neugestaltung mitgewirkt haben.
- Unter den Mitgliedern der Organisation entstehen ein offener und kontinuierlicher Informationsaustausch und eine bessere Kommunikation.
- Die Kapazität, sich zukünftigen Veränderungen im Umfeld anzupassen, wächst.

Anpassungsmethoden

Die Anwendung der Anpassungsmethoden ist unterschiedlich und umfasst Planung, Strukturierung und andere komplexe wichtige Ziele. Aufgrund ihrer Prinzipien und anpassungsfähigen Prozesse eignen sich diese Methoden für die vielfältigsten Situationen. Die Methoden beginnen damit, dass die Organisation oder Kommune ihr Bedürfnis präsentiert, und anschließend wird der Prozess entsprechend gestaltet. Zwar sind nicht alle Anpassungsmethoden für alle Zwecke angewendet worden, doch eine wesentliche Stärke der einzelnen Methoden ist ihre Fähigkeit, sich einem breiten Problemspektrum anzupassen.

Beispiele sind: eine Sitzung, in der die Teilnehmer ihre Annahmen offen legen und gemeinsam darüber nachdenken, einen innovativen Strategieplan zu entwickeln; ein Workshop, in dem leitende Mitarbeiter – durch Selbstentdeckung – Führungsprinzipien kennen lernen, nach denen sie Bedingungen für höhere Leistungen in der gesamten Organisation schaffen können; ein Forum, auf dem Mitglieder einer Gemeinde sich zu Arbeiten verpflichten, die für sie von größtem Interesse sind – z. B. im Bereich Bildung, Gebietsaufteilung und Wasserrecht –, und anschließend temporäre Arbeitsstrukturen bilden, um ihre Ziele zu erreichen; ein Event, bei dem Regierungsbehörden und Indianer beispiellose Vereinbarungen treffen und gemeinsam Pläne entwickeln, Finanzmittel einsetzen und Autobahnen durch Stammesgebiet konstruieren.

Die zehn zu dieser Gruppe gehörenden Methoden werden in der Reihenfolge ihrer Entstehung aufgeführt:

- Preferred Futuring™ (PF),
- SimuReal,
- Organization Workshop (OW),
- Whole-Scale™ Change (WSC),
- Dialogue bzw. Dialogmethode,
- Open Space Technology (OST),
- Appreciative Inquiry (AI),
- Conference Model® bzw. Konferenzmodell,
- Think Like a Genius® (TLG),
- Real Time Strategic Change^SM (RTSC) bzw. Strategische Veränderung in Echtzeit.

Diese Methoden haben mehrere Merkmale mit den Planungs- und Strukturierungsmethoden gemein, doch in diesen Merkmalen unterscheiden sie sich auch von den herkömmlichen Methoden, die zur Bearbeitung komplexer Fragen oder zur Lösung schwieriger Probleme eingesetzt worden sind. Diese Methoden

- haben eine systemische Sichtweise und keine gestückelte oder segmentierte Perspektive;
- fokussieren auf die Zukunft und die Möglichkeiten, die die Teilnehmer zu ihren gewünschten Resultaten bringen, statt Probleme zu lokalisieren, die persönliche Initiative und Kreativität zerstört haben;
- arbeiten mit den inhärenten Komplexitäten der Situation als Ganzes und versuchen nicht, die einzelnen Teile zu identifizieren und zu korrigieren;
- erhöhen bei den Teilnehmern, die am Anfang normalerweise nur ihren eigenen Mosaikstein sehen, das Verständnis des Gesamtbildes, was oft zu besseren Beziehungen führt.

Die Entfaltung der Methoden

Von Personen, die diese Methoden gerade kennen lernen, hören wir häufig Fragen wie: Lassen sich unterschiedliche Methoden miteinander kombinieren? Wenden Sie dieselbe Methode jemals mehrere Male an? Ist das Format der Methode bei jeder Anwendung gleich?

Die Art, in der diese Methoden sich entfalten können, ist enorm flexibel. Die spezifischen Bedürfnisse der Organisation oder Kommune entscheiden über die beste Strategie der Anwendung. Dieses Kapitel enthält einige praktische Beispiele, wie Sie diese Methoden optimal nutzen können, um Ihre Ziele zu erreichen.

Methoden miteinander kombinieren

Organisationen und Kommunen kombinieren die in diesem Buch beschriebenen Methoden häufig miteinander, um ihre Bedürfnisse zu befriedigen. Einige Beispiele belegen dies:

Im Falle eines Softwareherstellers:

Im Falle einer innerstädtischen Bezirksverwaltung einer Großstadt:

Im Falle eines Herstellers von Verbrauchsgütern:

Im Falles eines Herstellers von Prüfeinrichtungen:

Eine Methode mehrere Male anwenden

So groß die Vielfalt von Kombinationen der Methoden ist, so groß ist auch die Vielfalt darin, wie Organisationen und Kommunen die einzelnen Methoden anwenden. Manchmal wenden sie eine Methode nur einmal an. Manchmal wenden sie dieselbe Methode viele Male an. Und manchmal wenden sie dieselbe Methode viele Male an, aber jedes Mal mit leichten Abwandlungen. Im folgenden Abschnitt werden einige Optionen beschrieben.

Einmalige Anwendung

Ein Problem angehen

Manche Probleme können mit einer einzigen, klar umgrenzten Anwendung angegangen werden. Beispielsweise wurde Open Space Technology genutzt, um 1996 den olympischen Pavillon von AT&T zu gestalten. Zukunftskonferenz und Search Conference werden manchmal nur einmal angewendet, um ein bestimmtes Problem zu behandeln, z. B. die Erderwärmung in der Zukunft. Andere Methoden, die in einer einzigen Anwendung eingesetzt werden, sind SimuReal sowie ToP-PSP und Strategieforum.

Das demonstrieren, was möglich ist

Wenn man etwas Unvertrautes erlebt, dauert es eine ganze Weile, bis man dessen Potenzial versteht. Beispielsweise können Entscheidungsträger mithilfe der Dialogmethode, die ein spezifisches Problem exploriert, dessen Potenzial durch eine Anwendung in der realen Welt verstehen, bevor sie größere Verpflichtungen eingehen. Auch Appreciate Inquiry, Organization Workshop, Preferred Futuring und die TLG-Methode eignen sich für ein solches Vorgehen.

Wiederholte Anwendung

Mit denselben Aktivitäten

Eine Reihe von Methoden setzt dieselben Aktivitäten für viele Gruppen ein. Gemba-Kaizen-Workshops werden z. B. durchgeführt, um jeden einzelnen organisationalen Schlüsselprozess zu behandeln. Auch wenn die grundlegenden Ziele und Aktivitäten dieselben sein können, so sind die Themen und Diskussionen doch so vielfältig wie die Prozesse, die behandelt werden.

Auch die Dialogmethode wird normalerweise dafür eingesetzt, Fähigkeiten zu entwickeln und mit der Zeit komplexe und wichtige Themen zu explorieren. Preferred Futuring kann in einer Reihe von Events in verschiedenen Einheiten innerhalb einer Organisation angewendet werden. Und Participative Design Workshops werden im Allgemeinen für die einzelnen Arbeitsgruppen in einer Organisation durchgeführt.

Mit verschiedenen Aktivitäten

Manche Methoden arbeiten mit einer Serie von Konferenzen, die jeweils unterschiedliche, aber miteinander in Zusammenhang stehende Ziele und Aktivitäten umfassen. Zur FCFP-Methode kann z. B. eine Organization Search, danach eine Sitzung über externe Erwartungen, eine Sitzung zur Analyse technischer Arbeitssysteme, eine Sitzung zur Analyse der Arbeitswelt und eine Sitzung zu einem neuen Organisationsdesign gehören. Wenn integrierte Konferenzen zum Design der Methode gehören (FCFP, Konferenzmodell, WSC, Strategische Veränderung in Echtzeit und WSA), dann sind auch explizite Mechanismen wie Designteams, Logistikteams und Kommunikationsteams, die während des gesamten Veränderungsprozesses die Verbindung unter den Teilnehmern halten, integrale Elemente des Methodendesigns.

Laufende Anwendung

Das Ziel vieler Methoden besteht darin, dass ihre Anwendung *beendet wird,* was an sich ein Event ist. Der volle Nutzen dieser Methoden ist dann erreicht, wenn ihre Anwendung zur täglichen Praxis wird. Preferred Futuring, die Dialogmethode, Open Space Technology, Appreciative Inquiry, Strategische Veränderung in Echtzeit u. a. entsprechen diesem Ideal. Beispielsweise können die Fähigkeiten systemischen Denkens – das „Ganze" zu sehen –, die in einem Strategieforum entwickelt werden, in der Weise kultiviert werden, wie die Firma oder die Gemeinde funktioniert. Die Autoren von WSA drücken das so aus: „Man muss sicherstellen, dass die ‚Führung' des Geschäfts identisch ist mit der ‚Veränderung' des Geschäfts."

Eine Fülle von Variationen

Da das primäre Ziel darin besteht, die Bedürfnisse der Organisation oder der Kommune zu befriedigen, können diese Methoden mit erfahrener Unterstützung und Kreativität auf vielfache Weise angewendet werden. Mehrere gängige Variationen haben sich entwickelt:

Entfaltungsstrategie	wahrscheinlicher Anwendungszweck
parallele oder serielle Events	um eine größere Anzahl von Teilnehmern oder Personen an verschiedenen geographischen Standorten einzubinden
Events von oben nach unten weitergeben	um integrierte Pläne oder Aktivitäten zu entwickeln (z. B. einen unternehmensweiten Strategieplan, Bereichspläne, Pläne für Geschäftseinheiten)
miteinander verknüpfte Events	um auf verwandten oder komplementären Gebieten zu planen (z. B. multiple Produktlinien)

Tabelle 1: Variationen zur Entfaltung der Methoden

Die Strategie, die Sie verfolgen, hängt davon ab, was Sie erreichen wollen und wie eine bestimmte Methode in Ihrem Umfeld potenziell akzeptiert wird.

Gemeinsamkeiten der Methoden

Dieser Abschnitt bietet eine Sicht auf die Landschaft der Veränderungsmethoden im Maßstab 1 : 10 000. Aus dieser Perspektive gibt es unter den Methoden ganz klar einige gemeinsame Intentionen und Merkmale. Wir beschreiben diese im Folgenden. Die Kapitel in Teil 2 vergrößern die Sicht auf die einzelnen Methoden auf den Maßstab 1 : 1000.

Wie wir in der Einleitung erwähnt haben, erfüllen alle diese Methoden die sechs Kriterien, die wir als Bedingung für die Aufnahme in dieses Buch aufgestellt haben. Wie Sie sich vielleicht erinnern, umfasst jede Methode

- einen Prozess, der die Menschen auf sinnvolle Weise einbezieht,
- einen Prozess, in dem gemeinsame Annahmen entdeckt und entwickelt werden,
- eine fundierte Forschungsbasis,
- eine mindestens fünfjährige Anwendungspraxis mit nachgewiesenen Leistungen,
- einen systemischen Veränderungsansatz,
- eine beträchtliche Hebelwirkung, d. h., dass die Methode mit einem moderaten Zeit- und Ressourcenaufwand dramatische Ergebnisse erzielt.

Als wir die Kapitel für dieses Buch zusammenstellten, haben wir die Beiträge aller mitwirkenden Autorinnen und Autoren daraufhin gelesen, was die Methoden miteinander gemein haben. In diesem Prozess haben wir einige gemeinsame Themen entdeckt. Nach dieser gründlichen Durchsicht und vielen bis in die Nacht hinein dauernden Gesprächen mit den mitwirkenden Autorinnen und Autoren können wir nun sieben gemeinsame Merkmale und zwei konsequente Ratschläge anbieten:

Eine Zukunftsvision oder der Beitrag zu etwas, das größer ist als sie selbst, fordert Menschen zum Handeln heraus. Wenn Menschen die Möglichkeit sehen, bei etwas mitzuwirken, das größer ist als sie selbst, agieren sie anders. Der Schwerpunkt verlagert sich von der zentralen Frage, weshalb etwas nicht durchgeführt werden kann, auf die Frage: „Wie können wir das in die Tat umsetzen?" In Organisationen, die diese Verschiebung erfahren haben, spürt man einen deutlichen Unterschied in der Atmosphäre – die Organisation ist erfüllt von Optimismus und Erregung.

Mitglieder der Organisation oder Gemeinde schaffen kollektiv eine ganzheitliche Perspektive. Mitarbeiter verstehen ihr System auf einer tiefer liegenden Ebene. Sie erkennen Zusammenhänge zwischen einzelnen Abteilungen, Prozessen oder Beziehungen. Wenn dies der Fall ist, wissen die Mitglieder des Systems besser, wie sie partizipieren können, und gehen deshalb Verpflichtungen ein, die zuvor undenkbar waren. Weil mehr Personen das System als Ganzes verstehen, können sie kluge, fundierte Beiträge zu wesentlichen Entscheidungen leisten.

Entscheidende Informationen sind den Mitgliedern der Organisation oder Gemeinde öffentlich zugänglich. Das ist eine natürliche Konsequenz der ganzheitlichen Perspektive auf das System. Langfristig wird die Ganzheit des Systems durch die Verpflichtung zum Austausch von Informationen bewahrt, die traditionell „je nach Bedarf" ausgegeben wurden. Wenn Menschen darüber informiert sind, was für das System wichtig ist und welche Leistungen es erbringt, treffen sie kundigere Entscheidungen über ihre eigenen Aktivitäten.

Kopf, Herz und Geist der Mitglieder der Organisation oder Gemeinde werden aktiviert. In USA werden inzwischen Wörter wie *hands* oder *heads* dazu benutzt, die Anzahl der Mitarbeiter in Organisationen anzugeben. Darin spiegelt sich eine Fokussierung auf das, was als wichtig betrachtet wird – Hände für die manuelle Tätigkeit, der Kopf für die Denkarbeit. (In Deutschland unterscheidet man zwischen manueller Arbeit und Kopfarbeit immer noch mithilfe der Bezeichnungen *Arbeiter* und *Angestellte*.) Die in diesem Buch dargestellten Methoden ordnen den gesamten Menschen neu: Hände für die manuelle Tätigkeit, Kopf für die Denkarbeit, Herz für menschliche Belange und Geist für das Erreichen inspirierter Ergebnisse.

Die Macht des Individuums zur Mitwirkung wird freigesetzt. Wenn Menschen das System als Ganzes verstehen, wenn sie die Möglichkeit sinnvoller Absichten erkennen, wenn sie merken, dass ihre Stimme zählt, dann gehen sie auch Verpflichtungen ein. Dieser Ablauf stellt sich zwar nicht jedes Mal ein, aber das Potenzial für außergewöhnliche Leistung ist in allen diesen Ansätzen vorhanden.

Wissen und Intelligenz existieren in den Menschen in der Organisation oder Gemeinde. Die Überzeugung, dass die Menschen im System sich am besten darin auskennen, markiert eine tief greifende Verschiebung, verglichen mit der Zeit, als man den „Effizienzexperten", der die Antwort hatte, von außen in das System einbrachte. Mehrere der in diesem Buch beschriebenen Ansätze beruhen zwar auf neuen Ideen, wie z. B. die Verbindung der Konzepte Just in Time (JIT) und Total Productive Maintenance (TPM) mit Gemba Kaizen, doch keiner von ihnen maßt sich an, die Antwort zu haben. Stattdessen motivieren diese Ansätze die Menschen in der Organisation dazu, Möglichkeiten auszuwählen, die für sie am besten sind.

Veränderung ist ein Prozess und kein Event. Die meisten mitwirkenden Autorinnen und Autoren beschreiben zwar einen halben Tag bis drei Tage dauernde Events als ihre „Veränderungsmethode", doch alle fügen sie rasch hinzu, dass die Gesamtheit eines Transformationsvorhabens nicht auf einen einzigen Veränderungsevent beschränkt bleiben sollte. Auch wenn Events die Aufmerksamkeit der Teilnehmer fokussieren können, so sind sie doch nur ein Teil der Veränderungsgleichung. Organisationen und Kommunen müssen sich auch darauf konzentrieren, die während des Events erarbeiteten Pläne und Verbesserungen aktiv zu unterstützen. Ohne eine solche laufende Unterstützung können die Bedingungen auf den Stand zurückfallen, auf dem sie vor dem Event waren.

Außer auf diese Merkmale haben sich die Autorinnen und Autoren auf zwei Ratschläge verständigt:

Beginnen Sie nichts, das nicht zu Ende geführt werden kann. Für alle diese Ansätze müssen Zeit und Geld investiert werden. Außer diesen greifbaren Ressourcen ist es bei vielen Methoden erforderlich, sich zur persönlichen Veränderung zu verpflichten. Selbst die Methoden, die nur ein einziges Mal angewendet werden, können einen sehr robusten Veränderungskeim einpflanzen. Hat man den Weg, anders zu handeln, erst einmal beschritten, könnte eine Umkehr die Organisation weiter zurückwerfen, als sie vor dem Event war.

Eine gewissenhafte Weiterführung erbringt nachhaltige Ergebnisse. Manchmal hören wir die Klage: „Der Event war großartig, aber danach ist nichts mehr passiert." Die dargestellten Methoden verlangen nach Fortsetzung der Arbeit. Manche lehren neue Fähigkeiten, andere verändern persönliche Denkmuster, und wieder andere verschaffen neue Einblicke. Worin der Nutzen einer Methode auch besteht; um ihn aufrechterhalten zu können, müssen neue Ideen, Kenntnisse und Fähigkeiten in die tägliche Praxis integriert werden.

Verbesserungsbedingungen schaffen

Alle in diesem Buch beschriebenen Methoden können Bedingungen schaffen, aufgrund deren eine Organisation oder Kommune sich verbessern kann, weil die Qualität der Interaktionen der Menschen gesteigert wird. Über die Entwicklung eines Strategieplans, die Umstrukturierung einer Organisation oder die direkte Verbesserung traditioneller Leistungsvariablen wie z. B. Kosten, Durchlaufzeit und Qualität hinaus, befruchten diese Methoden den Geist der Teilnehmer mit neuen Konzepten und bieten ein geschütztes Umfeld, in dem neue Kommunikationsfähigkeiten und Interaktionsmuster geübt werden.

Ironischerweise haben die subtilsten Ergebnisse der Methoden manchmal den größten Langzeiteffekt. Am Tag, nachdem eine Planungsmethode angewendet worden ist, existiert ein Plan. Nach einer Strukturierungssitzung ist klar, dass sich die organisationalen Beziehungen und Aufgaben verschoben haben. Die Erträge sind zwar sehr unterschiedlich, wenn man mit komplexen, wichtigen Themen arbeitet, doch unabhängig davon, welche Methode man wählt, werden sichtbare Resultate erzielt. Doch manchmal sind die Veränderungen am Tag nach einem Event vielleicht noch nicht offensichtlich. Das ist wie mit dem (im Amerikanischen) sprichwörtlichen Wettlauf zwischen der Schildkröte und dem Hasen. Ruhe und Beharrlichkeit gewinnen das Rennen, und in diesem Prozess ebnet die Methode den Weg für nachhaltige Verbesserungen.

Einige Resultate dieser Methoden lassen sich nur schwer beschreiben und sind schwierig zu fassen, wenn man die Organisation, die diese Methoden anwendet, nicht selbst erlebt. Doch ein Großteil ihrer starken Hebelwirkung erwächst daraus, dass sie die Fragen ansprechen, wie Menschen interagieren, wie Menschen wahrnehmen, wie Menschen kommunizieren, wie Menschen sich verhalten und wie Menschen Informationen verarbeiten.

Diskussionsfragen für die Evaluierung der Methoden

Oft richtet eine Organisation oder Gemeinde eine Arbeitsgruppe ein, um die einzelnen Methoden auf einen möglichen Einsatz hin zu evaluieren. Wenn Sie selbst in einer solchen Gruppe arbeiten, kann dieser Abschnitt für Sie wertvoll sein. Sein Ziel besteht nämlich darin, Ihnen beurteilen zu helfen, welche Methoden für Sie sinnvoll sein könnten.

Voltaire gab einst den Ratschlag: „Beurteilt einen Menschen nach seinen Fragen und nicht nach seinen Antworten." Wir als Herausgeber können Ihnen zwar nicht sagen, welche Methode oder Methoden Sie in Ihrem Umfeld anwenden sollen, aber wir können Ihnen als ersten Schritt einen Fragenkatalog anbieten, den andere schon eingesetzt und für geeignet befunden haben. Die Mitglieder besagter Arbeitsgruppen können z. B. zuerst die einzelnen Kapitel lesen und dann in der Gruppe über das Gelesene diskutieren. Vielleicht findet Ihre Gruppe die folgenden Diskussionsfragen nützlich, wenn sie beurteilen muss, welche Vorteile und Nachteile mit der Anwendung der einzelnen Methoden auf Ihre spezifische Situation verbunden sind.

Allgemeine Fragen

Welche Veränderungen möchten wir in unserer Organisation oder Gemeinde durchführen? Welche Methoden scheinen unseren Bedürfnissen entgegenzukommen?

1. Wir würden diese Methoden in unserer Kultur funktionieren? Würde sie den Status quo auf konstruktive Weise hinterfragen?
2. Wer muss bei der Auswahl einer Methode involviert werden?
3. Worin bestehen unsere nächsten Schritte?

Kapitelfragen

In jedem Kapitel werden neun allgemeine Themen bearbeitet, die nachstehend formuliert werden. Zwar variieren die Überschriften der Themen je nach Verfasser, doch die Abfolge der inhaltlichen Bearbeitung ist in allen Kapiteln gleich. Die Symbole neben den Überschriften sollen Ihnen helfen, die einzelnen Themen schnell aufzufinden. Im Anschluss an die Lektüre mehrerer Kapitel kann Ihre Arbeitsgruppe anhand der folgenden Fragen darüber diskutieren, in welcher Weise Ihre Organisation oder Gemeinde von den Methoden profitieren kann.

1. Bericht aus der Praxis
   A: Können wir uns vorstellen, dass sich dieses Szenario in unserem Umfeld entwickelt?
   B: Wodurch könnte es initiiert werden?

2. Die Grundlagen: Antworten auf häufig gestellte Fragen
   A: Wären die beschriebenen Resultate für uns nützlich?
   B: In welcher Hinsicht wäre die Anwendung dieser Methode für uns nützlich? Können wir einen klaren Fall formulieren?

3. Der Start
   A: Wie können wir den Ratschlag der Autorin bzw. des Autors für den Start der Methode in unserem Umfeld verwerten?
   B: Ergeben die Leitmotive einen Sinn für das, was wir zu erreichen versuchen?

4. Rollen, Aufgaben und Beziehungen
   A: Sind die Förderer bereit, ihre Aufgaben zu übernehmen?
   B: Stehen uns versierte Moderatoren zur Verfügung? Wo können wir diese finden? Wie viel Geld würden sie uns kosten?
   C: Wie effektiv sind externe Moderatoren für unsere Kultur?

5. Auswirkungen auf das Macht- und Autoritätsgefüge
   A: Welche Implikationen haben Machtverschiebungen für unser Umfeld?
   B: Wenn eine Methode zur Machtverschiebung führt, werden unsere Führungskräfte diese Veränderung bereitwillig annehmen?

6. Erfolgsbedingungen
   A: Existieren die Bedingungen für einen Erfolg in unserem Umfeld?
   B: Wenn nicht, wie können sie geschaffen werden? Lohnt sich diese Anstrengung?

7. Theoretisches Fundament
   A: Wie passt die Theorie zu unserer Kultur?
   B: Können wir alles erklären, was für den Fortgang notwendig ist?

8. Die Ergebnisse halten
   A: Wie erfolgreich ist unsere Kultur darin, Veränderungen eine Dauer zu geben? Wodurch würden die Chancen besser?
   B: Werden sich unsere Führungskräfte verpflichtet fühlen, zur Nachhaltigkeit der Ergebnisse beizutragen?

9. Abschließende Bemerkungen (optionales Kapitelthema)
   A: Treten wir einen Schritt zurück und denken darüber nach, was wir gelesen haben. Wie reagieren wir darauf?
   B: Wenn mehrere Methoden geeignet zu sein scheinen, welche Kriterien würden uns helfen, die richtige Wahl zu treffen?

Teil 1 ist eine Synthese dessen, was wir aus der Durchsicht der großen Methodenvielfalt in diesem Buch gelernt haben. Da sich der Rest des Buches in erster Linie mit den Unterscheidungsmerkmalen der Methoden befasst, war es uns wichtig, Ihnen einen Einblick in die Beziehungen der Methoden untereinander zu geben. Wir können Ihnen die Entscheidung für eine bestimmte Methode zwar nicht abnehmen, hoffen aber, dass wir Ihnen einige Werkzeuge an die Hand gegeben haben, die Ihnen den Entscheidungsprozess erleichtern.

Teil 2. Die Methoden

I. Die Planungsmethoden

1970	1980	1990	2000

1960
Search Conference

1982
Future Search

1984
ToP Participatory Strategic Planning

1987
Strategic
Forum

Search Conference (SC)

Der vernünftige Mensch passt sich der Welt an;
der Unvernünftige besteht auf dem Versuch, die Welt sich anzupassen.
Deshalb hängt aller Fortschritt vom unvernünftigen Menschen ab.
George Bernard Shaw

Bericht aus der Praxis

Microsoft wollte, dass die neu geschaffene Produktionseinheit am Ende der Planungsklausur drei wesentliche Ziele erreichte. Das Unternehmen wollte, dass

- eine klare, gezielte strategische Richtung für seinen von ihm ausgewählten Nischenmarkt besteht;
- alle Mitglieder dieses Bereichs das Schlüsselgeschäft verstehen;
- solide Aktionspläne vorliegen, zu deren Umsetzung sich die Mitarbeiter verpflichtet fühlen.

Das strategische Fundament, das diese Gruppe 1996 legte, gab den Geschäftskurs für den Eintritt in das gewählte Marktsegment in den nächsten fünf Jahren vor. Leitende Mitarbeiter dieser Geschäftseinheit wählten die Search Conference (*SC* – eine Art Zukunftskonferenz) als Methode, mit der sie ihre Ziele erreichen wollten. SC war für *Microsoft* vor allem aus vier Gründen attraktiv:

- Der Zeitdruck in diesem Industriezweig machte es unausweichlich, dass *Microsoft* so schnell wie möglich eine solide, umfassende Strategie entwickelte.
- Die stark aktionsorientierte Kultur von *Microsoft* erforderte nicht nur eine solide Strategie, sondern auch eine Reihe taktischer Umsetzungspläne, damit sichergestellt werden konnte, dass die Mitarbeiter genau wussten, wie sie den Plan umzusetzen hatten.
- Die gemeinsame Ausrichtung der gesamten Gruppe war extrem wichtig, weil ein hohes Maß an individueller Unabhängigkeit und Initiative bestand.
- Die Mitarbeiter mussten mit ihren Aufgaben der Produktentwicklung so schnell wie möglich vorankommen; Microsoft wollte, dass der gesamte Planungsprozess in weniger als drei Tagen abgeschlossen war.

Die leitenden Angestellten waren überzeugt, dass die Planungsmethode, die sich für ihr Geschäft am besten eignete, SC sei.

---

1 Merrelyn Emery ist seit 30 Jahren Wegbereiterin der Erforschung und Verfeinerung von Search Conferences. Tom Devane schrieb den ersten Entwurf dieses Kapitels, doch in der vorliegenden Version dieses Kapitels spiegeln sich Merrelyn Emerys Theorie und reiche Erfahrung mit Search Conferences.

Wir führten die Search Conference an einem ruhigen Ort weitab vom Alltagsdruck durch. Am ersten Tag entwickelten die Gruppenmitglieder eine gemeinsame Vorstellung von den externen Kräften, die auf die Weltwirtschaft, ihren Industriezweig und ihre Geschäftsgruppe einwirken. Sie explorierten auch die entscheidenden Ereignisse in der Geschichte von *Microsoft*, die sich darauf auswirken, wie sie mit ihrem externen Umfeld und anderen Geschäftseinheiten von *Microsoft* interagieren. Danach analysierten sie kurz ihre neue Organisationseinheit und überlegten, wie diese in ihrer kurzen Existenz funktioniert hatte. Die Gruppe arbeitete bis abends um halb zehn zusammen.

Am zweiten Tag der Search Conference formulierte die Gruppe zwei Fragenkomplexe zu den zukünftigen Möglichkeiten der Organisation:

- Wie wäre die Organisation in den kommenden drei Jahren am Markt idealerweise positioniert, wenn sie alle gesetzten Ziele umsetzen könnte?
- Wie wäre die Organisation in den kommen drei Jahren höchstwahrscheinlich am Markt positioniert, wenn sie minimale proaktive Planungsschritte unternähme und sich externen Marktkräften unterwürfe?

Zeitweilig waren die Diskussionen recht hitzig, weil die Meinungen über den aktuellen Zustand des Geschäfts und über das vermutete Wechselspiel externer Kräfte in der Zukunft auseinander gingen. Doch es gab kaum wirkliche Konflikte, weil alle Gruppenmitglieder auf ein gemeinsames Ziel hinarbeiteten und die vielfältigen Perspektiven verstehen wollten, die jeder Teilnehmer in die Diskussion einbrachte. Am zweiten Tag arbeiteten sie mit der gleichen Energie wie am Anfang bis nachts um halb zwölf. Obwohl sie nicht geplant hatten, bis spät in die Nacht hinein zu arbeiten, veranlassten mehrere Fragen, die aufgeworfen worden waren, sie zur Nachtarbeit, um sicherzustellen, dass sie am letzten Tag noch einen großen Zeitblock für die Aktionsplanung hatten.

Am dritten Tag schlossen die Gruppenmitglieder ihre Arbeit an der Strategie ab und entwickelten Aktionspläne für ihre Umsetzung. Beim Abschied sprachen alle von dem „großartige Gefühl, etwas geleistet zu haben". Seit April 1998 sind sie führend in ihrem Marktsegment.

Die Grundlagen

Was ist SC?

SC ist ein partizipativer Prozess, in dem eine Gruppe von Personen eine Reihe strategischer Ziele *und* taktischer Aktionspläne entwickelt, die sie später umsetzt. Jede Personengruppe – ob Unternehmen, Regierungsbehörde, Kommune oder Branche –, die im Folgenden als System bezeichnet wird, kann eine SC durchführen, wenn sie einen Plan für die Entwicklung ihres Systems erstellen muss. Search Conferences können sich auch auf Themen von nationaler oder regionaler Bedeutung richten.

SC funktioniert am besten mit Gruppen von 20 bis 30 Teilnehmern. Im Allgemeinen dauert eine SC zwei Tage und zwei Nächte. Fred Emery und Eric Trist führten 1960 die erste Search Conference durch. Jede SC ist auf den Kunden und die Realitäten des einzelnen Systems zugeschnitten. Bei großen, komplexen Systemen hat man die Wahl zwischen Multisearch (das sind mehrere Search Conferences, die parallel zur gleichen Zeit und am gleichen Ort mit neuen Gruppierungen für die Aktionsplanung durchgeführt werden) und einer Serie von Search Conferences, an deren Ende ein integrierender Event steht.

Wann ist SC nützlich?

SC kann eingesetzt werden für

- die strategische Planung und als Basis für Grundsatzentscheidungen,
- die Schaffung neuer Systeme, um aufkommende oder vernachlässigte Probleme zu managen,
- die Betrachtung schwerer Konflikte innerhalb eines strategischen Planungskontextes.

In großen Systemen kann eine Search Conference durchgeführt werden, um Probleme und Chancen für die vielfältigsten Ziele einzelner Teile des Systems oder des ganzen Systems aufzugreifen. Einige Beispiele aus Organisationen sind in Tabelle 1 aufgeführt. Gemeinden mit einer großen geographischen Ausdehnung können in Vororte oder Distrikte eingeteilt werden.

Organisation/Gemeinde	Planungseinheit	Ziel
Softwareentwickler	strategische Geschäftseinheit	Entwicklung strategischer und taktischer Aktionspläne für Produktlinien, um in bestimmte Marktnischen vorzustoßen
Telekommunikationsunternehmen	zwei zusammengelegte Abteilungen	Entwicklung einer gemeinsamen strategischen und taktischen Richtung für zwei ungleichartige Abteilungen
US-amerikanische Regierungsbehörde	Gemeinde	Erhaltung der kommunalen Entwicklung nach einem Ausfall von 200 Millionen Dollar regionaler Steuereinnahmen
Gemeinde in den Bergen von Colorado	geographische Grenzen	Suche nach einer gemeinsamen Wissensbasis und Entwicklung von Plänen für vielfältige regionale Interessen, z. B. Bildung, Glücksspiel, Aufteilung von Gewerbegebieten, Landwirtschaft und Erholung
Flugzeughersteller	zwei zusammengelegte Unternehmen	Gestaltung der Zukunft der Flugzeugindustrie auf der Basis der Stärken beider Fusionspartner

Tabelle 1: Anwendungsmöglichkeiten von SC

Wahrscheinliche Resultate

Art des Resultats	Beispiele
sichtbare Erträge	• klar formulierte Zielsetzungen, die ausgedrückt werden als die besonders wünschenswerte und erreichbare Zukunft, und ein entsprechender Zeitplan für die Realisierung dieser Zukunft • koordinierte Aktionspläne zur Erreichung der Ziele • eine Gemeinschaft von Personen, die gelernt haben, wie man aktiv und adaptiv plant
gemeinsamer Lernprozess, gemeinsames Verstehen und gemeinsame Motivation	• Lernen über das Umfeld vonseiten aller Teilnehmer mit einem gemeinsamen Verständnis der externe Kräfte, die das System beeinflussen • gemeinsame Verpflichtung zur Umsetzung des Plans, indem Verantwortung für die Ziele in der Zukunft übernommen wird • gemeinsames Wissen über vergangene, gegenwärtige und zukünftige Bedingungen und Chancen • gemeinsame Ideale, mit denen eher oberflächliche Differenzen überwunden werden
Kommunikation	• Umfeld für einen in allen Bereichen offenen Gedankenaustausch • gemeinsame Sprache, um externe und interne Ereignisse und Bedingungen zu interpretieren • geringere/überwundene Orientierung auf Status, Rang und Einfluss • kritisches Denken und Hinterfragen von Annahmen, bevor Umsetzung erfolgt

Tabelle 2: Arten von Resultaten

Die einzelnen Resultate einer SC können sehr unterschiedlich sein und hängen von ihrem jeweiligen erklärten Ziel ab. Zu den Gemeindebeispielen gehören die wirtschaftliche Entwicklung mit einer sauberen Umwelt, einem neuen Straßen- und Verkehrssystem und einem funktionierenden Gesundheitssystem.

Wie funktioniert SC?

Abbildung 1 zeigt die Schlüsselelemente des offenen Systems und die Wechselbeziehungen dieser Elemente.

Die Theorie der offenen Systeme besagt, dass alle Systeme durchlässige Grenzen haben und deshalb ihren Umwelten gegenüber offen sind. Manche Systeme können auch eine wichtige „Aufgabenumwelt" haben, die zwischen der sozialen Umwelt und dem System liegt (siehe Abb. 1). Einfach ausgedrückt, besagt die Theorie der offenen Systeme Folgendes: Um langfristig lebensfähig zu sein, muss das System darauf achten, dass es

- die relevanten Umwelten kontinuierlich auf Veränderungen hin überprüft, die seine Lebensfähigkeit beeinträchtigen könnten,
- sich neuen Informationen, die es empfängt, aktiv und auf eine Weise anpasst, dass es diese Umwelten ebenso beeinflussen kann.

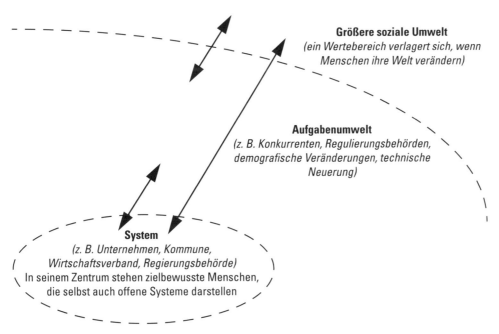

Abbildung 1: Das offene System

Jüngere Erfahrungen mit Organisationen wie IBM, *Sears* und *Digital Equipment Corporation* (gehört inzwischen zu *Compaq*) zeigen auch, wie wichtig es ist, sich *rasch* oder zumindest so rechtzeitig anzupassen, dass nicht Unsummen aufgewendet werden müssen, um die ganze Organisation umzubauen. Nach neuesten Schätzungen belief sich der Umbau von IBM auf 8 Milliarden Dollar.

Die Theorie der offenen Systeme besagt, dass System und Umwelt *gemeinsam operieren*, um die Zukunft von beiden zu gestalten und zu bestimmen. Das bedeutet, dass sie nicht unabhängig voneinander entstehen, sondern sich miteinander entwickeln. Die Theorie der offenen Systeme besagt auch, dass ein System und seine Umwelt nach bestimmten Gesetzen funktionieren und dass diese Gesetze artikuliert werden können. In einer Search Conference entdecken und nutzen die Teilnehmer diese Gesetze implizit, um für die Zukunft ihres Systems und seiner Umwelt zu planen.

Der Prozess

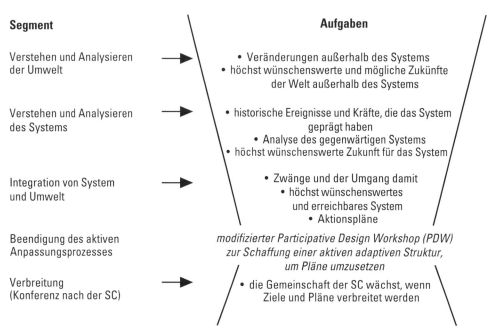

Abbildung 2: Modellhafte Darstellung von SC (konkrete Search Conferences können von diesem Modell stark abweichen)

Da SC auf der Theorie der offenen Systeme beruht, sind die Schlüsselelemente ihrer Arbeit das System, die Umwelt und die Integration des darüber Gelernten in Aktionspläne, damit ein aktives adaptives System hervorgebracht werden kann. Der Prozess ist deshalb integriertes Lernen und Planen. In das obige Diagramm haben wir auch den modifizierten PDW (siehe 5. Kapitel) aufgenommen, der dazu beiträgt, dass eine kontinuierliche aktive Anpassung und Fortführung stattfindet und die Verbreitung sichergestellt ist, die *nach* dem Event einsetzt. Diese Verbreitung ist ein wesentliches Merkmal von SC, weil ohne effektive Verbreitung die Zeit, die zur Entwicklung von Strategieplänen aufgewendet wird, im Grunde genommen verschwendet worden ist. In einer Search Conference entwickeln die Teilnehmer die Aktionspläne so, dass zu deren Umsetzung die effektive Verbreitung der Ziele und ihrer zugrunde liegenden Ideale gehören. Diese Verbreitung der Strategie ist ein wichtiges Leistungselement für Systeme von Weltrang.

Hier ist das Bild eines Trichters die passende Analogie: Zu Beginn einer SC ziehen die Teilnehmer alle Möglichkeiten in Betracht und steuern dann allmählich auf ihren Fokus und die besten Einsätze zu. Sie beginnen auf einer breiten Basis der möglichen Implikationen von Veränderungen im sozialen Feld, und mit dem Fortschreiten des Prozesses verengen sie ihren Fokus allmählich auf eine Reihe spezifischer Ziele und auf die Mittel, mit denen sie ihre Zukunft als adaptives System erreichen, das seine unmittelbaren Umwelten beeinflusst.

SC ist ein Event, das eine Gemeinschaft aufbaut; sie ist kein Kleingruppenereignis. Jede Kleingruppenaktivität muss in Plenarsitzungen größerer Gruppen integriert werden, um in das Eigentum der Gemeinschaft übergehen zu können. Zur Integration gehört der Prozess der Konfliktbetrachtung, sodass die gemeinsame Wissensbasis kristallklar ist.

Rechtfertigung der Kosten

Eine Cashflowanalyse ist normalerweise unmöglich und auch nicht empfehlenswert, da sie sich dafür eignet, Ressourcen zu beurteilen, die für ein bestimmtes Problem verwendet werden sollen; aber SC ist *kein* Event, der Probleme löst. Mit SC kann jedoch eine langfristige Zukunft geplant werden, der sich die Menschen in Ihrem System verpflichtet fühlen. Wie viel ist Ihnen dies wert? Welche Kosten sind damit verbunden, wenn Sie Ihr System in eine unberechenbare Umwelt treiben lassen?

Eine Diskussion über dieses Thema enthält normalerweise folgende Punkte:

- die präsentierten Symptome,
- was das System im Hinblick auf eine strategische Perspektive braucht,
- was gegenwärtig fehlt und die SC bieten könnte und was SC impliziert,
- die Vorteile im Detail und was es bedeutet, eine partizipative strategische Planung durchzuführen, statt sich auf ein paar Personen zu verlassen, die aktuell Strategiepläne entwickeln und diese dem System überstülpen,
- eine kritische Evaluierung der Frage, ob SC überhaupt die adäquate Methode ist.

Der Start

Grundlagen, die zu beachten sind

An dieser Stelle möchten wir gleich darauf hinweisen, dass die Durchführung einer SC *nicht* zwangsläufig zu einer Transformation der gesamten Organisation führt. Sie stellt jedoch eine fundamentale Veränderung der Art und Weise dar, wie die meisten Systeme strategische Planung durchführen. Zur strukturellen Veränderung eines Systems informiert Sie das 5. Kapitel (über PDW). Participative Design Workshops werden häufig im Anschluss an Search Conferences abgehalten, um eine solche Veränderung zu realisieren.

Vor einer Search Conference müssen einige Aktivitäten durchgeführt werden. Eine gute Checkliste von wesentlichen Aktivitäten, die einer SC vorausgehen, enthält die folgenden Punkte:

- Definieren Sie präzise das System bzw. das potenzielle System.
- Erarbeiten Sie gegebenenfalls eine Darstellung des Ziels.
- Legen Sie fest, was jede Person vor der Teilnahme wissen muss.
- Beschaffen Sie sich diese Informationen, falls sie noch nicht vorliegen.
- Bestimmen Sie, wer involviert sein muss, und erstellen Sie eine Einladungsliste.
- Klären Sie die Teilnehmer über die Konferenz, ihr Ziel, ihren Inhalt und ihre Methode auf.
- Entwerfen Sie die SC.
- Planen Sie die Logistik, und treffen Sie die für die Konferenz notwendigen Arrangements.

Wenn nur eine einzige Search Conference geplant ist, empfehlen wir das Community Reference System, ein neutrales Verfahren, nach dem Systeme ihre eigenen Teilnehmer auswählen. Mit diesem Verfahren wird sichergestellt, dass das gesamte erforderliche Wissen des Systems im Konferenzraum vertreten ist.

In großen, komplexen Systemen sind häufig mehrere Search Conferences notwendig. Es ist unkompliziert, die Teilnehmer für die abschließende SC zu bestimmen, wenn das Ziel darin besteht, die Zukunft hierarchischer Organisationen zu gestalten. Zu den Teilnehmern gehören dann die Personen, die dafür bezahlt werden, die Verantwortung für die Gesundheit und Richtung der Organisation zu übernehmen, d. h. das obere Management. Das bedeutet, dass andere Search Conferences oder ähnliche partizipative Prozesse vor und/oder nach diesem Event durchgeführt werden sollten, damit weitere Personen in die Planung auf anderen Ebenen der Organisation auf natürliche Weise einbezogen werden.

Das vorherrschende Leitmotiv besteht darin, dass SC den Menschen die Gelegenheit gibt, mehr Kontrolle über ihre eigenen Belange und Geschicke auszuüben. Alle theoretischen und praktischen Aspekte von SC sind auf dieses Ziel ausgelegt.

Rollen, Aufgaben und Beziehungen

Je nach Art der Search Conference kann es – muss es aber nicht – Förderer und/ oder eine Planungsgruppe geben; ihre Rollen und Aufgaben hängen jeweils von ihrer Natur und ihrem Ziel ab. Spezifische Rollen und Aufgaben, die normalerweise den Moderatoren (die wir SC-Manager nennen) und den Teilnehmern zukommen, sind in Tabelle 3 aufgelistet. Wir vermeiden das Wort „Moderator" ganz bewusst und benutzen stattdessen den Begriff „Manager" aus zwei Gründen.

Erstens fungieren SC-Manager nicht als Helfer oder Berater, weil das implizierte, dass sie in den Inhalt oder die Arbeit der Konferenz einbezogen würden. Diesem Gedanken liegt die Annahme zugrunde, dass die Teilnehmer verantwortliche Erwachsene und folglich fähig und bereit sind, die Verantwortung für ihre Zukunft zu übernehmen. Deshalb besteht eine strikte Arbeitsteilung, bei der die Teilnehmer die Arbeit verrichten und der SC-Manager sicherstellt, dass die Teilnehmer zur Verrichtung ihrer Arbeit ein optimales Lernumfeld und den bestmöglichen Prozess zur Verfügung haben.

Zweitens wollen wir nicht, dass die Teilnehmer den SC-Manager als Moderator im herkömmlichen Sinn sehen. Das kann zur Abhängigkeit einladen. Es ist immer nützlich, wenn am Anfang des Events die Erwartungen überprüft werden.

	vor der SC	während der SC	nach der SC
SC-Förderer (nur für Search Conferences von Organisationen geeignet, nicht für Search Conferences von Kommunen)	• beurteilt die Angemessenheit einer SC als Planungsmechanismus • erklärt und demonstriert der Organisation (dem System) die Wichtigkeit der SC • vereinbart, dass weder der Förderer noch eine andere Gruppe innerhalb der Organisation die Ergebnisse einer SC einseitig umstoßen oder verwerfen	• sieht davon ab, die Autorität seiner Position einzusetzen, um Diskussionen und Entscheidungen zu dominieren • gibt gegebenenfalls Informationen in Bereichen, in denen die Teilnehmer nur wenig Wissen über das „große Bild" haben, das aber die Förderer kraft ihrer Position vielleicht haben	• stellt sicher, dass die Teilnehmer genug Zeit haben, um Aktionen aus der SC heraus durchzuführen • kontrolliert, dass die Planungsgruppen einander Rechenschaft ablegen über die Durchführung der Aktionsschritte, die für nach der SC vereinbart worden sind • beweist Führungsstärke im neuen Paradigma des strategischen Planens und Lernens
SC-Manager (einer/ mehrere)	arbeitet mit Person/en des Systems, um alle auf Ziel, Vorplanung und Design gerichteten Aspekte durchzudenken, z. B.: • Erstellung einer Teilnehmerliste • Bedarf an partizipativen Sitzungen • Design der Serie von partizipativen Sitzungen • Planungshorizont • Bedarf an Nachforschungen • Aufklärung der Teilnehmer und anderer Personen über das Ziel und die Methode • Designkonzept • adäquate Logistik	managt alle Aspekte des Lernumfeldes und des Prozesses, z. B.: • bringt Zeit und Aufgaben in Übereinstimmung • gibt kristallklare, einfache Aufgabenanweisungen • legt die Zusammensetzung der Kleingruppen fest • nutzt den Prozess der Konfliktbetrachtung • achtet auf und verhindert negative Gruppendynamik • gestaltet gegebenenfalls „spontan"	• keine

	vor der SC	während der SC	nach der SC
SC-Teilnehmer	• keine Rollen; Teilnehmer stehen in dieser Phase noch nicht fest, außer vielleicht Person/en, mit der/denen der SC-Manager in Verbindung steht (siehe unten)	• geben inhaltliche Sachkenntnisse • lernen das Umfeld und das System genau kennen • planen die Zukunft des Systems mit dem Ziel, das Umfeld zu beeinflussen	• gehen den Verpflichtungen nach, die in der SC vereinbart worden sind, d. h. Umsetzung der Pläne
Person/en im System (manchmal „Planungsgruppe" genannt)	• beurteilen die Angemessenheit einer SC als Planungsmethode • machen sich und andere kundig über die Bedeutung der SC für ihre Situation • wenden gegebenenfalls das Community Reference System an • handeln alle Vereinbarungen aus, die für eine erfolgreiche Arbeit und Umsetzung relevant sind	• können, müssen aber nicht teilnehmen	

Tabelle 3: Rollen und Aufgaben

Verschiebungen im organisationalen Macht- und Autoritätsgefüge

SC verfolgt nicht das Ziel, das Macht- und Autoritätsgefüge einer Organisation zu verändern. *Während* des Events arbeiten die Teilnehmer als Peers zusammen, d. h., dass niemand eine Position der „Überlegenheit" einnimmt: „Wir sehen keine Dienstgradabzeichen und tragen keine Dienstgradabzeichen."[2]

Nach einer Search Conference sollten die für die Aktionsplanung zuständigen Gruppen ihre demokratische Struktur beibehalten, d. h., dass es in Ausschüssen oder Projektteams keine Vorgesetzten gibt (weil es sonst zwei Managementebenen gäbe). Deshalb stellen diese Gruppen eine informelle Veränderung dar, wenn die Organisation eine hierarchische Struktur hat; wenn die Organisation aber eine demokratische Struktur hat, stellen diese Gruppen keine strukturelle Veränderung dar.

Erfolgsbedingungen

Folgende Bedingungen sind notwendig, damit SC ein Erfolg wird:

- Die Gemeinschaft (welcher Art auch immer) bzw. das Management hat gezeigt, dass SC wichtig ist.
- Die der SC vorausgehende Arbeit ist umfassend und durchdacht – eine SC ist nur so gut wie ihre Planung.
- Das gesamte unentbehrliche Wissen über das System ist im Konferenzraum vertreten, damit die Steine des strategischen Planungsmosaiks vorhanden sind.

---

2 Diese Ermahnung führt bei einigen Führungskräften zur Konfusion. Sie fragen: „Ich weiß viel über das Geschäft, was die anderen Teilnehmer nicht wissen. Heißt das denn, dass ich nichts sagen darf?" Die Antwort ist ein emphatisches Nein. Die Teilnehmer werden sich von ihrem Wissen und ihrer Erfahrung her immer unterscheiden. (Genau dieser Unterschied gehört zu den Faktoren, die Search Conferences als Planungsprozess so erfolgreich machen. Wir brauchen unterschiedliche Perspektiven aus dem System, um eine robuste Aktionsplanung für das System machen zu können.) Die Frage ist, wann die Ideen des oberen Managements eingeführt werden und wie sie eingeführt werden. Führungskräfte mit Autorität qua Position sollten ihre Informationen zum geeigneten Zeitpunkt als weitere Datenstücke einführen, über die die Gruppe nachdenkt, und nicht als Verordnungen des oberen Managements. In der Search Conference müssen die Führungskräfte die Themen auf demokratische und nicht auf autokratische Weise diskutieren.

- Die Teilnehmer sind im System und wissen, dass sie für die Umsetzung der Aktionspläne verantwortlich sind.
- Die SC-Manager kennen ihre Theorie und die Prinzipien einer guten Praxis.
- Während und nach der SC ist eine demokratische Struktur vorhanden, damit die Aktionspläne umgesetzt werden können.

Weshalb funktioniert SC?

Diese Methode funktioniert, weil sie

- auf einer einzigartigen Kombination solider Konzepte in einem in sich schlüssigen Modell beruht (siehe Abschnitt *Theoretisches Fundament und Forschungsbasis, S. 43*),
- seit 1960 kontinuierlich weiterentwickelt wird.

Diese Methode sollten Sie nicht anwenden, wenn

- die oben aufgeführten Erfolgsbedingungen nicht gegeben sind,
- die Absicht darin besteht, einen Weg zu einem Ziel (Problemlösung) zu finden, und nicht darin, die Ziele selbst zu schaffen (das Mosaik zusammenzusetzen). Wenn die Frage z. B. lautet: Mit welcher Technik können wir die Produktivität optimal steigern?, sollten Sie SC nicht anwenden. Wenn das Ziel wirklich ein offenes Ende ist und die Frage z. B. lautet: In welchem Geschäft sollten wir tätig sein?, dann ist SC angemessen;
- Ihre Organisation bereits eine Reihe strategischer Ziele aufgestellt hat und die Mitarbeiter schon darauf verpflichtet sind, externe Veränderungen zu überwachen und zu verstehen. In einem solchen Fall gehen Sie gleich zu PDW (siehe 5. Kapitel) über.

Die häufigsten Fehler in der Anwendung dieser Methode

Gut durchgeführte Search Conferences halten sich strikt an die Prinzipien. Es gibt drei allgemeine Kategorien von Fehlern:

Allgemeine Kategorie	Fehler	Beispiel
Falscher Gebrauch	• Eine SC wird zur Problemlösung oder Entscheidungsfindung benutzt. • Das obere Management will sich eine unpopuläre Sache einkaufen.	• Die Firma sucht eine Entscheidung darüber, wo sie ein neues Werk bauen soll. • Der CEO (Chef Executive Officer) möchte die Mitarbeiter davon überzeugen, dass ein Stellenabbau notwendig ist. Die SC könnte das falsche Bild einer von allen gemeinsam getroffenen Entscheidung geben.
Unzulängliche Teilnehmerliste	• Das gesamte Wissen über das System ist nicht in der SC vertreten. • Einige Teilnehmer („Akteure" genannt) können für die Umsetzung von Aktionsplänen nicht verantwortlich sein. • Externe Experten werden eingeladen, den Anstoß zu geben oder an der SC teilzunehmen.	• Das Wissen aus Forschung und Entwicklung (FuE) ist nicht vertreten, wenn die Zukunft der Firma von technischer Innovation abhängt. • Kunden werden zur SC einer Organisation eingeladen. • Managementguru Peter Drucker wird eingeladen, zu Beginn einer SC über die Zukunft der Wissensarbeit zu sprechen. (Besser wäre es, wenn er ein paar Tage vor der SC seine Ansichten präsentieren würde.)
Fortsetzungsarbeit der SC	• Im Vorfeld besteht ein Mangel an Aufklärung und Übereinstimmung darüber, was involviert sein wird. • Es gibt keine Aufklärung über die genotypischen organisationalen Designprinzipien, und/oder es wird nach der SC kein modifizierter PDW durchgeführt.	• Die Gruppen haben keine Zeit zur Umsetzung, der tagtägliche Druck nimmt sie zu stark in Anspruch, und sie verschieben permanent ihre Folgeaktionen. • Eine Gemeinde bildet Ausschüsse, damit diese die Aktionspläne umsetzen. Oder: • Die für die Aktionsplanung zuständigen Teams halten sich nicht für die Fortsetzungsarbeit zuständig, und niemand bemerkt dies. Aktionen unterbleiben.

Tabelle 4: Häufige Fehler

Theoretisches Fundament und Forschungsbasis

SC beruht auf einem breiten theoretischen Fundament. In Tabelle 5 werden die wichtigsten Elemente und ihre Anwendung beschrieben.

$E = mc^2$

Theoretiker/ Forscher	theoretische Schlüsselelemente	Anwendung in der Search Conference
Fred Emery und Eric Trist	Theorie der offenen Systeme (siehe Abb. 1) und erste Search Conference wurden angewendet, um zwei Giganten der Flugzeugindustrie zu fusionieren.	SC ist die Übersetzung des Modells des offenen Systems in Inhalt und Prozess.
Fred Emery	• genotypische organisationale Designprinzipien • menschliche Ideale und Suche nach Idealen	Die Organisationsstruktur der SC beruht auf dem zweiten Designprinzip, d. h., dass die Verantwortung für Resultat und Umsetzung den Teilnehmern gehört. Das Prinzip schafft Bedingungen für Suche nach Idealen, produktive Arbeit, qualitativ hochwertige Produkte und Verpflichtung dazu.
Fritz Heider, James J. Gibson und Fred Emery	ökologisches Lernen – die Fähigkeit, sinnvolles Wissen direkt aus unserer Umwelt zu extrahieren	Dieser Prozess wird durchgängig in den Search Conferences benutzt, die keine besondere Bildung oder Ausbildung voraussetzen. Er baut Vertrauen in Wahrnehmung, Erfahrung, das eigene Selbst und in andere Menschen auf.
Fritz Heider, Theodore M. Newcomb und Solomon Asch	das Einfluss- und Veränderungsmodell $A_{-X}\text{-}B$ und die darin enthaltenen Bedingungen für effektive Kommunikation	Search Conferences bringen diejenigen (A + B), die ein gemeinsames Ziel oder ein gegenseitiges Anliegen (X) haben, zusammen und umfassen alle Bedingungen für einen höchst wahrscheinlichen Erfolg.
Wilfred Bion	Beschreibung der dysfunktionalen Annahmen, die Gruppen machen können, und des kreativen Arbeitsmodus	Die SC wird auf den Arbeitsmodus hin gestaltet und gemanagt; Annahmen in Bezug auf Kampf, passiven Widerstand oder Ablehnung von Verantwortung entstehen nicht.
Philip Selznick	sich unterscheidende (einzigartige) Kompetenz	Dieses Konzept wurde 1960 als Basis der aktuellen Systemanalyse benutzt. Heute wird es manchmal noch angewendet, doch häufig wird es durch umfassendere Analysen ersetzt.
Fred Emery	Konfliktbetrachtung und Suche nach einer gemeinsamen Wissensbasis: Stufe 1 („den Konflikt wieder in den Mittelpunkt rücken") und Stufe 2 (Unterscheidung zwischen Übereinstimmungen und Meinungsverschiedenheiten)	Wir beginnen außerhalb des Fokus einer wahrscheinlichen Meinungsverschiedenheit (Stufe 1). Alle Meinungsverschiedenheiten werden anerkannt, ausführlich diskutiert und, wenn sie ernst sind, besonnen in eine „Liste der Meinungsverschiedenheiten" aufgenommen (Stufe 2). Danach arbeiten wir auf der nun präzise definierten gemeinsamen Wissensbasis. Es bestehen immer mehr als genug gemeinsame Ziele, um die Arbeit miteinander fortzusetzen.
Sylvan S. Tomkins	das Primat der Emotionen in der Motivation und im Verhalten des Menschen	Bedingungen für die Aktivierung von Gefühlen der Aufregung und Freude sind integraler Bestandteil von SC.
Fred Emery und Merrelyn Emery	wie oben, plus Jahre der Forschung und Entwicklung	Mit engagierten Menschen haben diese Forscher der Theorie der offenen Systeme zu einem hohen Maß an Zuverlässigkeit verholfen.

Tabelle 5: Theoretisches Fundament

Wichtige Unterscheidungsmerkmale dieses Ansatzes

Zwischen diesem Ansatz und anderen bekannten Methoden bestehen wesentliche Unterschiede. Im Abschnitt *Abschließende Bemerkungen* weiter unten werden einige dieser entscheidenden Unterschiede aufgegriffen.

Die Ergebnisse halten

Die Bedingungen für Nachhaltigkeit sind in der Methode angelegt, wenn man dem Zweistufenmodell von SC folgt und der modifizierte PDW durchgeführt wird. Wenn Menschen in Strukturen arbeiten, in denen sie für Koordination und Kontrolle verantwortlich und in die die anderen Elemente integriert sind, dann wollen sie diese Ergebnisse erhalten.

Einfluss auf die kulturellen Annahmen der Organisation

Der Begriff Kultur wird üblicherweise als die Systeme von Annahmen und Konventionen definiert, die das Leben einer bestimmten Gruppe regeln. Kultur ist ein Produkt aus Mensch *und* Umwelt. Menschen verändern ihr Verhalten, wenn sich die Struktur ihrer Umwelten verändert. Deshalb sind in Search Conferences viele Teilnehmer überrascht, wenn andere Personen sich nicht so verhalten, wie sie es erwartet haben. Die Teilnehmer kooperieren, statt dass sie konkurrieren oder dominieren. Sie haben mehr Energie und Motivation. Wenn die Bedingungen langfristig erhalten bleiben, werden diese „neuen" Verhaltensweisen zum akzeptierten Muster.

Abschließende Bemerkungen

SC setzt sich aus unzähligen partizipativen Methoden zusammen. Deshalb gibt es einiges, was sie nicht ist. In Tabelle 6 werden einige der wesentlichen Unterschiede zu anderen Ansätzen beschrieben. Die meisten dieser Unterschiede gehören in eine weithin gemeinsame Kategorie namens „menschliche Beziehungen", was bedeutet, dass die Dinge in Ordnung sind, wenn wir unsere Beziehungen durch einen anständigen Umgang miteinander „humanisieren". Andere Formen der strategischen Planung gehen davon aus, dass die Zukunft genauso aussehen wird wie die Vergangenheit oder die Gegenwart. Deshalb ignorieren diese Ansätze das externe soziale Feld, in dem sich Werte und Ideale verändern und von dem wir alle beeinflusst werden.

Bei anderen Ansätzen ist es oft so, dass sie …	In einer SC ist es dagegen so, dass wir …	Weil Forschung und Erfahrung uns gezeigt haben, dass …
davon ausgehen, dass Teilnehmer/Klienten Probleme haben und Hilfe brauchen. Dies schafft Abhängigkeit von externen Experten. Moderatoren leiten die Gruppen und greifen in den Inhalt ein.	davon ausgehen, dass Teilnehmer/Klienten verantwortliche erwachsene Menschen sind, die lernen und ihre eigene Zukunft gestalten wollen. Manager moderieren die Gruppen nicht und greifen auch nicht in den Inhalt ein. Die Teilnehmer lernen, sich als sich selbst steuernde, aktive, adaptive Planer zu verhalten.	der SC-Manager sich nicht nach dem Muster „Eltern-Kind-Interaktion" verhält, sondern nach dem Muster „Interaktion unter Erwachsenen" und dass sich das Verhalten der Teilnehmer von der Rolle des hilflosen Opfers zur Rolle des aktiven Planers der eigenen Zukunft verschiebt.
es zu ihrem Anliegen machen, wie Menschen als Gruppe interagieren. Der Moderator fokussiert darauf, dass die Teilnehmern sich wohl fühlen können.	damit rechnen, dass Meinungsverschiedenheiten auftauchen, wenn Menschen miteinander an einer Aufgabe von gegenseitigem Interesse arbeiten.	Menschen Unterschiede akzeptieren und auf einer gemeinsamen Wissensbasis auf Resultate hinarbeiten können, wenn sie aufgabenorientiert an gemeinsamen Zielen arbeiten.
den Konflikt vermeiden oder ihn zu lösen versuchen.	den Konflikt durchsprechen und ihn danach ordnen, worüber man sich einig ist und worüber es Meinungsverschiedenheiten gibt.	ein paar ernsthafte Meinungsverschiedenheiten Menschen nicht davon abhalten zusammenzuarbeiten.
die organisationalen Designprinzipien vernachlässigen.	den Event nach dem zweiten Designprinzip strukturieren: Suche nach Idealen, positiven Emotionen, Energie und Motivation.	die organisationalen Designprinzipien sehr starke Auswirkungen auf das menschliche Verhalten haben.
Kleingruppenarbeit nicht integrieren, um eine präzise Übereinstimmung in den Zielen zu erreichen. Nach der Konferenz können die Teilnehmer frei ihren eigenen Interessen nachgehen.	einen Strategieplan und Aktionen zu entwickeln versuchen, die Eigentum der ganzen Gruppe sind und von ihr umgesetzt werden.	eine gemeinsame Wissensbasis, auf die man sich präzise verständigt hat, grundlegend ist für die Verpflichtung auf eine strategische Richtung und für eine kluge Nutzung knapper Ressourcen.
wenig oder überhaupt keine Zeit für Aktionsplanung aufwenden.	ungefähr ein Drittel der Zeit für Aktionsplanung aufwenden.	brauchbare Aktionspläne sorgfältig mit den Zielen koordiniert werden müssen.
die unterschiedlichsten Konzepte aus verschiedenen Ansätzen anwenden.	uns auf ein kohärentes und in sich schlüssiges Theoriekorpus stützen.	unterschiedliche Ansätze nicht immer zusammengehen und dadurch Konfusion und Frustration entstehen.

Bei anderen Ansätzen ist es oft so, dass sie …	In einer SC ist es dagegen so, dass wir …	Weil Forschung und Erfahrung uns gezeigt haben, dass …
das erweiterte Umfeld ignorieren und dadurch das System verwundbar machen für Werteverschiebungen in Bereichen wie z. B. Absatzmärkte oder Einsatz von Technik.	primär und mit besonderem Nachdruck auf das erweiterte Umfeld fokussieren.	das erweiterte Umfeld mächtiger ist als jedes System.
die Bedingungen für eine effektive Kommunikation nicht integrieren.	die Bedingungen für eine effektive Kommunikation integrieren und diese entsprechend managen.	ein völlig offener und öffentlicher Dialog und die Akzeptanz, dass wir alle Menschen sind und in derselben Welt leben, entscheidend dafür sind, Vertrauen und einen realistischen, brauchbaren Plan entwickeln zu können; unter diesen Bedingungen kommt es häufig zu „Aha-Erlebnissen".
auf Daten aus der Vergangenheit beruhen und diese dann projizieren (z. B. Anstieg um 7 %). Dadurch werden große und nahe liegende Veränderungen übersehen.	Ideale als Grundlage für eine höchst wünschenswerte Zukunft hervorlocken. Die Integration umfeldbezogener und interner Zwänge garantiert, dass diese Zukunft auch realistisch ist.	die Ideale Menschen einigen und motivieren. Sie überwinden Wertedifferenzen und Gegebenheiten.
in problemlösenden Orientierungen verwurzelt sind.	in erster Linie auf optimale Zukünfte fokussieren, was einer Kreativität erzeugenden Orientierung entspricht.	unser unberechenbares Umfeld neue Ideen verlangt. Menschen sind frustriert, wenn sie Probleme von gestern zu lösen versuchen.
Events mit „Eisbrechern" beginnen, z. B. mit Spielen.	mit der absoluten Orientierung auf eine Aufgabe beginnen und aufhören.	Menschen keine zeitverschwenderischen Aktivitäten wollen, wenn sie zusammenkommen und Ziele eines gegenseitigen Anliegens verfolgen.
Standardvariationen oder Strategiepläne „von der Stange" anwenden.	garantieren, dass jeder Plan die Individualität des Systems und seiner Menschen berücksichtigt.	Menschen sich nicht auf Pläne verpflichtet fühlen, in denen sie sich nicht wiederfinden.

Tabelle 6: Unterschiede zu anderen Ansätzen

Future Search (FS) bzw. Zukunftskonferenz: Auf einer gemeinsamen Wissensbasis in Organisationen und Gemeinden handeln[1]

Niemand kann einem anderen Veränderung aufzwingen.
Sie muss erlebt werden. Wenn wir keine Möglichkeiten finden,
um Paradigmenwechsel einer großen Anzahl von Menschen erfahrbar zu machen,
wird die Veränderung ein Mythos bleiben.
Eric Trist

Bericht aus der Praxis

John Mackey, CEO (Chief Executive Officer) von *Whole Foods Market*, wollte für sein Unternehmen eine gemeinsame Vision, eine strategische Richtung und eine Reihe von Aktionsplänen. Das war im Jahr 1988. *Whole Foods Market* bestand aus Biosupermärkten, von denen die meisten in Texas angesiedelt waren; das Unternehmen hatte 600 Beschäftigte und einen Jahresumsatz von 45 Millionen Dollar. John Mackey organisierte eine Zukunftskonferenz (Future Search) mit dem Titel *Wo wir 1993 sein werden* und lud Teammitglieder, Teamleiter, Verkäufer, Lieferanten, Vorstandsmitglieder, das Management und Kunden aller Niederlassungen dazu ein. Die Teilnehmer stellten sich ein um das Fünffache gesteigertes Geschäftswachstum als einen zentralen Aspekt ihrer Mission vor, den Menschen gesunde Nahrungsmittel anzubieten (24 Supermärkte mit 223 Millionen Dollar Umsatz). Sie verpflichteten sich, ihre Produkte von biologisch arbeitenden Herstellern aus der Region zu beziehen, einen gewissen Prozentsatz des Gewinns für Umweltbelange zurückzulegen und die Allgemeinheit in die Aufklärung über eine gesunde Lebensweise einzubinden.

Fünf Jahre später, nachdem Wachstum, Umsatz und die erreichten sozialen Ziele (32 Niederlassungen, 240 Millionen Dollar Umsatz, Budgets für Gemeinschaftsaktionen in jeder Niederlassung) die gesetzten Erwartungen bereits übertroffen hatten, hielt *Whole Foods Market* eine weitere Zukunftskonferenz namens *1998 werden wir riesig sein* ab. Anwesend waren die gleichen Akteursgruppen sowie Personen von drei neu erworbenen Bioladenketten. Die Herausforderung bestand ihrer Aussage nach darin, voneinander zu lernen, die lokale Identität verschiedener Niederlassungen zu erhalten und eine Unternehmenskultur aufzubauen, in der sich das Beste aller Beteiligten spiegelte, und ebenso die unternehmerischen Werte wie Kundenpflege und Dienst an der Gemeinschaft, kundige Teammitglieder und Verpflichtung zu gesunder Ernährung und Lebensweise zu Eckpfeilern der Zukunft zu machen, die durch schnelles Wachstum nicht aufs Spiel gesetzt werden sollten.

Im Oktober 1998 versammelten sich 140 Akteure von 87 Niederlassungen aus ganz USA in Estes Park im Bundesstaat Colorado. Das Unternehmen hatte inzwi-

---

1 Bearbeitet nach: Weisbord a. Janoff (1995).

schen 16 000 Beschäftigte, einen Umsatz von 1,5 Milliarden Dollar und Regionalbüros in fast allen Teilen des Landes. Viele seiner Führungskräfte waren von Beginn an dabei. Auch dieses Mal wurde über Wachstumsfragen, hohe Qualität und ihre Mission gesprochen, die jetzt unter das Motto „Gesunde Nahrung, gesunde Menschen, gesunder Planet gestellt wurde. Auf dieser Konferenz mit dem Titel *Unsere Vision für 2003* wurden die vielen Probleme der Kundenbetreuung, Teamentwicklung und Übernahmeplanung in einem Riesenunternehmen mit einem jährlichen Wachstum von 25 % angegangen. Insbesondere fokussierte man auf die Frage, wie die zentralen Werte erhalten werden konnten, die das Unternehmen so erfolgreich gemacht hatten – wie etwa die Unterstützung der Biolandwirtschaft, Lebensmittelsicherheit und Aufklärung über Ernährung und Gesundheit –, während man zugleich auf den Wachstumsdruck und die Globalisierung des Geschäfts reagieren musste.

Auf einem CEO-Kongress wurde John Mackey kürzlich gefragt, wie sein schnell wachsendes Unternehmen, das eine neue Nische in der Supermarktindustrie gefunden hat, strategische Planung und die gewonnene Verbindlichkeit in einer so weit verstreuten, dezentralisierten Organisation zusammenbringen könne. „Wir führen alle fünf Jahre eine Zukunftskonferenz durch", antwortete er.

Menschen in Unternehmen, Gemeinden und gemeinnützigen Organisationen auf der ganzen Welt nutzen die Zukunftskonferenz, um ihre Fähigkeit zur Aktion zu transformieren. Sie schaffen dies in ein paar Tagen, indem sie das „ganze System" in einen Raum holen und gemeinsam an einer Aufgabe arbeiten, die im Vorhinein von einem Planungsausschuss ausgewählt worden ist. Vielschichtige Gruppen explorieren ihre Vergangenheit, Gegenwart und Zukunft, bestätigen gemeinsame Werte und verpflichten sich zu Aktionsplänen. Alle partizipieren und teilen sich die Führung. Die signifikantesten Veränderungen geschehen in der Planung, wenn sich die Teilnehmer auf eine Reihe unbekannter Sitzungsbedingungen einigen. Der Schlüssel zum Erfolg dieser Methode liegt darin, dass das generelle Ziel mit den richtigen Personen, die für die Realisierung der Aktion notwendig sind, angesteuert wird.

Die Grundlagen

Weshalb Zukunftskonferenz? Als Gesellschaft haben wir uns in eine technologische Ecke hineinmanövriert. Wir haben mehr Möglichkeiten zum Handeln als jemals zuvor. Doch viel von dem, was für uns wichtig ist, wird nicht durchgeführt, obwohl wir Unsummen ausgeben. Wir bemerken hohe Mauern zwischen den Wohlhabenden und den weniger Wohlhabenden, zwischen Experten und Amateuren, zwischen Führern und Anhängern. In Zukunftskonferenzen reißen wir die Mauern nieder. Wir übernehmen die Kontrolle über unsere eigene Zukunft. Wir holen uns die Verantwortung für uns zurück. Wir entdecken, dass wir von Menschen aus allen Schichten und Berufen lernen und mit ihnen zusammenarbeiten können.

In einer Zukunftskonferenz werden wir sicherer, weil wir aus erster Hand wissen, wo die anderen Menschen stehen. Wir entdecken Ressourcen in uns und anderen, von deren Existenz wir nichts geahnt haben. Wir akzeptieren unsere Unterschiede – in Bezug auf Hintergrund, Sichtweisen und Wertvorstellungen – als Realitäten, mit denen wir leben, und nicht als Probleme, die es zu lösen gilt. Wir können uns leichter von Stereotypen verabschieden. Neue Beziehungen entwickeln sich. Überraschende Projekte werden möglich. Die Zukunftskonferenz ist eine einfache Art des Zusammenkommens, das überall tief greifende Implikationen für Organisationen und Kommunen nach sich zieht.

Die Zukunftskonferenz erweckt das systemische Denken zum Leben. Sie zeigt den Teilnehmern eine Möglichkeit, systemisch zu handeln. Dadurch, dass vielschichtige Parteien, die einander jeweils „Umfeld" sind, vereinigt werden, können die Menschen sich als einem größeren Ganzen verbunden erleben, statt dass sie über dieses Ganze als etwas von „da draußen" sprechen. Wenn alle Personen über denselben Elefanten sprechen und ihre Wahrnehmungen des Kopfes, Schwanzes, Rüssels, der Beine und der Stoßzähne zusammentragen, werden sie zu Aktionen fähig, die keiner von ihnen zuvor für möglich gehalten hätte.

Zu schön, um wahr zu sein? Die Daten sagen nachdrücklich nein!

Im Grunde widerspricht es dem gesunden Menschenverstand, dass aus einer kurzen Planungssitzung von Personen, die sich vorher noch nicht getroffen haben, viel an Umsetzung ergeben würde. Doch es ist weltweit belegt worden, dass diese ungewöhnliche, andauernde, oft mit äußerst problematischen Tatsachen verbundene Aktion nach Zukunftskonferenzen einsetzt. Dies könnte unserer Überzeugung nach nicht geschehen, wenn die Zukunftskonferenz es den Teilnehmern nicht möglich machen würde, Fähigkeiten anzuwenden, die sie schon besitzen – Fähigkeiten, die immer vorhanden sind und in vertrauteren Strukturen kaum erschlossen werden.

Wir haben festgestellt, dass außergewöhnliche Ergebnisse zustande kommen, wenn sich Gruppen versammeln und nur ein paar Schlüsselprinzipien beachten:

- Die richtigen Personen müssen im Raum sein – d. h. Vertreter aus allen Sektionen des ganzen Systems.
- Bedingungen müssen gegeben sein, unter denen die Teilnehmer den ganzen „Elefanten" erfahren, bevor sie einzelne Teile davon bearbeiten.
- Man muss eine gemeinsame Wissensbasis finden und darauf aufbauen.
- Man muss die Verantwortung für Lernen und Handeln übernehmen.

Anwendungsbereiche einer Zukunftskonferenz

Die Methode der Zukunftskonferenz wird angewendet, um vielschichtigen Gruppen zu helfen, eine gemeinsame Wissensbasis zu finden und auf der Grundlage dieser gemeinsamen Wissensbasis Pläne zu entwickeln. In Tabelle 1 werden einige Beispiele beschrieben:

Gruppen, die nach einer gemeinsamen Wissensbasis suchen	spezifische Anwendung der Zukunftskonferenz
technisches Hilfsprogramm der *Bay State Skills Corporation*, kleine und mittlere Betriebe, öffentliche und private Dienstleister und die Regierung eines Bundesstaates	Die Teilnehmer entwickelten Pläne zur Einrichtung eines erweiterten Dienstleistungszentrums, um kleinen und mittleren Betrieben zu helfen, konkurrenzfähiger zu werden. Ihre Pläne zu koordinierten Dienstleistungen lösten eine politische Aktion aus, die eine einzelstaatliche Beihilfe über 1 Million Dollar und eine bundesstaatliche Beihilfe über 10 Millionen Dollar nach sich zog.
in der Arktis lebende Inuit, Organisationen für Landansprüche, Gebietsverwaltungen und Bundesregierung, Banken, Handelsfirmen, ein Bergbauunternehmen, Organisationen zur Unterstützung der Ureinwohner und weitere Gruppen von Ureinwohnern	Die Teilnehmer erarbeiteten ein Modell für wirtschaftliche Entwicklung und einen Aktionsplan für Bildung und Ausbildung, Sozialentwicklung, Bewahrung von Kultur und Sprache, Entwicklung von Kleinunternehmen und Industrie, Investitionen, Organisationsentwicklung, Transportwesen und Infrastruktur, Entwicklung erneuerbarer Ressourcen und Umweltschutz.
Lehrer, Schüler, Schulverwaltungen, Bürger, Regierungsbeauftragte, Polizei, Feuerwehrleute, Beamte der Straßenverkehrsämter, Leiter von Kommunalbehörden und Verantwortliche in der Gemeinde Hopkinton (Massachusetts)	Die Teilnehmer entwickelten einen Plan für *Hopkinton 2000 A. D.*, in dem heikle Probleme angegangen wurden: z. B. die Tatsache, dass die Stadt zwischen 1977 und 1992 doppelt so groß wurde; ein Entscheid für Steuerbegrenzung, durch die der Bildungsetat und andere Haushalte drei Jahre lang eingefroren wurden; und eine jährliche Inflationsrate von 6 %, die die vertraglichen Lohnerhöhungen des Schulpersonals aufhob. Schon ein Jahr nach der Zukunftskonferenz stockten die Einwohner den Bildungshaushalt um 12 % auf, und eine lokale Handelsfirma ging eine Partnerschaft mit der High School ein, spendete 350 000 Dollar für Computer, technische Ausrüstung und Lehrerausbildung und sagte weitere 300 000 Dollar für die nächsten zwei Jahre zu. Die 1998 abgehaltene Folgekonferenz ergab, dass die Stadt zweistellige Zuwachsraten beim Bildungshaushalt verzeichnet und eine laufende Partnerschaft mit lokalen Unternehmen unterhält, die dem System ungefähr 150 000 Dollar pro Jahr zur Unterstützung für Bibliotheken, technische Ausrüstung und Lehrerausbildung bringen. Henry Fredette, zum Zeitpunkt der Zukunftskonferenz Leiter der örtlichen Wasserwerke und inzwischen im Stadtrat,

Gruppen, die nach einer gemeinsamen Wissensbasis suchen	spezifische Anwendung der Zukunftskonferenz
	sagte: „Wir haben alles erreicht, was wir uns vorgenommen hatten." Zu den jüngsten Bewilligungen gehören eine High School im Wert von 34,7 Millionen Dollar und ein Gesamtplan zur Erhaltung der Parks und malerischer Straßen.
Alliance for Employee Growth and Development (eine gemeinnützige Organisation aus *Communications Workers of America, International Brotherhood of Electrical Workers* und *AT&T*)	*Alliance for Employee Growth and Development* unterstützt Mitarbeiter von AT&T, die von der Technik verdrängt wurden, neue Fähigkeiten zu entwickeln und ihre berufliche Laufbahn fortzusetzen. Der Vorstand – leitende Angestellte der drei Partner – führt inzwischen im ganzen Land Vorstandssitzungen durch, die auf Prinzipien der Zukunftskonferenz beruhen. Zu diesen Sitzungen lädt der Vorstand lokale Arbeitgeber und Vertreter der Regierung, aus dem Bildungsbereich und der Sozialdienste ein, um Aktionspläne zum gegenseitigen Nutzen aller zu entwickeln.
Gewerkschaftsvertreter und oberes Management der zu 3M gehörenden Organisation *St. Paul Area Plant Engineering*	Die Teilnehmer beschleunigten die gemeinsamen Ziele von Gewerkschaft und Management, um die Qualität des Arbeitslebens, Produktivität und Managementpraxis zu verbessern. Die Gruppen definierten das Konzept „Einheit durch Partnerschaft" hinsichtlich der Zusammenarbeit in einer Zukunftskonferenz. Sie entwickelten eine gemeinsame Vision eines auf Kundenbedürfnisse hin neu gestalteten Unternehmens und skizzierten Prozesse, um die nicht teilnehmenden Personen einzubeziehen. *St. Paul Area Plant Engineering* wurde anschließend einem groß angelegten Umstrukturierungsvorhaben unterzogen, in dem Gewerkschaft und Management zusammenarbeiteten und das hunderte von Beschäftigten involvierte.
Gemeinde Kansas City (Missouri) und Gemeindemitglieder, die sich für die Qualifikation Jugendlicher, Integration von Dienstleistungen, Finanzierung, regionale Zusammenarbeit, Technologie und freiwillige Jugendprogramme interessierten	Die Teilnehmer setzten den zuvor in Kansas City erreichten gemeinsamen Entschluss um, zur „Hauptstadt der Chancen für Jugendliche" zu werden. Einige entscheidende Resultate waren: Im *Children's Mercy Hospital* nahm man Jugendliche in Ausschüsse für Aufsicht und Verfahren auf; eine lokale *Junior League* machte die Qualifikation junger Menschen zu ihrer nächsten Gemeinschaftsverpflichtung und stellte 90 ehrenamtliche Helfer sowie eine Summe von 200 000 Dollar für Aktivitäten zur Verfügung, zu denen eine jährliche Zukunftskonferenz gehörte, an der auch Jugendliche teilnahmen.

Tabelle 1. Beispiele

Der Prozess

An unseren Zukunftskonferenzen nehmen normalerweise zwischen 60 und 80 Personen teil. Wir halten 64 für eine optimale Teilnehmerzahl – acht Gruppen von jeweils acht Personen. Unser Ziel ist immer die gemeinsame Aktion, die auf eine erwünschte Zukunft von X – z. B. einer Gemeinde, einer Organisation oder einem Problem – gerichtet ist.

In dem folgenden ungefähren Zeitrahmen führen wir fünf Aufgaben durch.

1. Tag, Nachmittag
    Aufgabe 1 – Fokussierung auf die Vergangenheit.
2. Tag, Vormittag
    Fortsetzung Aufgabe 2 – Akteure reagieren auf externe Trends.
    Fortsetzung Aufgabe 2 – Fokussierung auf die Gegenwart, Eigentümer
    unserer Aktionen werden.
2. Tag, Nachmittag
    Aufgabe 3 – Ideale Zukunftsszenarios.
    Aufgabe 4 – Identifikation der gemeinsamen Wissensbasis.
3. Tag, Vormittag
    Fortsetzung Aufgabe 4 – Bestätigung der gemeinsamen Wissensbasis.
    Aufgabe 5 – Aktionsplanung.

Die Aufgaben „Fokussierung auf die Vergangenheit", „Ideale Zukunftsszenarios" und „Bestätigung der gemeinsamen Wissensbasis" werden in gemischten Gruppen durchgeführt, in denen jeweils alle Sektionen des ganzen Systems vertreten sind. Die Aufgabe „Fokussierung auf die Gegenwart" wird von „Akteursgruppen" durchgeführt, deren Mitglieder eine gemeinsame Perspektive haben. Die Aufgabe „Identifikation der gemeinsamen Wissensbasis" ist Angelegenheit der gesamten Konferenz. Die Aktionsplanung wird von bestehenden und freiwilligen Gruppen durchgeführt. Zu jeder Aufgabe gehört ein Dialog in der gesamten Gruppe.

Aufgabensequenz und Gruppenzusammensetzung sind nicht optional. Sie setzen eine starke Dynamik in Gang, die zu konstruktiven Resultaten führen kann. Wir erleben die Höhen und Tiefen einer Zukunftskonferenz als emotionale Achterbahnfahrt, bei der wir in den Morast weltweiter Trends hinabsausen, um uns wieder zu idealistischen Höhen in einer idealen Zukunft aufzuschwingen. Ungewissheit, Angst und Verwirrung sind notwendige Begleiterscheinungen. Das gilt auch für Spaß, Energie, Kreativität und Leistung. Die Methode der Zukunftskonferenz beruht auf der Polarität zwischen Hoffnung und Verzweiflung. Die gute Begegnung mit unseren Höhen und Tiefen führt unserer Überzeugung nach zu realistischen Entscheidungen. In einer Zukunftskonferenz leben wir mit der Unvermeidbarkeit von Differenzen; mit der Erkenntnis, dass diese Differenzen durch kein Sitzungsdesign beigelegt werden können; und mit der Akzeptanz, dass Menschen in der Lage sind, ohne „noch mehr Daten" und „noch mehr Dialog" mit der Achterbahn zu wichtigen neuen Aktionsplänen zu fahren, wenn sie sich darin einig sind, weiterhin zusammenzuarbeiten.

Ökonomische Vorteile

In der Geschäftswelt lassen sich die Vorteile einer Zukunftskonferenz nicht in ökonomischen Kategorien berechnen. Diese Konferenzen machen tatsächlich Integrationsebenen möglich, die mit anderen Mitteln um keinen Preis erreichbar sind. In der Zukunftskonferenz mit *Hayworth, Inc.*, entdeckten und lösten Beschäftigte, Kunden und Lieferanten im Dialog mit Firmenmitgliedern ein Problem mit der Verpackungsentsorgung, das in Projektgruppen Monate in Anspruch hätte nehmen können und insgesamt auf vielen Ebenen der Volkswirtschaft vielleicht einen Wert von mehreren Millionen Dollar ausmacht. In ein paar Stunden reduzierten die Teilnehmer sowohl die Kosten als auch die Beeinträchtigung der Umwelt. Doch dieses Thema war nur eins von vielen wichtigen Themen, die in dieser Zukunftskonferenz angegangen wurden. Wenn Menschen neue Formen der Kooperation entdecken, werden Zeit, Energie und Ressourcen Gewinn bringend eingesetzt.

Darüber hinaus werden durch diese Konferenzen Geldbeträge aktiviert, die früher nicht zur Verfügung gestanden hatten. Beispiele dafür sind die oben erwähnten Fälle: Bay State Skills, Hopkinton (Massachusetts) und Kansas City (Missouri). Viele Male haben wir schon erlebt, dass im Nu Geldbeträge von den Wohlhabenden zu den weniger Wohlhabenden geflossen sind, sobald Menschen realistische Verpflichtungen eingehen. In einer Zukunftskonferenz in Kalifornien bot ein Geschäftsführer einer großen Stiftung eine beträchtliche finanzielle Unterstützung für einen Aktionsplan an, der seiner Aussage nach unberücksichtigt geblieben wäre, wenn er auf dem üblichen Weg eingebracht worden wäre. In einer Großstadt im Osten der USA bot eine Verantwortliche im Bürgermeisteramt einer Gemeinde zwei Millionen Dollar öffentliche Gelder an, die ihrer Aussage nach wegen eines fehlenden praktischen Verwendungszweckes bis dahin brachgelegen hatten. Diese Beispiele zeigen nur die Spitze eines sehr großen Eisberges, der, wenn er in seiner ganzen Tiefe begriffen würde, unsere Vorstellungen von kluger Verwendung öffentlicher und privater Gelder in konstruktive neue Richtungen lenken könnte.

Der Start

In einer Zukunftskonferenz machen wir den ersten wichtigen Schritt dadurch, dass wir

- das „ganze System" in den Raum holen,
- ein Lernumfeld für die Teilnehmer schaffen, damit sie das ganze System erleben,
- eine gemeinsame Wissensbasis suchen, auf der wir Aktionspläne aufbauen,
- Teilnehmer bitten, Verantwortung zu übernehmen und auf die artikulierte gemeinsame Wissensbasis einzuwirken.

Die Veränderung beginnt in der Planung. Zukunftskonferenzen erfordern kein Training, keine Eingangsleistungen, Datenerhebung oder Diagnose. Die Teilnehmer setzen sich mit sich auseinander und weniger mit Konzepten, Expertenratschlägen oder Annahmen darüber, welche Defizite sie haben und was sie dagegen tun sollten. Zu der Methode gehört es, dass man Notizen vergleicht und zuhört – das führt manchmal zu einem Mischmasch aus Annahmen, Fehlinformationen, Stereotypen und Urteilen, wie wir sie alle mit uns herumtragen. Erstaunlicherweise hängt der Erfolg *nicht* davon ab, dass alle diese Sichtweisen zurechtgerückt werden. Verpflichtung baut sich auf, wenn wir gemeinsam dem Chaos begegnen, trotz unserer Angst weitergehen und auf der anderen Seite mit guten Ideen, mit Menschen, denen wir vertrauen können, und mit dem Glauben an unsere Fähigkeit zur Zusammenarbeit herauskommen. Kurz gesagt: Wir decken ein verborgenes Potenzial auf, das bereits existiert.

Rollen und Aufgaben

In Tabelle 2 sind die Schlüsselrollen und ihre Aufgaben vor, während und nach der Zukunftskonferenz beschrieben:

	vorher	während	danach
Förderer	• macht sich die Risiken und Nutzen bewusst • entscheidet, was erreicht werden soll und wie sich die Zukunftskonferenz anwenden lässt • gibt Unterstützung und versichert, dass er an das glaubt, was die Teilnehmer machen	• ist Teilnehmer, lässt andere an dem Gelernten teilhaben • befähigt die Teilnehmer zum Handeln	• arrangiert regelmäßige Folgesitzungen, in denen Akteure der ersten Zukunftskonferenz und andere interessierte Parteien zusammenkommen
Designer/ Moderator	• hilft den Teilnehmern bei ihrer Entscheidung, ob die Zukunftskonferenz ihren Bedürfnissen entgegenkommen wird • hilft den Förderern, die notwendigen Informationen, den Mut und die Ressourcen zum Weitermachen zu sammeln	• managt Aufgaben und Zeit • hat das Ziel immer im Blick • motiviert zu Selbststeuerung und Verantwortung • lässt die Ungewissheit zu, bis die Teilnehmer sich entscheiden, was sie gemeinsam machen werden und was nicht • hilft den Teilnehmern, den Kampf zwischen alten und neuen Mustern zu entscheiden	• moderiert eine Folgesitzung ein halbes Jahr nach der Zukunftskonferenz
Lenkungs- ausschuss	• rahmt die Aufgabe der Zukunftskonferenz • wählt die richtigen Teilnehmer für die Zukunftskonferenz aus • setzt den Horizont der Zeitplanung		

	vorher	während	danach
Teilnehmer		• werden Eigentümer ihrer Vergangenheit, Gegenwart und Zukunft • bestätigen sich gegenseitig ihre Werte • suchen eine gemeinsame Wissensbasis • entwickeln unabhängige oder gemeinsame Aktionspläne, die auf der etablierten gemeinsamen Wissensbasis beruhen • haben an der Führung teil	• übernehmen Verantwortung und führen ihre Pläne aus

Tabelle 2: Rollen und Aufgaben

Verschiebungen im organisationalen Macht- und Autoritätsgefüge

Während der Zukunftskonferenz arbeiten die Teilnehmer als Peers zusammen, wenn sie die Informationsbasis aufbauen, das Gelernte untereinander austauschen, Entscheidungen treffen und Aktionspläne vorbereiten. Nach der Zukunftskonferenz kann es – muss es aber nicht – in der gesamten Organisation oder Gemeinde formale Veränderungen im Macht- und Autoritätsgefüge geben. Ob solche Veränderungen eintreten, hängt von den Aktionsplänen der Zukunftskonferenz und ihrer anschließenden Umsetzung ab.

Erfolgsbedingungen

Unser Konferenzdesign beinhaltet eine Reihe von Praktiken, die sich wechselseitig verstärken:

- das „ganze System" wird in den Raum geholt,
- alle untersuchen denselben „Elefanten", bevor sie irgendeinen Teil davon bearbeiten (z. B. global denken, bevor man lokal handelt),
- man exploriert die aktuelle Realität und gemeinsame Zukünfte und nicht Probleme und Konflikte,
- Gruppen steuern sich und ihre Aktionspläne selbst,
- man nimmt an der gesamten Konferenz teil,
- die Konferenz findet unter gesunden Bedingungen statt,
- man arbeitet über drei Tage hinweg (d. h. „zweimal schlafen"),
- man übernimmt öffentlich die Verantwortung für Folgesitzungen.

Wenn wir den Menschen helfen wollen, mutig und kreativ zu handeln, müssen wir ihnen den Weg dafür freimachen. Deshalb ist es nicht unser Ziel, Komplexität auf ein paar handhabbare Themen zu reduzieren, Meinungsverschiedenheiten zu beseitigen oder seit langem bestehende Probleme zu lösen. Wir geben den Teilnehmern auch keine Managementmodelle vor, wie sie ihre vielfältigen Wahrnehmungen organisieren können. Stattdessen treten die Teilnehmer in viele offene Dialoge darüber ein, wo sie gewesen sind, wo sie sich jetzt befinden und was sie machen wollen. An Zukunftskonferenzen nehmen oft totale Neulinge oder Menschen mit einer konfliktvollen Geschichte teil, die verwirrende und widersprüchliche Informationen einbringen. Wenn diese Teilnehmer dann die vielfältigen Agenden der anderen erleben, erkennen sie, dass Veränderung heißt, die anderen in ihrem Standpunkt zu akzeptieren, wenn man gemeinsam weitergehen soll. Diejenigen, die den Kurs halten, stellen fest, dass schnelle Aktion unumgänglich ist.

Was eine Zukunftskonferenz nicht leisten kann
Ineffektive Führungskräfte stützen

Mit einer Zukunftskonferenz können wir eine schwache Führung nicht kompensieren. Der Rechtsanwalt einer weltweit operierenden Organisation für geistliche Dienste wollte die Tendenz stoppen, dass verstimmte Mitarbeiter im Stammhaus gewerkschaftlich aktiv wurden. Ein widerwilliger CEO war mit dem „rechtlichen" Ratschlag einverstanden, eine Zukunftskonferenz zu fördern, mit deren Hilfe die Mitarbeiter den Arbeitsplatz würden kreieren können, den sie wollten. Die Mitarbeiter begrüßten die Chance, ihre eigenen Pläne zu machen. Doch sie waren nicht überrascht, als ihr Chef an keinem dieser Pläne mitwirkte. Auch der Rechtsanwalt der Organisation war nicht überrascht, als das Personal sich für die Gewerkschaft entschied, um das Führungsvakuum zu füllen.

Skeptiker davon überzeugen, Schritte zu unternehmen

Wir haben keinen Erfolg damit gehabt, die Zukunftskonferenz an Personen zu „verkaufen", die von der Angst vor Kontrollverlust paralysiert sind. Ein in Schwierigkeiten geratener Unternehmensriese plante, tausende von Mitarbeitern einer Trainingsmaßnahme zu unterziehen, die von einem renommierten Wirtschaftsinstitut durchgeführt werden sollte. Der Vorschlag des Personals, das Unternehmen solle stattdessen Zukunftskonferenzen abhalten – mit der Begründung, dass die Mitarbeiter die Firma aus der Klemme ziehen könnten, wenn sie dazu eine Chance bekämen –, stieß bei der Unternehmensleitung auf taube Ohren. Niemand konnte sich vorstellen, dass man irgendetwas Sinnvolles erreicht, was nicht von Experten verordnet worden ist. Das Management entschied sich für das Training durch Experten. Doch es geschah nichts Neues. Das Unternehmen bekam zwei Jahre, um „seine Kultur zu transformieren oder zu sterben", und nach einem Jahr gab man es auf, den Weg aus den Schwierigkeiten „trainierend" zu finden. Mehrere einzelne Abteilungen führten mit Erfolg Zukunftskonferenzen durch, doch das Unternehmen als Ganzes setzte seinen Abwärtstrend fort.

Unterschiedliche Wertvorstellungen harmonisieren

Wir wissen nicht, wie man mit einer Zukunftskonferenz unauflösbare Unterschiede in Wertvorstellungen harmonisiert. Wenn Menschen aufgrund tief verwurzelter religiöser, ethischer oder politischer Überzeugungen, die sie für heilig halten, Differenzen haben, kann eine Zukunftskonferenz ihnen kaum helfen, ihre Überzeugungen miteinander in Einklang zu bringen. In einer Schulkonferenz brachten die Teilnehmer das emotional hoch besetzte Thema Sexualaufklärung zur Sprache. Die Differenzen zwischen den Teilnehmern, die einen bestimmten Lehrplan wollten, und denjenigen, die einen solchen Lehrplan ablehnten, waren heftig, tief und von Dauer. Jede Partei hielt den Standpunkt der anderen für falsch. Gleichzeitig einigten sich die Teilnehmer auf ganz viele andere Ziele, z. B., dass Schuleinrichtungen besser genutzt und die Eltern beim Lernen und Unterrichten mehr einbezogen werden sollten. Sie stellten fest, dass sie in diesem Forum die Differenzen bezüglich ihrer moralischen Wertvorstellungen nicht auflösen konnten, dass sie aber eine wertvolle Chance hatten, bei nützlichen Dingen voranzukommen, wenn sie alle kooperierten.

Die Teamdynamik verändern

Wir können schnell eine neue Dynamik allein dadurch erzeugen, dass wir eine *neue* Gruppe zusammenbringen und ihr eine *neue* Aufgabe geben. Russell Ackoff, Experte für Systemdynamik, wies vor langer Zeit darauf hin, dass sich Systeme nur in Relation zu den größeren Systemen verändern, von denen sie ein Teil sind. So erklärt sich auch, weshalb Events ausschließlich unter Peers – Training, T-Gruppen (Trainingsgruppen), Teamsitzungen – wenig Auswirkungen auf das größere System haben. Dies scheint selbst dann der Fall zu sein, wenn die „kleine" (nicht das ganze System repräsentierende) Gruppe eine „große" (das ganze System betreffende) Aufgabe durchführt, z. B. „das Umfeld prüfen". Deshalb ist unser Leitmotiv immer, das „ganze System" in den Raum zu holen.

Eine Beraterin führte z. B. mithilfe von Arbeitsblättern, wie sie in Zukunftskonferenzen benutzt werden, eine einzelne Abteilung durch deren Vergangenheit, Gegenwart und Zukunft. Um sicherzustellen, dass alle Teilnehmer „es begriffen" haben, benutzte sie einen Fragebogen zum Thema Vertrauen und ein Datenfeedback. „Immer dieses alte Zeug", hörte man nach der Konferenz von den Teilnehmern, die sich nun weder mehr noch weniger vertrauten, aber gelernt hatten, dass man Beratern weniger vertrauen kann. Die Formel: Die gleichen Personen plus neue Inputs ergibt die gleichen Interaktionen.

Theoretisches Fundament

Die Zukunftskonferenz beruht auf soliden, bewährten Theorien darüber, wie Menschen in der Gruppe Pläne optimal entwickeln können. Während Praktiker der Zukunftskonferenz die Durchführung des Prozesses weiter verfeinern, beruht der Prozess an sich lediglich auf ein paar einfachen Prinzipien mit starker Hebelwirkung.

Entwicklungsgeschichtliche Wurzeln

Unsere Hauptquellen der Inspiration sind parallel laufende Innovationen auf beiden Seiten des Atlantiks. Da sind zum einen die in Nordamerika in den 70er-Jahren des 20. Jahrhunderts von Ronald Lippitt und Eva Schindler-Rainman durchgeführten groß angelegten Zukunftskonferenzen mit Gemeinden. Da ist zum anderen die für die Entwicklung der Zukunftskonferenz bahnbrechende Arbeit des Briten Eric Trist und des Australiers Fred Emery. Von Ronald Lippitt und Eva Schindler-Rainman haben wir gelernt, das ganze System in einen Raum zu holen und auf die Zukunft – nicht auf Probleme und Konflikte – zu fokussieren. Von Eric Trist und Fred Emery haben wir gelernt, wie wichtig es ist, global zu denken, bevor man lokal handelt, und dass man den Teilnehmern das Management ihrer eigenen Planung überlassen muss. Wir teilen mit ihnen allen die Verpflichtung zu demokratischen Idealen und partizipieren daran, dass sie die Tradition der „Aktionsforschung" des berühmten Sozialpsychologen Kurt Lewin integriert haben.

Menschen, ganze Systeme und Planung

Wir sehen die Zukunftskonferenz als eine Art Lernlabor, in dem „jeder dazu motiviert wird, das ganze Systeme zu verbessern"(Weisbord 1987). Das ist zwar nicht die ganze Antwort auf alle Fragen, doch die Dynamik gilt für viele Arten von Sitzungen und Veränderungsstrategien. Diese Methode in einer einzigen Sitzung erleben heißt viele neue Türen für zukünftige Aktionen öffnen. Wir möchten in aller Bescheidenheit betonen, dass die Zukunftskonferenz kein in Stein gemeißelter „Gegenstand" ist, sondern ein Paket mit Prinzipien und Möglichkeiten des Lernens und Handelns. Unsere Gesellschaft hat noch kaum angefangen zu explorieren, was wir mit vielschichtigen Menschengruppen erreichen können, die trotz ihrer Differenzen an ein und derselben Aufgabe arbeiten.

Mithilfe von Zukunftskonferenzen können wir Polaritäten erfahren und akzeptieren. Sie bringen uns bei, wie wir Schranken der Kultur, der Schichtzugehörigkeit, des Alters, der Geschlechtszugehörigkeit, Ethnizität, Macht, des Status und der Hierarchie überwinden können, wenn wir als Peers an Aufgaben von gegenseitigem Interesse arbeiten. Der Prozess der Zukunftskonferenz stoppt unsere Tendenz, alte Muster zu wiederholen, d. h., zu kämpfen, wegzulaufen, sich zu beschweren, andere zu beschuldigen oder darauf zu warten, dass andere die Probleme reparieren. Die Zukunftskonferenz gibt uns auch die Chance, unsere höchsten Ideale zum Ausdruck zu bringen.

Statt dass wir die Welt oder uns gegenseitig zu verändern versuchen, verändern wir die Bedingungen, unter denen wir interagieren. *So* viel können wir kontrollieren, und die Veränderung der Bedingungen führt zu überraschenden Resultaten.

In der Zukunftskonferenz geschehen wichtige systemische Veränderungen im Planungsprozess. Eine vielschichtige Gruppe von sechs bis zehn Personen trifft sich über einen Zeitraum zwischen ein paar Tagen und ein paar Monaten. Die Teilnehmer einigen sich auf eine Aufgabe und laden eine Vielfalt von Akteuren ein. Sie einigen sich auch auf eine Reihe neuer Bedingungen, z. B., dass sie an drei Tagen jeweils 16 Stunden lang miteinander arbeiten, auf Sprecher und Expertenratschläge verzichten, Aktionen an das Ende der Konferenz stellen und interaktiv arbeiten. In einer so strukturierten Sitzung entdecken die Menschen neue Fähigkeiten – gleichgültig, welche Agenden sich entwickeln. Dies öffnet die Tür zu neuer, unvorhersehbarer, äußerst erwünschter und langlebiger Gemeinschaftsaktion, die eine höhere Ordnung der Systemveränderung darstellt.

Wir arbeiten nicht daran, die Beziehungen zwischen Menschen oder Funktionen zu verbessern. Wir etablieren vielmehr die Bedingungen, unter denen Menschen neue Wege der Beziehung wählen können. Wir koppeln soziale Fragen (z. B. Vielfältigkeit, Vertrauen, Kommunikation, Kooperation) nicht von ökonomischen und technischen Fragen ab. Es ist unwahrscheinlich, dass wir eine Zukunftskonferenz über „die Zukunft der Vielfältigkeit in X" abhalten. Wir würden stattdessen vorschlagen, dass eine vielschichtige Gruppe von Personen gemeinsam exploriert, in welcher Art von X sie leben und arbeiten möchten. Unabhängig davon, über welche Fähigkeiten, Ausbildung oder Erfahrungen die Menschen verfügen, haben sie bereits von Natur aus alles, was sie für die Teilnahme an diesem Prozess brauchen. Als Moderatoren ist es unsere wichtigste Aufgabe, die Grenzen von Zeit und Aufgabe einzuhalten und dafür Sorge zu tragen, dass alle Sichtweisen unterstützt werden.

Die Arbeit miteinander teilen

Unsere Aufgabe ist die Begegnung mit dem Ganzen – dem Selbst, der Gemeinschaft, der Organisation. Aber wir geben keine im Stil eines Experten durchgeführte Systemanalyse ab. Wir etablieren vielmehr eine Situation, in der die ganze Person auf vielen Ebenen involviert ist. Die Menschen erfahren sich in Aktion als Teil eines größeren Ganzen. Sie sprechen mit Menschen, denen sie noch nie begegnet sind, über Fragen, die sie vorher noch nie gestellt haben. Sie übernehmen Verantwortung für Dinge, die sie früher gemieden oder ignoriert haben. Sie inszenieren ideale Zukünfte, als ob diese tatsächlich real wären, und verankern sie mithin in ihrem Körper. Sie identifizieren das, was sie *wirklich* wollen. Sie verpflichten sich freiwillig zu Aktionen, die nur wegen der anderen Menschen im Raum möglich werden.

Unsere Verfahren haben sich vorwiegend aus der Arbeit mit Menschen entwickelt, die lesen und schreiben können. Doch die zugrunde liegenden Prinzipien hängen nicht vom Bildungsniveau der Teilnehmer ab. Diese Arbeit könnte unserer Ansicht nach gänzlich mithilfe gesprochener und/oder symbolischer Kommunikation geleistet werden. Die Ergebnisse sind in vielen Kulturen und kulturell vielfältigen Gruppen wiederholt worden. *Jede* Technik, die den Menschen hilft, ihr ganzes System zu explorieren, ihre gemeinsamen Anteile zu erleben, ihre Ideale miteinander zu teilen, die Erfahrung zu internalisieren und Verantwortung für das Geschehen zu übernehmen, ist es de facto wert, angewendet zu werden.

Ein Lernlabor

Unserer Überzeugung nach führen Konferenzen, die den von uns angenommenen Prinzipien folgen, dazu, dass (1) mehr Teilnehmer persönlich Verantwortung übernehmen, (2) Aktionspläne schneller umgesetzt werden und (3) dauerhaftere Beziehungen über wichtige Grenzen hinweg entstehen. Dies ist im Moment noch eine aufreizende Hypothese – eine unbewiesene Theorie. Sie kann nur dadurch getestet werden, dass man herausfindet, was die Teilnehmer nach der Konferenz machen, das sie vorher nicht machen konnten. Es gibt genügend gute Geschichten, die uns darin bestärken, auf diesem Weg weiterzugehen. Deshalb ist die Zukunftskonferenz für uns ein Lernlabor.

Unterschiede zwischen Zukunftskonferenz und Organisationsentwicklung (OE)

Aus unserer Sicht bestehen viele Unterschiede zwischen der Zukunftskonferenz und traditionellen OE-Sitzungen. Erstens ist OE nicht als einzelne Sitzung konzipiert, sondern als eine Strategie zur groß angelegten Systemveränderung. Zukunftskonferenz beschreibt einen Prozess für eine Sitzung, die weniger als drei Tage dauert. Zweitens hängt OE davon ab, dass viele Personen die „Notwendigkeit der Veränderung" akzeptieren, während man für die Zukunftskonferenz 64 Personen braucht, die eine Einladung akzeptieren, ein paar Tage miteinander zu verbringen.

Drittens beruht OE darauf, dass Lücken zwischen dem, was ist, und dem, was sein sollte, diagnostiziert werden. Berater legen einen diagnostischen Rahmen an, führen Interviews oder Umfragen durch und benutzen die Informationen dazu, Dissonanzen zwischen dem, was die Menschen machen, und dem, was sie sagen, zu erzeugen. Dadurch soll ein System „auftauen", was die Menschen dazu führt, ihre Arbeitsweisen neu zu organisieren. Berater verordnen Aktionsschritte, um die Lücken zu schließen. Dazu gehört fast immer Training, das auf der Theorie beruht, dass die Menschen nicht wissen, wie sie das, was sie eigentlich machen wollen, machen sollen.

Der vierte Unterschied zu OE bezieht sich auf unsere neutrale Einschätzung der „aktuellen Realität". Was man durch die OE-Linse als Unzulänglichkeiten sehen kann, die es zu beseitigen gilt, betrachten wir als einen Teil der aktuellen Realität. Wir bewerten Informationen nicht als gut oder schlecht, vollständig oder bruchstückhaft, nützlich oder unnütz, angemessen oder überflüssig. Was immer Menschen sagen oder machen – ihre Worte, ihr Verhalten, ihre Wünsche und ihre Reaktionen –, gehört zu ihnen. Was immer geschieht, ist eine Ausdrucksweise der Akteure – zum Besseren oder zum Schlechteren. Wir bezeugen in Aktion das Beste, zu dem dieses System fähig ist. Wir erwarten keine dramatische persönliche Veränderung, nur eine Veränderung im Aktionspotenzial innerhalb des Systems. Menschen geben z. B. nicht sofort ihre Bedürfnisse nach Autorität/Abhängigkeit auf, nur weil sie ein paar Tage als Peers miteinander verbracht haben. Aber sie lernen vielleicht etwas über ihre Fähigkeit, mit geteilter Autorität zusammenzuarbeiten.

Die Ergebnisse halten

Der einzige höchst beunruhigende Aspekt der Planung ist die Umsetzung. Kein Prozess, wie umfassend er auch ist, garantiert Aktionen. Unserer Beobachtung nach sind immer noch mehr Pläne aus Zukunftskonferenzen umgesetzt worden als aus irgendeiner anderen Methode, die wir in 30 Jahren angewendet haben. Menschen agieren ganz unabhängig davon, ob sie die Sitzung als angenehm empfanden, die Moderatoren mochten, Arbeitsblätter sammelten, ihre Differenzen lösten oder das Gefühl hatten, etwas geleistet zu haben. Erfolg ist auch nicht abhängig davon, ob das Format des Aktionsplans perfekt ist. Menschen finden Wege zur Ausführung ihrer Pläne, wenn sie klare Ziele haben, die richtigen Personen im Raum sind und sie die ganze Reise miteinander unternehmen. Die Aktion erfordert Menschen, die sich ihrer Pläne sicher sind und daran glauben und sich gegenseitig so weit vertrauen, dass sie neue Schritte miteinander gehen. Die Zukunftskonferenz fördert unseres Erachtens Verständnis, Vertrauen und Verpflichtung.

Folglich gibt es zwar keine Garantien, aber welche Faktoren tragen dazu bei, dass nachhaltige Ergebnisse erzielt werden? Regelmäßige Folgesitzungen, in denen Akteure aus der ersten Konferenz und andere interessierte Parteien zusammenkommen, halten wir für einen einfachen, sinnentsprechenden Weg, die Aktionsplanung für alle lebendig, eingebettet und relevant zu halten. Was nach einer Zukunftskonferenz geschieht, hängt weitgehend davon ab, wozu sich die Teilnehmer verpflichten. Keine Verpflichtung, keine Aktion. Tatsache ist, dass niemand weiß, wie man andere Menschen dazu bewegt, etwas zu machen, was sie nicht machen wollen. Die Theorie der Zukunftskonferenz besagt, dass die Umsetzung von Aktionsplänen höher ist: wenn wir auf jede Phase des Prozesses achten, indem wir den Menschen reichlich Gelegenheit geben, sich wechselseitig in die Pflicht zu nehmen; wenn wir ein Dach aus gemeinsamen Wertvorstellungen bauen; wenn die Teilnehmer sich zu Aktionsschritten verpflichten, an die sie glauben; und wenn die Menschen regelmäßig zusammenkommen, um sich über ihre momentanen Aktivitäten auszutauschen.

Abschließende Bemerkungen

Wir betrachten die Zukunftskonferenz als theoretischen und praktischen Baustein für ein Haus, das niemals fertig sein wird. Praktiker lassen in alles, was sie machen, Prinzipien der Zukunftskonferenz einfließen und bereichern diesen Prozess um viele andere Perspektiven. Wir können unsere Arbeit nicht mit anderen Prozessen vergleichen oder kontrastieren, weil wir der Meinung sind, dass jeder Großgruppenprozess seinen besonderen Wert hat. Unsere Prozesse sind nicht die einzigen Techniken, mit denen wir unsere Ziele erreichen können. Sie sind einfach die Techniken, in denen wir uns am besten auskennen. Die Achterbahnfahrt lässt sich bei menschlichen Angelegenheiten nicht vermeiden. Konzeptionelle Schemata und Sitzungsdesigns kommen und gehen. Die Aufgabe, sich gemeinsam durch die Höhen und Tiefen des Lebens zu wursteln, kommt uns wie ein universeller Prozess vor. Unserer Überzeugung nach sind Zukunftskonferenzen gut für uns und für die Gesellschaft. Wir hoffen, dass diese Arbeit überall zu unzähligen konstruktiven Aktionsprojekten befähigt.

Es kommt auf die Methode an:
Technology of Participation's™ (ToP)
Participatory Strategic Planning (PSP)

*Echte „Freiheit" ist nicht das Fehlen von Struktur ... sondern vielmehr
eine klare Struktur, mit deren Hilfe die Menschen in gesetzten Grenzen
autonom und kreativ arbeiten können.*
Rosabeth Moss Kanter, *The Change Masters*

Bericht aus der Praxis

Das Ziel von *Metro Atlanta Literacy Network* (MLN) war klar. Die Kraft der ursprünglichen Vision der Mitglieder hatte die Organisation durch zahlreiche Erfolge und mindestens einen großen Rückschlag getragen. Doch nun sah sich die Organisation in einer Sackgasse. Ungewissheit, Apathie und Missverständnisse unter Mitgliedsorganisationen hatten ein solches Ausmaß angenommen, dass etwas unternommen werden musste. Ihr spontaner Lösungsvorschlag bestand darin, einen Planungsexperten zu suchen, der einen Aktionsplan entwickeln würde zu dem Zweck, einen neuen geschäftsführenden Direktor einzustellen.

Als sich MLN an das *Nonprofit Resource Center* in Atlanta wandte und um Hilfe bat, erhielt die Organisation eine andere Antwort. Die Beraterin Aileen Wieland kommentierte: „Als die Zukunft von MLN bedroht war, bestand das größte Problem wahrscheinlich nicht darin, einen geschäftsführenden Direktor zu finden. Wir konnten auch nicht guten Gewissens einen Plan empfehlen, den ein Experte für die Organisation vorbereitet hätte. Wir konnten MLN aber Technology of Participation™ (ToP) anbieten" (Wieland 1998, p. 1) Aileen Wieland empfahl den Mitgliedern der Organisationen, insbesondere den Prozess ToP Participatory Strategic Planning (PSP) zu durchlaufen.

Statt der Organisation ein Konzept zu verkaufen, bot Aileen Wieland eine Kostprobe der ToP-Methoden an. Sie nahm die Vorstandsmitglieder mit auf eine Zeitreise auf der „Wundertafel", auf der sie gemeinsam wichtige Ereignisse und Wendepunkte in der Geschichte von MLN identifizierten. Danach führte Aileen Wieland die Teilnehmer in die ToP-Diskussionsmethode ein, um über die Signifikanz der Zeitreise nachzudenken und eine Geschichte ihrer Reise bis in die Gegenwart zu verfassen. Nach dieser verlockenden Vorspeise waren die Teilnehmer bereit für den Hauptgang.

Eine weitere Aufgabe war noch zu erledigen. Im PSP-Prozess besteht ein entscheidender erster Schritt darin, die Fokusfrage zu entwickeln. Nach Brainstorming und Diskussion gelangten die Teilnehmer zu der Frage: „Wie kann MLN wachsen und seine Vision eines gebildeten *Metro Atlanta Literacy Network* für das 21. Jahrhundert einlösen?"

Zwölf Mitglieder des Netzwerkes – jetzige und frühere Vorstandsmitglieder – starteten eine zweitägige strategische Planungssitzung. Nachdem die Fokusfrage wiederholt worden war, begann die Moderatorin mit folgender Äußerung: „Stellen Sie sich vor, Sie sind fünf Jahre weiter und lesen folgende Schlagzeile in der Zeitung: *Metro Atlanta Literacy Network* hat Atlanta zu einem perfekt gebildeten Bundesstaat gemacht.' Welche Ereignisse sehen Sie da vor sich? Welche neuen Strukturen oder ‚Best Practices' sind da vorhanden? Was sagen die Leute zu den Leistungen von MLN?"(Ebd., p. 3.)

Am Ende der Sitzung waren die Teilnehmer überrascht, in welch hohem Maße sie sich über die Zukunft von MLN einig waren. Meinungsdifferenzen, von denen einige befürchtet hatten, dass sie die Gruppe spalten würden, nahmen keine feste Gestalt an. Alle Teilnehmer hatten das Gefühl, zu Wort gekommen zu sein, und leisteten ihren Beitrag zur Entwicklung einer gemeinsamen Vision.

Eine Vision entwickeln ist eine Sache. Die Faktoren benennen, die einen an der Realisierung der Vision hindern, ist eine andere Sache. Dies war die Herausforderung der zweiten Sitzung, die tiefer liegende Widersprüche zum Thema hatte. Aileen Wieland benutzte das Bild einer durch treibende Baumstämme verursachten Blockierung eines Flusses und bat die Gruppenmitglieder, den Baumstämmen vor dem Hintergrund ihrer Vision eines gebildeten MLN Namen zu geben. Unter den benannten Stämmen fiel einer auf. Er hieß „Negative Wahrnehmungen in Bezug auf MLN". Sie bat die Teilnehmer um weitere Daten dazu, aber es kam nur wenig Information. Am nächsten Morgen, nachdem weitersondiert worden war, erwies sich eine offene Diskussion als der Durchbruch, den die Gruppe brauchte. Aileen Wieland kommentierte: „Ich konnte in der Gruppe neue Energie spüren. Die Teilnehmer erzählten, wie trennend und auslaugend diese negativen Wahrnehmungen geworden waren. Sie waren erleichtert darüber, dass sie sich mit diesen Wahrnehmungen endlich auseinander setzen und sie gemeinsam benennen konnten" (ebd., p. 4).

Von dem Zeitpunkt an war diese neue Energie offenkundig, als sich die Gruppe zu mutigen und innovativen Aktionen entschloss. Zwei Hauptrichtungen, die jeweils spezielle Initiativen beinhalteten, entwickelten sich. Aileen Wieland forderte die Teilnehmer auf, eine Initiative auszuwählen, für die sie die entsprechende Sachkenntnis bzw. Leidenschaft hatten, und in Teams daran zu arbeiten, die Schlüsselaktionen für das Jahr zu skizzieren und für die nächsten drei Monate detailliert aufzuzeichnen.

Ein paar Tage später sagte der Präsident von MLN im Rückblick auf die Erfahrung: „Die Idee, einen neuen geschäftsführenden Direktor einzustellen, ist jetzt ad acta gelegt. Dieser Prozess hat uns dazu gebracht, eine gemeinsame Vision anzustreben, was wir eigentlich wollten und wohin wir wollten, und uns als ihre Eigentümer zu empfinden" (ebd., p. 4).

Der Einfluss der Planung war weit über den Event hinaus spürbar. Ein Jahr später berichteten Teilnehmer, dass 50 % mehr Vorstandsmitglieder in die Arbeit der Organisation eingebunden seien; dass sich sechs neue Organisationen MLN angeschlossen hätten; und dass MLN seine Präsenz gesteigert habe, indem es auf zwei Konferenzen Ausstellungen organisiert, Workshops mit vier anderen Organisationen durchgeführt, sich an einer nationalen Lesekampagne beteiligt und einen Werbefilm produziert habe. Besonders vielsagend war es vielleicht, dass drei Jahre früher niemand die Aufgabe des Vorstandsvorsitzenden hatte übernehmen wollen und sich eine Person widerstrebend dazu bereit erklärt hatte. Dieses Mal gab es zwei Kandidaten für dieses Amt.

Die Grundlagen

Der PSP-Prozess ist ein entscheidendes Element von ToP, aber er ist nicht das ganze Paket. Zu den vielen Werkzeugen, die sich im ToP-Koffer befinden, gehören die Diskussionsmethode, die Workshopmethode und die Methode der Aktionsplanung, die alle in PSP integriert sind. Meistens werden mehrere Methoden – oft in

Kombination miteinander oder in Kombination mit anderen partizipativen Prozessen – angewendet.

ToP-Methode	Ziel
Diskussionsmethode	Ein einfacher Prozess in vier Schritten, der mit objektiven Daten beginnt und mit Entscheidungen endet, indem jeder zu einem Beitrag über ein Thema aufgefordert wird. Er kann angewendet werden, wenn man über eine Erfahrung reflektieren, Daten analysieren, Probleme durchsprechen und eine Fülle anderer Ziele erreichen will.
Workshopmethode	Ein Prozess in fünf Schritten, der die Klugheit eines jeden in eine gemeinsame Grundannahme oder in die Vorstellung einer gemeinsamen Realität einwebt. Er generiert kreative Ideen und nutzt sowohl rationale als auch intuitive Ansätze, um einen Gruppenkonsens herzustellen. Er ist das zentrale Werkzeug, das in den ersten drei Schritten des PSP-Prozesses eingesetzt wird.
Methode der Aktionsplanung	Ein dreistündiger Planungsprozess, der damit beginnt, dass eine Gruppe ihren „Erfolg" antizipiert, und mit einem umfassenden Plan und Anweisungen für die bevorstehende Aufgabe endet. Er eignet sich ausgezeichnet für das Design kurzfristiger Projekte oder für die Fertigstellung von Projekten, die stagniert haben.

Tabelle 1: Miteinander verbundene Methoden im ToP-Werkzeugkoffer

ToP-PSP ist ein Prozess in vier Schritten, der sich normalerweise über zwei Tage erstreckt, je nach Gegebenheiten aber zeitlich modifiziert werden kann. Die einzelnen Schritte sind:

- Die praxisnahe Vision, die die Gruppe von der Zukunft hat, wird aufgezeichnet.
- Die zugrunde liegenden Widersprüche, die die Realisierung dieser Vision verhindern, werden analysiert.
- Um diese Widersprüche zu bewältigen, werden mutige und innovative Aktionen vorgeschlagen und diese Aktionen in fokussierte strategische Richtungen gelenkt.
- Um diese Richtungen einzuhalten, werden auf einer Umsetzungslinie von einem Jahr die Meilensteine formuliert und ein detaillierter Startplan von 90 Tagen aufgestellt – das Wer, Was, Wann, Wo und Wie.

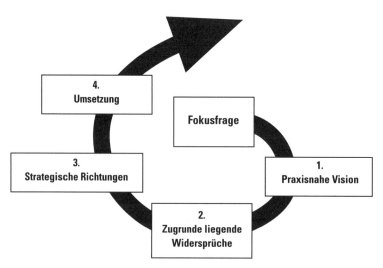

Abbildung 1: Der PSP-Prozess

PSP ist vor allem dann angemessen, wenn eine Gruppe oder Organisation versucht, ihre Richtung zu ändern, ein neues Unternehmen zu starten oder ein bestimmtes Problem durchzuarbeiten, das die weitere Entwicklung der Gruppe bzw. Organisation verhindert. Der Prozess geht von einem Grundkonsens über die Mission und zentrale Werte der Organisation aus sowie von der Bereitschaft aller Teilnehmer, an diesem Prozess mitzuwirken und der Methode zu vertrauen.

Die Resultate von PSP sind klar – eine Reihe von Schaubildern, ein starkes Gefühl, Eigentümer seiner Prozesse zu sein, und die Verpflichtung zur Durchführung des Plans, klar definierte Rollen und Aufgaben für die Aktion sowie ein starkes Gemeinschaftsgefühl unter den Planentwicklern. Letzteres ergibt sich aus vielen Faktoren, doch wie Aileen Wieland betont, hat es viel damit zu tun, dass PSP auf die intensive Exploration der Widersprüche fokussiert, und damit, wie der Prozess die Teilnehmer dazu veranlasst, sich gegenseitig wirklich zuzuhören (Wieland 1998, p. 4).

Die Verpflichtung zur Umsetzung des Plans ist eines der Gütesiegel von PSP. Im Falle von MLN wurde die Verpflichtung sichtbar, als die Teilnehmer nach den zwei Sitzungstagen gebeten wurden, folgende Aussage zu ergänzen: „Nach dieser gemeinsamen Zeit werde ich ..." Für Aileen Wieland war dies ein Schlüsselmoment: „Ich war zutiefst bewegt, als ich hörte, wie sich jedes Mitglied zu der vor ihm liegenden Arbeit verpflichtete. Die größte Überraschung war, als sich drei frühere Vorstandsmitglieder wieder der aktiven Mitarbeit widmeten." (Ebd., p. 3.)

Wenn eine Organisation zwei Tage lang einen PSP-Prozess durchführt, unternimmt sie weitaus mehr, als nur die Umsetzung eines Plans zur Sprache zu bringen. Sie ersetzt das Bedürfnis, einen Planungsberater oder einen Spezialisten für Konfliktmediation zu engagieren, durch das Vertrauen in ihre eigenen Leute, die Lösungen entwerfen zu können, die für die Weiterentwicklung der Organisation nötig sind. Experten von außen verschwinden nach einer Intervention wieder, aber die Teilnehmer einer PSP-Sitzung bestätigen erneut ihre Entscheidung, zu bleiben und die Organisation aufzubauen. Vor diesem Hintergrund sind die Kosten für das zweitägige Engagement von zwei oder drei in ToP geschulten Moderatoren, die diesen Prozess lenken, eine kleine Investition mit vielfachen und dauerhaften Erträgen.

Der Start

Mehrere Grundprinzipien steuern den PSP-Prozess. Erstens muss man Zeit aufwenden – üblicherweise mit einer kleinen repräsentativen Gruppe und vor der eigentlichen Planung –, um über die Fokusfrage für die strategische Planung zu entscheiden. Das impliziert, dass der Problembereich identifiziert wird; dass die Ziele, die mit dem Prozess erreicht werden sollen, benannt werden; dass die Teilnehmer und Akteure festgelegt werden; und dass der damit verbundene Zeitrahmen abgesteckt wird. Das Ergebnis ist eine Frage mit offenem Ende, die das Interesse der Gruppe beherrscht und ihre Kreativität katalysiert.

Zweitens ist es oft nützlich, der strategischen Planung andere Methoden vorauszuschicken, die das Fundament für die Planung legen, z. B. eine Überprüfung des Umfeldes. Im Falle von MLN führte die Moderatorin die Gruppe durch eine Zeitreise auf der „Wundertafel". Diese Übung stellte die Zielorientierung der Gruppe wieder her und war der Schlüssel für die Entscheidung von MLN, die strategische Planung durchzuführen.

Drittens beruht PSP wie alle ToP-Methoden auf bestimmten Annahmen, die sich aus ihren Ursprüngen im *Institute of Cultural Affairs* (ICA) ableiten lassen. Einige dieser Annahmen sind tief eingebettet in die Verpflichtung des ICA zur Partizipation per se. Die Autorin und ToP-Moderatorin Laura Spencer (1989, p. 23f.) nennt vier Grundsätze, die das Verständnis des ICA von Partizipation auszeichnen:

- Sie ist ein dauerhafter, integrierter, ganzheitlicher Systemansatz.
- Sie ist ein sich entwickelnder, organischer und dynamischer Prozess.
- Sie ist ein strukturierter Prozess, der erlernbare Fähigkeiten involviert.
- Sie verlangt von allen Beteiligten die Verpflichtung zu Offenheit.

Diese Lehrsätze sind der Grundstein, auf dem ToP-Methoden aufgebaut sind. Sie werden geteilt von Brian Stanfield, ebenfalls am ICA, Autor, Herausgeber, Lehrer und Moderator, der vier Annahmen von PSP formuliert (1995, p. 2):

- Jeder weiß etwas, das die Gruppe braucht.
- PSP beruht auf einer Mission, auf Zielen und Werten, die allgemein anerkannt werden.
- Diejenigen, die den Plan umsetzen, nehmen an der Planung teil.
- Das obere Management wird in die Planung einbezogen oder ist zumindest darüber informiert.

Viertens ist PSP eine Konsensmethodologie. Sie ist ein sich wiederholender Prozess, der den Konsens der Gruppe von Anfang bis Ende herstellt und stärkt. Konsens heißt nicht, dass Einstimmigkeit besteht oder die Mehrheit herrscht, sondern dass ein Weg gefunden wird, der es allen erlaubt, Ja zu sagen, und der der Gruppe die weiteren Schritte ermöglicht. Der Prozessverlauf ist sorgfältig konstruiert, damit Konsens erzeugt werden kann: Der Kontext wird hergestellt, Brainstorming durchgeführt, die Daten werden organisiert, die Kategorien aufgestellt, und über das Resultat und seine Implikationen wird reflektiert.

Rollen, Aufgaben und Beziehungen

Die Auswahl der Teilnehmer eines PSP-Prozesses hängt von der Natur der involvierten Gruppe und der bevorstehenden Aufgabe ab. PSP ist schon auf allen organisationalen Ebenen – vom oberen Management bis zu Abteilungsteams – und auch mit Vertretern aus allen Sektionen einer Organisation angewendet worden. Üblicherweise gehören diejenigen dazu, die ein starkes Interesse am Resultat der Planung haben, und Mitarbeiter aus unterschiedlichen Ebenen der Organisation. Doch selbst in den unkonventionellsten Organisationen bleiben ohne die Unterstützung und Mitwirkung der wichtigen Entscheidungsträger die Pläne, die von den Teilnehmern produziert werden, einfach nur – Pläne.

Ein fundamentales Element von PSP ist, dass ein in ToP-Methoden geschulter Moderator den Prozess lenkt. Wie viele andere Methoden verlangt auch ToP mehr als nur die Befolgung der im Handbuch für den Anleiter vorgegebenen Schritte. In diesen Techniken liegen Voraussetzungen, Wertvorstellungen und Annahmen über Individuen, Gruppen und das Leben selbst, die zur Entstehung dieser Methoden in den 70er- Jahren des 20. Jahrhunderts geführt haben. Um diese Wurzeln und die stilistischen Nuancen, die einen versierten Moderator auszeichnen, würdigen zu können, muss man PSP erlebt und eine Zeit lang mit einem gewieften Trainer gearbeitet haben.

Genau das soll mit dem ToP-Trainingssystem verfolgt werden. Es umfasst einen Kursplan für Moderatorentraining, ein Fast-Track-Programm, ein globales Trainernetzwerk, ein Mentoring-Programm und ein internationales Train-the-Trainer-Programm. ToP-Trainees, die ihre Fähigkeiten vertiefen und sich über ihre Erfahrungen mit der Anwendung der Methode mit anderen austauschen möchten, haben überall in den USA und in mehreren anderen Ländern Moderatorenverbände (Facilitator Guilds) gegründet. Darüber hinaus waren etliche in ToP-Methoden geschulte Moderatoren an der Gründung der *International Association of Facilitators* (IAF) maßgeblich beteiligt – einer Organisation, die sich der Professionalisierung der Moderationskunst und –wissenschaft widmet.[1]

Die Rolle des Moderators besteht darin, der Gruppe zu helfen, eine gemeinsame Wissensbasis zu finden, den Konflikt zu überwinden und eine Situation zu erreichen, in der jeder gewinnt. Laut Mirja Hanson, frühere IAF-Präsidentin, bein-

---

1 Eine Beschreibung der IAF finden Sie im Internet unter der Adresse: www.iaf-world.org.

haltet die Suche nach einer gemeinsamen Wissensbasis drei Hauptaktivitäten: ein gemeinsames Bewusstsein aufbauen, konsensreife Vereinbarungen entwickeln und produktive Aktionen initiieren. Das ist Schwerarbeit. Dies erfuhr Mirja Hanson, als sie ein Jahr lang einen sehr anstrengenden Mediationsprozess mit 26 Interessengruppen in Minnesota moderierte: „Wenn man hunderte oder tausende von Datenstücken zu managen hat – mit 25 Perspektiven auf jedes Datenstück, wechselnden Raumbedingungen, Stimmungsschwankungen, Interaktionseffekten und begrenzten Zeitrahmen –, dann können Moderationsgeschick, Methode und Erfahrung für die Effektivität des öffentlichen Diskurses den Ausschlag geben" (Hanson 1997, p. 243).

Diese Aussage lässt darauf schließen, dass während des PSP-Prozesses ein hohes Maß an Abhängigkeit vom Moderator besteht. Auf den ersten Blick würde dies auch zutreffen, wenn man bedenkt, dass der Prozess höchst strukturiert ist, in einem begrenzten Zeitraum viel leistet und auf die Herstellung eines bestimmten Produkts ausgerichtet ist. Die Rolle des Moderators ist jedoch in allen ToP-Methoden auf den *Prozess* beschränkt. Die Teilnehmer entscheiden über den *Inhalt* eines Strategieplans.

Die Teilnehmer sind dazu aufgerufen, dem Prozess und dem Moderator, der diesen Prozess steuert, zu vertrauen. In einer Gesundheitsbehörde auf Kreisebene lehnten Teilnehmer den Prozess zuerst ab, weil ihr Vertrauen in den Moderator, in das Ziel der Anwendung der Methoden und in die Art, wie der Prozess umgesetzt wurde, ganz unterschiedlich war. Viele Personen waren noch nie gebeten worden, sich an der Planung der Behörde zu beteiligen, und misstrauten der Einladung zur Teilnahme. Wenige hatten schon einmal an einem strukturierten Prozess teilgenommen und wurden ungeduldig wegen der Dauer des Prozesses, während andere skeptisch waren, dass dieser überhaupt zu einer Veränderung führen würde. Nachdem ToP-Methoden in den unterschiedlichsten Settings mit verschiedenen Zielsetzungen angewendet worden waren, begann dieses Misstrauen zu schwinden. Die Teilnehmer wurden erwartungsvoll und fanden sogar Gefallen an der Anwendung der Methoden. Ein Mitarbeiter der Behörde kommentierte: „In drei Jahren ist Vertrauen aufgebaut worden, die Reaktionen sind behördenspezifischer geworden und zeigen mehr Nuancen, und das Verständnis ist jetzt größer"(Hall a. Winans 1997, p. 4).

	vorher	während	danach
Förderer	arbeitet mit Moderatoren zusammen, um über Fokusfrage und Teilnehmerauswahl zu entscheiden; erhebt Hintergrunddaten	kann am Planungsprozess teilnehmen; schützt Teilnehmer vor ausufernden Aufgaben	unterstützt Teilnehmer bei der Umsetzung des Plans; überträgt den Teilnehmern die Verantwortung für Ausführungen; hilft bei der Bewältigung von Problemen, die entstehen
Designer/ Moderator	arbeitet mit dem Förderer zusammen, um über Fokusfrage und Teilnehmerauswahl zu entscheiden; klärt ab, wer verantwortlich dafür sein wird, dass Folgesitzung stattfindet	lenkt den PSP-Prozess; hält die Zeit ein; motiviert zur Reflexion über jeden Schritt des Prozesses	begleitet Evaluierungen mit Teilnehmern und Förderern und 90 Tage lang die Ausführungen und Erweiterung des Plans
Teilnehmer	verpflichten sich, ihre Zeit zur Verfügung zu stellen; sind damit einverstanden, mit dem Moderator zusammenzuarbeiten	bringen Inhalt in den Prozess ein; vertrauen den Methoden; würdigen die Beiträge der anderen Teilnehmer	unterstützen die Umsetzungsteams oder Projektgruppen bei Folgeaktionen, die im Plan festgelegt sind

Tabelle 2: Rollen und Aufgaben im PSP-Prozess

Eine andere Erwartung von Teilnehmern ist die, dass sie einen Plan für sich selbst entwickeln – nicht für andere. Den Menschen fehlt es selten an großartigen Ideen, aber allzu oft sind dies Ideen, die andere umsetzen sollen. Manche Elemente eines Plans bedürfen vielleicht der Erlaubnis oder der Finanzierung durch externe Quellen, damit sie umgesetzt werden können. Der Schlüssel liegt jedoch darin, solche Optionen auszuwählen, die die Teilnehmer realisieren können und werden.

Auswirkungen auf das Macht- und Autoritätsgefüge

Wie alle ToP-Methoden ist auch PSP als Werkzeug zur Befähigung gedacht, d. h., dass es die Entscheidungsleistung von Organisationen steigert und die Umsetzung dieser Entscheidungen auf eine breiteres Spektrum von Personen ausdehnt. Viele Menschen in privaten, öffentlichen oder gemeinnützigen Organisationen schätzen zwar heute diesen eher unorthodoxen, partizipativen Ansatz, aber manche tun das nicht. Dies entdeckte David Dunn, Berater aus Denver (Colorado), als er in Sarajevo (Bosnien-Herzegowina) Beschäftigten in Regierungsbehörden und Bürgerrechtlern ToP-Methoden vorstellte.

„Die Leute, die ToP-Methoden schätzen, sind Menschen zwischen 20 und 30, die auf ihrem Weg in einflussreiche Positionen sind", sagte Dunn. „Diese klugen, jungen Führungskräfte bauen alle möglichen Arten von Nichtregierungsorganisationen auf. Diejenigen, die ureigene Interessen daran haben, für andere die Entscheidungen zu treffen – von Geschäftsführern in internationalen Entwicklungsbüros bis zu lokalen Chefs, die ihre Autorität zu verlieren haben –, kommen nicht in Strömen zu den Kursen" (Dunn 1998, p. 7).

Erfolgsbedingungen

Einer der Hauptgründe für den Erfolg von PSP besteht darin, dass die Beiträge eines jeden berücksichtigt werden. Weil die Teilnehmer sich ihre Gedanken machen und diese niederschreiben, bevor sie die größere Gruppe daran teilhaben lassen, hat jeder die Chance zu partizipieren. Nicht der lauteste, nicht der eloquenteste, nicht der schillerndste Teilnehmer dominiert die Gruppe. Die Schaubilder, die am Ende vorliegen, tragen allen Beiträgen Rechnung und spiegeln eine Synthese, die umfassender ist als die Summe der einzelnen Teile.

Ein weiterer Grund für den Erfolg von PSP besteht darin, dass die Methode die Aufdeckung tiefer liegender Widersprüche betont. Dieser entscheidende Schritt dient als Realitätskontrolle, weil er verlangt, dass sich die Gruppe auf ihrem Weg mit sachlichen Überlegungen auseinander setzt. Widersprüche sind häufig Katarakten vergleichbar. Man sieht sie nicht direkt, doch sie trüben die Sicht und machen einen blind für das, was dahinter liegt. Hat man sie erst einmal entdeckt und sich mit ihnen befasst, können sich ganz neue Ausblicke auf Möglichkeiten auftun.

PSP wird nicht erfolgreich sein, wenn diejenigen, die einen Plan entwickeln, nur eine geringe oder überhaupt keine Möglichkeit haben, ihn umzusetzen. Wenn höhere Führungskräfte oder Abteilungsleiter so tun, als ob sie die Mitarbeiter zur Partizipation motivieren wollten, aber weiterhin auf ihrer Machtposition beharren, um gegen jede Entscheidung aus der Planungsgruppe ihr Veto einlegen zu können, dann ist der Zweck der Übung verfehlt. PSP wird auch nicht erfolgreich sein, wenn die Beteiligten der Methode nicht zutrauen wollen, dass sie vielschichtige Perspektiven integrieren und komplizierte Probleme angehen kann.

Wenn Sie PSP anwenden, sollten Sie auf bestimmte Fallstricke achten. Erstens: Kürzen Sie die Methode nicht ab. Ein wichtiger Teil von PSP ist der, wenn der Moderator die Teilnehmer auffordert, einen Schritt zurückzutreten und darüber nachzudenken, was gerade geschieht – besonders am Ende des gesamten Prozesses. Wenn alle nach zwei Tagen intensiver Planung erschöpft sind und nach Hause gehen wollen, ist es manchmal verführerisch, auf diesen letzten Schritt zu verzichten. Doch dies ist oft ein entscheidender Moment im ganzen Prozess, da die Teilnehmer die Chance haben: jene nagende Frage zu stellen, die sie bis dahin zurückgehalten haben; einen Einblick miteinander zu teilen, den sie gewonnen haben;

oder Zusammenhänge zwischen dieser und anderen Methoden herzustellen, denen sie schon begegnet sind.

Zweitens: Moderatoren brauchen Zeit für die tiefer liegenden Widersprüche. Dieser wichtige Schritt erfordert oft, dass Tiefbohrungen angestellt werden, um zum Kern der Sache vorzudringen, oder auch, dass die Teilnehmer verstehen, was mit „Widerspruch" gemeint ist. Brian Stanfield beschreibt diesen Schritt als „den unerwähnten Posten eines Gesprächs" (1995, p. 3). Wenn man den Teilnehmern verständlich machen möchte, dass diese Widersprüche keine Oberflächenprobleme, Defizite, Abstraktionen oder persönliche Fehler einzelner Personen sind, kann das Zeit und Mühe kosten.

Theoretisches Fundament

PSP und die anderen ToP-Werkzeuge sind das Ergebnis der 35-jährigen Geschichte der Arbeit des *Institute of Cultural Affairs* (ICA) mit tausenden von Gemeinden und Organisationen weltweit. Sie haben ihre Wurzeln in der frühen Arbeit, die das ICA im Rahmen der kommunalen Entwicklung in dem als Fifth City on the West Side of Chicago bekannten Armenviertel geleistet hat; in den im Sommer abgehaltenen Research Assemblies, an denen zwischen Mitte der 60er-Jahre und Mitte der 80er-Jahre des 20. Jahrhunderts tausende von Menschen aus der ganzen Welt teilnahmen; und in einem breiten Spektrum von Sozialprogrammen und Trainingskursen, die von Stadtversammlungen und Projekten zur Personalentwicklung bis zur *Social Methods School* und dem LENS-Seminar (Leadership Effectiveness and New Strategies) reichen.

Von Anfang an ist das ICA eine auf der Aktionsforschung beruhende Organisation gewesen, die sich zwischen teambasierter Modellentwicklung und der praktischen Umsetzung dieser Modelle in Alltagssituationen bewegt hat. Es hat die Schriften einer großen Bandbreite von Wissenschaftlern und Sachbuchautoren benutzt, um Trends zu entdecken und seine Kreativität zu beflügeln – von Laotses klassischer Abhandlung zum Thema Strategie in der *Kriegskunst* bis zu Kenneth Bouldings Buch *Die neuen Leitbilder*, das Einblicke in die Beziehung zwischen Leitbildern und Verhalten gibt; doch hauptsächlich hat das ICA Methoden wie PSP in der institutseigenen Denkfabrik entwickelt, diese in den vielfältigsten Situationen immer wieder angewendet und kontinuierlich verfeinert. Es hat immer größeren Wert darauf gelegt, die Klugheit und Erfahrung lokaler Akteure und die in Gruppen generierten Lösungen zu nutzen als auf die Arbeit einzelner Experten und die akademische Forschung zu setzen.

Da sich das ICA in seiner Arbeit mit Gemeinden und Organisationen immer mehr auf die Anwendung von PSP und anderen ToP-Methoden konzentriert hat, begann man damit, einem riesigen und weiter wachsenden Publikum von Trainern, Moderatoren und Beratern in Wirtschaft, Industrie, Regierungsbehörden und gemeinnützigen Organisationen weltweit Trainingskurse in diesen Methoden anzubieten. Als dieses Buch entstand, lehrte man ToP-Methoden schon in vielen Sprachen und in 21 Ländern. Arbeitsbücher für Teilnehmer sind inzwischen ins Arabische, Chinesische, Kroatische, Niederländische, Englische, Französische, Deutsche, Portugiesische und Spanische übersetzt worden.

Die Ergebnisse halten

Zu den Vorteilen von PSP gehören folgende Aspekte: ein starkes Gefühl, Eigentümer des daraus resultierenden Produkts zu sein; die Verpflichtung, den Plan umzusetzen; die gesteigerte Kommunikation innerhalb der Organisation; und eine detaillierte Zeitlinie, in der die Verantwortlichkeit verankert ist. Damit diese Vorteilen erhalten werden können, müssen sie in die Kultur der Organisation integriert werden – in „die Art, wie wir hier unsere Geschäfte erledigen". Wenn das der Fall ist, kann die Kapazität von PSP, auf diese Kultur Einfluss zu nehmen, ziemlich groß sein.

Julia Leon, Koordinatorin am *Information Technology Department* (ITD) an der *Emory University*, hat einen solchen Prozess durchlaufen. Nachdem sie erlebt hatte, dass es beim Personal Probleme mit der Arbeitsmoral gab und die Akzeptanzwerte bei den Kunden niedrig waren, wendeten sie und einige ihrer Kollegen, die in ToP-Methoden geschult waren, diese Methoden an, um ein stärkeres Gefühl von Verpflichtung und Kooperation bei denjenigen zu entwickeln, mit denen sie arbeiteten.

„Was in diesem halben Jahr geschah, hat unsere Arbeitsweise für immer verändert", sagte Julia Leon. „Wir waren durchdrungen von partizipativen Methoden, wir führten Workshops mit unseren Campuskunden durch, um auch ihren Beitrag zu bekommen, und wir nutzten die Prinzipien der Partizipation auch dafür, die enormen Mengen an erhobenen Daten zu analysieren." Seit dieser Zeit gehören ToP-Methoden zum normalen Betriebsablauf des ITD. Ein Mitarbeiter kommentierte: „ToP ist so sehr zu einem Teil unserer Kultur geworden, dass der Unterschied erst dann offenkundig wird, wenn man an einer Sitzung ‚im alten Stil' teilnimmt." Für Julia Leon hatte der Prozess noch einen weiteren Vorteil. „Die Organisation ist jetzt ein ganz anderer Arbeitsplatz. Die Dinge werden jetzt offen und ehrlich behandelt. Wir können über alles reden; jetzt wissen wir, wie wir reden müssen" (Leon 1996, p. 4).

Abschließende Bemerkungen

Menschen, die ToP kennen lernen, sind ausnahmslos davon begeistert. Einige Gründe dafür werden wiederholt genannt: Die Methoden sind klar und einfach; sie nutzen die Klugheit und Erfahrung der Gruppe auf einer tief liegenden Ebene; sie sind sowohl romantisch als auch pragmatisch; sie generieren greifbare Ergebnisse in höchst brauchbaren Formen; sie bieten einen Weg, auf dem ein breites Spektrum an Beiträgen möglich ist; und sie sind leicht anwendbar und übertragbar.

Nancy Tam Davis, Moderatorin bei *Pierce County*, Washington, ist der Ansicht: „Jahrelang habe ich mit Brainstorming und verwandten Techniken gearbeitet, aber bei ToP-Methoden ist die Qualität der individuellen Reaktionen und des Gruppendialogs anders" (Burbidge 1993, p. 5). Möglicherweise lässt sich dieser Qualitätsunterschied dadurch erklären, dass diese Methoden aus der kommunalen Entwicklung hervorgegangen sind und seit Jahren in den unterschiedlichsten Situationen weltweit angewendet werden.

PSP unterscheidet sich von ähnlichen Methoden noch auf andere, mehr materielle Weisen. Erstens legt die Methode großen Wert darauf, tiefer liegende Widersprüche aufzudecken. Auch wenn dieser Schritt schmerzhaft und manchmal langweilig sein kann, so ist er doch entscheidend für die Erstellung eines praktikablen Planes, der auf der realen Situation gründet. Der Managementguru Peter Block (1987, p. 194) beschreibt das so: „Der erste mutige Akt ist einfach der, die Dinge so zu sehen, wie sie sind. Keine Entschuldigungen, keine Erklärungen, keine Illusionen eines Wunscherfolgs." Außerdem öffnet allein schon die Benennung von Widersprüchen oft eine Tür zur Zukunft. Es ist, als ob die Lösung bereits in ihnen verborgen liege und darauf warte, erlöst zu werden.

Zweitens hat das ICA es als hilfreich erachtet, ein Planungsdokument zu erstellen, in dem die Beiträge der Teilnehmer gewürdigt und auf klare, verständliche Weise reproduziert werden. Die Ergebnisse der einzelnen PSP-Schritte bekommen die Teilnehmer in Form von Schaubildern, die alle im Wortlaut der Teilnehmer erfassten Daten aus der Sitzung enthalten. Wenn Menschen die Früchte ihrer Arbeit sehen, ist das sowohl ein Hinweis darauf, dass ihre Beiträge ernst genommen werden, als auch ein Ansporn, den nächsten Schritt im Prozess zu gehen.

Drittens beruhen alle ToP-Methoden sehr stark auf Reflexionstechniken, die es den Teilnehmern ermöglichen, „ihre Erfahrung zu erfahren". Ein Kollege am ICA sagte einmal, dass eine Erfahrung erst dann vollständig sei, wenn sie reflektiert worden ist. Mithilfe der Diskussionsmethode begleiten die Moderatoren die Teilnehmer in der Reflexion über den Prozess. Dadurch haben die Teilnehmer eine zweite Möglichkeit, das Erlebte zur Kenntnis zu nehmen, es zu evaluieren und darüber nachzudenken, wie sie ihre Erfahrung in anderen Situation anwenden könnten.

Zum Schluss noch ein Vorbehalt. PSP ist kein Allheilmittel für alle Gebrechen einer Organisation. Manchmal muss eine Organisation ihre Mission neu definieren, ihre zentralen Werte neu formulieren oder eine Konfliktlösung anstreben. Diese Probleme werden mit strategischer Planung nicht angegangen. Doch Brian Stanfield (1995, p. 5) weist darauf hin: „Strategische Planung kann auf höchst transparente Weise Menschen von Geschichten wie ‚Das ist nicht machbar' erlösen, sie von Beschuldigungsritualen befreien und sie dahin katalysieren, dass sie Verantwortung für die Zukunft übernehmen." In diesem Sinn ist PSP sowohl eine Kunst als auch eine Wissenschaft, die zu praktizieren das Geschick eines „Methodenchirurgen" erfordert. Mirja Hanson (1997, p. 235) erinnert uns daran: „Das kollektive Genie geschieht nicht einfach. Es kommt auf die Methode an."

4

Strategic Forum™ (SF) bzw. Strategieforum

Erzähle mir etwas, und ich vergesse es.
Zeige mir etwas, und ich erinnere mich daran.
Beziehe mich in etwas ein, und ich verstehe es.
Altes chinesisches Sprichwort

Zwei Geschichten

Strategieforum (Strategic Forum™) in einem Unternehmen

Mitte der 80er-Jahre des 20. Jahrhunderts führte *High Performance Systems Inc.* (HPS) ein Strategieforum für eine kleine Beratungsfirma (ungefähr 50 Berater) durch. Barry Richmond, Geschäftsführer von HPS, wurde von dieser Firma (die aus einer Gruppe von Beratern bestand, die sich aus einem großen Beratungsunternehmen gelöst und mit einer eigenen Firma – einige Klienten hatten sie mitgenommen – selbstständig gemacht hatten) engagiert. HPS gehört zu den führenden Organisationen, die systemisches Denken praktisch anwenden, und wurde angeheuert wegen seiner Fähigkeit, Organisationen in der Entwicklung einer klaren Selbstkonzeption mithilfe eines systemischen Denkprozesses namens Strategieforum zu unterstützen. Das sich ergebende Strategieforum bot einen einmaligen Einblick sowohl in die Betriebsziele der Firma als auch in ihre Strategie zur Erreichung dieser Ziele.

Die Firma hatte die folgenden Ziele als entscheidende Erfolgsfaktoren festgelegt:

- Ein gesundes, aber resolutes Unternehmenswachstum halten.
- Die besten und intelligentesten jungen Talente einstellen und entwickeln.
- Die jährliche Fluktuationsrate gering halten (unter 10 %), d. h. die Talente nicht abwandern lassen.
- Eine ausreichende Zahl von Beratern halten, um das erwartete Arbeitsvolumen bewältigen zu können.

Ihre Strategie zur Erreichung dieser Ziele war folgende:

- Das Geschäft wie eine expandierende Pyramide anlegen (siehe Abb. 1), d. h. Zahl der Berater zur Zahl der mittleren Manager im Verhältnis 5 : 1 und Zahl der mittleren Manager zur Zahl der Führungskräfte im selben Verhältnis halten.
- Mitarbeiter aus den renommiertesten Schulen rekrutieren.
- Schnelle Beförderung versprechen. (Den Beratern versprach man, dass sie innerhalb von zwei bis drei Jahren ins mittlere Management aufsteigen würden.)

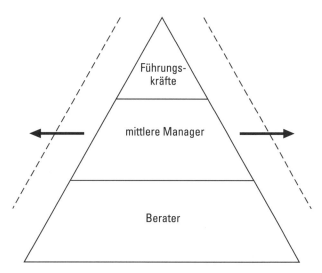

Abbildung 1: Das Geschäft wie eine expandierende Pyramide anlegen

Seit kurzem hatte das Unternehmen Schwierigkeiten, das Zahlenverhältnis 5 : 1 zu halten, und man hatte sich auf die Politik verlegt, die Zeitabstände zwischen den Beförderungen zu vergrößern. Die Firma fragte sich, ob sich diese Strategie auszahlen würde, und wollte, dass HPS mithilfe eines Strategieforums diese Frage beantworten half.

Ein paar Wochen vor dem Strategieforum interviewten Moderatoren von HPS verschiedene Mitglieder des Managementteams. Aus den in diesen Gesprächen gewonnenen Informationen entwickelten wir ein einfaches systemisches Denkmodell, das die „Essenz" der Personalentwicklungsstruktur dieses Unternehmens beschrieb (siehe Abb. 2).

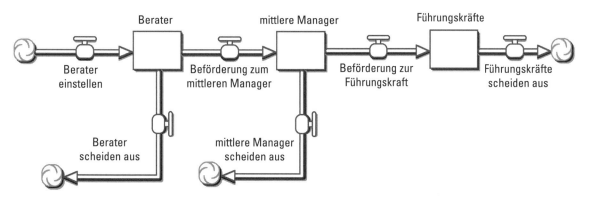

Abbildung 2: Systemisches Denkmodell beschreibt die Struktur der Personalentwicklung

Das Strategieforum verwendet eine spezifische Sprache, um die Diskussion zu moderieren. Die Sprache benutzt die Bilder für Speicher und Flüsse. Speicher sind Bassins vergleichbar, in denen Wasser gespeichert ist (in diesem Beispiel Menschen), während Flüsse Röhren vergleichbar sind, die Zufluss und Abfluss der Speicher darstellen. In Abbildung 2 ist das *Berater*-Rechteck der Speicher, in dem Menschen gespeichert sind: in diesem Fall die zuletzt eingestellten Firmenmitglieder. Berater fließen aufgrund der Aktivität *Berater einstellen* in die Organisation hinein und gehen in den Beraterspeicher. Sie bleiben eine Zeit lang Berater und fließen entweder durch Beförderung weiter zu den mittleren Managern oder aus der Organisation hinaus, weil sie ausscheiden. Die restliche Kette funktioniert ähnlich. Mittlere Manager fließen weiter zu den Führungskräften oder aus der Organisation hinaus, und Führungskräfte verlassen schließlich das Unternehmen.

Im Strategieforum benutzten 20 Manager in Schlüsselfunktionen und Führungskräfte den Computer, um ein ähnliches Modell wie in Abbildung 2 zu entwerfen, das Zahlen enthielt, die den Erfahrungswerten des Unternehmens nahe kamen. Selbst anhand dieses einfachen Modells konnte man in der Simulation das Umkippen der Pyramide wiederholen, das die Firma erlebt hatte. Das Modell wurde daraufhin modifiziert (nicht abgebildet), damit ihre Vermutung, weshalb Mitarbeiter das Unternehmen verlassen, integriert werden konnte. Danach konnten die Teilnehmer mehrere Strategien ausprobieren, wie sie die vier entscheidenden Erfolgsfaktoren realisieren konnten, die oben erwähnt sind. Sie arbeiteten in kleinen Viererteams und probierten Strategien aus, die sie im realen Geschäftsleben angewendet hatten, und experimentierten mit neuen Strategien, die sie früher nicht umgesetzt hatten.

Die Betriebsziele des Unternehmens (entscheidende Erfolgsfaktoren) waren widersprüchlich. Mit *keiner* Strategie konnten alle diese Ziele erreicht werden! Die mittleren Manager und Führungskräfte fanden heraus, dass die astronomische Wachstumsrate von 200 % nötig wäre, um alle anderen Betriebsziele zu erreichen – was das Firmenwachstum zum Explodieren bringen würde. Die Fluktuationsrate bei 10 % halten zu wollen (eine weitaus geringere Rate als in großen Beratungsunternehmen üblich) würde zwangsläufig bedeuten, dass die ganze Welt eingestellt werden müsste. Und bei einer realistischen Wachstumsrate würde sich die Pyramide umkehren, wenn das Unternehmen seine Politik der schnellen Beförderung aufrechterhalten würde.

Die Teilnehmer verstanden, weshalb ihre jüngste Strategie, die Beförderung von Beratern hinauszuzögern, ungewollte Konsequenzen zeitigte. Eine Konsequenz war die, dass die Zahl der *Berater, die ausscheiden* (siehe Abb. 2), anstieg, weil sie wegen der fehlenden Aufstiegschancen frustriert waren. Dies führte zur nächsten ungewollten Konsequenz: Frustrierte frühere Angestellte warnten ihre Kollegen an Business Schools davor, in dem Unternehmen zu arbeiten. Die Tatsache, dass die Firma größere Schwierigkeiten hatte, Mitarbeiter zu finden, und mehr jüngere Mitarbeiter das Unternehmen verließen, führte zu der Einsicht, dass sie die jüngste Umkehr der Pyramide eigentlich selbst beschleunigte. Die Firma hatte sich selbst ein Bein gestellt!

Mithilfe der Anstrengungen im Strategieforum konnten die Manager schließlich erkennen, dass ihre Ziele widersprüchlich waren. Da sie nicht alle Ziele gleichzeitig erreichen konnten, diskutierten sie darüber, welche der folgenden Optionen sie wählen sollten:

1. Eine hohe Fluktuationsrate akzeptieren, solange sie die Pyramide erhalten können, und in diesem Fall so verfahren, wie es in vielen Beratungsfirmen üblich ist: die Politik des „Aufsteigens oder Ausscheidens" verfolgen.
2. Ältere Manager zu einem früheren Ausscheiden motivieren.
3. Zulassen, dass die Pyramide umkippt. Wenn die Firma mehr ältere Manager als nachrückende Berater hat, kann sie ein geringeres Klientvolumen annehmen, aber mehr strategische Arbeit leisten (mit höheren Honoraren).

Das in diesem Strategieforum gewonnene Wissen führte zu einem weitaus besseren Dialog und letztlich zu besseren Entscheidungen. Schon bald nach dem Forum konnte die Firma eine Kombination der modifizierten Ziele, wie sie oben aufgeführt sind, umsetzen, und mit den entsprechenden Strategien schuf sie die Art von erfolgreichem, aber stabilem Beratungsbüro, das sie haben wollte.

Strategieforum in einer Gemeinde

1993 führte HPS ein gemeindebasiertes Strategieforum für ein Schulsystem durch, in dem gerade eine hitzige Debatte über einen schulpolitischen Vorschlag geführt wurde, der sich auf die gesamte Gemeinde auswirken würde. Der Vorschlag bestand darin, die Schulzeit auf das ganze Jahr auszudehnen. Gemeindemitglieder (Entscheidungsträger, Unternehmer, Lehrer, Eltern) kamen zu dem Forum und hatten die Gelegenheit, an verschiedenen Computermodellen, die die Situation simulierten, durchzuspielen, wie dieser Vorschlag sich auf die Schüler, Lehrer und letztlich auf die Gemeinde auswirken würde.

Der Prozesses begann damit, dass ein Modell des „gespeicherten Inhalts" (Abb. 3) geprüft wurde. Die Akteure waren sich einig, dass der Prozess der Inhaltsspeicherung modellhaft dargestellt werden könnte als Lager für gespeicherten Inhalt mit einem Zufluss, über den Inhalt aufgenommen wird, und einem Abfluss, über den Inhalt abgegeben wird. Der erste Teil des Forums sollte die Frage beantworten: Würden Schüler, die ganzjährig zur Schule gehen, den Inhalt besser behalten können? Um die Frage beantworten zu können, mussten die Teilnehmer des Forums einen Konsens darüber erreichen, wodurch es den Schülern möglich ist, Inhalt aufzunehmen (Zufluss), und welche Kräfte sie dazu veranlassen, Inhalt abzugeben, d. h. zu vergessen (Abfluss). Das in Abbildung 3 dargestellte Schaubild ermöglichte eine vielschichtige und doch fokussierte Diskussion.

gespeicherter Inhalt

aufnehmen   abgeben

Abbildung 3: Systemisches Denkmodell des gespeicherten Inhalts

Aufgrund der Simulation eines erweiterten Modells, das auf dem Schaubild von Abbildung 3 beruhte, entschieden die Teilnehmer, dass das vorgeschlagene Verfahren die Inhaltsspeicherung wahrscheinlich verbessern würde. Der Moderator des Forums erweiterte das Modell und nahm mehrere Auswirkungen der ganzjährigen Schulzeit auf die Schülerkultur (z. B. die Auswirkung auf die Schuldisziplin), die Effektivität der Lehrer und die Ökonomie der Gemeinde hinzu. Als die Auswirkungen auf die Gemeinde hinzugefügt wurden, sahen die Teilnehmer, dass das Verfahren zwar für die Schüler vorteilhaft wäre, aber für die Gemeindeökonomie ungewollte Konsequenzen hätte. Insbesondere eine Stadt, die während der Sommermonate auf die Mitarbeit der Schüler angewiesen ist, würde den potenziellen Verlust an Arbeitskräften ausgleichen müssen, weil die Arbeit der Schüler für die Schule gebunden wäre. Das Erkennen der negativen Konsequenzen für die Gemeinde half den Teilnehmern des Forums, den schulpolitischen Vorschlag abzulehnen. Dadurch, dass nach und nach verschiedene Auswirkungen des Vorschlags hinzugefügt wurden, dass die Akteure mit den Modellen experimentieren und diese hinterfragen konnten und dass eine Gelegenheit zum Dialog in der Gemeinde gegeben war, machte das Strategieforum es der Gemeinde leichter, eine polarisierte politische Debatte hinter sich zu lassen und einen Konsens in der Gemeinde zu erreichen.

Weshalb ein Strategieforum?

Die Struktur jeder sozialen Organisation (Unternehmen, gemeinnützige Organisation oder Gemeinde), ihre Mission, Ziele und Strategien – warum und wie sie sich organisiert – ergeben sich aus den individuellen und kollektiven *mentalen Modellen,* die die Organisation von sich hat. Ein mentales Modell ist eine Ansammlung von Annahmen, Theorien, Anekdoten und anderen mentalen Tatsachen und Vorstellungen, die dazu benutzt werden, komplexen Systemen (und der größte Teil des Lebens ist komplex!) einen Sinn zu verleihen und Entscheidungen zu treffen. Viele dieser mentalen Modelle bleiben unausgesprochen und ungeprüft – und doch treiben sie das Verhalten der Organisation an. Das Strategieforum ist ein Prozess, der es einer Organisation ermöglicht, die mentalen Modelle, die ihre fundamentalsten Prozesse antreiben, aufzudecken, zu klären und zu modifizieren.

Unter Verwendung des Ansatzes des systemischen Denkens nutzen entscheidende Akteure eines Systems das Strategieforum, um ein klares Bild davon zu gewinnen, wie das System seine Mission, Ziele und Strategien zu einem integrierten Ganzen zusammenfügt. Der Ansatz des systemischen Denkens benutzt eine Sprache (wie z. B. die oben erwähnten Speicher und Flüsse), mit deren Hilfe es leichter wird, mentale Modelle an die Oberfläche zu holen und zu klären. Außerdem kann der Ansatz des systemischen Denkens mentale Modelle verbessern, weil die Sprache eine Disziplin erzwingt, mit der man die Zusammenhänge untersucht und verstehen lernt, die in einer Organisations- oder Gemeindeanalyse oft übersehen werden. Da Beziehungen das Verhalten lenken, liegt der Schlüssel für Lösungen mit starker Hebelwirkung darin, dass man die Beziehungen in der Organisation oder Kommune versteht.

Mithilfe eines Strategieforums kann man das Wesentliche darüber aufdecken, wie das System wirklich „funktioniert" und/oder wie sich eine Strategie im Kontext dieses Systems entfalten wird. Die Fähigkeit, zu verstehen, wie etwas funktioniert oder funktionieren wird, ist das *operative Denken*. Durch die Entwicklung eines operativen Bildes wird jede falsche Ausrichtung oder unscharfe Denkart beleuchtet, die in den Zielen, Strategien und Prozessen einer Organisation eingebettet sind. Organisationale Ziele sind oft nicht unabhängig voneinander, wie die Beratungsfirma in unserem Fallbeispiel feststellte. In manchen Situationen sind zwei Ziele vielleicht nicht gleichzeitig erreichbar, weil sie einander ausschließen. In anderen Situationen lässt sich eine Strategie vielleicht nicht umsetzen. Eine Vertriebsabteilung entdeckte z. B. mithilfe eines Strategieforums, dass ihre Strategie, den Umsatz durch die Verdoppelung der Vertriebsmannschaft zu verdoppeln, in der Theorie zwar gut klingt, aber nicht praktikabel ist. Eine Strategie, die in der Klausur mit Sicherheit zu gelingen scheint, erreicht „zu Hause" in der Organisation vielleicht niemals ihr beabsichtigtes Ziel. Ein Strategieforum enthüllt jedes widersprüchliche Ziel oder macht darauf aufmerksam, wenn eine Strategie nicht erreichen kann, was sie erreichen soll.

Der Prozess des Strategieforums im Überblick

Der Prozess beginnt damit, dass jeder Akteur (Führungskräfte, Entscheidungsträger, Behördenleiter) seine Sicht der Mission, Ziele und Strategien der Organisation oder Gemeinde darlegt und klärt. Dies bezeichnet man als „Darlegung des persönlichen mentalen Modells des Unternehmens bzw. der Gemeinde". (Jeder Akteur hat von seinem System ein mentales Modell, das oft unbewusst ist und kaum im Detail diskutiert wird.) Der Prozess geht weiter mit der Verwendung von Speichern und Flüssen, um eine kohärente visuelle Darstellung oder ein kollektives mentales Modell zu erstellen. Das bedeutet, dass die Akteure einen Konsens darüber finden, wie die Organisation funktioniert. Die Grafik wird fortwährend verfeinert, indem Präsentation und Feedback mehrere Wiederholungen durchlaufen, bis man die Repräsentation der Organisation hat, die für die Analyse der Betriebsziele und Strategien am nützlichsten ist. Diese Grafik wird anschließend in ein „simulierbares" Modell bzw. in „simulierbare" Modelle überführt.

Das Strategieforum bietet ein Forum (Wortspiel beabsichtigt), in dem die Akteure systematisch mit dem Modell interagieren können, das ihre unterschiedlichen Annahmen zu den Zielen und Strategien überprüft. Dabei entdecken sie (winzige bis erhebliche) Lücken in ihrem Verständnis davon, wie die Organisation „funktioniert" oder wie sich eine Strategie konkret entfalten könnte. Diese Lücken werden benutzt, um die Diskussion zu entfachen, und diese Diskussion führt oft dazu, dass die Akteure ihre kollektiven Modelle von den Zielen und/oder Strategien revidieren.

Das Endprodukt eines Forums ist üblicherweise ein Modell oder eine Reihe von Modellen, die als Gesamtpaket dem restlichen System zum Gebrauch angeboten werden können. Das Produkt eines Gemeindeforums könnte z. B. ein CD-ROM-„Spiel" sein, mit dem die Bürger ihre Gemeinde managen können. Bürger, die ihre Gemeinde „spielerisch" managen, entwickeln eine bessere Vorstellung davon, wie diese funktioniert, was wiederum Entscheidungsträgern und Bürgern helfen kann, eine Politik zu entwickeln und zu unterstützen, die ihre Gemeinde verbessert. Manchmal werden diese Modelle als CD-ROM ausgeteilt; manchmal werden sie auf einer moderierten Sitzung präsentiert. Beispielsweise entwickelte ein großer, weltweit operierender Computerhersteller als Ergebnis eines Strategieforums einen moderierten Workshop, den er für seine besten Verkaufsleiter auf der ganzen Welt durchführte. Wie immer ein Strategieforum auch abgehalten wird, es hat Auswirkungen, die sich immer auf den Rest der Organisation ausbreiten.

Organisationale Veränderungen aufgrund eines Strategieforums

Weil das Strategieforum einer Organisation hilft, ein operatives Verständnis ihrer Mission, Ziele und Systeme zu entwickeln, wird eine Organisation nach dem Forum immer ein klareres Bild davon haben, wie sie wirklich funktioniert – was getan und was nicht getan werden kann, um ihre Leistung zu verbessern. Auch das Ausgraben und Austauschen mentaler Modelle hilft den Menschen im gesamten System, effektiver miteinander kommunizieren zu lernen. Individuen und Teams (selbst die kollektive Öffentlichkeit) erkennen, dass alle mentalen Modelle falsch sind, weil sie immer vereinfachte Repräsentationen der Wirklichkeit sind. Die Menschen treten bereitwilliger in einen offenen Dialog miteinander ein, um voneinander zu lernen. Dadurch, dass die Organisation systemisches Denken nutzbringender anwenden kann, um alle Annahmen explizit zu machen und diese anschließend über Computersimulation zu testen, entwickelt sie sich zur lernenden Organisation.

Wann sollte eine Organisation ein Strategieforum abhalten?

Ein Strategieforum kann jederzeit im Prozess der Strategieentwicklung aus verschiedenen Gründen abgehalten werden:

- vor der Entwicklung einer Strategie als ein Instrument, um Mission und Ziele zu klären und einige der Schlüsselfragen festzulegen, die eine Strategie aufgreifen muss;
- während der Strategieentwicklung als *der* Strategieprozess;
- nach der Entwicklung einer Strategie als „Gesundheitscheck" im Hinblick auf die vor kurzem entwickelte Strategie.

Wahrscheinliche Resultate eines Strategieforums

Unternehmen und Gemeinden revidieren ihre Ziele und Strategien üblicherweise – und lassen sie manchmal fallen. Sie erkennen, dass viele ihrer Annahmen (die normalerweise als selbstverständliche Wahrheiten betrachtet werden), die zu den früheren Zielen und Strategien geführt haben, unvollständig oder fehlerhaft waren. Vielleicht erkennen sie auch, dass sie nicht einmal die richtigen Fragen gestellt haben. Nach einem Strategieforum ist eine Organisation fähiger, die richtigen Fragen zu stellen, was folglich den anschließenden Prozess der Zielformulierung und Strategieentwicklung verbessert.

Da dieser Prozess Myriaden von kulturellen Annahmen an die Oberfläche bringt und hinterfragt, kann er dramatische Auswirkungen haben. Organisationen führen nach dem Strategieforum ihre Probleme wahrscheinlich weniger auf externe Faktoren zurück. Sie fokussieren danach weniger auf Ereignisse, sondern suchen nach langfristigen Mustern. Organisationen beschuldigen nicht mehr die Menschen, sondern versuchen, die tiefer liegende Struktur zu verstehen, durch die störendes Verhalten verursacht werden könnte. Gemeindemitglieder machen nicht mehr die Politiker für Probleme verantwortlich, wenn sie erkennen, welchen Beitrag sie selbst zu diesen Problemen leisten. Sie fokussieren weniger nur auf die kurzfristigen Konsequenzen und sehen allmählich potenzielle langfristige Konsequenzen. Individuen und Gruppen konzentrieren sich nicht mehr nur auf „ihr Stück Kuchen", sondern nehmen den ganzen Kuchen in den Blick.

Die Schritte des Prozesses

Abbildung 4 ist eine idealtypische Darstellung der einzelnen Schritte, die eine Organisation geht, wenn sie an einem Strategieforum teilnimmt. Die konkreten Schritte sind selten so klar gegeneinander abgegrenzt, wie sie hier beschrieben sind. Üblicherweise springt der Prozess zwischen den Schritten hin und her, und einige der Schritte wiederholen sich mehrere Male. Die Essenz eines Forums – was wirklich geschieht – ist in Abbildung 4 beschrieben.

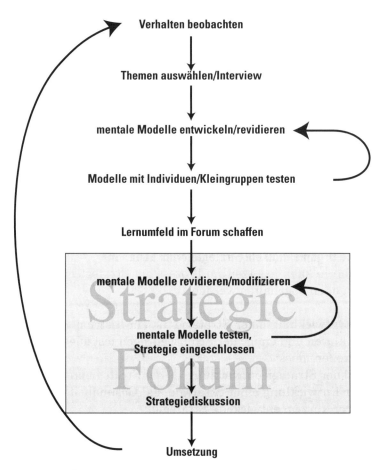

Abbildung 4: Ablauf eines Strategieforums

Wenn die Mitglieder der Organisation eine Strategie haben, die sie einem „Gesundheitscheck" unterziehen wollen, beginnen sie damit, dass sie entweder Verhalten beobachten oder Themen auswählen, die zu explorieren sind. Dies geschieht in den dem Strategieforum vorausgehenden Phasen, die zwischen acht und 16 Wochen vor dem Forum beginnen. In den dem Forum vorausgehenden Phasen werden auch mentale Modelle entwickelt, ausgetauscht, getestet und revidiert. Der letzte Schritt der dem Forum vorausgehenden Phase besteht darin, ein Lernumfeld für die Modelle zu entwickeln, die im Forum benutzt werden sollen. Während des Strategieforums werden mentale Modelle in einem sich wiederholenden Prozess revidiert und dann für die Strategiediskussion und das Design verwendet. Um dies zu erreichen, hat das Forum ausreichend Zeit, Erwartungen zu formulieren, über Themen des „großen Bildes" zu diskutieren und die Annahmen zu bearbeiten und zu revidieren, die den Lernumfeldmodellen zugrunde liegen. Die Umsetzung erfolgt in den nach dem Forum angesiedelten Aktivitäten. Der Prozess sollte hier nicht aufhören; Verhalten sollte während der Umsetzung beobachtet werden, weil sich daraus die Notwendigkeit ergeben kann, zukünftige Anstrengungen in Bezug auf die Modelle zu unternehmen.

Um den Wert eines Strategieforums einzuschätzen, muss man die Kosten in Betracht ziehen, die einer Organisation entstehen, wenn sie Ziele verfolgt, die sie nicht erreichen kann, oder wenn sie Strategien anwendet, mit denen die beabsichtigten Ziele nicht erreicht werden können. Wenn man das Strategieforum in diesem Licht betrachtet, lassen sich seine Kosten leicht rechtfertigen. Eine Organisation kann jahrelang zahllose Arbeitsstunden und wertvolle Ressourcen an das Unmögliche verschwenden, oder sie kann von allem etwas in ein Strategieforum investieren und zuversichtlicher werden, dass das, woran sie gerade arbeitet, realisierbar ist.

Ein Strategieforum erfolgreich umsetzen

Es gibt viele wichtige Elemente, die ein Strategieforum zu einem Erfolg machen. Zu den besonders wichtigen gehören die folgenden:

- *Man muss offen dafür sein, die eigene Denkweise zu analysieren.* Der Kernprozess, der einem Strategieforum zugrunde liegt, besteht darin, Ungenauigkeiten und Widersprüche in individuellen und kollektiven mentalen Modellen darzulegen. Führungskräfte müssen bereit sein, ihre eigenen mentalen Modelle preiszugeben und zu analysieren, wenn der Prozess nicht scheitern soll.
- *Man muss das ganze Bild sehen.* Menschen sehen oft nur ihr eigenes Stückchen Welt; der Prozess, in dem ein kollektives Verständnis der Organisation aufgebaut wird, führt ganz natürlich dazu, dass Individuen und Gruppen innerhalb der Organisation das ganze Bild deutlicher sehen. Gruppen, die nicht verstehen konnten, dass eine andere Gruppe das Problem „auf diese Weise" sehen konnte, machen plötzlich die Erfahrung, dass sie sich in die Lage der anderen Gruppe versetzen können. Dies hat enorme wohltuende Auswirkungen auf das allgemeine Vertrauen und die Kommunikation innerhalb des ganzen Systems.
- *Man darf nicht erwarten, die „Wahrheit" zu entdecken.* Mentale Modelle stellen immer eine Vereinfachung der Realität dar und sind per definitionem nicht die Wahrheit. Viel Verwirrung kann entstehen, wenn die Teilnehmer erwarten, dass der Prozess die Wahrheit enthüllt.
- *Man muss die Grafik bzw. das Modell überschaubar halten.* Es ist normalerweise unmöglich, die Art von Modell – groß, komplex, kompliziert –, die sich aus der Wahrheitssuche ergibt, auf der Detailebene zu fertigen, wo jeder Teilnehmer seinen Teil des Systems beschreiben kann; und es ist immer unmöglich, diese Art von Modell zu diskutieren. Arie de Geus sagt im Vorwort des Buches *Modeling for Learning Organizations* (Aufsatzsammlung zum Thema, wie Techniken der computergestützten Modellentwicklung auf Organisationen angewendet werden können): „Selbst das einfachste Geschäft hat so viele interne und externe Wechselwirkungen, zu denen ständig neue hinzukommen, und deshalb ist es höchst unwahrscheinlich, dass das Modell, mit dem eine Firma beschrieben wird, jemals fertig gestellt werden wird" (1994, p. xiv). Wenn man in einem Strategieforum diesen komplizierten Weg einschlägt, wird das den Prozess zum Stillstand bringen.

Rollen, Aufgaben und Beziehungen

Die Rollen, Aufgaben und Beziehungen im Strategieforum sind in Tabelle 1 zusammengefasst.

	Vor dem Forum	Während des Forums	Nach dem Forum
Förderer (Führungskräfte oder Eigentümer ihrer Prozesse)	• macht sich über Forum kundig und steht dazu • bestimmt Prozess und Themen für das Forum • rekrutiert Akteure • nimmt an der Modellentwicklung teil	• nimmt am Forum teil • gibt gegebenenfalls den Kontext • beteiligt sich gemeinsam mit den Teilnehmern am Experimentieren mit Modellen	• verändert Mission, Ziele und Strategien, wie vom Forum festgelegt • entwickelt die nächsten Schritte für die Integration der Ergebnisse des Forums in den Rest der Organisation
Moderator/Designer (können zwei Personen sein: eine fokussiert auf den Gruppenprozess, die andere auf die Modellentwicklung)	• trifft sich mit Förderer(n) und Teilnehmern • lernt die Themen kennen • entwickelt vorläufige Modelle und revidiert diese nach Feedback • entwirft das Forum	• moderiert das Forum • fokussiert darauf, die Annahmen aller Beteiligten aufzudecken • revidiert gegebenenfalls die Sitzung und/oder das Modell	• arbeitet mit Förderer(n) zusammen, wie es dem Entwurf der nächsten Schritte angemessen ist (entwickelt z. B. ein Lernumfeld für Modelle oder entwirft Folgesitzungen)
Teilnehmer (Prozessakteure)	• treffen sich mit Förderer und Moderator • treffen sich zu zweit und in Gruppen • leisten Beiträge zum Modell	• arbeiten in Teams, um Modelle zu explorieren • nehmen an der Gruppendiskussion teil	• setzen Veränderungen um, wie vom Forum festgelegt

Tabelle 1: Rollen, Aufgaben und Beziehungen

Auswirkungen auf das Macht- und Autoritätsgefüge

Entscheidungen werden häufig auf der Basis rein finanzieller Überlegungen gefällt, wodurch die Teile der Organisation, die ihre finanziellen Aspekte überwachen, einen größeren Einfluss bekommen. Die Methode des Strategieforums wird die Organisation dazu veranlassen, ihr Geschäft von den weichen Variablen (z. B. Moral, Leistungsniveau und Innovationsfähigkeit) und auch von den harten Variablen (z. B. Finanzen und Vermögenswerte) her zu betrachten. Dies hat eine ausgleichende Wirkung insofern, als die Macht in der Organisation besser verteilt wird. Bereiche wie Personalentwicklung oder Forschung und Entwicklung werden wichtiger für das Verständnis dessen, wie das Geschäft wirklich funktioniert.

Ein Finanzdienstleister, Kunde von HPS, verfolgte bei seinem Kreditgeschäft die Strategie regelmäßiger „Sonderaktionen", die von der Marketingabteilung durchgeführt wurden. Damit verfolgte man die Absicht, das ausgegebene Kreditvolumen zu erhöhen und mithin den Gewinn zu steigern. Die unbeabsichtigte Konsequenz war, dass aufgrund der höheren Anzahl von vergebenen Krediten und der entsprechend geringeren durchschnittlichen Kredithöhe der Verwaltungsabteilung enorme Kosten entstanden, die solche Kredite unrentabel machten. Mithilfe eines Strategieforums, bei dem Mitarbeiter aus allen Abteilungen dieses Phänomen erlebten, erkannte die so mächtige Marketingabteilung, dass sie mit den anderen Abteilungen der Organisation kommunizieren musste und diesen nicht diktieren durfte: Die Machtverteilung wurde ausgewogener.

Während des Prozesses, in dem ein Strategieforum entworfen wird, erkennen Führungskräfte manchmal, dass Mitarbeiter auf den unteren Hierarchieebenen der Organisation über wichtige Informationen verfügen. Die Natur des Prozesses verlangt danach, dass diese Wissensbesitzer in die Modellentwicklung und den Prozess des Forums einbezogen werden. Dadurch wird ein Umfeld geschaffen, in dem Führungskräfte lernen, Macht nicht nur vertikal, sondern auch horizontal in der Organisation zu verteilen.

Strategieforum: Ja oder nein?

Nutzen Sie das Strategieforum, wenn

- Geschäftsbereiche auf dem Lösungsweg dahineilen und nicht sichergestellt ist, dass sie auch das richtige Problem in Angriff nehmen;
- die Diskussion über eine Strategie nicht zum Konsens geführt hat;
- die Notwendigkeit besteht, immaterielle Variablen (z. B. Moral, Motivation, Fähigkeit der Beschäftigten, Gesundheit der Organisation und Kundenzufriedenheit) und ihre Auswirkungen auf das System zu überprüfen. Eine Stärke des systemischen Denkens besteht darin, dass Sprache und Technik genauso leicht mit Variablen wie Motivation und Kundenzufriedenheit umgehen können wie mit Finanzen und Mitarbeiterzahlen;
- es wichtig ist, die Auswirkungen einer Strategie langfristig und in ihrer Breitenwirkung zu überblicken. Strategien, die heute umgesetzt werden, könnten in einigen Jahren in dieser Entwicklungslinie oder in entfernten Teilen der Organisation oder Kommune ungewollte Konsequenzen haben;

Machen Sie keinen Gebrauch von einem Strategieforum, wenn

- Sie keinen kompetenten, in Systemdynamik erfahrenen Modellentwickler finden. Die Modelle, mit denen im Forum gearbeitet wird, müssen das Verständnis der Teilnehmer abbilden, einfach sein und Einblicke bieten, die sich der Intuition widersetzen. Die dazu notwendigen Fähigkeiten sind außergewöhnlich und entscheiden darüber, ob der Prozess zu einem Erfolg wird;
- nur wenig Zeit für Diskussion zur Verfügung steht (d. h. ein dringendes Problem schnelle Entscheidungen verlangt) oder Sie nicht das ganze System in die Diskussion einbeziehen können;
- das Forum als Event betrachtet wird – als eine einmalige Begebenheit, mit der die Probleme der Organisation signifikant gelöst sein werden. Die Kraft des Strategieforums liegt nicht in den Antworten, die es entfalten kann, sondern in dem zusammenlaufenden Dialog, den es generieren kann;
- die Organisation nicht bereit ist, sich den Ansatz des systemischen Denkens und die entsprechenden Fähigkeiten auf Dauer zu Eigen zu machen. Eine Organisation kommt oft in Schwierigkeiten aufgrund ihrer kollektiven mentalen Modelle, die sie benutzt hat, um Entscheidungen zu treffen. Diese Modelle entstammen oft einem dem systemischen Denken abholden Paradigma. Wenn eine Organisation sich an einem Paradigma des systemischen Denkens orientiert, ist das der beste Schutz, den sie gegen die zukünftige Entstehung ähnlicher Bedingungen entwickeln kann.

Noch etwas zur Systemdynamik und zum systemischen Denken

Systemisches Denken ist die Kunst und Wissenschaft des Verstehens dessen, wie die Struktur die Leistung bestimmt, sodass man dieses Verstehen dazu nutzen kann, die Struktur so zu verändern, dass die Leistung gesteigert wird. Zur Struktur gehören die Prozesse und Systeme einer Organisation, explizite und implizite Vorgehensweisen (z. B. Mission, Strategien und Ziele) und die Kultur, die alle zusammengenommen das Ergebnis mentaler Modelle sind.

Das Strategieforum ist eine logische Erweiterung der Systemdynamik. Das Feld der Systemdynamik wurde weitgehend durch die Bemühungen von Jay Forrester am *Massachusetts Institute of Technology* (MIT) entwickelt. In den 60er- und 70er-Jahren des 20. Jahrhunderts schufen Jay Forrester und seine Kollegen ein umfangreiches Werk über Systemdynamik, das in wirtschaftlichen, kommunalen und globalen Systemen Anwendung gefunden hat.

Barry Richmond, Geschäftsführer von HPS, ist Kollege von Jay Forrester. Er erwarb seinen Doktorgrad in Systemdynamik am MIT und hat die Entwicklung des Strategieforums als Modell organisationaler Veränderung maßgeblich geprägt. Im Laufe der Jahre haben Barry Richmond und seine Kollegen bei HPS fast 50 Strategieforen in den unterschiedlichsten Unternehmen und Gemeinden durchgeführt. Mit den in diesen Foren gewonnenen Erfahrungen hat er den Ansatz, wie er in diesem Kapitel beschrieben wird, weiter verfeinert.

Der Begriff „systemisches Denken" (der von Peter Senge populär gemacht wurde) wird vielfach gleichbedeutend mit dem Begriff Systemdynamik gebraucht. Häufig wird systemisches Denken als das Fundament für organisationale Veränderung verwendet. Vereinfacht kann man sagen, dass Praktiker des systemischen Denkens nach zwei separaten Ansätzen vorgehen: Modeling (Modellentwicklung) und Conversational Mapping (Gesprächskartierung). Beim Modellansatz arbeitet man mit dem Klienten, um ein Modell seiner Organisation zu entwickeln – normalerweise bis zu einer tiefen Detailebene. Der Modellentwickler interviewt den Klienten, entwickelt ein detailliertes Modell, analysiert es auf Erkenntnisse hin und bereitet einen Abschlussbericht vor, in dem die Befunde und Vorschläge für eine organisationale Veränderung dargelegt werden. Dieser Ansatz führt zwar zu einem simulierbaren Modell, das streng auf Validität getestet werden kann, bringt aber normalerweise ein Blackboxmodell hervor – ein Modell, bei dem alle Annahmen des Modellentwicklers vor allen Benutzern des Modells verborgen bleiben –, wodurch das Lernen über genau das System gehemmt wird, das dieses Modell zu erklären versucht. Alles in allem erzeugt der Modellentwickler im Allgemeinen ein gutes, konsequentes, aufschlussreiches Produkt (das Modell), bei dem allerdings der Prozess fehlt – und der Klient in diesem Fall zu nichts verpflichtet wird.

Praktiker, die Conversational Mapping anwenden, fokussieren eher auf den Gruppenprozess, wenn sie ein Problem angehen. Sie holen die Entscheidungsträger in einen Raum und moderieren die Entwicklung eines Kausalschleifendiagramms, wobei sie auf entscheidende Feedbackbeziehungen im betreffenden System bzw. in den Systemen fokussieren. Kausalschleifendiagramme (Lieblingsprodukt der meisten Praktiker dieses Ansatzes) bieten jedoch keine strenge Methode der Validitätsprüfung, weil sie nicht simulierbar sind. Deshalb kann man mit den nach diesem Ansatz erhobenen Befunden des Gesundheitschecks wenig anfangen. Der Prozess eignet sich hervorragend für das Zusammenarbeiten, aber das Produkt (das Diagramm) ist weniger hilfreich, wenn man Einblicke gewinnen will.

Das Strategieforum kombiniert diese beiden Ansätze so, dass sich ihre Stärken miteinander vereinigen und ihre Schwächen eliminiert oder gemildert werden. Es erzeugt sowohl einen *Prozess*, der die Klienten kontinuierlich einbindet – sie bleiben auf Schritt und Tritt mit Lernen befasst –, als auch ein äußerst nützliches *Produkt*, mit dem das gemeinsam entwickelte mentale Modell konsequent getestet werden kann. Die in einem Forum entwickelten Modelle sind relativ klein und leicht zu verstehen, und die Klienten sind in den Entwicklungsprozess von Anfang bis Ende einbezogen. Weil diese Modelle die Sprache der Speicher und Flüsse benutzen, sind sie simulierbar. Die Teilnehmer können ihre mentalen Modelle in Aktion sehen und ihre Annahmen während des Prozesses verändern.

Aktivitäten nach dem Strategieforum

Wir empfehlen die folgenden Aktivitäten nach einem Strategieforum:

- Verbreiten Sie die im Forum gewonnenen Erkenntnisse.
- Entwickeln Sie in Ihrer Organisation die Fähigkeit zum systemischen Denken.

Manchmal schlägt ein Forum weitere Akteure vor, die in den Prozess einbezogen werden sollen. Dies hilft zum einen, das Wesentliche des Gelernten zu verbreiten, und zum anderen, die Organisation auf die Umsetzung neuer Strategien zu verpflichten. Bei einer Organisation führte ein Strategieforum dazu, dass danach ein weiteres Forum mit einer Untergruppe der Organisation durchgeführt wurde, was eine weitere Ausarbeitung der im ersten Forum verwendeten Grafiken notwendig machte. Eine Organisation wird, was die Entwicklung der Fähigkeit zum systemischen Denken betrifft, feststellen, dass ein einziges Forum nicht ausreicht, diesen Ansatz und die entsprechende Sprache in die Kultur des Systems zu integrieren.

Wie im Abschnitt *Wahrscheinliche Resultate eines Strategieforums* (s. S. 73) erwähnt, ist es ein vernünftiges Ziel, einen kontinuierlichen organisationalen Lernprozess zu entwickeln, der die besten Gedanken der Organisation festhält und in einem „Modelle-Archiv" weiterentwickelt. Ein Klient etablierte ein internes Ressourcenteam, das für den Aufbau und die Pflege eines Archivs von Modellen verantwortlich war, die sich auf eine Strategie zur Verbesserung der Produktentwicklungszeit bezogen. Dieses Team arbeitete erfolgreich mit mehreren anderen Teams zusammen, um Modelle zu generieren, die von der Frage, wie man schneller Werkzeuge entwickeln kann, bis zu der Überlegung, wie sich die Organisation beim Erleben verschiedener Aspekte des Veränderungsvorhabens „fühlen" würde, das gesamte Spektrum abdeckten. Derzeit benutzt die Organisation diese Modelle dafür, den Rest der Organisation darauf zu verpflichten, dass sie die Art, wie sie ihre Ziele der Prozessverbesserung umsetzt, weiter verfeinert und entwickelt.

II. Die Strukturierungsmethoden

1971
Participative Design Workshop ...

1986
Gemba Kaizen ...

1992
Fast-Cycle Full-Participation ...

1994
Whole Systems Approach ...

Participative Design Workshop (PDW)

Wir müssen das große Arsenal der Demokratie sein.
Franklin D. Roosevelt

Bericht aus der Praxis[2]

Cyclone Hardware P&N Tools stellt Produkte für die Bau- und Maschinenindustrie her. 1994 hatten Importe den Marktanteil von *P&N Tools* reduziert und die Rezession die Nachfrage verringert. Das Management baute Arbeitskräfte ab, führte die Viertagewoche ein und reduzierte die investiven Ausgaben für neue Technologien.

Organisationsintern waren Qualitätsstandards, Produktionszeiten, Betriebskosten und die Moral der Belegschaft nicht wettbewerbsfähig. Die fünf Aufsichts- und Managementebenen wurden zu einem Thema. Das Management war der Ansicht, dass die Durchlaufzeiten verbessert und die Kosten gesenkt werden würden, wenn man die Anzahl der Ebenen reduzierte, weil dadurch Entscheidungen beschleunigt und der Durchlauf gesteigert werden könnten. Die Manager erkannten auch, dass sie eine bessere Struktur mit höherer Motivation und Verantwortung vonseiten der Mitarbeiter auf allen Ebenen bräuchten.

Ihr erster Versuch, einen Ansatz der soziotechnischen Systeme (STS) anzuwenden, scheiterte, weil die meisten der Beschäftigten sich nicht als Eigentümer ihrer Prozesse empfanden. Repräsentation ist nicht dasselbe wie Partizipation.

Danach nahmen alle Mitarbeiter an einer Reihe von Participative Design Workshops (PDWs) teil, und diese Workshops bestätigten drei Funktionsebenen ohne Aufsicht. Das Managementteam entwickelte für sich selbst auch produktive Arbeit. Alle Ziele wurden ausgehandelt, damit sichergestellt war, dass alle an der Unternehmensstrategie ausgerichtet waren.

Die Geschäftsergebnisse waren außergewöhnlich:

- Die Auslastung der Anlagen steigerte sich innerhalb von drei Monaten um 30 %.
- Die Bestandshöhen nahmen vor den Weihnachtsferien zu, obwohl die Teams nur ein Zeitfenster von 1 200 Arbeitsstunden statt von 1 600 Arbeitsstunden hatten.
- 1995 wurde eine dritte Produktionsschicht eingelegt, weil die Produktnachfrage gestiegen war, was man auf höhere Qualität und mehr Kundenzufriedenheit zurückführte.

---

1 Merrelyn Emery ist seit 30 Jahren Wegbereiterin der Erforschung und Verfeinerung von Participative Design Workshops. Tom Devane schrieb den ersten Entwurf dieses Kapitels, doch Merrelyn Emerys Theorie und reiche Erfahrung mit Participative Design Workshops spiegeln sich in der vorliegenden Version dieses Kapitels.
2 Die Autorin und der Autor danken Peter Aughton von Amerin, Australien, für die Überlassung dieser Fallstudie.

Die Teams haben jetzt …	statt …
die Verantwortung für die Bearbeitung und Terminierung offener Kundenaufträge	auf Aufträge zu warten
tägliche Informationen über Bestandshöhen	monatlicher Berichte
die Verantwortung für kleinere Wartungen an Maschinen	Stillstandszeit, in der auf Wartung gewartet wird
multiple Fähigkeiten	nur einer Fähigkeit pro Person
die gewünschten Instrumente Total Quality (TQ) und Just in Time (JIT), um die Leistung zu steigern	„dafür ist ein anderer zuständig"

Tabelle 1: Veränderte Interaktionen innerhalb der Belegschaft

Diese Ergebnisse haben sich bis jetzt erhalten, und diese Erfahrung ist nicht die einzige dieser Art. Ähnliche Ergebnisse sind in völlig anderen Organisationen wie z. B. *Microsoft, Weyerhaeuser Company, Hewlett-Packard* und im Bundesjustizministerium (der USA) erzielt worden.

Die Grundlagen

Zwei Prozesse helfen einer Organisation, schnell über die Veränderungen in ihrem Umfeld zu lernen und sich diesen anzupassen, und zwar mit Plänen, die dieses Umfeld beeinflussen. Der erste Prozess ist die Search Conference (SC), die im 1. Kapitel beschrieben wird. In einer SC entwickeln die Teilnehmer strategische Ziele, die eine aktive adaptive Beziehung zwischen System und Umwelt aufbauen. Der zweite Prozess ist der Participative Design Workshop, in dem die Teilnehmer eine Struktur erzeugen, die zu einem höheren Grad an Verantwortung und Motivation führt, damit die in der SC gesetzten strategischen Ziele erreicht werden können. Am Ende eines PDW wissen die Teilnehmer, wie sie die Leistungsverbesserung aufrechterhalten können.

PDWs können deshalb als Folgesitzungen einer Search Conference benutzt werden, womit sichergestellt wäre, dass der aktive adaptive Prozess nachhaltig ist; sie können auch allein angewendet werden, wenn man mittels neu gestalteter Strukturen eine motivierte und produktive Belegschaft hervorbringen will. Das Kapitel konzentriert sich auf den zuletzt genannten Gebrauch.

Was ist PDW?

PDW ist ein stark strukturierter und partizipativer Prozess, in dem Menschen ihre eigene Organisationsstruktur umbauen – von einer Struktur, die auf dem ersten genotypischen organisationalen Designprinzip beruht, zu einer Struktur, die auf dem zweiten Designprinzip beruht (wie nachstehend beschrieben). Das ist ein umfassender Prozess, in dem die Teilnehmer auch eine Reihe messbarer Ziele, ihre Trainingsanforderungen in Bezug auf das neue Design und andere Notwendigkeiten, z. B. die, wie sie mit anderen Bereichen kooperieren werden, gestalten. Alle diese Aspekte werden anschließend mit anderen diskutiert, bevor man zu einer endgültigen Einigung kommt. Jede Organisation – ob Körperschaft, Regierungsbehörde oder Verband – kann PDW nutzen. Eine Gemeinde führt vielleicht einen modifizierten PDW durch, um selbst eine Organisationsstruktur zu gestalten. Das Schlüsselelement ist, dass die Verantwortung für Koordination und Kontrolle von mehreren Aufsichts- und Managementebenen systematisch verlagert wird auf die Menschen, die die Arbeit durchführen.

Zwei genotypische organisationale Designprinzipien

Die zwei genotypischen organisationalen Designprinzipien wurden während des norwegischen Projekts zur Demokratisierung der Wirtschaft 1962–1967 entdeckt. Man nennt sie genotypisch, weil sie – wie die DNA – die elementarsten Aspekte der

Form und der Merkmale einer Organisation bestimmen. Das erste Designprinzip (kurz DP1) heißt „Redundanz von Teilen", weil die Organisation mehr Menschen hat, als sie zu jedem x-beliebigen Zeitpunkt gebrauchen kann. In einer DP1-Struktur sind Menschen ersetzbare Teile. Ihr entscheidendes Merkmal ist, dass die Verantwortung für Koordination und Kontrolle *nicht* bei den Menschen liegt, die konkret die Arbeit verrichten. Deshalb führt DP1 zu einer überwachenden Hierarchie oder einer Hierarchie der Herrschaft Einzelner, wo einige das Recht haben, den anderen zu sagen, was sie tun und wie sie es tun müssen. Im Zusammenhang mit diesem Prinzip tauchen oft Begriffe auf wie „Befehl und Kontrolle", „bürokratisch" und „Herr-Knecht-Beziehung".

Das zweite Designprinzip (kurz DP2) heißt „Redundanz von Funktionen", weil die Flexibilität einer Organisation dadurch gegeben ist, dass in jedes Individuum mehr Fähigkeiten und Funktionen integriert werden, als es zu jedem x-beliebigen Zeitpunkt anwenden kann. Sein entscheidendes Merkmal ist, dass die Verantwortung für Koordination und Kontrolle bei den *Menschen* liegt, die konkret die Arbeit verrichten. Deshalb generiert DP2 eine auf sich selbst steuernden Gruppen beruhende flache Hierarchie von Funktionen, wo sowohl lateral als auch vertikal die Beziehungen zwischen allen Gruppen Beziehungen des Aushandelns unter Peers sind. Im Zusammenhang mit diesem Prinzip tauchen oft Begriffe auf wie „demokratisch", „Hochleistung" und „selbstbestimmt".

DP2-Strukturen sollten nicht verwechselt werden mit dem als „Laisser-faire" bezeichneten Ansatz: „Sie können machen, was Sie möchten." DP2-Strukturen sind außerordentlich geregelt, da jede Gruppe sich vertraglich verpflichtet, ein umfassendes Paket messbarer Ziele zu erreichen, die alle Aspekte ihrer täglichen Arbeit abdecken. Alle diese Ziele werden ausgehandelt, damit sichergestellt ist, dass sie gemeinsam den strategischen Zielen der Organisation entsprechen.

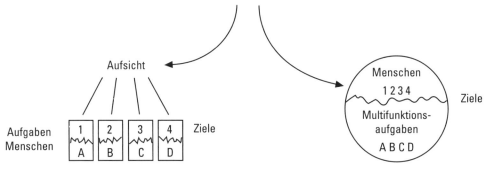

Abbildung 1: Die organisationalen Designprinzipien

Das allgemeine Organigramm sieht ungefähr aus wie Abbildung 2. Jede Ebene der flachen Hierarchie setzt sich zusammen aus sich selbst steuernden Gruppen, von denen jede produktive Arbeit leistet und Veränderungen aushandelt. Die Doppellinien, die die sich selbst steuernden Gruppen miteinander verbinden, bedeuten Beziehungen zwischen Gleichrangigen mit Kommunikation in beiden Richtungen und Verhandlungsinitiative. Sie verweisen nicht auf berichtspflichtige Beziehungen in herkömmlichen Sinn des Begriffs (d. h., wer berichtet an wen und wer überwacht wen).

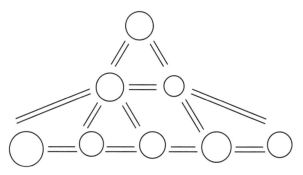

Abbildung 2: DP2-Struktur

In Tabelle 2 sind die entscheidenden Unterschiede zwischen einer auf dem ersten Designprinzip beruhenden und einer auf dem zweiten Designprinzip beruhenden Organisation zusammengefasst.

	In einer Organisation, die auf dem	
	ersten Designprinzip beruht ...	**zweiten Designprinzip beruht ...**
Grundmodul bzw. Leistungseinheit	Individuen mit Aufsichtsperson	sich selbst steuernde Gruppe
Gesamtdesign der Organisation bzw. Organigramm	Hierarchie der Herrschaft Einzelner, wo die Vorgesetzten das Recht haben, den Untergeordneten zu sagen, was sie tun und wie sie es tun müssen	herrschaftslose Hierarchie von Funktionen, wo alle Beziehungen denjenigen unter Peers entsprechen, die Probleme gemeinsam lösen; üblicherweise gibt es zwei oder drei Funktionsebenen: Strategie, Ressourcen und Operationen
Verantwortung für Koordination und Kontrolle	liegt bei den einzelnen Ebenen von Aufsichtspersonen und Managern	liegt bei sich selbst steuernden Gruppen auf jeder Ebene der herrschaftslosen Hierarchie von Funktionen
notwendige Redundanz, die von der Organisation verlangt wird, um sich schnell auf Krisen und Chancen einzustellen	Redundanz von Teilen: Es gibt mehr Menschen als zu jedem x-beliebigen Zeitpunkt erforderlich; Menschen sind ersetzbare Teile der Maschine	Redundanz von Funktionen: Jedes Individuum hat mehr Fähigkeiten und Funktionen, als es zu jedem x-beliebigen Zeitpunkt nutzen kann. Menschen sind für das Unternehmen Aktivposten des Wissens
Zielsetzung	üblicherweise, wenn überhaupt, durch Mitarbeiter auf Ebenen, die über der Ebene liegen, auf der konkret die Arbeit durchgeführt wird	durch die Gruppe, die konkret die Arbeit durchführt, in Aushandlung mit der nächsten Ebene der herrschaftslosen Hierarchie; jede Ebene führt produktive Arbeit durch
Arbeitsqualität	in der direkten Verantwortung der Aufsichtsperson oder einer speziellen Sektion für Qualitätskontrolle	in der Verantwortung der Gruppen, die konkret die Arbeit durchführen; in explizite, überwachte Ziele integriert
Spezialisierte Menschen oder Sektionen, z. B. Forschung und Entwicklung	Menschen mit speziellen Fähigkeiten werden auch als ersetzbare Teile behandelt; spezialisierte Einheiten bringen oft keine koordinierte Arbeit zustande	wo Trainingsanforderungen bzw. gesetzliche Schranken die Ausbildung multipler Fähigkeiten verhindern, wird die Koordination zwar noch von der Gruppe gemeinsam getragen, aber die Kontrolle liegt vielleicht bei einzelnen Spezialisten
Anforderungen für produktive Arbeit	in den täglichen Arbeiten oder Interaktionen von Menschen nicht integriert, und de facto wird damit normalerweise Arbeit bezeichnet, die der Erfüllung dieser Anforderungen entgegenlaufen	das Design einer Organisation wie auch der Prozess greifen spezifisch die sechs Kriterien[3] auf, die erforscht worden sind und sich als notwendig für die intrinsische Motivation und die produktive Arbeit erwiesen haben
Kenntnisse genotypischer Designprinzipien	bei einigen Auserwählten, wenn überhaupt vorhanden	bei allen Mitgliedern der Organisation vorhanden

Tabelle 2: Vergleich der auf den beiden Designprinzipien beruhenden Strukturen

3 Die sechs Kriterien messen den Kern der menschlichen Dimension organisationaler Strukturen. Menschen bewerten vor allem Ellenbogenfreiheit; Lernchancen; Vielfalt; gegenseitige Unterstützung und Achtung; Sinnhaftigkeit; und eine wünschenswerte Zukunft. Die Werte zeigen, was die Organisation mit ihren Menschen und für diese macht.

Der erste PDW wurde 1971 in Australien durchgeführt. Er wurde von Fred Emery entworfen, um die STS-Methode abzulösen, die in den 60er-Jahren des 20. Jahrhunderts von Experten angewendet wurde. Diese alte Methode stammte aus den frühen 50er-Jahren des 20. Jahrhunderts; mit ihr sollte experimentell bewiesen werden, dass es am Arbeitsplatz eine Alternative zur Autokratie gibt. Diese Methode eignete sich nicht für den Alltagsgebrauch oder dafür, die Menschen darüber aufzuklären, was das Design von DP2-Organisationen impliziert. Dagegen ist PDW eine Methode, mit der diese organisationalen Formen ins Leben gerufen werden, die über lange Zeiträume hinweg getestet worden sind.

Wann ist PDW nützlich?

PDWs sind hilfreich, wenn das Management erkennt, dass überragende Leistungen heute und in der Zukunft von der Kooperation der Mitarbeiter abhängen, die aufgrund der Akzeptanz erreicht wird, dass Mitarbeiter Menschen sind und keine Maschinen. Das heißt, wenn das obere Management will, dass

- mehr Verpflichtung und Verantwortung in der gesamten Organisation sind,
- es eine aktive adaptive Organisation hat, die sich als Reaktion auf veränderte Umfeldbedingungen schnell umorganisieren und ebenso ihr äußeres Umfeld beeinflussen kann,
- die in einer SC (siehe 1. Kapitel) oder einem anderen Prozess der Strategieentwicklung entwickelten Ziele erreicht werden.

Diesen Weg einzuschlagen und das Designprinzip zu verändern ist offensichtlich keine einfache, halbherzige Art von Veränderungsprogramm. Die Auswirkungen sind tief greifend und weit reichend. Diesen Weg zu gehen verlangt ernsthafte Entscheidungen; denn wenn das Designprinzip verändert wird, müssen auch die meisten existierenden Organisationssysteme verändert werden, z. B. das Entlohnungs- und Einstufungssystem. Solche fundamentalen Veränderungen verlangen auch nach veränderten Verhaltensweisen unter allen Mitgliedern der Organisation.

Wahrscheinliche Resultate

Das primäre Resultat eines PDW oder einer Reihe von PDWs ist eine neu gestaltete, sich selbst steuernde Organisation (siehe Abb. 2). Weitere Resultate ergeben sich ebenfalls als direkte Konsequenz des PDW:

- höhere Produktivität und Qualität, weil jedes Team ein umfassendes Paket messbarer Ziele hat, die ausgehandelt worden sind, mit dem Zweck, sicherzustellen, dass sie die strategischen Ziele der Organisation kollektiv fördern;
- stärkere Verantwortung und Verpflichtung, weil alle Mitglieder der Organisation als verantwortliche Erwachsene behandelt werden;
- Verringerung von internen Streitereien und Revierkämpfen, da jedes Team sich auf die genaue Art und den Bereich der Arbeit geeinigt hat und Schnittstellen zu anderen Bereichen in der Organisation eindeutig definiert sind;
- stärkere Ausbildung multipler Fähigkeiten, weil die Menschen gemeinsame Ziele und Aufgaben haben und die Organisation zur leistungsorientierten Bezahlung übergegangen ist.

Wie funktioniert PDW?

PDW kann sehr flexibel eingesetzt werden. Kleine Organisationen als Ganzes oder Sektionen größerer Organisationen können ihre Strukturen innerhalb eines langen Arbeitstages oder in mehreren Sitzungen umgestalten. Viele unterschiedliche Teile einer großen Organisation können gleichzeitig umgebaut werden. Viele Organisationen sind nicht so reich, dass sie sich die Überstundenzuschläge z. B. für die ganze Mannschaft einer Ersatzschicht leisten können. In solchen Fällen kann ein kleines „repräsentatives" Team[4] den Workshop besuchen und anschließend den *Prozess in die Organisation hineintragen, sodass alle in die Analyse und den Umbau einbezogen werden. Deshalb kann die Anzahl der PDW-Teilnehmer stark schwanken.*

Bei größeren Organisationen wird eine Reihe von PDWs sorgfältig entworfen, indem man auf der untersten Ebene der Organisation beginnt und mit dem Team des oberen Managements aufhört. Die Gründe, weshalb wir auf der untersten Ebene beginnen, werden später in diesem Kapitel erklärt.

Der Ablauf eines PDW ist wie folgt.

Segment	Aufgaben
Analyse der gegenwärtigen Struktur	*Briefing 1: Erstes Designprinzip und seine Auswirkungen* Teilnehmer bewerten sich nach den sechs Kriterien für produktive Arbeit in ihrer Sektion. Teilnehmer identifizieren vorhandene Fähigkeiten und ihre Verteilung in der Sektion. Berichte und Analysen werden vorbereitet.
Struktureller Umbau[5]	*Briefing 2: Zweites Designprinzip und seine Auswirkungen* Teilnehmer zeichnen den Arbeitsfluss und die gegenwärtige organisationale Struktur auf. Teilnehmer gestalten anschließend die Struktur neu, nicht aber den Arbeitsfluss. Berichte werden vorbereitet.
Weitere praktische Anwendungen des Designs	*Briefing 3: Was notwendig ist, damit das Design funktioniert* Teilnehmer zeichnen ein umfassendes Paket messbarer Ziele für jedes Team und die Sektion auf. Teilnehmer entwickeln Trainingsanforderungen (aus der Fähigkeitenmatrix). Teilnehmer zeichnen auf der Basis der Fähigkeiten der Menschen Laufbahnen für die Sektion. Teilnehmer entscheiden, was sonst noch notwendig ist, damit das Design funktioniert (z. B. Koordinationsmechanismen, technische oder formale Veränderung). Teilnehmer zeigen, wie der Umbau die Beurteilungen nach den sechs Kriterien für produktive Arbeit verbessert.

Tabelle 3: Ablauf eines PDW

Jedes dieser Segmente beginnt damit, dass der PDW-Manager ein Briefing zu den relevanten Designprinzipien und ihren Konsequenzen gibt. Deshalb beinhaltet jedes Segment einen Konzepttransfer, sodass alle dieses Wissen haben und es in Zukunft anwenden zu können.

Rechtfertigung der Kosten

Seit den frühen 50er-Jahren des 20. Jahrhunderts wird mithilfe der normalen Organisationsstatistik wie z. B. Quantität, Verschleiß, Zufallsfehlerquote usw. konsequent gemessen, dass Produktivität und Qualität gesteigert werden, wenn eine Organisation die Veränderung zum zweiten Designprinzip vollzieht.

Trotz dieser konsequenten Geschichte ist diese Art der strukturellen Veränderung nicht jedermanns Sache. Manche Menschen werden ihre Überzeugung, dass „Befehl und Kontrolle" notwendig sind, über die Notwendigkeit der Leistungsverbesserung stellen.

---

4 Ein „repräsentatives" Team umfasst (1) mindestens zwei, üblicherweise mehr Ebenen der existierenden Hierarchie und (2) möglichst viele unterschiedliche Funktionen und Fähigkeiten quer durch die Sektion. Führen Sie zu keiner Zeit Workshops durch, an denen nur eine einzige Ebene der existierenden Hierarchie oder eine Sektion mit nur einer Funktion vertreten ist.

5 Es gibt auch eine spezielle Variante des PDW, die als erstes Organisationsdesign einer Neugründung genommen werden kann.

Der Start

Elementare Dinge müssen berücksichtigt werden

Bestimmte Bedingungen müssen gegeben sein, bevor PDW angewendet werden kann. In gewerkschaftlich organisierten Unternehmen sollte die Gewerkschaft (in Deutschland der Betriebsrat) von der allerersten Phase an einbezogen werden. Die elementaren Bedingungen sind folgenden:

- Bei öffentlichen Verwaltungen, in denen die Verantwortlichkeiten vertraglich festgelegt sind z. B. als Amtspflichten oder in Stellenbeschreibungen, müssen die zuständigen Stellen befürworten, dass die gesamte Organisation oder eine Abteilung rechtsverbindlich ihr Designprinzip ändern darf. Diese Entscheidung muss Teil einer Abmachung sein, die für einen annehmbaren Zeitraum bindend ist.
- Bei größeren Unternehmen müssen normalerweise Garantien gegeben werden, dass sich niemand in der Organisation durch die Veränderung bezahlungs- und bedingungsmäßig schlechter stellt und dass niemand als direkte Konsequenz des Veränderungsprozesses entlassen wird.
- Zumindest „im Prinzip" muss es Formeln und Pläne für bestimmte Situationen geben, z. B. dafür, dass der Nutzen einer höheren Produktivität gerecht verteilt wird und man produktive Arbeit für die Menschen findet, deren Ebenen in der existierenden Hierarchie durch den Umbau weggefallen sind.
- Es muss eine Vereinbarung für eine neue, flexiblere Bezahlung vorliegen, sodass die Menschen nach ihren vorhandenen Fähigkeiten bezahlt werden und nicht nach Stellenbeschreibung. Die Veränderung des Designprinzips verändert auch die frühere Laufbahn, die von unten nach oben durch die Hierarchie führte.
- Alle müssen über die Veränderung und ihre Auswirkungen aufgeklärt werden.
- Vor dem PDW müssen Briefings zu den Konzepten der Designprinzipien durchgeführt werden, und der PDW selbst muss abgehalten werden.
- Vielleicht muss vor den PDWs eine Sondersitzung mit der betreffenden Aufsichtsebene und dem mittleren Management abgehalten werden, weil der Transfer der Verantwortung für Koordination und Kontrolle von der Aufsicht zu produktiven Bereichen bei manchen Menschen Angst erzeugen kann. Diese Mitarbeiter brauchen vielleicht die Beruhigung, dass sie Möglichkeiten haben werden, für sich eine kreative neue Arbeit zu entwickeln.

Für diejenigen, die einen bewährten Weg von der DP1-Struktur zur DP2-Struktur suchen, ist die Durchführung mehrerer PDWs für jede große Sektion der Organisation ein systemischer Prozess mit starker Hebelwirkung. Diejenigen, die noch daran glauben, dass Befehl- und Kontrollmethoden in der heutigen sich schnell verändernden Welt funktionieren, sollten sich auf diese Methode nicht einlassen.

Leitmotive

Die hinter PDW stehenden Leitmotive sind folgende:

- Es gibt eine bindende Vereinbarung, dass sich die Entität (die ausreichend Autonomie besitzen muss, um das genotypische Designprinzip zu ändern) zur DP2-Struktur hin wandeln wird, d. h., es muss gewährleistet sein, dass sich das obere Management dazu verpflichtet fühlt.
- Keine Designs werden aufgezwungen. Alle Mitglieder der Organisation werden an der Analyse und dem detaillierten Design ihrer jeweiligen Sektion partizipieren.

- Der Prozess hat die Aufgabe, über die Methode aufzuklären. Alle Mitglieder erhalten klare konzeptionelle Informationen über die Designprinzipien und ihre Anwendung.
- Diejenigen, die in einer Sektion arbeiten, entwerfen das Design für die Sektion. Solange das Design eine authentische DP2-Struktur hat, werden die Mitarbeiter es weiter verbessern und umgestalten, weil es *ihr* Design ist.
- Geschulte und erfahrene PDW-Manager werden eingesetzt. Sie müssen die dahinter stehende Theorie kennen, konzeptionelle Briefings geben, Fragen beantworten und Designs erkennen, die nicht der DP2-Struktur entsprechen.

Rollen, Aufgaben und Beziehungen

Forderungen an das obere Management

Vor dem PDW hat das obere Management folgende Aufgaben:

- mit den Gewerkschaften (in Deutschland eher mit dem Betriebsrat) Gespräche aufnehmen;
- allen kristallklar darlegen, welche Art von Struktur die Organisation aufgibt und welche sie annehmen wird;
- erklären, dass eine strategische Veränderung beschlossen worden ist und dieser Beschluss nicht zur Diskussion steht;
- sicherstellen, dass alle eine klare Vision von der Zukunft und die entsprechende Strategie dafür haben.

Das obere Management (und/oder Gewerkschaftsfunktionäre bzw. der Betriebsrat) ist üblicherweise nicht während des gesamten PDW anwesend, es sei denn, die Organisation ist klein oder der PDW ist für einen Bereich des oberen Managements gedacht.

Doch *während* des PDW

- sollte der Chef der Organisation den Workshop eröffnen und später wiederkommen, um sich die Berichte anzuhören;
- sollten einige Manager zur Verfügung stehen, falls Fragen zur Realitätsnähe der Veränderung oder in Bezug auf Informationen entstehen, die einzelne Gruppen vielleicht benötigen, um über Personalfragen zu entscheiden oder um detaillierte Ziele zu formulieren.

Nach dem PDW bzw. nach einer Reihe von Workshops ist die Strategieebene (die höchste Ebene der Organisation, die strategische Entscheidungen trifft und die Politik der Organisation bestimmt) verantwortlich dafür,

- die Grenze zwischen dem Unternehmen und seinem Umfeld zu markieren, das Wissen über relevante umfeldbezogene Veränderungen zu verbreiten, Strategiepläne und Verfahren zu aktualisieren, die allgemeine finanzielle Gesundheit des Unternehmens durch Investitionen zu gewährleisten usw.;
- sicherzustellen, dass die Bedingungen die richtigen sind, um die neue Struktur zu einem Erfolg zu machen.

Die Rolle des PDW-Managers

Wir benutzen den Ausdruck „Manager" statt „Moderator", weil mit dem Begriff PDW-Management vieles von den herkömmlichen Tätigkeiten des Moderierens ausgeklammert wird, z. B. Gruppen zu leiten. PDW-Manager haben die ausschließlich praktische Aufgabe,

- durchführbare DP2-Designs für die neue Organisationsstruktur zu produzieren und
- ein Unternehmen zu entwickeln, dessen Mitglieder über konzeptionelles *und* praktisches Wissen verfügen, um die Organisation so umzubauen, dass sie sich an das wechselnde äußere Umfeld aktiv anpassen kann.

PDW-Manager sind dafür zuständig, akkurate Briefings zu geben, das Verständnis der Teilnehmer zu gewährleisten, Designs zu hinterfragen und gegebenenfalls Alternativen vorzuschlagen.

Die Rolle der Teilnehmer

Vor dem eigentlichen PDW müssen die Teilnehmer die nötigen Briefings besuchen. Während des PDW gestalten sie ihre Sektion neu, entwerfen Ziele usw. Nach dem PDW arbeiten sie in der neuen Struktur und gestalten wieder um, wenn die Bedingungen es zulassen.

Verschiebungen im organisationalen Macht- und Autoritätsgefüge

Verschiebungen im organisationalen Macht- und Autoritätsgefüge kündigen sich durch die bindende Vereinbarung schon vor dem PDW an und sind allen bekannt. PDWs sind lediglich das Mittel zu dem Ziel, die vom oberen Management gewählte Veränderung des Designprinzips zu realisieren. Durch den Umbau werden Macht und Autorität zu denjenigen verlagert, die konkret die Arbeit ausführen. Dadurch werden Funktionen integriert, die früher den höheren Managementebenen vorbehalten waren, z. B. Terminierung und Haushaltsplanung. Der Prozess setzt an der Basis an, weil erst dann, wenn diese Designarbeit geleistet worden ist, die Menschen wissen, welche Aufgaben für das Management übrig bleiben. Im Management-PDW werden die Managementstruktur umgestaltet und die in den vorangegangenen Workshops erarbeiteten Designs integriert.

Nachdem der PDW bzw. die Workshopserie und die darauf folgenden Verhandlungen abgeschlossen und alle wichtigen Schulungen und anderen Veränderungen durchgeführt worden sind, verschiebt sich das Macht- und Autoritätsgefüge am Tag der „Gründung" offiziell. Dieser Termin ist normalerweise davon abhängig, wie viel Zeit die Organisation für wichtige Schulungen zur kompetenten und sicheren Arbeit benötigt.

Erfolgsbedingungen

Wann ist PDW nützlich?

Wir haben darüber diskutiert, weshalb und wann man diesen Ansatz anwendet und welche Bedingungen gegeben sein müssen, damit er in Gang gesetzt werden kann. Der langfristige Erfolg hängt von der Vorbereitungsarbeit und diesen Bedingungen ab.

Weshalb funktioniert dieser Ansatz?

Diese Methode funktioniert, weil

- sie auf einer fundierten und einzigartigen Kombination solider Theorien beruht (siehe Abschnitt *Zugrunde liegende Theorie und Forschungsbasis,* S. 92);
- DP2 die Strukturen schafft, die dafür sorgen, dass Menschen als Menschen behandelt werden. Wenn Menschen die Verantwortung für die Koordination und Kontrolle ihrer eigenen Arbeit übertragen wird und sie ihre Fähigkeiten des Lernens, Denkens und Planens einbringen können, reagieren sie mit Verantwortung, Motivation und Kreativität;

- der PDW von derselben Person (Fred Emery) gestaltet wurde, die nach jahrelangen Forschungen über Menschen, soziale Systeme und darüber, wie man Organisationen entwickelt, in denen Menschen arbeiten und leben können, die genotypischen Designprinzipien entdeckt hat.
- Die Methode wird seit drei Jahrzehnten kontinuierlich verfeinert, womit gewährleistet ist, dass sie in der Praxis eine höchst zuverlässige Methode für die Realisierung dieser Veränderung ist.

Wann sollte diese Methode nicht angewendet werden?

Wenden Sie diese Methode nicht an, wenn

- die Erfolgsbedingungen, wie sie im Abschnitt *Der Start* (S. 88) aufgeführt werden, nicht gegeben sind;
- Ihr Ziel darin besteht, nur ein oder zwei Hochleistungsteams zu entwickeln; denn PDW ist so konzipiert, dass die *gesamte Organisation* umgebaut wird;
- Ihr Ziel darin besteht, sich selbst steuernde Gruppen nur auf der Betriebsebene zu entwickeln; die Designprinzipien vermischen sich nicht mit der restlichen Organisation;
- das obere Management sich nicht sicher ist, dass sie die beste strategische Richtung darstellt. Dieses Vorhaben darf *nicht* als Pilotprojekt oder irgendeine Art Experiment aufgezwungen werden, weil die Menschen es dann nicht ernst nehmen.

Doch wenn sich das Management nur bezüglich der Methode unsicher ist, kann ein „Demo-PDW" vorgeführt und von *Amerin Consulting* auch eine technisch akkurate Simulation zur Verfügung gestellt werden (siehe www.fredemery.com.au). Anders als bei einem realen PDW gibt es bei einem Demo-PDW keine Garantien dafür, dass die Ergebnisse auch umgesetzt werden.

Die häufigsten Fehler in der Anwendung dieser Methode

Die meisten Fehler können durch Aufklärung vermieden werden. Zu den häufigsten Fehlern gehören die folgenden.

häufiger Fehler (und *wahrscheinliches Ergebnis*)	Grund für den Fehler und Diskussion	Abhilfe
Bei den Beschäftigten nachfragen, ob sie eine DP2-Organisation wollen. (*Diese Entscheidung liegt nicht in ihrer Verantwortung.*)	Leitende Angestellte versuchen, Partizipation herzustellen, doch nur das obere Management hat die Autorität, diese Entscheidung zu treffen.	Nachforschen und entscheiden. Partizipation und Einbeziehung sind abgedeckt durch Aufklärung und Partizipation bei der Umgestaltung.
Keine Verpflichtung gegenüber der bindenden Vereinbarung, das Designprinzip zu ändern. (*Die Menschen erkennen, dass die angekündigte Veränderung vorgetäuscht ist und sich nichts ändern wird.*)	Der Hauptgrund liegt darin, dass Realität und Kraft der Designprinzipien nicht verstanden werden.	Gründliche und offene Aufklärung des oberen Managements und keine Durchführung von Workshops, solange die nötigen Bedingungen nicht gegeben sind.
Keine Verpflichtung zur Modifikation des Vergütungs- und Belohnungssystems. (*Die Unzufriedenheit wird schnell wachsen.*)	Manche Systeme können widerstandsfähig sein. Doch das Vergütungs- und Belohnungssystem muss aus ökonomischer Gerechtigkeit verändert werden, und alle müssen verstehen, weshalb das so ist.	Veränderungen im Vergütungs- und Belohnungssystem werden in die Vereinbarung aufgenommen. Engagieren Sie einen professionellen Laufbahndesigner, der die Entwürfe aus den Workshops nutzt und sie integriert, um sie der neuen Strukturform anzupassen.
Die Ausbildung multipler Fähigkeiten wird mit der Veränderung des Designprinzips verwechselt. (*Die Ausbildung multipler Fähigkeiten führt weder zu gesteigerter Motivation noch zum richtigen Einsatz der höheren Fähigkeiten.*)	Die Ausbildung multipler Fähigkeiten ist in Mode und relativ leicht. Durch DP2-Strukturen wird die Ausbildung multipler Fähigkeiten angeregt.	Zuerst die Veränderung des Designprinzips und danach die Einführung der leistungsorientierten Bezahlung. Dann haben die Menschen einen finanziellen Anreiz, die Intensität und das Spektrum ihrer Fähigkeiten zu vergrößern.

häufiger Fehler (und *wahrscheinliches Ergebnis*)	Grund für den Fehler und Diskussion	Abhilfe
Die „sich selbst steuernden" Gruppen bekommen Teamleiter. (*Die Menschen erkennen, dass sich nur eine Bezeichnung geändert, die Verlagerung der Verantwortung aber nicht stattgefunden hat.*)	Die Designprinzipien werden nicht verstanden, und der Begriff „sich selbst steuernde Gruppe" wird verdorben.	Verändern Sie das Designprinzip, und stellen Sie sicher, dass alle die Konzepte verstehen. Führung und Führungsaufgaben werden in dem Bereich rotiert, wie es gerade erforderlich ist.
PDW-Manager verwechselt die DP2-Struktur mit Laisser-faire oder verfälscht den PDW. (*Leistung und Werte in Bezug auf die sechs Kriterien entwickeln sich rückwärts.*)	PDW-Manager kennt weder die Theorie noch die Praxis. Der PDW ist keine „Softiemethode" und auch kein beziehungsbasierter Ansatz der organisationalen Veränderung.	Theorie und Praxis müssen gelernt werden. Suchen Sie PDW-Manager, die Ihnen DP2-Designs und harte Ergebnisdaten aus ihrer früheren Arbeit vorführen können.
Designs werden umgesetzt, bevor man sich auf Ziele geeinigt hat, wichtige Schulungen stattgefunden haben usw. (*Leistung und Werte in Bezug auf die sechs Kriterien sinken, und es besteht Unfallgefahr wegen fehlender Schulung.*)	Es entstehen Eile und Verwechslung zwischen DP2 und Laisser-faire. Ohne messbare Ziele entspricht das Design einem Laisser-faire, und die Ergebnisse sind schlechter als diejenigen aus einer DP1-Struktur.	Setzen Sie Designs erst um, wenn alles an Ort und Stelle ist.

Tabelle 4: Häufige Fehler

Zugrunde liegende Theorie und Forschungsbasis

Theoretiker/Forscher	wichtige theoretische Elemente	Anwendung im PDW
Kurt Lewin und andere	Entdeckung der Auswirkungen demokratischer und autokratischer Klimata und von Laisser-faire	Man weiß, dass Klimata von Strukturen erzeugt werden. Der PDW-Manager muss autokratische Designs und Laisser-faire erkennen und zurückweisen.
Eric Trist, Ken Bamforth und andere	Geburt soziotechnischer Systeme	Diese Forscher initiierten die Arbeit, die schließlich zu PDW führte.
Fred Emery	Merkmale offener soziotechnischer Systeme als Untergruppe der Theorie der offenen Systeme	Diese Arbeit beruht auf einer 50-jährigen Erforschung „offener, gemeinschaftlich optimierter soziotechnischer Systeme", die heute als Systeme mit DP2-Strukturen bezeichnet werden.
Fred Emery	genotypische organisationale Designprinzipien	Der PDW bietet klare konzeptionelle Informationen über diese Prinzipien und darüber, wie man auf DP2 beruhende Strukturen gestaltet und umsetzt.
Fred Emery und Einar Thorsrud	die sechs Kriterien, die die dritte – menschliche – Dimension des organisationalen Erfolgs bilden: was Menschen für produktive Arbeit benötigen	Die Menschen beurteilen sich nach den sechs Kriterien für produktive Arbeit in ihrer gegenwärtigen Struktur und gestalten dann eine Struktur, die ihre Werte verbessert.
Fred Emery, Einar Thorsrud und andere	Entwicklung der früheren Methode (soziotechnische Systeme, STS), die dazu benutzt wird, die Effizienz von DP2 wissenschaftlich zu belegen	Der PDW ersetzt STS, weil er zur weiteren Verbreitung angelegt war. 1969 wurde der Beweis erbracht, dass es in Organisationen eine effektive Alternative zur Autokratie gibt.
Merrelyn Emery	das „Zweistufenmodell" der aktiven Anpassung	Die Forscherin modifizierte PDW für das Design, z. B. folgt auf eine SC ein PDW, womit der aktive Anpassungsprozess einer Organisation komplettiert wird.
Fred und Merrelyn Emery	wie oben, plus Jahre damit verbundener Forschung und Entwicklung	Mit anderen engagierten Personen brachten die Forscher offene Systeme zu einem hohen Grad an Zuverlässigkeit.

Tabelle 5: Theoretisches Fundament

Schlüsselmerkmale dieses Ansatzes

Einige wichtige Unterscheidungsmerkmale zwischen diesem Ansatz und anderen Ansätzen sind in Tabelle 6 aufgeführt. Doch nur PDWs vermitteln klare konzeptionelle Kenntnisse der Designprinzipien für nachhaltige aktive Anpassung.

PDW …	Andere Methoden können …
• beruht auf der Theorie der offenen Systeme, die das Umfeld spezifiziert, aktive Anpassung an dieses Umfeld hervorbringt, umfeldbezogenes Wissen nutzt, um Veränderungen durchzuführen. Überbringer von Informationen werden *nicht* gefeuert.	• auf geschlossenen Systemen beruhen; kein Umfeld wird spezifiziert, folglich wird es von Organisationen ignoriert. Überbringer von Informationen können gefeuert werden, wenn Sie Neuigkeiten über umfeldbezogene Veränderungen übermitteln.
• geht davon aus, dass Menschen zielgerichtet sind, verantwortlich handeln, lernen wollen und ihre Umwelten verändern können.	• davon ausgehen, dass die meisten Mitarbeiter Richtung von oben brauchen oder Hilfe, um verantwortlich und zielgerichtet zu handeln.
• befasst sich mit genotypischen Themen. Hängt nicht von Begriffen wie „Teams" ab, sondern befasst sich mit den harten legalen Realitäten struktureller Beziehungen. Ist nachhaltig.	• sich mit phänotypischen (oberflächlichen) Themen befassen, z. B. Kommunikation und zwischenmenschlichen Beziehungen. Geben den Menschen kurzfristig ein gutes Gefühl.
• gibt Konzepte und „Know-how" an alle weiter. Verringert Abhängigkeit.	• es versäumen, konzeptionelles und praktisches Wissen für zukünftigen Gebrauch weiterzugeben. Können Abhängigkeit erzeugen.
• erzeugt Motivation, um Veränderungen zu erhalten.	• nur kurzlebige Veränderungen oder passiven bzw. aktiven Widerstand gegen Veränderung erzeugen.
• erzeugt Energie und Kreativität für alle Arten von Innovation.	• Menschen zynisch und apathisch machen, sodass sie keine Energie haben, etwas zu verändern.

Tabelle 6: Unterschiede zu anderen Ansätzen

Die Ergebnisse halten

Wie die erreichten Vorteile dauerhaft gemacht werden können

Wenn der PDW korrekt angewendet wird und die umgesetzten Designs wirklich den DP2-Strukturen entsprechen, sind die Bedingungen für Nachhaltigkeit in der Vereinbarung auf die Dauer ihres Bestehens impliziert. Wenn die Vereinbarung erneut ausgehandelt wird, müssen alle, die zur DP1-Struktur zurückkehren wollen, alle verhandelnden Parteien von diesem Schritt überzeugen – was außerordentlich schwierig sein wird.

Auswirkungen auf die kulturellen Annahmen einer Organisation

Der Begriff Kultur wird üblicherweise als die Systeme von Annahmen und Konventionen definiert, die das Leben einer bestimmten Gruppe regeln. Diese normalerweise impliziten Verhaltensregeln werden weitgehend von den strukturellen Beziehungen zwischen den Menschen bestimmt – von den Beziehungen, die von den Designprinzipien gesteuert werden. Wenn das Designprinzip geändert wird, kommt ein ganz neues System von Verhaltensweisen und Annahmen ins Spiel: Kooperation statt Wettbewerb, Motivation statt Passivität und Nachlässigkeit. Mit der Zeit etablieren sich diese Verhaltensweisen.

Abschließende Bemerkungen

In Tabelle 6 sind einige Unterschiede zu anderen Ansätzen zusammengefasst. Sie dient lediglich der Klärung, was PDW ist und was nicht.

Gemba Kaizen®: Veränderung einer Organisation in Echtzeit

*Die Natur des Kosmos ist ein einziger vereinigender Prozess –
ein ungebrochenes fließendes Ganzes,
in dem jeder Teil des Flusses den gesamten Fluss in sich trägt.*
David Bohm, Physiker

Kaizen® in der Praxis – Eine Fallstudie

Für Ted Wilanski, Aufseher der Fließbandproduktion von Leistungsschaltern bei *Pickford Engineering* in Milwaukee (Wisconsin), war der 12. Juli 1997 mehr als ein typischer schwarzer Tag. Die Läger quollen über, und die Beschäftigten arbeiteten lange, um Kundenaufträge zu erfüllen. Die Kosten stiegen, und die Kunden suchten sich andere Lieferquellen. Produktionsprozesse im gesamten Werk waren in schlechtem Zustand. Lieferungen an die Kunden und Produktqualität waren an einem Rekordtief angelangt. Kurzum: Der Betrieb war ein einziges Chaos.

Was diesen Tag schlechter machte als die anderen Tage, war der Umstand, dass der Wartungsdienst, den Ted Wilanski für eines seiner Bänder brauchte, zu einem anderen Krisenpunkt gerufen worden war, und sein Vorgesetzter machte *ihn* für den Ausfall verantwortlich. Ted Wilanski war zornig. Außerdem war er frustriert, weil seine Leute sich um nichts zu kümmern schienen. Sie waren permanent am Streiten und immer schnell dabei, dem anderen die Schuld zu geben. Es trat überhaupt keine Besserung ein, und auch niemand, er eingeschlossen, hatte Zeit, etwas dagegen zu unternehmen. Ted Wilanskis Abteilung war keine Ausnahme. Die Unternehmenskultur war aggressiv; die Funktionen der Organisation standen fortwährend auf Kriegsfuß miteinander. Kein Wunder, dass die Gewinne sanken. Ted Wilanski war nicht der Einzige, der davon betroffen war. CEO (Chief Executive Officer) John Hapner wusste, dass er die Firma wieder ins Gleis bringen musste.

John Hapner schaute sich Unternehmen mit Weltklasseniveau und seine schärfsten Konkurrenten an und stellte fest, dass die Philosophie des Kaizen®[1] der primäre Vorteil seiner Konkurrenten war. Vor allen Dingen erfuhr er, dass Kaizen eine einzigartige Integration technischer Strategien ist, die das soziale System eines Geschäfts verändern. Mithilfe von Kaizenteams kann eine Kultur der Zusammenarbeit und kontinuierlichen Verbesserung zu einem nachhaltigen System werden.

Der Prozess begann, als John Hapner und sein Managementteam sich zur Veränderung verpflichteten. Sie untersuchten eine Fülle von Daten, entwickelten eine Vision und setzten Verbesserungsziele. Prozessbereiche, die sich am stärksten auf die Rentabilität auswirkten, wurden zu den Veränderungsmodellen der Organisation. Manager und andere Mitarbeiter dieser Bereiche wurden in Kaizenorientierung geschult. Ted Wilanski und seine Kollegen wurden ebenso trainiert,

---

1 *Kaizen* setzt sich zusammen aus zwei japanischen Wörtern: *Kai* („Veränderung") und *Zen* („zum Besseren oder Guten") und verweist auf einen kontinuierlichen Verbesserungsprozess.

eine Reihe einwöchiger Gemba-Kaizen®-Workshops[2] zu leiten. Manager und andere Mitarbeiter aus allen Ebenen und Funktionen bildeten Zehnergruppen.

Innerhalb sehr kurzer Zeit erreichte man wirkliche Verbesserungen bei der Qualität, im Kostenbereich und bei der Lieferung an die Kunden. Montageprozesse wurden in Echtzeit umgestaltet, wodurch Lagerbestände substanziell abgebaut, Umrüst- und Einrichtezeiten verringert sowie Fließbandproduktion und Fertigungsdurchlaufzeit verbessert wurden. Am wichtigsten waren die Auswirkungen auf Kultur und Führungsverhalten. Manager lernten die Zusammenarbeit mit Maschinenarbeitern, und gemeinsam entwickelten und realisierten sie innerhalb von Tagen Ideen, für die Monate notwendig gewesen wären, wenn sie vom technischen Personal entwickelt worden wären.

Dadurch, dass sich die Teams selbst für die Verbesserung ihrer Arbeit einsetzten, wurde ein von Zusammenarbeit geprägtes und produktives Umfeld geschaffen. Die Beschäftigten machten mit einem sehr geringen Kostenaufwand beträchtliche Gewinne einfach dadurch, dass sie Verschwendung jeglicher Form verringerten.[3] Wilanski fand heraus, dass die Verbesserungsvorhaben leicht umzusetzen seien und nicht viel Planungsaufwand erforderten. Kaizen bot zwar einen technischen Ansatz zur Verbesserung der Arbeitsvorgänge, doch der eigentliche Erfolg der Methode lag darin, dass man nicht mehr auf Probleme fokussierte, die man leicht anderen zuschieben konnte, sondern auf die substanzielle Verbesserung der Beziehungen zwischen ihm und seinen Mitarbeitern.

Arbeiter und Manager wurden in ihrer neuen Aufgabe, Verbesserungen zu lenken, trainiert. Sie lernten, wie man Daten gewinnt und evaluiert, Daten höchst sichtbar macht, die Verschwendung in einem Prozess erkennt, eine Teamsitzung leitet und neue Maschinenarbeiter coacht. Sie reduzierten die Verwaltungsaufgaben, durch die sie daran gehindert wurden, sich auf die Verbesserung des Kernprozesses zu konzentrieren.

John Hapner und sein Managementteam lernten, wie man eine Vision für die Zukunft entwickelt und einen Planungsprozess namens „Geschäftsziel-Entfaltung" (Policy Deployment) umsetzt, der Prozessverbesserung und Betriebsergebnisse miteinander verknüpft. Sie lernten, Gemba zu schätzen und die Sichtbarkeit der Produktionsstätte zu garantieren. Sie übernahmen auch Kaizensysteme und -methoden, die den strategischen Prozessen vorgelagert waren. Die Produktentwicklungszeit wurde verringert, Marketing- und Vertriebsprozesse wurden vereinfacht und Prozesse der Kundenbetreuung verbessert. Es dauerte nur ein Jahr, bis die Lieferungen an die Kunden zu 100 % pünktlich waren. Beschwerden über die Produktqualität fielen auf weniger als 100 pro Million produzierter Posten, der Bestandsumschlag verdreifachte sich von 10 % auf 32 % pro Jahr, und die Arbeitsmoral stieg auf ein Rekordhoch. Die Gewinne waren wieder im Gleis, und die neue Kultur der kontinuierlichen Verbesserung – Kaizen – begann die Firma zu durchdringen. Täglich führten die Beschäftigten kleine, aber signifikante Verbesserungen ihres Arbeitsplatzes durch, und eine neue Art der Geschäftspraxis wurde zur Norm. Die Reise hatte begonnen.

Was ist Kaizen?

Als organisationaler Veränderungsprozess trat Kaizen in Japan nach dem Zweiten Weltkrieg durch US-amerikanische Hilfe beim wirtschaftlichen Wiederaufbau in Erscheinung. Unternehmen, die sich die „Best Practices" des Westens zu Eigen

---

2 Das japanische Wort *Gemba* bedeutet „realer Ort", in unserem Kontext: der Ort, an dem die Wertschöpfung stattfindet, also die Produktionsstätte. *Gemba-Kaizen* ist die kontinuierliche Verbesserung der Produktionsstätte oder der Prozesse.
3 Verschwendung hat viele Formen: Überproduktion, Lagerbestand, Reparaturen/Ausschuss, Fluktuation der Menschen, Prozessgestaltung, Wartezeiten und Transportzeiten.

machten, erzeugten Produkte und Dienstleistungen von Weltrang. Kaizen ist ein ganzheitlicher Prozess, der die erstklassigen Fertigungsstrategien wie Just in Time (JIT), Total Quality Management (TQM), Total Productive Maintenance (TPM) und Total Employee Involvement (TEI) nutzt. Sein Ziel besteht darin, Kundenwert zu schaffen und dabei Wertschöpfungsprozesse mit minimaler Verschwendung einzusetzen. Kaizen gelingt, wenn die Beschäftigten „vom Fieber" der kontinuierlichen Verbesserung „gepackt werden".

Das Konzept von Kaizen besteht im Wesentlichen darin, dass

- jede Arbeit fortwährend verbessert werden kann,
- alle Arbeitsprozesse Verschwendung enthalten,
- durch die Reduzierung oder Ausschaltung von Verschwendung Kundenwert geschaffen wird.

Was die Vorstellungswelt westlicher Unternehmen beflügelt hat, ist der Gemba-Kaizen-Workshop. Er ist ein vier- bis fünftägiger Lern- und Umsetzungsevent, bei dem zwischen sechs und zehn Manager und Mitarbeiter alles über Kaizenkonzepte, -prinzipien, -methoden und -werkzeuge lernen und diese dann in Echtzeit umsetzen. Der Kaizenworkshop lässt sich gleichermaßen einsetzen in Produktionsbetrieben, für Unternehmensentwicklung sowie für Verwaltungssysteme und -prozesse. Der Gemba-Kaizen-Workshop ist ein Prozess der schnellen Veränderung, der die Fähigkeiten für eine langfristige kontinuierliche Verbesserung vermittelt. Er generiert eine Kultur, in der Verschwendung von allen tagtäglich fortwährend bekämpft und eliminiert wird.

Eine Stärke des Gemba-Kaizen-Workshops besteht darin, dass er reale Arbeitsprozesse verbessert, indem er die Geschäftsstrategie in Echtzeit umsetzt. Das mit schneller Umsetzung gekoppelte Lernen fokussiert die Teilnehmer auf gemeinsame Ziele. Sie lernen schnell den Wert ihrer vielfältigen Fähigkeiten und Erfahrungen kennen. Intensive Fokussierung und direkte Anwendung verbinden das Team und erzeugen neue Synergien. Der allgemeine Ablauf ist folgendermaßen.

Tag	Typische Aktivitäten
1. Tag	Präsentation eines Überblicks über die Grundlagen von Kaizen, die die Strategien der Prozessverbesserung unterstreichen. Die Grundaktivitäten von Kaizen sind impliziert: • Verschwendung eliminieren, • einen ordentlichen Arbeitsort schaffen mithilfe der Organisationsmethode 5S[4], • Variabilität und spätere Qualitätsprobleme dadurch reduzieren, dass Arbeitsprozesse standardisiert werden. Teilnehmer wenden das Gelernte direkt an, indem sie Daten über ihren eigenen Prozess gewinnen und Prozessverschwendung dokumentieren. Für viele Teilnehmer ist es das erste Mal, dass sie mit Menschen aus anderen Funktionen und Ebenen zusammenarbeiten.
2. Tag	*Präsentation der Grundlagen der Verbesserungsstrategie* (z. B. JIT, TQM, TPM). Teilnehmer leiten ihren Prozess und gewinnen und analysieren weitere Daten. Sie benutzen diese Daten, um eine Verbesserungsstrategie zu entwickeln, und beginnen mit der Prozessverbesserung. Inzwischen lernen die Gruppenmitglieder den Wert ihrer vielfältigen Fähigkeiten kennen. Sie verlassen sich gegenseitig auf ihre Erfahrungen in Datengewinnung und -analyse. Dadurch, dass sie reale Arbeit miteinander verrichten, lernen sie die Macht der Zusammenarbeit kennen.
3. und 4. Tag	*Durchführung und Test von Verbesserungen.* Der Fokus des Workshops liegt nun ganz auf der Anwendung. Der Arbeitsprozess wird reorganisiert, um Arbeitsfluss, Effektivität der Anlagen und Produktqualität zu verbessern. Die Gruppe ist miteinander verbunden in der Erreichung eines gemeinsamen Ziels: ein spürbares Verbesserungsergebnis erlangen. Eine gesunde Spannung existiert, wenn Individuen lernen, als gleichwertige Partner Ideen miteinander zu teilen. In der Suche nach Lösungen findet die Gruppe auch Synergien. Menschen aus unterschiedlichen Funktionen entdecken, wie ihre Rollen aufeinander bezogen sind. Diese Entdeckung wirkt noch lange nach dem Workshop und verbessert die Beziehungen quer durch die Organisation.

4 „5S" steht für die fünf japanischen Begriffe, die eine gute Haushaltsführung beschreiben und im Englischen oft lauten: *separate* („trennen"), *scrap* („ausrangieren"), *straighten* („aufräumen"), *scrub* („putzen"), *standardize* („standardisieren"), *systematize* („systematisieren").

Tag	Typische Aktivitäten
4. oder 5. Tag	*Der Prozess bringt Ergebnisse entsprechend den Kundenbedürfnissen.* Messungen werden durchgeführt, und dem oberen Management wird ein Bericht vorgelegt. Das Team zelebriert ein erfolgreiches Projekt. Das Berichten über Ergebnisse hilft Teilnehmern, das Gelernte im Gedächtnis zu behalten. Das gemeinsame Zelebrieren bekräftigt die neu entdeckten Verbindungen unter den Teammitgliedern. Für viele Teilnehmer ist das gemeinsame Lernen bestätigender als die Verbesserungsergebnisse. Diese Kombination spornt die Menschen an, mehr zu erreichen. Das ist der Moment, in dem oftmals die Leidenschaft für kontinuierliche Verbesserung beginnt, d. h. Kaizen gelebt wird.

Tabelle 1: Allgemeiner Ablauf eines Gemba-Kaizen-Workshops

Der Gemba-Kaizen-Event bringt eine Vielfalt greifbarer Ergebnisse hervor. Normalerweise wird beim ersten Event in allen Prozessen die größte Verbesserung erreicht, z. B.:

Art der Verbesserung	Größenordnung der Verbesserung
Reduktion der Prozessdurchlaufzeit	60 bis 75 %
Reduktion der Durchlaufzeit pro Arbeit/Aufgabe	20 bis 35 %
Reduktion der Prozessverschwendung/des Prozessabfalls	35 bis 65 %
Reduktion der Einrichte- und Umrüstzeiten	50 bis 70 %
Reduktion der Lagerbestände – Werkstoffe	65 bis 78 %
Reduktion der Lagerbestände – halbfertige Güter	70 bis 90 %
Reduktion der Lagerbestände – Fertiggüter	35 bis 55 %
Reduktion der Prozessausfallzeit	65 bis 78 %
verbesserte Nutzung der Anlagen/Ressourcenkapazität	35 bis 65 %
Fläche zurückgewonnen	15 bis 50 %
Anzahl der Maschinenarbeiter gesenkt	10 bis 35 %

Tabelle 2: Verbesserungen, die auf einen einzigen Kaizenevent zurückgehen[5]

Im Laufe der Zeit wird jeder Prozess in der Organisation verbessert und Verschwendung eliminiert. Mit dem Fortgang der Arbeit wird die Kultur mehr auf Zusammenarbeit ausgerichtet, und die kontinuierliche Verbesserung wird zur Arbeit aller. Beschäftigte entwickeln ein besseres Verständnis ihrer gegenseitigen Verbindungen. Personen in diversen Bereichen lernen die Beiträge der anderen schätzen. Beispielsweise beginnen die Personen in der Marketingabteilung, die immer auf eine niedrigere Durchlaufzeit drängen, die Durchlaufzeiten der Produktion aus der Sicht ihrer Kollegen an den Maschinen zu verstehen. Und die Arbeiter an den Maschinen verstehen und unterstützen den Wunsch der Marketingabteilung nach schnellerer Lieferung an die Kunden.

Der Kaizenprozess der kontinuierlichen Verbesserung funktioniert bei Organisationen und Individuen. Alles hängt voneinander ab und beeinflusst einander. Mit zunehmender Übung stellen sich Organisationen auf ökonomische und konkurrierende Kräfte schneller ein. Individuen lernen, die Verbesserungsmethoden anzuwenden, aber signifikanter ist, dass sie lernen, *miteinander* zu arbeiten. Sie lernen auch, dass sie individuell und kollektiv die Macht haben, sich mit einem Problem auseinander zu setzen und Veränderung weitaus schneller zu realisieren, als sie sich das jemals hätten vorstellen können.

---

5 Quelle: Daten aus den am KAIZEN Institut in Austin (Texas) von 1993–1997 durchgeführten Workshops. Siehe: www.kaizen-institute.com.

Der Start von Kaizen

Zwei entscheidende Faktoren helfen, den ersten Widerstand gegen Veränderung zu überwinden:

- ein Gefühl von Krise oder Dringlichkeit,
- die Verpflichtung des oberen Managements.

Die meisten Veränderungsvorhaben beginnen, weil ein Unternehmen entweder in der Krise ist oder eine Krise kommen sieht. Wenn seine Führungskräfte sich darin einig sind, dass Veränderung notwendig ist, dann ist auch ihre Verpflichtung dazu vorhanden. Wenn man sich die Zeit nimmt zu verstehen, weshalb Veränderung sein muss, ist sichergestellt, dass die Verpflichtung vorhanden ist, wenn die Arbeit schwierig wird.

Sich auf eine Veränderungsreise begeben, ohne zu wissen, wohin die Reise geht, bezeichnet man aus folgenden Gründen als die *Managementschule Christoph Kolumbus:*

Als Kolumbus aufbrach, wusste er nicht, wohin er segelte.
Als er dort ankam, wusste er nicht, wo er war.
Als er zurückkam, wusste er nicht, wo er gewesen war.

Eine Einigung auf spezifische geschäftsbezogene und unternehmensweite Veränderungsziele und bessere Wettbewerbsfähigkeit ist ein wichtiger nächster Schritt. Für die meisten Firmen sind Qualitätsverbesserung und besseres Kostenmanagement die primären Ziele. Manche Unternehmen haben das Ziel, neue, konkurrenzfähige Produkte schneller auf den Markt zu bringen. Die Einigung über die Bedürfnisse des Unternehmens zielt auf die Unternehmensstrategien. Sind die allgemeinen Ziele festgelegt, werden bis zu drei Kernprozesse für die Verbesserung ausgewählt und als Modellschauplätze entwickelt, denen der Rest der Organisation nacheifern soll.

Dies bringt es mit sich, dass jeder Schauplatz mindestens vier aufeinander folgende Gemba-Kaizen-Workshops durchlaufen muss, die über einen Zeitraum von sechs Monaten verteilt und auf die ausgewählten Modellprozesse gerichtet sind. Sind signifikante Verbesserungen erreicht worden, werden Verwaltungssysteme zur Verbesserung angesteuert. Wenn diese Systeme Verbesserungen erzielt haben, beginnen andere Bereiche davon zu profitieren. Schließlich bieten die Verbesserungen die Möglichkeit, mit strategischen Themen verknüpft zu werden, und dann entwickelt der Prozess seine eigene Dynamik. Während man in den Gemba-Kaizen-Workshops mit der Veränderung in der Kultur beginnt, ist es die tägliche Anwendung der kontinuierlichen Verbesserung, die mit der Zeit Nutzen bringt.

Die Rollen in der Umsetzung von Kaizen

Um eine Kaizenkultur erfolgreich umsetzen zu können, ist die Rolle des *oberen Managements* vielleicht am wichtigsten. Die Führungskräfte müssen

- sich für das Vorhaben einsetzen,
- Richtungen und Ziele bestimmen,
- die Vision des Veränderungsprozesses und die Richtung des Geschäfts vorgeben und formulieren,
- die Umsetzung mit Leidenschaft lenken.

Die *Manager auf der mittleren und Aufsichtsebene* erleben die größte Veränderung in ihrer täglichen Arbeit. Angefangen damit, dass sie den Menschen sagen, was zu tun ist, und die „Brandbekämpfung" leiten, reicht ihre neue Tätigkeit bis dahin, dass sie

- Innovation und Kaizenaktivitäten steuern,
- Unterstützungsaufgaben in den zu verbessernden Bereich integrieren,
- Teammitglieder coachen,
- Standards der Arbeitsorganisation und der Anlagewartung garantieren,
- Analyse von Teamproblemen und Sitzungen zum Thema Verbesserungen moderieren.

Ein *kundiger externer Berater* kann einem Unternehmen dadurch Zeit sparen, dass er den Veränderungsprozess anstößt. Er kann helfen, *das* Training zu bestimmen, das den Bedürfnissen der Firma am besten entgegenkommt. Die Verantwortung für die Erhaltung des Vorhabens geht auf die Mitarbeiter des Unternehmens über, sobald sie Erfahrung gesammelt haben.

Ein *geschulter Moderator*, üblicherweise ein Linienmanager, leitet den Gemba-Kaizen-Workshop. Der Moderator übernimmt drei Rollen: Er ist theoretischer Ausbilder, Moderator der Prozessverbesserung und Beratungsexperte.

Idealerweise kommen Infrastruktur und Unterstützung für die unternehmensweite Veränderung von einem *Koordinator in Vollzeit*. Diese Person muss die Firma durch und durch kennen: ihre Menschen, ihr Geschäft und ihre interne Politik. Sie muss direkten Zugang zum oberen Management haben, wann immer es erforderlich ist, ohne Auswirkungen fürchten zu müssen. In größeren Firmen ist das ein organisationales Muss.

Tabelle 3 fasst die einzelnen Rollen während des gesamten Veränderungsprozesses zusammen.

	vorher	während	danach
oberes Management	<ul><li>versteht die Notwendigkeit der Veränderung</li><li>verpflichtet Zeit und Ressourcen dem Prozess</li><li>lernt Grundlagen von Kaizen</li><li>setzt herausfordernde Ziele, die auf Geschäftsbedürfnissen beruhen</li></ul>	<ul><li>bestimmt Unternehmensstrategie</li><li>setzt Verbesserungsziele</li><li>nimmt an einigen Gemba-Kaizen-Workshops teil</li><li>nimmt Berichte aus den Workshops zur Kenntnis</li><li>nimmt Teamleistungen zur Kenntnis</li></ul>	<ul><li>übernimmt Kaizenphilosophie der kontinuierlichen Verbesserung</li><li>hält Kaizenkultur aufrecht</li><li>entwickelt weiterhin neue Führungsfähigkeiten</li><li>führt Überprüfungen der Managementleistung durch (Presidential Diagnosis)</li></ul>
Manager der mittleren und Aufsichtsebene	<ul><li>verstehen die Notwendigkeit der Veränderung</li><li>lernen Grundlagen von Kaizen</li><li>legen herausfordernde Verbesserungsziele für anvisierte Prozesse fest</li></ul>	<ul><li>lernen Grundlagen von Kaizen</li><li>lernen neue Führungsfähigkeiten</li><li>nehmen an einigen Gemba-Kaizen-Workshops teil</li></ul>	<ul><li>übernehmen Kaizenphilosophie der kontinuierlichen Verbesserung</li><li>entwickeln weiterhin neue Führungsfähigkeiten</li><li>coachen Beschäftigte</li><li>verfolgen Aktivitäten und Ergebnisse zurück; setzen neue Ziele</li></ul>
Moderator	<ul><li>unterstützt oberes Management in der Entscheidung, damit weitergemacht werden kann</li><li>unterstützt oberes Management beim Erlernen der Grundlagen von Kaizen</li></ul>	<ul><li>unterstützt oberes Management bei der Festlegung der Ziele und der Unternehmensstrategie</li><li>führt erste Gemba-Kaizen-Workshops durch</li><li>trainiert einige Manager der mittleren und Aufsichtsebene für die Leitung von Workshops</li></ul>	<ul><li>gibt Rat, wenn es erforderlich ist</li><li>coacht Manager auf der mittleren und Aufsichtsebene</li><li>dokumentiert Fortschritt der Projektverbesserung in Listen</li></ul>
Teilnehmer	<ul><li>akzeptieren die Notwendigkeit der Verbesserung ihrer Arbeitsprozesse</li></ul>	<ul><li>lernen Grundlagen von Kaizen</li><li>nehmen an Gemba-Kaizen-Workshops teil, die in Zusammenhang mit ihren Arbeitsprozessen stehen</li></ul>	<ul><li>übernehmen Kaizenphilosophie der kontinuierlichen Verbesserung</li><li>entwickeln weiterhin Fähigkeiten für die Verbesserung</li></ul>

	vorher	während	danach
Koordinator	• hilft dem oberen Management, den Umsetzungsprozess zu entwickeln • hilft beim Aufbau des Projekts	• unterstützt integrierende Aktivitäten (z. B. Koordination der Workshops, unternehmensweite Kommunikation über den Fortschritt in Richtung Ziele)	• verfolgt Aktivitäten und Ergebnisse des Projektteams zurück • informiert den ganzen Betrieb über Aktivitäten

Tabelle 3: Rollen im Gemba-Kaizen-Prozess

Auswirkungen auf das Macht- und Autoritätsgefüge

Kaizen verändert die Beziehungen unter den Menschen auf verschiedenen Ebenen der Organisation. Die Macht, die Prozesse zu verändern, die Qualität, Kosten und Lieferung steuern, verlagert sich vom Management auf die Menschen, die konkret die Arbeit ausführen. Das Management wird zum Unterstützungsmechanismus. Wie Abbildung 1 zeigt, werden die Rollen auf allen Ebenen klarer.

Das obere Management muss auf die Steuerung aller drei Verbesserungsstrategien fokussieren: Innovation, Kaizen als kontinuierliche Verbesserung und Standardisierung.

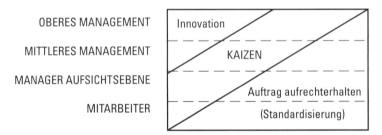

Abbildung 1: Aufgaben auf den einzelnen Ebenen der Organisation

Das obere Management entscheidet über die Kombination der Ressourcen, die für die drei Verbesserungsstrategien nötig sind. Kaizen umspannt alle Ebenen, wobei die Verantwortung für die funktionsübergreifende Zusammenarbeit primär beim mittleren Management liegt. Während alle ihre Arbeitsstandards aufrechterhalten, richten die Manager und Mitarbeiter auf der Aufsichtsebene ihre Aufmerksamkeit darauf, die Betriebsstandards von Gemba aufrechtzuerhalten, um Variabilität zu reduzieren und dadurch die Zuverlässigkeit der Ressource zu erhöhen. Standardisierung reduziert die Möglichkeiten für Fehler und Verschwendung und liefert die Wegbeschreibung für tägliche Aktivitäten. Sie ist die Grundlage für die in jüngster Zeit unternommenen globalen Versuche, die Qualität mithilfe von ISO 9000, dem weltweit gültigen Qualitätsstandard für Produktion, zu verbessern.

Alle Ebenen sind dahin gehend engagiert, dass die reale Macht, Veränderung durchzusetzen, in den richtigen Händen liegt. Das obere Management schickt mittels seiner Partizipation und Verpflichtung ein klares Signal bezüglich dessen aus, was für die Organisation wichtig ist. Durch Innovation und Verbesserungsaktivitäten wird die funktionsübergreifende Zusammenarbeit effektiver. Jede Ebene nutzt ihre neuen Fähigkeiten, ihre Arbeit kontinuierlich zu verbessern. Und Maschinenarbeiter übernehmen mehr Verantwortung für Verbesserung und Standards, wodurch sie die Aufsichtspersonen von der reaktiven Problemlösung befreien. Ihr Fokus verlagert sich darauf, Verbesserungsziele zu setzen und proaktive Unterstützung für die Aufrechterhaltung von Standards zu geben.

Erfolgsbedingungen

Kaizen kann im Leben eines Unternehmens fast zu jedem Zeitpunkt angewendet werden, weil in Unternehmen immer Möglichkeiten zur Verbesserung bestehen. Wenn man über die Frage nachdenkt, weshalb Kaizen funktioniert, ist folgende Antwort besonders passend: „Weil Kaizen dem gesunden Menschenverstand entspricht." Kaizen anzuwenden ist einfach. Schwierig dagegen ist es, die Sichtweise des Managements in Bezug auf Veränderung zu ändern. Das westliche Management sucht die elegante Lösung, das dramatische Ergebnis oder die schnelle Lokalisierung. Es sieht nicht, wie wertvoll es ist, auf die Durchsetzung von Prozesszuverlässigkeit durch Standardisierung und kleine integrierende Verbesserungen mithilfe von Kaizen zu fokussieren.

Wir haben gesagt, dass die Verpflichtung des oberen Managements das wichtigste Element für den Erfolg von Kaizen darstellt. Das obere Management geht mit gutem Beispiel voran, indem es die Organisation herausfordert, sich durch Zielsetzung und Bereitstellung von Ressourcen für Veränderung kontinuierlich zu verbessern.

Ein weiterer entscheidender Faktor ist die *Fokussierung auf Gemba*, wo die Wertschöpfung stattfindet. Viele Manager betrachten die Kernprozesse des Geschäfts, vor allem die Produktionsprozesse, als niedrige Arbeit und ihrer Aufmerksamkeit nicht würdig. Wenn Manager mithilfe von unterstützenden Organisationen Macht ausüben, ist das Ergebnis oft vermehrte Verschwendung, verzögerte Reaktion auf Kundenwünsche und wettbewerbsbezogene Gefahren.

Weitere Erfolgsbedingungen beziehen sich auf folgende Aspekte.

- Man braucht eine klare Vorstellung vom Umsetzungsprozess; man muss die Voraussetzungen für den Erfolg verstehen.
- Man muss verstehen, dass kontinuierliche Verbesserung genau das ist: kontinuierlich. Die Suche nach kurzfristiger Perfektion funktioniert langfristig nicht.
- Alle Ebenen müssen involviert werden.
- Man braucht eine Leidenschaft für die Eliminierung von Verschwendung.
- Man braucht eine ganzheitliche, systemische Sicht auf das Geschäft. Man muss zwischen allem die Zusammenhänge sehen: in der Logistikkette, unter den Prozessen und besonders bei Kunden.
- Man muss eine Kultur ohne Schuldzuweisungen und Werturteile schaffen. Kritik und Entscheidungen, die nicht auf zuverlässigen Daten beruhen, töten Initiative und Qualifizierung.
- Man muss verstehen, dass die Verbesserung des Prozesses zu einem Ergebnis führt. Der Blick auf die Bewertungstafel verändert überhaupt nichts.
- Man beginnt mit dem, was zu bewerkstelligen ist. Das Vorhaben wächst entsprechend der Erfahrung. Schließlich verdient jeder Prozess, verbessert zu werden.
- Man fokussiert darauf, die Bedingungen zu verbessern. Die Lösung von Problemen ist zwar nützlich, doch nur Problemelösen führt zur Stagnation.
- Man muss verstehen, dass die Einflussnahme auf die Kultur Zeit braucht. Gemba-Kaizen-Workshops führen direkt zu Erfolgen, die mithilfe kontinuierlicher Verpflichtung erhalten werden müssen.
- Engpässe müssen erlaubt sein. Man muss akzeptieren, dass sie vorkommen, und darf sich nicht von ihnen bedroht fühlen.

Aber Vorsicht: Beginnen Sie nicht mit Kaizen, wenn zwischen dem Management und der Belegschaft ein ernsthafter Konflikt besteht. Das Management ist verantwortlich für das Verhältnis zwischen Arbeitgebern und Arbeitnehmern, und ein schlechtes Klima in der Organisation hemmt den Erfolg. Und außerdem ist es äußerst unklug, Mitarbeiter zu entlassen, die vorher fleißig Arbeitsprozesse verbessert haben. Wenn Sie so verfahren, dürfen Sie nicht erwarten, dass der Verbesserungsprozess weitergeht.

Die Theorie der Veränderung mithilfe von Kaizen

Um Kaizen umzusetzen, braucht es technische und soziale Elemente. Der Gemba-Kaizen-Workshop geht davon aus, dass jede Arbeit ein Prozess ist und dass alle Prozesse Verschwendung implizieren. Das Ziel besteht darin, so viel Verschwendung – also Elemente ohne Wertschöpfung – wie möglich zu beseitigen. Es ist gut dokumentiert, dass weniger als 5 % der meisten Fertigungsprozesse eine Wertschöpfung darstellen. Die Beseitigung von 95 % Verschwendung verbessert drastisch die Durchlaufzeit, die Kostensituation und die Prozessqualität. Dies ist das technische Element.

Das soziale Element impliziert, dass die Kultur durch individuelles und organisationales Lernen verändert wird. Der Gemba-Kaizen-Workshop ist so angelegt, dass Menschen durch praktisches Handeln lernen. Die Aktivität erzeugt ein neues Verständnis davon, welche Ziele und wie sie ihre Ziele erreichen können. Der im Workshop ablaufende individuelle Lernprozess ist David Kolbs Beschreibung des Erfahrungslernens vergleichbar. Einfach ausgedrückt, besagt Kolbs Lernzyklus, dass Individuen tagtäglich lernen, indem sie ihre Lebenserfahrungen einsetzen. Das Workshopdesign beruht auf dieser Annahme.

Schritt	Kolbs Modell	Gemba-Kaizen-Workshop
1	Ein Problem oder Lebensereignis erfahren.	Einen Prozess zur Verbesserung herausgreifen; Daten über den gegenwärtigen Prozess gewinnen, der noch in Kraft ist.
2	Die Erfahrung reflektieren und bewerten.	Daten untersuchen, nach Signalen suchen.
3	Eine Lösungstheorie entwickeln, die aus der vergangenen Erfahrung und dem neuen Wissen abgeleitet wird.	Kaizen und seine Methoden lernen: JIT, TQM, TPM usw. Eine mögliche Lösung entwickeln.
4	Die Lösung anwenden und bewerten. Schlüsse daraus ziehen und den Zyklus wiederholen.	Die Lösung anwenden. Ist der Prozess stabilisiert, zu Schritt 1 zurückkehren und weiter nach Verbesserungsmöglichkeiten suchen.

Tabelle 4: Vergleich zwischen Kolbs Lernmodell und dem Gemba-Kaizen-Workshop

Das von Chris Argyris und Donald A. Schon entwickelte Doppelschleifen-Lernmodell erklärt den organisationalen Lernprozess nach Gemba-Kaizen. Wenn eine Organisation über ihre Erfahrungen reflektiert und eine neue Theorie entwickelt und anwendet, die zu anderen Aktionen führt, dann geschieht das Doppelschleifen-Lernen. Das ist Gemba-Kaizen. Prozessdaten und -ergebnisse bilden die Basis für die Entwicklung einer neuen Theorie, mit der Prozesse verbessert werden. Die Menschen wenden diese Theorie in der Praxis an und lernen aus dieser Erfahrung. Wenn die Mitglieder der Organisation diese Erfahrung verallgemeinern, indem sie die neue Theorie auf alle ihre Arbeit anwenden, kommt Kaizen in Schwung.

Die Dynamik der Kaizenkultur erhalten

Den Schwung erhalten ist eine große Herausforderung. Ein Kommunikationssystem, das alle über die Ziele und den Fortschritt der Verbesserung informiert hält, ist von entscheidender Bedeutung. Durch das kontinuierliche Setzen neuer Ziele, sobald alte Ziele erreicht und gewürdigt worden sind, sind alle Mitarbeiter fortwährend gefordert. Viele Firmen geraten schon nach baldigen Erfolgen ins Schwimmen, weil sie vergessen haben, ihre Ziele zu erneuern. Sie müssen die Infrastruktur aufbauen, um den Schwung zu erhalten. Die Geschäftsziel-Entfaltung ist das Instrument für Erneuerung. Sie verknüpft strategische und finanzielle

Ziele mit betrieblichen Verbesserungszielen. Manager auf allen Ebenen entwickeln spezifische Aktionen, um die Ziele zu erreichen. Alle beteiligen sich an deren Realisierung.

Ein weiteres wichtiges Werkzeug zur Erreichung von Nachhaltigkeit ist die Überprüfung der Managementleistung. Mit diesem Prozess überprüft das obere Management regelmäßig den Fortschritt in Gemba. Wenn Ziele erreicht sind, werden neue Standards gesetzt. Wenn Ziele verfehlt worden sind, wird die Wichtigkeit eines neuen Vorhabens bekräftigt.

Zusammenfassung

Zu dieser Methode gehört nicht nur die Durchführung von Gemba-Kaizen-Workshops, um kurzfristige Ergebnisse zu erzielen. Dadurch, dass für alle die Kaizenphilosophie eingeführt wird, Führungspersonen in neuen Rollen trainiert werden und man auf Unterstützungssysteme fokussiert, die Gemba dienen, wird eine Kultur der Zusammenarbeit und der kontinuierlichen Verbesserung geschaffen.

Ein signifikantes Element von Kaizen besteht darin, dass es ein Prozess ist, der sowohl von oben nach unten als auch von unten nach oben verläuft. Von oben her setzt das obere Management die Ziele, beschreibt die Vision und schaltet sich in die Kernprozesse des Geschäfts ein. Die Manager sehen das Geschäft aus der prozessbezogenen Sicht und beweisen aufgeklärte Führung, indem sie sich einbringen. Der von unten nach oben verlaufende Prozess ist einfach: Man geht zu Gemba, wo die reale Wertschöpfung stattfindet, und involviert reale Menschen aus allen Ebenen und Funktionen, um Gemba zu verbessern. Man entfernt Verschwendung aus den Kernprozessen und arbeitet dann stromaufwärts, um mit der Zeit alle Prozesse zu verbessern. Wenn die Veränderungsstrategien der Organisation nicht auf Gemba gerichtet sind, werden sie zu windigen Aussagen des Managements, die nichts bewirken.

Fast-Cycle Full-Participation (FCFP)

Innovation braucht eine gute Idee, Initiative und ein paar Freunde.
Herb Shepard, *Rules of Thumb for Change Agents*

Bericht aus der Praxis

1993 war *ABC Ireland*, Ltd., eines der fünf Werke, die zu dem US-amerikanischen multinationalen Pharmaunternehmen *ABC Chemical* gehörten. Die Muttergesellschaft *ABC Chemical* war in große Schwierigkeiten geraten. Der Fluss neuer Produkte war praktisch ausgetrocknet, und *ABC Chemical* hatte bei der amerikanischen Gesundheitsbehörde (*Food and Drug Administration*, FDA) vergeblich versucht, das Patent auf sein Hauptprodukt zu verlängern. Das bedeutete, dass jeder andere Hersteller das produzieren konnte, was viele Jahre lang die Existenzgrundlage von *ABC Chemical* gewesen war. Mitte 1993 war ein drastischer Personalabbau vorgenommen worden, und *ABC Ireland* hatte 25 % seiner insgesamt 300 Beschäftigten entlassen, was für das Werk ein traumatisches Ereignis ohne Beispiel war. Außerdem drohte die Entscheidung der Muttergesellschaft, überschüssige Fertigungskapazitäten abzustoßen, um die laufenden Kosten zu senken. Die Frage war: Was sollte gerettet werden, und was sollte verkauft werden?

Im August 1993 nahm der Hauptgeschäftsführer von *ABC Ireland* mit uns Kontakt auf und erkundigte sich, wie wir ihm und seinem Personal helfen könnten, die Werksoperationen zu verbessern und die Organisation so zu positionieren, dass das Werk überleben konnte. Er hatte gehört, dass wir einen Ansatz hätten, der die gesamte Mitgliedschaft einer Organisation darauf verpflichten würde, ihre Operationen auf größere Effektivität hin umzubauen. Angesichts der akuten Lage der Dinge war es sehr wichtig, dass *alle* einbezogen wurden und ihren Beitrag zu einem Veränderungsvorhaben leisteten, das sich auf ihre Zukunft auswirken würde. Des Weiteren musste das Vorhaben so schnell wie möglich durchgeführt werden. Der Hauptgeschäftsführer hatte sich Ende des Jahres als Ziel gesetzt.

Das Veränderungsvorhaben wurde im September 1993 gestartet und bestand aus fünf Schlüsselkomponenten. Die ersten beiden Komponenten waren fundamentaler Art. Ein Lenkungsausschuss, der aus Hauptgeschäftsführer, mehreren Direktoren und Mitarbeitern bestand, wurde gebildet. Wir klärten sie darüber auf, wie man Arbeit umgestaltet, einen Veränderungsfall entwickelt, einen Projektplan für die Durchführung des Vorhabens erstellt und wie man Ziele setzt und eine Vision für die neue Organisation etabliert. Die zweite fundamentale Komponente des Vorhabens bestand in der Aufklärung und Orientierung aller Beschäftigten des Werkes, etwa 250 Menschen. In Gruppen von zehn bis 20 Personen nahmen fast alle im Laufe einer Woche an Sitzungen teil, in denen sie über den Veränderungsfall informiert wurden und darüber diskutierten, in denen sie über den Projektplan und ihre jeweiligen Rollen darin unterrichtet wurden und in denen sie dem Lenkungsausschuss und Beratern Fragen stellten und auf ihre Fragen Antworten bekamen.

Die dritte Komponente des Veränderungsvorhabens bestand darin, Umbausitzungen zu planen, einen Zeitplan zu entwickeln und die Logistik für das Vorhaben zu erstellen. Zwei Aufgaben standen im Vordergrund. Erstens wollte der Hauptgeschäftsführer, dass es vom Design her möglich sein musste, alle Mitglieder der Organisation in die Analyse und das Design einzubeziehen. Zweitens musste das Werk ohne verminderte Leistung weiterarbeiten.

Die vierte Komponente des Vorhabens bildete die Durchführung des Plans. Die Analyse- und Designphase bestand aus drei Sitzungen, wobei die letzte Sitzung vier Mal wiederholt wurde, um alle Mitglieder der Organisation einzubeziehen. Die erste Sitzung war eine Organization Search, die so angelegt war, dass ungefähr 110 Personen aus allen Abteilungen und Ebenen der Organisation sowie externe Akteure (z. B. ein Regierungsmitglied) teilnehmen konnten, um das physische, praktische und wirtschaftliche Umfeld von *ABC Ireland* sowie die Trends und Kräfte zu explorieren, die auf das Unternehmen einwirkten. Das in dieser Sitzung Gelernte wurde in einer Liste der wichtigsten externen Trends zusammengefasst. Die zweite Sitzung, die am Tag danach abgehalten wurde, stand unter dem Thema *Externe Erwartungen*; an dieser Sitzung nahmen die gleichen externen Akteure teil, und sie bot den Beschäftigten von *ABC Ireland* die besondere Gelegenheit, von den Akteuren zu erfahren, welche Erwartungen und Anforderungen sie an ihre Beziehung zum Werk momentan hatten und vor allem in der Zukunft haben würden.

Die dritte Sitzung war eine Kombination von drei Elementen der Methode Fast-Cycle Full-Particpation (FCFP). In vier aufeinander folgenden Sitzungen, die jeweils drei Tage dauerten, befassten sich Gruppen von 55 bis 60 Personen mit der Analyse des technischen Arbeitssystems (Technical Work System Analysis), der Analyse des Arbeitslebens (Work Life Analysis) und dem Organisationsdesign. Jede Gruppe generierte ein oder mehrere Organisationsdesigns auf der Makroebene, die den Anforderungen entsprachen, die man durch die analytische Arbeit herausgefunden hatte. Unmittelbar nach diesen Sitzungen kamen Vertreter der einzelnen Gruppen zusammen, um diese Designs zu integrieren. Ihre Arbeit führte zu zwei endgültigen Designalternativen auf der Makroebene, die allen präsentiert wurden.

Die fünfte Komponente des Vorhabens bestand in Kommunikation und Bestätigung. In einem Zeitraum von zwei Wochen besuchten alle im Werk ein zweistündiges Briefing. In dieser Sitzung wurden die beiden Designalternativen präsentiert, und es wurde vorgeführt, wie sie zustande gekommen waren; dabei wurde jede Alternative in Bezug auf die in der analytischen Arbeit entwickelten Designanforderungen erörtert und anschließend darüber abgestimmt, welche Alternative diesen Anforderungen am besten entsprach. Eine Alternative wurde mit einer Mehrheit von 92 % angenommen. Während *ABC Ireland*, Ltd., ehemals eine traditionelle, in Funktionsgruppen gegliederte Organisation gewesen war, verlangte das neue Design danach, drei Produktteams mit allen Funktionen zu schaffen: ein Team für das Hauptprodukt, ein Team für das Sekundärprodukt und ein Team für Kundenbetreuung und neue Produkte. Adäquate Unterstützungsressourcen, z. B. Chemiker, Ingenieure, Wartungsdienst und Verwaltungsressourcen wie Rechnungswesen, wurden auf die einzelnen Teams verteilt.

Die Umsetzung des Organisationsentwurfs begann im Januar 1994. Der Veränderungsvorschlag wurde von der Muttergesellschaft mit Rat und Tat unterstützt: Ein paar Monate später wurde eines der anderen fünf Werke verkauft. Kurz darauf wurde der Betrieb eines weiteren Werkes eingeschränkt. In beiden Fällen wurde ein beträchtlicher Anteil des Geschäftsvolumens auf *ABC Ireland*, übertragen, weil dieses Werk die Umbauinitiative gestartet und das Vertrauen der Muttergesellschaft in seine Fähigkeit zu reagieren gewonnen hatte.

Mitte 1994 bot ein großes europäisches Pharmaunternehmen an, *ABC Chemical* zu übernehmen. Obwohl die Neuorganisation von *ABC Ireland*, noch nicht ganz abgeschlossen war, lag es für die übernehmende Firma auf der Hand, dass *ABC Ireland* aufgrund der durchgeführten Veränderungen ein attraktiver Aktivposten war. Nachdem der Kauf getätigt und die Umstrukturierung des Werkes abgeschlossen war, entwickelte sich *ABC Ireland*, Ltd., im neuen Unternehmenssystem zum führenden Hersteller der Haupt- und Sekundärprodukte und wurde zum aufstrebenden Standort für neue Produkte bestimmt.

Die Grundlagen: Antworten auf häufig gestellt Fragen über FCFP

Was ist FCFP?

FCFP ist eine Methode des organisationalen Umbaus, mit der die Effektivität einer Organisation, gemessen an ihren primären Leistungskennzahlen in Bezug auf Ertrag, Kosten, Qualität und Durchlaufzeit, verbessert wird. Mit FCFP werden bessere Arbeitsergebnisse erzielt, indem die Arbeitssysteme, die diese Ergebnisse produzieren, auf höhere Leistung hin umgestaltet werden.

Wie funktioniert FCFP?

FCFP sieht die Organisation als ein *produzierendes System*, das Elemente aus dem Umfeld nimmt und diese in Produkte und Dienstleistungen umwandelt, die von dem Umfeld *gewünscht* werden. Diese Serie von Transformationen kann als Kernprozess der Organisation gedacht werden, von dem der Erfolg des gesamten Unternehmens abhängt. Aus dieser Sicht besteht die Idee darin, zuerst den Kernprozess richtig zu gestalten und danach alles andere in der Organisation auf die volle Unterstützung dieses Prozesses hin auszurichten.

Dieser Umbauprozess ist direkt aus der Theorie der soziotechnischen Systeme (STS, die später detaillierter beschrieben wird) und der Erfahrung abgeleitet. Er besteht aus einer Analyse in drei Abschnitten und der anschließenden Umstrukturierung, die auf den Schlussfolgerungen dieser Analyse beruht.

Die drei Analysebereiche sind: das Umfeld, in dem die Organisation existiert; das technische System der Organisation, d. h. die gesamte Technik, die die Organisation einsetzt, um ihre Kerntransformationen zustande zu bringen; und das soziale System, das sich auf die Faktoren bezieht, die sich auf die menschliche Seite des Unternehmens auswirken. Der Fokus der Analyse liegt darauf, die großen Notwendigkeiten der Verbesserung in jedem dieser Bereiche zu bestimmen. Was das Umfeld anbelangt, liegt der Fokus auf wichtigen Trends und den Erwartungen der Akteure. Was das technische System anbelangt, wird der Frage nachgegangen, weshalb die Arbeitsergebnisse nicht der Qualität, den Kosten oder dem Zeitplan entsprechen. Was das soziale System anbelangt, liegt der Fokus üblicherweise darauf, was den Geist oder die Fähigkeit der Menschen unterminiert.

In einem Kontext, in dem gewünschte Resultate sorgfältig erörtert werden, hat dieser Prozess immer wieder dramatische Veränderungen im Hinblick auf Form, Arbeitsgang und Ergebnisse der Gastorganisation erzeugt.

Wie funktioniert FCFP?

Abbildung 1 ist ein Diagramm des FCFP-Prozesses:

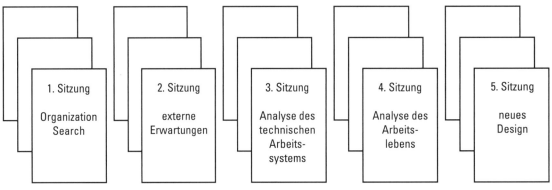

Abbildung 1: Der FCFP-Prozess

Wer führt FCFP durch?

Der Umgestaltungsprozess – die Analysen und die darauf folgenden Veränderungen – kann auf vielfache Weise ablaufen. Eine Möglichkeit ist die, Experten (Berater) heranzuziehen. Eine andere Möglichkeit ist die, eine kleine und für die Gastorganisation repräsentative Gruppe von Mitarbeitern (ein Designteam) zu trainieren. Eine dritte Möglichkeit ist die Einbindung der meisten oder aller Menschen in der Organisation, was FCFP entspricht.

Probleme, die mit den ersten beiden Ansätzen verbunden sind, drehen sich hauptsächlich um die Tatsache, dass das Verständnis für die vorgeschlagenen Veränderungen, die Unterstützung für ihre Umsetzung und die Verpflichtung auf ihren Erfolg *bei den Menschen, die diese Veränderungen ins Werk setzen müssen,* gering ist oder überhaupt nicht existiert. Bei diesen Ansätzen werden die Umbauergebnisse der Organisation als „Lösung" präsentiert, die von oben nach unten angestoßen werden muss.

Wenn dagegen die Analysen in einer Reihe von Großgruppensitzungen durchgeführt werden, kann die Umbauphase des Veränderungsprozesses in relativ kurzer Zeit (z. B. in einem halben Jahr) abgeschlossen werden, während gleichzeitig ein hohes Maß an Partizipation aufrechterhalten wird. Bei diesem Vorgehen sind das Verständnis für die Veränderungen, die Unterstützung für ihre Durchführung und die Verpflichtung auf ihren Erfolg integriert; die Menschen, die diese Veränderungen ausführen, haben diese entwickelt und vorgeschlagen.

Der FCFP-Prozess hat folgende Merkmale:

- Sitzungen können über einen ganzen Tag gehen oder sich über mehrere Tage erstrecken.
- Wenn mehr Menschen vorhanden sind, als es für eine Sitzung geeignet ist, werden mehrere Sitzungen dieser Art abgehalten.[1]
- Sitzungen können zu mehrtägigen Sitzungen gebündelt werden.
- Wenn zwischen den Sitzungen mehrere Wochen liegen, kann „sich die Erfahrung setzen", und die Kontinuität wird dennoch aufrechterhalten.
- Mitarbeiter, die Daten integrieren und kommunizieren, leisten zwischen den Sitzungen im Dienste der ganzen Gemeinschaft Kontinuitätsarbeit.
- Die Umbausitzung oder -sitzungen werden am besten von einer kleinen Gruppe durchgeführt, die von der Gemeinschaft dazu beauftragt wird.[2]
- Das Resultat dieses Prozesses ist ein Paket spezifischer Vorschläge für die Veränderung des Arbeitssystems.[3]

---

1 Wenn die Gastorganisation groß ist, können die fünf Sitzungen mehrere Male wiederholt werden. Um z. B. in einem Werk mit 1 200 Beschäftigten die Größenordnung einer Sitzung in einer handhabbaren Teilnehmerzahl von 200 Personen zu halten, wären sechs Wiederholungen der 1. Sitzung notwendig, sechs Wiederholungen der 2. Sitzung usw. Eine andere Möglichkeit, jeden Einzelnen in einer großen Organisation einzubeziehen, besteht darin, dass alle an den größeren, den Kontextsitzungen, z. B. an der 1. und 2. Sitzung, teilnehmen und weniger Teilnehmer für die aufgabenspezifischeren Sitzungen eingesetzt werden, z. B. für die Analyse technischer Arbeitssysteme.

2 Idealerweise partizipiert jeder in der Organisation an dem Prozess, und auf diese Weise ist FCFP am effektivsten. Die Ausnahme zu dieser Empfehlung hängt mit den Designsitzungen zusammen. Dieser Teil des Prozesses führt zu einer *kreativen Synthese,* einer anderen Art von Arbeit als das Analysieren, und ist in einer großen Gruppe schwierig zu leisten. Stattdessen wird diese Arbeit leichter von einer kleinen Gruppe oder von mehreren kleinen Gruppen *im Dienste der größeren Gemeinschaft* bewältigt. Bei *ABC Ireland,* Ltd., gab es vier solcher Gruppen, deren Empfehlungen anschließend von einer Integrationsgruppe zusammengeführt wurden, die sich aus mehreren Mitgliedern dieser vier Gruppen und ein paar Mitgliedern des Lenkungsausschusses zusammensetzte.

3 *Arbeitssystem* bezieht sich auf alles, was mit einer produzierenden Einheit und deren Arbeitsweise verbunden ist, z. B. das, was wir üblicherweise als Organisationsstruktur und -prozesse denken. Dieser Begriff ist weitaus umfassender als *Arbeitsstelle* oder *Arbeitsdesign* und ein integraler Bestandteil des Organisationsdesigns. Er bezieht sich jedoch auf ein spezifisches *Arbeitssystem,* von dem es in einer Organisation mehrere geben kann.

- Externe Akteure werden in der 2. Sitzung in den Prozess einbezogen; sie können auch an der 1. Sitzung teilnehmen.

Wahrscheinliche Resultate

Zu den wahrscheinlichen Resultaten gehören:

- signifikante bis dramatische Steigerungen der Leistung der Organisation, gemessen an den Zielen;
- eine erhebliche Steigerung der Geschäftskenntnisse unter den Mitgliedern der Organisation allgemein;
- eine neue Fähigkeit in der Organisation, in Gruppen von 100 oder mehr Personen hinsichtlich einer großen Vielfalt von Themen zusammenzuarbeiten;
- ein spürbarer Gemeinschaftssinn quer durch die Organisation;
- erhöhte Chancen für den durchschnittlichen Mitarbeiter, in der Organisation vertreten zu sein, weil er sich zu wichtigen Themen äußern kann;
- mehr gegenseitiger Respekt zwischen Management und Belegschaft;
- größeres Interesse am Wohl des Unternehmens bei der gesamten Belegschaft und mehr Bereitschaft zur Mitwirkung.

Rechtfertigung der Kosten

Stellen wir uns einmal die eingangs beschriebene Organisation und die drei erwähnten Szenarios vor und stellen die Frage: Wer führt die Umstrukturierung durch?

Beim ersten Szenario wird eine Beratungsfirma dazu verpflichtet, die Umbauanalyse durchzuführen und Empfehlungen vorzubereiten. Die Berater dieser Firma sind ein halbes Jahr lang in der Organisation und verlangen für ihre Vorschläge 3 Millionen Dollar. Ihre Veränderungsideen sind gut, werden aber in puncto Arbeitsplatzdesign, Arbeitsfluss, Arbeitszeit und Organisationsstruktur als ein radikaler Bruch angesehen. Sie werden nie umgesetzt, weil das Management weiß, dass sie unter den Mitarbeitern den größten Widerstand hervorrufen würden.

Beim zweiten Szenario wird ein internes Designteam eineinhalb Jahre lang verpflichtet und unterstützt. Angenommen, die Kosten belaufen sich auf 1,5 Millionen Dollar, die sich grob aufteilen in 250 000 Dollar für Beratungsunterstützung und 1,25 Millionen Dollar für Gehälter und Vergünstigungen für das Designteam und bestimmte andere Personen, für Reisekosten zu bestimmten Schauplätzen und für Aufklärungsaktionen. Auch hier sind die Veränderungsideen gut, vielleicht besser als im ersten Fall. Aber die Konsequenzen werden noch ungewisser sein; denn der Designprozess weckt zuerst großes Interesse innerhalb der Organisation, und dann stellen sich im Laufe der Zeit Ungeduld und Frustration ein. Wenn schließlich Teile der Umgestaltung realisiert werden sollen, erhebt sich Widerstand. Der Leiter des Unterfangens und Veränderungstreiber wird hinauskomplimentiert, und es wird der Versuch unternommen, den Umbau im Sande verlaufen zu lassen. Das neue Design wird abgelehnt, und die Veränderungsideen werden nie umgesetzt.

Beim dritten Szenario wird FCFP angewendet, um eine kritische Masse der Belegschaft der Organisation einzubeziehen. Hier belaufen sich die Beratungs- und Unterstützungskosten auf etwa 500 000 Dollar und die zusätzlichen Personalkosten (Gehälter, Vergünstigungen und Löhne für Zeitarbeiter, welche die Mitarbeiter vertreten, die an FCFP-Sitzungen teilnehmen) auf 2,5 Millionen Dollar: Das ergibt einen Gesamtkostenumfang von 3 Millionen Dollar. Aber eine signifikante Umgestaltung des Kernprozesses *wird* vorgenommen, weil die Menschen sie verstehen und überzeugt sind, dass sie sinnvoll ist. Die Veränderungen führen zu einer resoluten Verbesserung der Ergebnisziele z. B. in den Bereichen Qualität, Kosten, Lieferung an Kunden, Zuverlässigkeit und Sicherheit.

Welche Methode würden Sie wählen?

Am Anfang des Veränderungswegs ist Grundlegendes zu bedenken

Entscheiden Sie sich nicht impulsiv für FCFP. Denken Sie darüber nach. Der Umbau des Arbeitssystems ist eine große Veränderung. Sie kann die Grundfesten der Sicherheit der in der Organisation arbeitenden Menschen erschüttern: ihre sozialen Verbindungen, ihre Beziehungen zu Vorgesetzten und Kollegen, Rollen und Aufgaben, Autorität, Fähigkeiten und Wissen, ihre weitere Entwicklung und Entlohnung. Diese Faktoren ergeben in der Summe unsere Identität am Arbeitsplatz und unser Zugehörigkeitsgefühl in der Organisation – sind also wichtige Komponenten der Selbstachtung.

Folgende spezifische Leitlinien sind für den Anfang des Wegs nützlich.

Intention: Beginnen Sie nichts, was Sie nicht zu beenden beabsichtigen. Auch wenn lernbasierte Veränderungsvorhaben wie FCFP kontinuierliche Prozesse darstellen, haben sie einen Anfang, eine Mitte und ein Ende. Wenn ich einmal angeln gelernt habe und am Meer wohne, kann ich mich mein Leben lang selbst versorgen. Wenn ich aber fehlerhaft oder unvollständig angeln gelernt habe, werde ich vielleicht nie so gut im Angeln, dass ich davon leben kann. Auch organisationale Veränderungsvorhaben müssen, wenn sie erfolgreich sein sollen, kontinuierlich mit angemessener Beachtung, adäquaten Ressourcen und Energien bedacht werden.

Führung: In dem Maße, in dem die Veränderung die Mobilisierung der organisationalen Ressourcen in neue Richtungen impliziert, ist sie ein Akt der Führung. Ein erfolgreiches Veränderungsvorhaben verlangt von Anfang bis Ende effektive Führung. Wenn man als Führungskraft glaubt, ein Veränderungsvorhaben einfach zusammenstellen, es jemandem „übertragen", seinen Fortschritt von Zeit zu Zeit kontrollieren und am Ende anwesend sein zu können, um seinen Erfolg zu zelebrieren, wird man wahrscheinlich enttäuscht.

Vision: Stephen Covey (1989, p. 95) empfiehlt: „Stellen Sie sich am Anfang das Ende vor." Ein eindringliches Bild davon, wie wir in der Zukunft sein müssen, lässt sich durch nichts ersetzen. Es stimmt alle auf den „richtigen Stoff" ein. Es gibt den Menschen eine Möglichkeit, zu wissen, wann das Ziel erreicht ist. Ein solches Bild ist überaus wichtig, will man das Wohlwollen und die Absichten vieler Menschen auf ein und dasselbe Ziel ausrichten.

Systemisches Denken: Alle Organisationen sind komplexe Systeme. Alle ihre Teile stehen in einer subtilen und zum Teil sogar unsichtbaren Verbindung zueinander. Wenn Organisationen nicht als komplexe Gebilde in Systembeziehungen wahrgenommen werden, führt das dazu, dass nicht die gesamte beabsichtigte Veränderungswirkung berücksichtigt wird. Wenn Sie einen Teil eines Systems verändern, werden Sie – ob absichtlich oder nicht – zweifellos auch andere Teile beeinflussen; in einem System gibt es so etwas wie eine isolierte Veränderung wahrscheinlich nicht. In dem Maße, in dem systemisches Denken fehlt, kann die Veränderung, wie gut sie auch gemeint ist, wirklich kontraproduktiv sein.

Angemessene Partizipation: Die These: „Veränderung, die aufgezwungen wird, ist Veränderung, die bekämpft wird", wird komplementiert durch die These: „Menschen unterstützen das, was sie geschaffen haben." Die auf beiden Seiten dieser Medaille enthaltene Aussage ist klar: Wenn man will, dass eine große Veränderung erfolgreich ist, muss man einen Weg finden, wie man alle, die von der Veränderung betroffen sind, einbezieht. Doch seien Sie vorsichtig: Partizipation, die das gemeinsame Schaffen fördert, ist etwas anderes als der Versuch, Menschen zum „Sicheinkaufen" in Entscheidungen zu überlisten, die vom Management bereits gefällt worden sind.

Bei erfolgreichen Veränderungsvorhaben sind die Menschen in die realen Aufgaben eingebunden, eine neue Zukunft zu gestalten. Die Arbeit anderer nur abstempeln genügt nicht.

Rollen und Aufgaben

Tabelle 1 beschreibt die Schlüsselrollen und Aufgaben bei FCFP.

Rolle	Aufgabe
Förderer	1. Bietet glaubwürdige und standhafte Verpflichtung denjenigen, die während des gesamten Veränderungsvorhabens in der Organisation als besonders einflussreich angesehen werden. 2. Zeigt mit Wort und Tat aktive Unterstützung und Billigung der Veränderung. 3. Ist die ganze Zeit im Publikum. 4. Reagiert auf Probleme, die durch das Veränderungsvorhaben entstehen. 5. Schützt das Vorhaben vor externen Kräften, die es zunichte machen würden. 6. Unterstützt und motiviert die Anstrengungen all derjenigen, die das Vorhaben in Gang zu setzen versuchen. 7. Hält den Kurs; ist von Anfang bis Ende präsent.
Moderator	1. Hilft dem Führungsteam bei der Durchführung des gesamten Veränderungsvorhabens. A. Hilft dem Führungsteam des Klienten, seine Verantwortung für das Vorhaben effektiv wahrzunehmen. (1) Hilft dem Klienten, einen allgemeinen Veränderungsplan zu erstellen, z. B. in Bezug auf: (a) klare Veränderungsziele, (b) einen akuten Veränderungsfall, (c) die Auswahl einer angemessenen Strategie und adäquater Methoden, (d) notwendige Vorbereitungen, z. B. Orientierung und Aufklärung aller Mitglieder der Organisation. (2) Hilft dem Klienten, Folgendes gemäß dem Plan zu managen: (a) Diagnose und Planung, (b) systemisches und strategisches Denken. 2. Gibt praktische Moderation bei Aktivitäten, die für die Veränderung nötig sind, z. B.: A. laufende Unterstützung für das Führungsteam und andere Personen, B. Führung oder Hilfe bei der Leitung von Sitzungen, die der Prozess erfordert. 3. Entwickelt Kapazität im Klientensystem, damit es ununterbrochen umgebaut werden kann, ohne auf externe Berater angewiesen zu sein
Teilnehmer	1. Erfüllen eine primäre Veränderungsaufgabe in FCFP. 2. Beteiligen sich an Prozessen des Entdeckens und Analysierens ihrer eigenen Organisation und ihres Umfeldes. 3. Generieren und gewinnen einen Sinn in ihren eigenen Daten. 4. Werden kenntnisreicher in Bezug auf die Organisation und ihr Geschäft und setzen sich aktiver für das Selbstinteresse der Organisation und der Gemeinschaft ein. 5. Bestimmen die Richtung und gestalten die neue Organisation.
Person, die Daten integriert	1. Sammelt generell die Daten und erstellt eine Zusammenfassung, in der die Denkweisen und die Beiträge, wie sie auf den Sitzungen vorgebracht wurden, enthalten sind. 2. Integriert Daten und Resultate aus allen Sitzungen, auch wenn Sitzungen in einem bestimmten Prozesselement mehrfach abgehalten werden (um das gewünschte Maß an Partizipation zu erreichen).
Kommunikator zwischen den Sitzungen	1. Kommuniziert die Resultate der Sitzung an alle, wenn nur ein Teil der Mitglieder der Organisation in ein Prozesselement einbezogen ist.

Tabelle 1: Rollen und Aufgaben

Auswirkungen auf das Macht- und Autoritätsgefüge

Bei einer typischen FCFP-Sitzung werden 15 runde Tische in einem großen Raum aufgestellt, an denen jeweils acht bis zehn Teilnehmer sitzen. Die Sitzung wird von einer oder mehreren Führungskräften und einem Berater geleitet. Zur Führung der Sitzung gehört es, dass sie in einen Kontext gestellt wird und ihre Ziele und Aufgaben festgelegt werden.

Wenn die Sitzung angelaufen ist und die Teilnehmer an den Tischen sich mit ihren Aufgaben beschäftigen, stellt sich schnell Vertrautheit mit der neuen Art des Arbeitens ein. Am Ende des ersten Tages überbieten sich die Menschen oft am Mikrofon, um der Gemeinschaft ihren Beitrag vorzustellen. Wenn sie in diesem Prozess „ihren Ausdruck finden", verschiebt sich der Einfluss im Raum beträchtlich, manchmal dramatisch. Am Anfang der Sitzung hört man meistens die Stimmen von den Personen, die führen und lenken; später hört man die Stimmen von denjenigen aus der Gemeinschaft, die über ihre Arbeit berichten, Fragen stellen, Vorschläge unterbreiten und Zusammenhänge herstellen. Dadurch wird im Raum so etwas wie ein Geist der Egalität geschaffen, der draußen normalerweise nicht existiert. Im Verlauf mehrerer Sitzungen blüht und reift dieser Geist weiter; und er wird zu einer dauerhaften Qualität der Gemeinschaft, wenn sie zusammenkommt, um in diesem Sinne miteinander zu arbeiten. Er geht sogar über in die Alltagsarbeit im Büro oder in der Produktion.

Das Ergebnis dieser Art von Verschiebung kann eine aktive, vernehmbare, engagierte, interessierte Arbeitsgemeinschaft sein, deren Mitglieder das Unternehmen schätzen und sich gegenseitig respektieren. Die Macht wird weniger von denjenigen an der Spitze abgegeben, als dass sie mit anderen im Hinblick auf wichtige Aufgaben geteilt wird. Unserer Erfahrung nach ist es so, dass der Einfluss derjenigen, die „Macht abgeben", umso größer ist, je mehr die Macht entweder als geteilte oder als abgegebene wahrgenommen wird.

Erfolgsbedingungen

Wann ist FCFP nützlich?
FCFP ist besonders hilfreich, wenn das Bedürfnis so gelagert ist, dass es durch den Umbau der Organisation angegangen werden sollte.

FCFP ist auch dann hilfreich, wenn die Zeit ein wesentlicher Faktor des Veränderungsvorhabens ist. Ein großer Nachteil, wenn ein Designteam eine Umgestaltung nach der Theorie der soziotechnischen Systeme (STS) durchführt, sind die Zeitdauer und der Aufwand an Ressourcen, die für Analyse und Design notwendig sind. Anekdotische Beweise lassen dafür zwölf bis 20 Monate vermuten. In der heutigen, schnelllebigen Welt ist das eine lange Zeit, wenn man darauf wartet, die Vorteile der Umgestaltung erleben zu dürfen. FCFP verringert dadurch den Analyse- und Designzyklus auf ungefähr sechs Monate, dass Großgruppensitzungen abgehalten werden, die Arbeiten in Echtzeit durchführen, für die ein Designteam in Vollzeit viel mehr Monate bräuchte. FCFP beschleunigt darüber hinaus den Übergang zur Umsetzung, weil eine breite Partizipation die Notwendigkeit überflüssig macht, die Lösung zu verkaufen.

FCFP passt auch da gut, wo die Zukunftsvision nach einer Organisation verlangt, die in kleinen Gruppen wie auch als Gemeinschaft kollektiv zusammenarbeitet, um ihre Ziele zu bestimmen und zu erreichen.

Und zum Schluss: Obwohl die in der Organisation vorhandenen Kenntnisse und Erfahrungen in der Arbeitsumgestaltung nach STS weder eine Bedingung für den Erfolg noch ein Kriterium für die Entscheidung für FCFP sind, so sind sie doch von Vorteil, weil FCFP eine Adaptation von STS ist.

Weshalb funktioniert FCFP?
FCFP funktioniert, weil die Methode in zwei gut validierten Ansätzen der Systemveränderung gründet. Erstens ist FCFP, wie schon erwähnt, in der Theorie der soziotechnischen Systeme verwurzelt. STS ist ein systemischer Ansatz des Analysierens und der Intervention in Organisationen; er hat ein gesundes theoretisches Fundament und wird seit Beginn der 50er- Jahre des 20. Jahrhunderts erfolgreich angewendet. Zweitens ist FCFP nach der Search Conference (siehe 1. Kapitel) bearbeitet worden, deren Ziel darin besteht, dass die Mitglieder eines Systems sich dafür engagieren, ihr externes Umfeld kennen zu lernen und sich diesem anzupassen bzw. es zu beeinflussen. Eric Trist und Fred Emery haben anfangs der 60er- Jahre des letzten Jahrhunderts den Weg für die Search Conference bereitet, und Merrelyn und Fred Emery haben diese Methode seitdem ausgiebig und erfolgreich in vielen Kontexten angewendet.

Wann diese Methode nicht angewendet werden sollte

Wenden Sie diese Methode nicht an, wenn

- die Aufgabe in der Hauptsache darin besteht, gegenwärtige Probleme zu lösen, und nicht darin, eine andere Zukunft zu gestalten;
- die Organisation von einer schlechten Stimmung durchdrungen ist;
- es keine Vereinbarung zwischen Management und Gewerkschaft bzw. Betriebsrat, falls vorhanden, zur Zusammenarbeit gibt;
- keine Notwendigkeit besteht, das Arbeitssystem umzubauen.

Die häufigsten Fehler in der Anwendung dieser Methode

Neben der Nichtbeachtung der oben genannten Leitlinien werden bei der Anwendung von FCFP üblicherweise drei Fehler gemacht. Der erste Fehler ist der, dass nicht die ganze Methode angewendet wird. Die Methode besteht aus fünf Elementen, die auf vielfältige Weise auf den Klienten zugeschnitten werden können; doch die Integrität der Methode hängt von der Integration aller fünf Elemente ab. Wenn einzelne Elemente vernachlässigt werden, weil man mit ihnen nicht vertraut ist oder die erforderliche Fähigkeit im Umgang mit ihnen fehlt, führt das nur zu einem unvollständigen Produkt und verringert die Wahrscheinlichkeit des Erfolgs.

Der zweiter Fehler ist der, dass das Veränderungsvorhaben als Serie von Events gerahmt wird und nicht als ganzheitliches, organisches Veränderungsvorhaben. FCFP umfasst von Natur aus fünf Elemente, die eine beträchtliche Aktivität für Vorbereitung und Durchführung implizieren. Ein Fehler, der sich um diese inhärente Struktur herum zu entwickeln scheint, ist der, dass die fünf Elemente einzeln zum Veränderungsvorhaben werden. Nichts könnte von der Wahrheit weiter entfernt sein. Das Veränderungsvorhaben ist ein organisches Ganzes, das eine kontinuierliche Prozessqualität besitzt. Es besteht die ernsthafte Gefahr des Scheiterns, wenn das Vorhaben nur als fünf Events gerahmt wird.

Der dritte Fehler ergibt sich aus dem zweiten. Wenn das Veränderungsvorhaben als Serie von Events gerahmt wird, ist es ein logisch falscher Schluss, zu glauben, dass es für die Schaffung von Veränderung ausreiche, einfach nur die fünf Elemente zu realisieren. Diese Checklisten-Mentalität gibt eine falsche Darstellung davon, wie durchdringend und komplex eine grundlegende Veränderung in einer Organisation ist.

Theoretisches Fundament

$E = mc^2$

Wie schon erwähnt, wird FCFP von zwei theoretischen Säulen gestützt. Die erste ist die Theorie der soziotechnischen Systeme. Die zweite ist die Search Conference. Eric Trist und Fred Emery vom *Tavistock Institute* in London waren an der Entwicklung beider Säulen beteiligt, und die Theorien sind in ihrem Ansatz komplementär zur Diagnose und Aktion auf Systemebene.

Die STS-Theorie besagt, dass alle Organisationen sowohl soziotechnische Systeme als auch offene Systeme sind. Mit dem Begriff *offene Systeme* ist gemeint, dass Organisationen Teil eines größeren kontextuellen und aufgabenbezogenen Umfeldes sind. Um zu überleben, müssen sie sich auf eine Austauschbeziehung mit Schlüsselelementen ihres Umfeldes einlassen. Genauso wie in biologischen offenen Systemen bestimmt der Erfolg dieses Austausches darüber, ob die Organisation stirbt, überlebt oder gedeiht.

Darüber hinaus wandeln alle Systeme Eingangsleistungen in Ausgangsleistungen um. Systemisch ausgedrückt, heißt das *Transformation*. In organisationalen Termini ist das die *Value Proposition* oder die Art, wie eine Organisation für ihr Umfeld Wert schöpft, indem sie ein gewünschtes Produkt oder eine gewünschte Dienstleistung schafft. STS ergänzte die Theorie der offenen Systeme um die Beobachtung, dass Transformation als Ergebnis der Interaktion zwischen Mensch und Technik geschieht. Des Weiteren muss diese Interaktion gemeinsam optimiert werden, damit der Transformationsprozess der Organisation so effektiv wie möglich ist.

Aus diesem theoretischen Modell entwickelte sich eine analytische Methode, die die Umgestaltungsarbeit seit Jahren strukturiert. Sie erfordert drei Analysen. Die *Überprüfung des Umfeldes* untersucht die Beziehung der Organisation zu ihrem äußeren Umfeld, indem Trends, Kräfte, Entwicklungen, Beziehungen exploriert werden und der Frage nachgegangen wird, wie die Organisation in diesen Kontext „passt". Die *Analyse des technischen Arbeitssystems* untersucht das zentrale Arbeitssystem der Organisation, indem auf Möglichkeiten geachtet wird, wie es optimiert und von den Menschen, die damit arbeiten, leichter benutzt werden könnte. Die *Analyse des sozialen Systems* untersucht Schlüsseldimensionen der menschlichen Arbeitserfahrung und geht der Frage nach, wie man das soziale System verbessern könnte, damit diese Erfahrung hervorgelockt wird, wachsen kann und in ihrer Bedeutung gesteigert wird. Die fünf Elemente von FCFP bauen direkt auf diesem analytischen Modell auf, und die Sitzungen bestehen aus Aufgaben, die dieses Modell abrunden.

Die zweite Säule von FCFP ist die Search Conference, die eindeutig zu den wegbereitenden Methoden in der jüngsten Explosion im Bereich gelenkter groß angelegter Events gehört. Da Merrelyn Emery und Tom Devane die Search Conference an anderer Stelle in diesem Buch behandeln, möchten wir hier nur so viel dazu sagen, dass im Rahmen der ersten fünf Sitzungen die 1. Sitzung, die Organization Search, sehr viel Ähnlichkeit mit der echten Search Conference hat, in der die Mitglieder einer Organisation darin unterstützt werden, eine gemeinsame Sicht auf ihr externes Umfeld und ihre Beziehung dazu zu entwickeln. Die nachfolgenden FCFP-Prozesse weichen zwar davon ab, aber Schlüsselaspekte der Search Conference werden durchgängig berücksichtigt, z. B.:

- ein voll und ganz teilnehmerzentrierter Lernprozess, in dem Sichtweisen von Experten Seltenheitswert haben;
- Lernen auf der Grundlage des sich versammelnden Systems;
- Strukturierung von Zeit und Aufgaben, sodass Teilnehmer relevante Daten generieren und interpretieren;
- auf der Basis des in der Sitzung Gelernten Entscheidungen treffen oder Aktionen planen.

Die Ergebnisse halten

Manche neu erworbene Fähigkeit muss geübt werden, weil man sonst vergisst, wie sie genutzt wird. So ist es auch bei dem Hauptnutzen dieser Methode der organisationalen Veränderung: Je mehr sie praktiziert wird, desto nützlicher wird sie, desto mehr wird sie zu einem Teil der Kultur, und desto größer wird das Spektrum der Arbeit, die durch ihre Anwendung geleistet werden kann.

Auch das Gegenteil kann eintreten. Nach Monaten ohne Übung kann die Methode den Menschen wieder fremd, unvertraut und schwerfällig vorkommen.

Zwei Arten von Nutzen werden erreicht, wenn ein erfolgreicher Umbau nach FCFP abgeschlossen ist. Einer ist die Leistungsverbesserung in Schlüsselbereichen, die der Zielort der Steigerung waren. Der andere ist die Kapazität der ganzen Organisation, die es erlaubt, auf eine völlig andere Weise zusammenzuarbeiten, indem die Menschen in Großgruppen zusammenkommen und als Gemeinschaft arbeiten.

Die Fähigkeit, die Organisation zusammenzubringen, damit sie sich mit wichtigen Dingen beschäftigt, die sich auf alle auswirken, ist ein enormer Aktivposten. Organisationen, in denen dies möglich ist, sind jedoch eher die Ausnahme als die Regel. Es scheint, dass Führungskräfte nicht erkennen, welche zusätzliche Kapazität sich die Organisation im Umstrukturierungsprozess nach FCFP aneignet. Dieser Prozess kann nicht nur genutzt werden, um die Ergebnisse der Umgestaltung zu beurteilen und Resultate aufeinander abzustimmen, sondern auch dazu: Informationen auszutauschen, die für alle von großem Interesse sind; herauszufinden, wie Menschen von etwas beeinflusst werden; ein Gespür dafür zu entwickeln, wie die Gemeinschaft in Bezug auf ein Problem empfindet; und der Gemeinschaft Beiträge anzubieten, die bei Entscheidungen helfen können.

Deshalb ist es für die Nachhaltigkeit der Ergebnisse am besten, wenn man die Menschen immer wieder in großen Sitzungen zusammenbringt, damit sie gemeinsam an Themen arbeiten, die die Organisation weiterbringen.

Entscheidende Merkmale dieses Ansatzes

Es gibt fünf Merkmale, durch die sich FCFP von anderen Großgruppenansätzen unterscheidet:

1. Bei FCFP geht es um das Design des Arbeitssystems. Die Methode ist nicht für andere Zwecke gedacht.
2. FCFP ist eine Adaptation der Analyse und des Designs soziotechnischer Systeme, bleibt diesen theoretischen Wurzeln aber treu.
3. FCFP ist instrumentiert, weil bestimmte Materialien die Anwendung der Methode begleiten und leiten.
4. FCFP ist höchst flexibel. Die fünf zur Methode gehörenden Elemente können auf vielfältige Weise angepasst und kombiniert werden, um einzelnen Klientenbedürfnissen in Bezug auf analytische Tiefe und Breite der Mitwirkung und Tempo entgegenzukommen.
5. FCFP kann schnell an Tiefe gewinnen. Während Geschwindigkeit und Tiefe sich zu widersprechen scheinen, erlaubt der Ansatz die Einbindung vieler Menschen, die viele Standpunkte vertreten und viel Erfahrung und Einblick in die Waagschale werfen. Diese Art des kollektiven Kenntnisstandes bringt analytische Schärfe und kundige Entscheidungen, die schneller zu Aktionen führen.

Whole Systems Approach^{SM} (WSA): Die ganze Organisation einsetzen, um das Geschäft zu transformieren und zu führen

Ich mag Arbeit nicht – niemand mag sie –, aber ich mag das,
was in der Arbeit steckt – die Möglichkeit, sich selbst zu finden.
Joseph Conrad

Eine nützliche Geschichte

MichCon ist ein 150 Jahre altes Gasversorgungsunternehmen, das seinen Hauptsitz in Detroit hat und mehr als 500 Gemeinden in ganz Michigan versorgt. 1989 war *MichCon* das sechstgrößte lokale Versorgungsunternehmen der USA. Von allen Messgrößen her betrachtet, war *MichCon* jahrelang erfolgreich gewesen. Doch Steve Ewing, CEO (Chief Executive Officer) und Präsident von *MichCon*, war beunruhigt, weil das Unternehmen, das in der Vergangenheit sehr stark reguliert war, in einem deregulierten Markt möglicherweise nicht wettbewerbsfähig gewesen wäre.

Das Management von *MichCon* konzentrierte sich auf die Unternehmensspitze. Aktivitäten und Funktionen wurden in „Silos" ausgeübt; Vorgesetzte hatten nur enge Kontrollbefugnisse, und wenige Personen unterhalb der geschäftsführenden Ebene trafen Entscheidungen. Die Beschäftigten weigerten sich, Risiken auf sich zu nehmen, ihre Meinung klar zu vertreten oder sich an etwas zu beteiligen. Im Laufe der Jahre haben die Beschäftigten Erfahrung damit gesammelt, Anweisungen zu befolgen und das zu tun, was ihnen aufgetragen wurde und kaum mehr.

Steve Ewing hatte beobachtet: „Wir beherrschten alle Instrumente, die uns zur Verfügung standen, und wussten, dass die nächste Leistungsebene durch Menschen erreicht werden musste. Wir wollten die Zufriedenheit und Leistung der Beschäftigten steigern und gleichzeitig den Kunden im Zentrum unserer Welt behalten. Eine konventionelle Art, das Unternehmen umzustrukturieren, bestand darin, die Vice Presidents in einen Raum einzuschließen und ‚einfach umzustrukturieren'. Nach diesem Ansatz waren wir in der Vergangenheit vorgegangen. Dieses Mal wollten wir einen Ansatz, der die gesamte Organisation einbezog."

Im Januar 1990 gab *MichCon* den Anstoß für einen partizipativen Prozess (der sich im Jahr 2002 immer noch bewährt), um sich – basierend auf der Einschätzung ihrer 1,2 Millionen Kunden – kontinuierlich als die „erste" Organisation in ihrem Industriezweig zu positionieren. *MichCon* verpflichtete sich, in seine Beschäftigten zu investieren, indem sichergestellt wurde, dass alle die Auswirkungen der Deregulierung verstanden und auf eine gemeinsame Vision, auf gemeinsame Werte und auf Kundenorientierung ausgerichtet waren.

Um seine Ziele zu erreichen, führte *MichCon* eine Reihe von Großgruppenkonferenzen durch. In fünf Monaten nahmen ungefähr 300 Beschäftigte aus allen Ebenen der Organisation an den einzelnen Konferenzen teil. 10 % der Teilnehmer kamen mehrmals, um die Kontinuität zwischen den Konferenzen sicherzustellen. Während der einzelnen Konferenzen erhielt der Rest der Organisation über MCTV (den internen Fernsehkanal) tägliche Aktualisierungen und die neuesten Informationen. Nach jeder Konferenz trugen die Teilnehmer Schlüsselbotschaften in die Organisation hinein. Alle Beschäftigten halfen mit, Beiträge für die nächste Konferenz zu generieren. Auf diese Weise partizipierte das gesamte Unternehmen aktiv, und die Beschäftigten brachten ihre Meinungen zu anstehenden Entscheidungen ein, ob sie „im Raum" waren oder nicht.

Im Jahr 1998 gehörte *MichCon* wieder zu den profitabelsten Versorgungsbetrieben der USA. Das Betriebs- und Wartungsbudget des Unternehmens ist, verglichen mit der Zeit, bevor das Vorhaben gestartet wurde, signifikant niedriger – ein Beweis dafür, dass die Beschäftigten effektiver arbeiten als in der Vergangenheit. Die Zahl der Beschäftigten ist allein durch altersbedingtes Ausscheiden von 4 200 auf 2 800 gefallen, während das Unternehmen 20 000 neue Kunden pro Jahr hat. Das Unternehmen hat die bis dahin höchsten Werte in der Kundenzufriedenheit erreicht: 100 % in fünf Bereichen und durchschnittlich 92 % in den übrigen Bereichen. Steve Ewing schreibt dies alles dem Fundament zu, das gelegt wurde, um das Unternehmen frühzeitig zu transformieren.

Die Vorhaben bei *MichCon* hätten nicht zum Erfolg geführt, wenn Steve Ewing eine episodische, von Aktionismus getriebene Führungsperson gewesen wäre. Angesichts seiner notorischen Ungeduld war seine demonstrative Verpflichtung auf ein langfristiges Vorhaben und auf die Einbindung aller Beschäftigten ein Anker für andere. „Wir hatten vielerlei Veränderung ausprobiert, einige haben funktioniert, einige nicht", vertraute Steve Ewing im Februar 1997 einem Publikum von Führungskräften aus Versorgungsbetrieben an. „Aus meiner Sicht bestand die einzige wirklich signifikante Leistung darin, den Kurs des Unternehmens zu ändern und sein Leitsystem auf der Verschiebung von der Regulierung zum Wettbewerb aufzubauen."

Die Grundlagen: Was bedeutet Whole Systems Approach (WSA)?

Auf der obersten Ebene ist WSA ein Modell für die Transformation eines Geschäfts in eine prosperierende Organisation, indem interne Systeme und externe Kräfte aufeinander ausgerichtet und Herz und Verstand aller angesprochen werden. WSA ist aber auch nachhaltig, weil man die Methode noch lange nach der Umsetzung der Veränderungen anwendet, um das Geschäft zu führen. Auf dieser Ebene ist WSA ein Modell für die Effektivität einer Organisation.

Der Name – *whole systems* (das ganze System betreffend) – ist der Kern des Ansatzes. Jedes erforderliche System in der Organisation wird generiert, modifiziert oder umgestaltet und dann integriert und justiert. Alle Akteure – Beschäftigte, Zulieferer *und Kunden* – sind involviert.

Dieser Ansatz hat sein Fundament in der praktischen Anwendung. Als Praktiker haben wir gelernt, was funktioniert und in Organisationen funktionieren kann. WSA ist besonders wertvoll, wenn

- der Bedarf an grundlegender Veränderungen besteht;
- ein System oder Prozess nicht effektiv oder optimal läuft;
- eine neue Möglichkeit signifikanter Wertschöpfung geschaffen werden soll;
- gegenwärtige Vorhaben nicht im Gleis sind, weil es ihnen an Tempo oder Ergebnissen fehlt oder die Menschen sich nicht als Eigentümer ihrer Prozesse verstehen.

Dieser integrierte Ansatz erfüllt zwei entscheidende Aufgaben:

1. Er bringt ein Maximum an Erfahrung und Klugheit an einen Tisch und wandelt in bemerkenswert kurzer Zeit diese Erfahrung und Klugheit in Aktionen um. Er schafft neue, justierte Systeme, Ziele, Rollen, Verfahren und nachhaltige Ergebnisse.
2. Er führt dazu, dass die Beschäftigten sich schneller verpflichten und die Veränderung als ihr Eigentum betrachten, weil alle Akteure in Entscheidungsprozesse einbezogen werden.

Der Konferenzprozess in WSA: Eine Übersicht

WSA entwickelte sich in den vergangenen 15 Jahren, in denen wir mit Organisationen an groß angelegten Veränderungsinitiativen arbeiteten. In der Zeit, in der wir die Methoden weiterentwickelten, integrierten und verfeinerten, haben wir den Zyklus groß angelegter Vorhaben von sieben Jahren auf 24 bis 30 Monate verkürzt. Dieser Ansatz ist in erster Linie dadurch verbessert worden, dass wir Strategien der Innovation und Partizipation und Technologien wie Großgruppen-Conferencing angewendet haben.

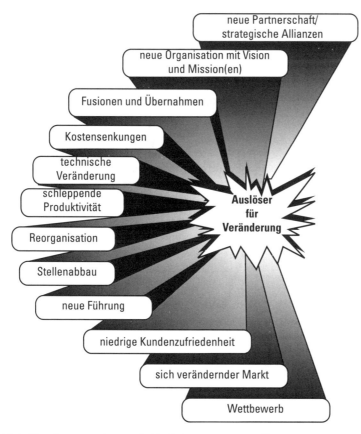

Abbildung 1: Viele Situationen machen große Veränderungen notwendig

Der Prozess beginnt damit, dass wir die Erfordernisse des Geschäfts und die Gründe für die Veränderung abklären. Ist die Entscheidung für den nächsten Schritt gefallen, nimmt die gesamte Organisation an einer Reihe von Konferenzen, die zwischen 60 und 600 oder mehr Personen umfassen, und zwischen den Konferenzen an einzelnen Aktivitäten teil.

Ablauf	Zeitrahmen und Aktivitäten
1. Konferenz	Die 1., zwei oder drei Tage dauernde Konferenz fokussiert auf die *Zukunft des Unternehmens*: Ziel, Vision und Werte; Erfordernisse des Geschäfts; und Kunden. Nach der Konferenz definieren die Menschen die Systeme der organisationalen Effektivität neu (Führung, Kommunikation, Controlling, Kundenfokus, Verantwortlichkeit und Arbeitsleistung).
2. Konferenz	Die 2. Konferenz dauert drei Tage. Sie fokussiert auf die *Strategie*, Kernprozesse des Geschäfts und Kundenwünsche. Das Controllingsystem nimmt nach der 2. Konferenz Gestalt an.
3. Konferenz	Bei der 3. Konferenz, die ein oder zwei Tage dauert, befassen sich die Teilnehmer damit, die *Prozesse* zu verstehen und zu integrieren. Zur Arbeit zwischen den Konferenzen gehört die Entwicklung von strukturellen Möglichkeiten.
4. Konferenz	Während der 4. Konferenz, die normalerweise drei Tage dauert, werden die Struktur festgelegt und ein umfassender Umsetzungsplan entwickelt.
Umsetzung	Es folgt die Umsetzung, zu der viele eintägige Minikonferenzen zur Entwicklung von Prozess, Bereich und Teamdetails gehören. Durch regelmäßige Integrationstreffen bleiben die Menschen über den Fortschritt informiert und mit dem gesamten Bild verbunden.

Tabelle 1: Der Konferenzprozess

Das ganze System ist involviert, indem es die Menschen und die in den Konferenzen entwickelten Informationen miteinander verbindet, die Befunde bestätigt, die Produkte für die nächsten Schritte erzeugt und die erreichten Entscheidungen bestätigt.

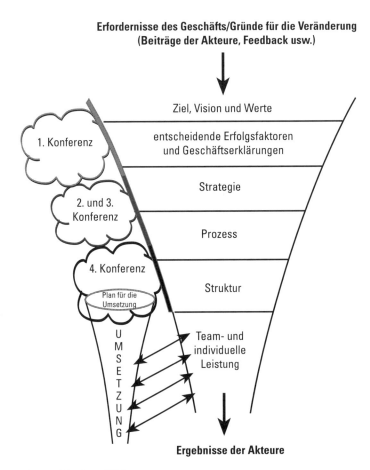

Abbildung 2: Konferenzablauf von WSA

Diese Methode setzt den Hebel an der Investition von Zeit und Ressourcen an, um ein zusammenhängendes Ganzes aufzubauen. Wenn eine Organisation beharrlich und konsequent ist, kann sie sich selbst transformieren und sich die Kompetenz der „Veränderungsfähigkeit" aneignen. Das Geschäft läuft dann nach derselben

Methode, die angewendet wurde, um es zu verändern. Diese daraus resultierende Fähigkeit der schnellen Veränderung mit einer verantwortungsbewussten und ausgerichteten Belegschaft ist ein signifikanter Wettbewerbsvorteil.

Wahrscheinliche Resultate

WSA kann

- eine erfolgreiche, elementare Veränderung erreichen und zur „Neuerfindung des Unternehmens" führen;
- eine elastische, anpassungsfähige Organisation hervorbringen und gleichzeitig die herkömmliche organisationale Veränderung um den Faktor vier beschleunigen;
- zu außergewöhnlichen Ergebnissen führen, die mit traditionellen Ansätzen nicht hätten erreicht werden können;
- das Selbstvertrauen der Organisation aufbauen und ein Umfeld heranziehen, das die Erhaltung einer prosperierenden Organisation und einer erfolgreichen Zukunft fördert;
- Akteure hervorbringen, die engagiert, ausgerichtet und dem Erfolg der Organisation verpflichtet sind.

Das WSA-Modell

Der oben beschriebene Konferenzablauf ist in einem größeren Kontext zu sehen, der auf vier unterschiedlichen Sichtweisen bezüglich der Organisation beruht:

Komponente	Fokus	Orientierung	Ziel	Indikatoren
sieben Bedingungen für prosperierende Organisationen	Bedingung	lebend, organisch	die allgemeine Gesundheit des Systems verstehen	Vitalfunktionen
Ausrichtungsmodell	Ausrichtung	vertikal	die Zusammenhänge im System verstehen, vom Allgemeinen zum Besonderen	auf Sichtlinie mit den Kunden
sechs Systeme der organisationalen Effektivität	Systeme	horizontal	die funktionsübergreifenden Verbindungen im System verstehen	gegenseitige Verbindungen
Phasen der Transformation des ganzen Systems	Prozess	progressiv	die Abfolge der Events durch die Transformation des Systems verstehen	Zeit

Tabelle 2: Vier Sichtweisen bezüglich der Organisation

Die sieben Bedingungen für prosperierende Organisationen bestätigen die unsichtbare, innere Gesundheit der Organisation. Das Ausrichtungsmodell etabliert den Grundcharakter der Organisation. Die sechs Systeme der organisationalen Effektivität definieren die Operationen der Organisation. Die Phasen der Transformation des ganzen Systems erzählen die Geschichte von der Reise der Organisation durch den Prozess.

Sieben Bedingungen für prosperierende Organisationen

Durch Lernen, Forschen und praktische Erfahrung haben wir sieben Bedingungen identifiziert, die in prosperierenden Organisationen durchgängig gegeben sind. Die große Aufgabe von Führungskräften besteht darin, diese Bedingungen zu schaffen und zu kultivieren:

- *Information:* ist der Lebensnerv, der die gesamte Organisation durchzieht und nährt.
- *Partizipation:* ist der Schlüsselfaktor im Potenzial der Organisation für unbegrenzte Möglichkeiten.
- *Beziehungen:* sind der Kontext für Ergebnisse in der Organisation.

- *Anpassungsfähigkeit:* ist die Fähigkeit der Organisation, sich auf wechselnde Bedingungen einzustellen,
- *Kreativität:* ist die Erneuerungsfähigkeit der Organisation, die Fähigkeit, neue Energien und Ergebnisse einfließen zu lassen.
- *Verwobenheit:* bezieht sich auf die Fäden, die das Gewebe wechselseitiger Abhängigkeit in der gesamten Organisation bilden.
- *Identität:* ist der „genetische Fingerabdruck", der Vergangenheit und Zukunft der Organisation in der Gegenwart verbindet.

Wenn diese Bedingungen nur andeutungsweise existieren oder gar fehlen, kann die Organisation krank werden und sich dahinschleppen. Wenn der Arzt einen Patienten untersucht, konzentriert er sich auf die Vitalfunktionen. Die sieben Bedingungen sind die Vitalfunktionen einer lebenden Organisation.

Ausrichtungsmodell: Mit dem Kunden auf „Sichtlinie" gehen
Wenn die Menschen und die Organisation ausgerichtet sind, ist das Vertrauen größer. Für diese Prämisse ist es entscheidend, dass jeder Mitarbeiter in jedem wichtigen Bereich eine legitime Stimme hat, z. B. in der Frage, wie Arbeit durchgeführt wird und Entscheidungen getroffen werden.

Das Ausrichtungsmodell (siehe Abb. 3) ebnet den Weg für die Erreichung von Kundenergebnissen. Die obere Öffnung des Trichters ist breit, womit ein Maximum an Beiträgen und die Überprüfung aller Informationen möglich sind. Bei der Reise durch den Trichter wird die Ausrichtung immer fokussierter und bewegt sich vom Allgemeinen zum Besonderen, von der Organisation zum Individuum. Am unteren Ende des Trichters ist die Partizipation deutlich sichtbar in Form des individuellen Beitrags, in Form von erzielten Ergebnissen und in Form einer direkten Sichtlinie in Bezug auf den Kunden.

Abbildung 3: Das Ausrichtungsmodell

Sechs Systeme der organisationalen Effektivität

Jede Organisation besitzt ein inhärentes Potenzial – eine verborgene und einzigartige Fähigkeit zur Größe. Dieses Potenzial zeigt sich keineswegs automatisch, sondern muss an die Oberfläche gelockt werden, bevor es sich zeigen kann, und es muss kultiviert werden, bevor es gedeihen kann. Jedes System ist lebensnotwendig für die Effektivität und das Selbstvertrauen einer Organisation. Dieses einfache Arbeitsmodell hilft den Mitgliedern der Organisation verstehen, wie alles integriert wird und was für den Erfolg wichtig ist. Genauso wie das Ausrichtungsmodell operieren auch die sechs Systeme der organisationalen Effektivität auf der Makroebene (organisationsweit) und der Mikroebene (Projekt, Abteilung oder Individuum).

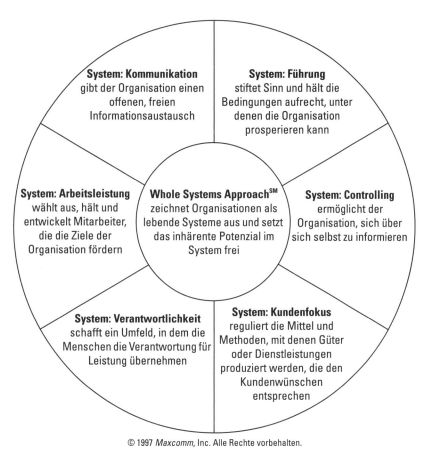

Abbildung 4: Die sechs Systeme der organisationalen Effektivität

Phasen der Transformation des ganzen Systems

Die vierte Komponente beschreibt Aktionen in aufeinander folgenden, zeitlich festgelegten Phasen. Diese Phasen gelten unabhängig davon, an welcher Stelle des Prozesses sich die Organisation gerade befindet. Manchmal sind die Phasen einer Wegekarte vergleichbar, mit deren Hilfe ein Transformationsvorhaben, das schon am Laufen ist, vereinheitlicht wird. In anderen Fällen leiten die Phasen eine neue Initiative ein. Unabhängig vom Stand des Vorhabens bezeugen Honorierung und Nutzung geleisteter guter Arbeit Respekt und vermeiden Wiederholung.

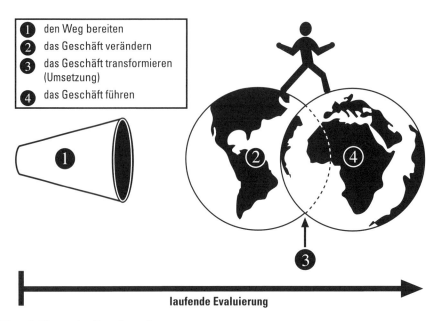

Abbildung 5: Phasen der Transformation

Die in Tabelle 3 aufgeführten allgemeinen Aktionen laufen in jeder Phase ab.

Phase	Primäre Aktionen
den Weg bereiten	• Verpflichtung der Organisationsleitung entwickeln und sie darin bestärken, sich als Eigentümerin des Prozesses zu empfinden • die Organisation auf die Veränderung vorbereiten
das Geschäft verändern	• die Organisation durch das *Ausrichtungsmodell* geleiten und dabei den Conferencing-Prozess anwenden • die *sieben Bedingungen* und *sechs Systeme* entwickeln • sich für die Entwicklung von Individuen und Teams einsetzen, um alte Verhaltensmuster zu beseitigen
das Geschäft transformieren (Umsetzung)	• die Organisation darauf vorbereiten, in zwei Welten gleichzeitig zu leben • die Organisationsleitung auf die enorme Konzentration, Elastizität und Ausdauer vorbereiten, die notwendig sind • sicherstellen, dass die *sechs Systeme* voll funktionstüchtig sind
das Geschäft führen	• die *sieben Bedingungen* kultivieren; sicherstellen, dass die Organisation prosperiert • eingeplante Ressourcen sicherstellen, um die Effektivität des Systems zu erhalten • das *Ausrichtungsmodell* und die *sechs Systeme* auf der Mikroebene weiterhin anwenden, um effektive Teams zu entwickeln

Tabelle 3: Phasen der Transformation

Der Start

Bevor Sie mit WSA beginnen, sollten Sie sicherstellen, dass

1. der Leiter der Organisation sich dem Vorhaben verpflichtet fühlt und einen vertrauenswürdigen, versierten Partner (innerhalb oder außerhalb der Organisation) für das Veränderungsvorhaben hat,
2. die Sachkenntnis vorhanden ist, um die Organisation sicher durch die nötigen Veränderungen zu navigieren,
3. der Veränderungsansatz ausgerichtet ist und mit der Führung des Geschäfts langfristig harmoniert,
4. die notwendigen Akteure und Führungspersonen des Veränderungsvorhabens sich schon im Vorfeld dem Ansatz verpflichtet fühlen.

Rollen, Aufgaben und Beziehungen

Am Anfang steht die Verpflichtung der Führungskräfte dafür ein, dass organisationale Ressourcen für die Orientierung an der Transformation vorhanden sind. Mit der Zeit wird die Verpflichtung der ganzen Organisation verlangt. Für ein Organisationsvorhaben auf breiter Basis muss das obere Management aktiv involviert sein und gewünschtes Verhalten modellieren.

Interne und externe Moderatoren tragen zu diesem Prozess bei. Externe Ressourcen bieten oft objektive Sichtweisen und Erfahrungen. Zumindest können externe Moderatoren helfen, Führung zu etablieren und auszurichten. Das zahlenmäßige Verhältnis zwischen externen und internen Moderatoren hängt von Kapazität, Kompetenzen und Glaubwürdigkeit interner Ressourcen ab. Nutzen Sie interne Ressourcen, wann immer es geht.

	vorher	während	danach
Leiter	• verpflichtet sich zur Veränderung • trifft alle strategischen und viele taktischen Entscheidungen • leitet Beschäftigte; plant die Arbeit; kontrolliert Arbeit und Mitarbeiter • evaluiert Produktivität	• zeigt Verpflichtung • lockert Kontrolle • etabliert breite Führungsbasis • fördert Teams; delegiert Förderung an andere • modelliert und verstärkt; ist höchst präsent • gibt Kontext für das „große Bild" und garantiert „Sinnhaftigkeit der Veränderung" • trifft Entscheidungen mit der Organisation	• zeigt weiterhin Verpflichtung • fördert Teams mit anderen Mitgliedern • trifft Entscheidungen mit der Organisation • zeigt sich verantwortlich für Ergebnisse des Vorhabens gegenüber den auf der Mikroebene arbeitenden taktischen Einheiten • garantiert für die *sieben Bedingungen* der Gesundheit • gibt weiterhin Kontext für das „große Bild" und Richtung
Berater/ Designer/ Moderator	• sichert Verpflichtung des Leiters ab • beurteilt gegenwärtige Situation • hat den Überblick über Planung des Designs und der Transformation • klärt Leiter und andere Beteiligte auf	• geht Partnerschaft mit Organisation ein, um Ergebnisse zu erzielen • hat den Überblick über Conferencing-Prozess • trainiert interne Moderatoren, falls weitere benötigt werden	• gibt Fähigkeiten an andere weiter, wenn es möglich ist • hilft Ergebnisse beurteilen und nächste Schritte identifizieren • fungiert weiterhin als Orientierung
Mitarbeiter/ Teilnehmer	• arbeitet nur im unmittelbaren Bereich • befolgt Anweisungen von Leitern • fühlt sich „alles andere als" zuständig, verantwortlich oder voll ausgelastet	• partizipiert in vollem Umfang • äußert seine Ideen • wirft „altes Gepäck" ab • trifft Entscheidungen mit der Führung darüber, wie das Unternehmen arbeiten wird	• arbeitet von prozessorientierter, teambasierter Warte aus • plant und kontrolliert die Arbeit • evaluiert Produktivität • fungiert als Entscheidungsträger in allen Bereichen, die seine Arbeit betrifft • übernimmt neue Verhaltensmuster/Kompetenzen • übernimmt persönliche Verantwortung und Zuständigkeit

Tabelle 4: Rollen, Aufgaben und Beziehungen

Auswirkungen auf das Macht– und Autoritätsgefüge

Weil WSA eine rundum partizipative Strategie der langfristig geplanten – nicht der episodischen – Veränderung ist, sind alle Mitglieder der Organisation Teilnehmer. Dieser Ansatz führt zu signifikanten Verschiebungen in Rollen und Struktur. Besonders bemerkenswert ist, dass die Beschäftigten nach der 1. Konferenz erkennen, dass sie eine legitime Stimme bei Entscheidungen haben, und wesentlich bereitwilliger Verantwortung und Zuständigkeit übernehmen. Verschiebungen ereignen sich in allen Phasen der Veränderung und der Transformation. Bei diesem Ansatz geht es nicht darum, dass „jemand etwas für uns macht", sondern darum, dass „wir etwas für uns machen". Aufgaben sind teambasiert, prozessorientiert und ergebnisgeleitet. Führung verschiebt sich z. B. folgendermaßen.

vorher	danach
losgelöst vom Ganzen	Personen, die strategische Richtungen aktivieren; Personen, die Sinn stiften; Personen, die integrieren
Führungskräfte	Trainer und Betreuer, Moderatoren
Leiter von Alltagsprojekten	Leiter anspruchsvoller Projekte

Tabelle 5: Verschiebungen im Führungsgefüge

Merkmale des Erfolgs

Am Anfang braucht WSA einen engagierten, beharrlichen Leiter. Mit der Zeit verlangt WSA die Verpflichtung, das Veränderungsvorhaben zu begleiten. Ohne diese Grundlage wird dieser Ansatz nicht die gewünschten Resultate erbringen.

Dieser Ansatz verändert die Art, wie wir über unsere Arbeit denken und sie verrichten. Zu den Merkmalen des Erfolgs zählen:

- persönliche, mutige Führung und fokussierte Energie von der Spitze her;
- engagierte, begabte Menschen – Herz und Verstand;
- Sichtweise und Aktion beziehen sich auf das ganze System;
- umfassender Umsetzungsplan mit den dafür bestimmten Ressourcen – Zeit, Menschen und Geld;
- Erfordernisse des Geschäfts in Bezug auf Veränderung – Gespür für die Dringlichkeit von Veränderung entwickeln;
- Leidenschaft, Erwartungen der Kunden/Akteure zu befriedigen oder zu übertreffen;
- Markt und Wettbewerb verstehen;
- Messgrößen, die die Leistung anspornen.

Tabelle 6 erwähnt einige wichtige Punkte, an die man bei der Anwendung dieser Methode denken sollte.

ja	nein
Verpflichtung eingehen und die Arbeit verrichten	glauben, dass dieser Ansatz ein Allheilmittel ist
gut planen und entwickeln	Planung vernachlässigen; führt zu ineffektiver Entwicklung
sicherstellen, dass Zeit und Ressourcen verfügbar sind, damit die Menschen die erforderlichen Fähigkeiten entwickeln können	Fragen der Kapazität der Organisation und Engpässe bei Ressourcen nicht einplanen
bei allen Verantwortlichkeit erwarten	das obere Management der Verantwortung entheben
auf Besonderheiten achten	vergessen, dass „der Teufel im Detail steckt"

Tabelle 6: Gebote und Verbote

Theoretisches Fundament

Diesen Ansatz entwickelten wir in den vergangenen 15 Jahren, weil wir an das inhärente Potenzial lebender Systeme glauben. Menschen berichten üblicherweise, dass am Arbeitsplatz weniger als 30 % ihrer Fähigkeiten genutzt werden. Das heißt, dass 70 % des verborgenen Humankapitals der Organisation schlafen und ungenutzt bleiben. Um Zugang zu diesem Potenzial zu gewinnen, starteten wir den Versuch, gemeinsame Werte und Systeme mithilfe einer breit angelegten Partizipation zu schaffen.

1991 begannen wir zwei große und über mehrere Jahre laufende Veränderungsvorhaben. Klientenergebnisse und Feedback sagten uns, dass beide Vorhaben gut liefen. Unsere Modelle waren verfeinert worden und hatten sich schon sieben Jahre lang im Feld bewährt gehabt. Da wir theoretisch wussten, dass 70 % des Potenzials der Menschen ungenutzt blieben, beschlossen wir, weitere Explorationen anzustellen, neue Ideen einzubringen und entsprechend umzugestalten. Kurz darauf begannen wir, mit Margaret Wheatley zu arbeiten, und führten gemeinsam die ersten beiden selbst organisierten Systemkonferenzen durch.

Bei diesen Forschungen explorierten wir

- Anwendungen der Chaostheorie und der Komplexitätstheorie;
- Controllingsysteme, besonders Anwendungen der Balanced Scorecard;
- Anwendung von Qualitätstechnologien;
- Anwendungen der Prozessverbesserung (Geary Rummler und Alan Brache);
- Soziotechnische Systeme (William Pasmore und andere);
- Search Conferences von Fred Emery und Eric Trist;
- Marvin Weisbords Arbeit *Discovering Common Ground*;
- Margaret Wheatleys Arbeit in selbst organisierten Systemen;
- die Arbeit von Michael Hammer und James Champy im Bereich Umstrukturierung.

Wir wollten wissen, „was funktioniert". Die Suche führte uns zu intensiven Nachforschungen über lebende Systeme, Chaostheorie, selbst organisierte Systeme sowie Komplexitätstheorie und Theorien der Prozessumgestaltung, wobei unser Schwerpunkt auf der Entwicklung praktischer, ergebnisbasierter Messgrößen lag. Wir beauftragten ein unabhängiges Forschungsinstitut, die gegenwärtige Fachliteratur zu untersuchen und die Stärken und Schwächen verschiedener Ansätze der organisationalen Veränderung zu beurteilen.

Unser Ansatz ist in diesen Nachforschungen tief verwurzelt und enthält viele Elemente dieser Untersuchungen. Ein wesentliches Unterscheidungsmerkmal beruht jedoch auf unserer Erfahrung: Organisationen sind lebende Systeme mit mechanischen Teilen, die ausgerichtet und honoriert werden müssen, damit das Unternehmen gedeiht. Dieser Ansatz schließt nicht aus, sondern schließt ein. Er nutzt die Synergien, die durch Integration entstehen. Er erkennt, was im Betriebssystem der Organisation funktioniert. Wir haben gelernt, dass Integration eine Schlüsselvoraussetzung ist, wenn sich der Schwerpunkt vom verborgenen Potenzial einer Organisation auf die Manifestation des organisationalen Potenzials verlagern soll. Integration schließt das Potenzial auf, sodass die Menschen an ihrem Arbeitsplatz gedeihen und unglaubliche Ergebnisse für die Organisation zustande bringen.

Unserer Überzeugung nach kommen substanzielle, nachhaltige Sprünge in der Produktivität unterm Strich nicht von neuen Technologien oder Produkten. Die Konkurrenz macht diese früher oder später nach. Durchbrüche in der Produktivität kommen zustande, wenn man Herz und Verstand der Menschen gewinnt. Zwischenmenschliche Beziehungen sind ein wertvoller Aktivposten und stellen das neue Paradigma für das Erzielen von Ergebnissen dar.

Die Ergebnisse halten

WSA steuert das Geschäft noch lange, nachdem die Veränderungen umgesetzt worden sind, und erzeugt dadurch nachhaltige Ergebnisse und Selbstvertrauen der Organisation. Das ist ein signifikanter Unterschied zu anderen Ansätzen; denn oft nimmt ein Veränderungsvorhaben seinen Lauf und wird danach als „Verirrung" zur Seite gelegt. Das Unternehmen kehrt „zum normalen Alltag zurück". Unser Ansatz dagegen wird zu einem Teil des „genetischen Fingerabdrucks" der Organisation. Er stellt ein Gleichgewicht zwischen außergewöhnlichen Geschäftsergebnissen und der Wertschätzung von Menschen und der Wiederholung von Prozessen her.

Damit Sie die Ergebnisse aus der Phase „Das Geschäft führen" erhalten können, sollten Sie sich darauf konzentrieren, dass

- *„die Führung des Geschäfts"* garantiert gleichbedeutend ist mit der *„Veränderung des Geschäfts"*. Wenn die Partizipation der Großgruppe eingesetzt wird, um das Geschäft zu verändern, müssen Sie die Partizipation der Großgruppe auch einsetzen, um das Geschäft zu führen;
- *die Organisation Selbstvertrauen aufbaut.* Wenn die Umsetzung abgeschlossen ist, verschiebt sich der Fokus auf die Verstärkung und Erhaltung der neuen Verhaltensmuster und Systeme, wodurch Selbstvertrauen als Kernkompetenz aufgebaut wird. Wenn z. B. allgemeine Werkzeuge, Schablonen und Praktiken konsequent eingesetzt werden, lernen die Menschen, diese in einer Vielfalt von Situationen anzuwenden;
- *die Ressourcenkapazität erhalten bleibt.* Die gleiche Aufmerksamkeit, die den im Veränderungsprozess eingesetzten Ressourcen geschenkt worden ist, muss auch den Ressourcen zukommen, mit denen das Geschäft geführt wird. Wenn ein System einmal läuft, so glauben viele, laufe es aus eigener Kraft. Das ist selten der Fall.

Wichtige Merkmale und häufige Missverständnisse

Die wesentlichen Merkmale von WSA sind zum einen:

- Fokussierung auf die Führung des Geschäfts, nachdem die Veränderungen abgeschlossen sind.
- Organisationen werden als lebende Systeme mit mechanischen Teilen behandelt – und nicht entweder als das eine oder das andere.

Zum anderen hat WSA die Merkmale:

- WSA ist nicht episodisch oder auf Events zentriert, sondern ergebnisgeleitet mit dem Fokus auf langfristiger und organisationaler Integration,
- WSA ist keine Conferencing-Methode, sondern ein integrierter Ansatz, der eine Vielfalt von Methoden und Strategien anwendet, damit volle Partizipation und Verpflichtung gewährleistet sind,
- WSA ist ein allgemeines Modell zur Erreichung von Integration und Ergebnissen, das für sich allein stehen oder mit anderen Vorhaben und Initiativen kombiniert werden kann.

Zu den häufigen Missverständnissen dieses Ansatzes gehören folgende:

- *Das ist ein einmaliger Event.* Oft hält sich die Überzeugung: Wenn wir diese Situation einfach hinter uns gebracht haben, dann kehrt das Geschäft „zum Normalzustand zurück" oder dann „gehen wir wieder an die Arbeit".
- *Partizipation garantiert Ergebnisse.* Partizipation und insbesondere Großgruppen-Conferencing garantieren noch nicht, dass Ergebnisse folgen.
- *Die Anforderungen an das Management und an Führungskräfte werden geringer.* Im Gegenteil: Das Paradoxe ist, dass, wenn die Mitglieder einer Organisation mehr Verantwortung und Zuständigkeit übernehmen, sogar eine stärkere Führung notwendig ist, um den Erfolg zu sichern.

- *Die Einbindung der Kunden ist nicht notwendig.* Kunden sind ein wesentliches Element in diesem Prozess. Oft haben Unternehmen Angst davor, Akteure einzubeziehen; doch jedes Mal, wenn Akteure involviert sind, führt dies zu einer Situation, in der es nur Gewinner gibt.
- *Der Ansatz ist von keinem Leiter abhängig.* Auch wenn wir gerne glauben würden, dass eine große Veränderung einer Organisation ohne die Einbindung und Verpflichtung vonseiten des CEO oder der Führungskräfte geschehen könnte, ist dem nicht so.
- *Gesteigerte Energie ist nicht notwendig.* Eine Organisation zu verändern verbraucht ungeheure Energie und erfordert Beharrlichkeit. Die persönliche Stärke und Verpflichtung, ein Vorhaben von Anfang bis Ende zu begleiten, ist sowohl belastend als auch belebend!

III. Die Anpassungsmethoden

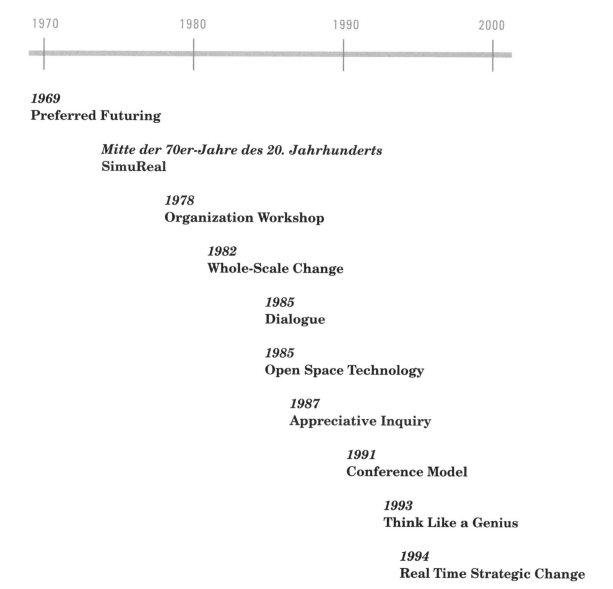

1970   1980   1990   2000

1969
Preferred Futuring

Mitte der 70er-Jahre des 20. Jahrhunderts
SimuReal

1978
Organization Workshop

1982
Whole-Scale Change

1985
Dialogue

1985
Open Space Technology

1987
Appreciative Inquiry

1991
Conference Model

1993
Think Like a Genius

1994
Real Time Strategic Change

Preferred Futuring™ (PF):
Die Macht, ganze Systeme jeder Größe zu verändern

Den Bogen schlagen ...
E. M. Forster, *Howards End*

Die Methode in Aktion – Zwei kurze Geschichten

Die folgenden Geschichten veranschaulichen, wie Preferred Futuring™ (PF) in unterschiedlichen Organisationstypen funktioniert.

Qualitätszukunft schaffen: Eine Fertigungslinie um 180 Grad drehen

Der Hersteller von Autoteilen für ein Edelprodukt kam in eine Krise wegen geringer Qualität und sinkender Reputation. Der Firmenchef beauftragte einen der besten Oberingenieure des Unternehmens, einen USA-weit angesehenen Qualitätsexperten, den Konstruktionsbereich zu „präparieren". Dieser Mann war ein visionärer Führer. Doch sein neu gebildetes Führungsteam und die Organisation verstanden das Qualitätsproblem nicht. Die Kluft wurde zunehmend größer, als er versuchte, seine Vision zu artikulieren, und die Menschen danach zu agieren versuchten. Der Ruf nach drastischen Maßnahmen wurde laut. Der Oberingenieur bat um Hilfe und darum, Qualitätssysteme und -praktiken in der gesamten Organisation mit 100 Beschäftigten einführen zu können.

Die Organisation brauchte die Ausrichtung auf eine allgemein verstandene und aufregende Vision von Qualität, doch die Akteure waren in puncto Qualität nicht sachkundig genug, um eine solche Vision bieten zu können. Der Oberingenieur, der mit diesem Dilemma konfrontiert war, nahm allein an einem PF-Prozess teil. In einem 25-seitigen Dokument präsentierte er detailliert seine auf fünf Jahre ausgelegte Vision einer exzellenten Organisation mit exzellenten Prozessen und Produkten. Das Ergebnis klang atemberaubend aufregend, aber niemand außer ihm war an Bord.

Der Oberingenieur rief sein Führungsteam zusammen und sprach mit ihm seine Vision Seite für Seite durch. Die Teammitglieder waren fasziniert; viele fingen an, „sie zu begreifen". Der Oberingenieur teilte den Anwesenden mit, dass die Vision ohne sie nicht realisierbar sei – sie müsse zu ihrer eigenen Vision werden. Dann teilte er ihnen mit, dass es ihre Vision sei, die sie nach Herzenslust formen und kneten oder verändern könnten. Er sagte ihnen, dass er am übernächsten Tag wieder zu ihnen kommen werde und dass er genauso, wie er seine Vision für sich entwickelt habe, von ihnen wolle, dass sie ihm ihre Vision beschreiben. Er hob die Teile der Vision hervor, die für ihn am wichtigsten waren, und bat das Team, sich darauf vorzubereiten, ihm an diesen Teilen vorgenommene Veränderungen zu erklären.

Mit Unterstützung von *Lippitt·Carter Consulting* starteten die Teammitglieder einen PF-Prozess. Die einzelnen Schritte waren die, dass sie einen Rückblick in die Geschichte der Organisation hielten; identifizierten, was funktionierte und was nicht; eine Untersuchung aktueller Trends durchführten; und eine detaillierte Vision einer erfolgreichen Organisation entwickelten. Die Arbeit war intensiv, die Diskussionen offen und die Resultate aufregend. Die Teilnehmer gingen viel weiter, als sich jemand vorzustellen gewagt hatte.

Kurz bevor der Oberingenieur zu seinem Team zurückkehrte, bereiteten wir ihn darauf vor, zuzuhören und in den Dialog einzutreten – nach Begründungen zu fragen, statt zu kritisieren, und doch sein Terrain zu verteidigen, auf dem er sich stark fühlte. Das abschließende Gespräch fand in den letzten vier Stunden dieser zweitägigen Klausur statt. Es herrschten Aufregung über die Zukunft und ein Gefühl von Einigkeit, und man spürte einen Teamgeist, den keiner von ihnen zuvor erlebt hatte.

Die resultierende Vision, die von der ganzen Organisation modifiziert wurde, schuf Ausrichtung und ein einheitliches Ziel: zu einer exzellenten Konstruktionsabteilung zu werden. Die Prioritäten der Vision wurden in den Geschäftsplan aufgenommen und Jahr für Jahr operativ umgesetzt. Dadurch wurde im gesamten Bereich ein Prozess ausgelöst, der

- eine Konstruktionsmission und eine detaillierte Vision etablierte, die von der Konstruktionsabteilung unterstützt wurden;
- zu einer internen Revision der Beziehung zum Kunden führte, damit man auf Verbesserungsvorhaben fokussieren konnte;
- zu einer Mission und Vision führte, die der ganze Bereich und das Team der Bereichsführung miteinander entwickelten.

Vier Jahre später ergab die Evaluierung, dass sich die Qualität der Designs, der Prozesse und der Produkte signifikant verbessert hatte. Die Prozesse Pflichtenheft der 1. und 2. Stufe, der parallele Konstruktionsprozess und der Prozess Geschäftsplanung waren hervorragend. Die Organisation hatte gelernt, die „Stimme des Kunden" und die „Stimme des Prozesses" miteinander in Einklang zu bringen. Die Designveränderungen wurden eingeschränkt, die Teamarbeit verbesserte sich, und der Marktanteil war steigend. Und was die Geschichte noch besser macht: Die Organisation erhielt den *Malcolm Baldrige National Quality Award* – die höchste Auszeichnung, die US-amerikanischen Unternehmen für Errungenschaften in Qualität und Geschäftsleistung verliehen wird.

Strategische Planung mit der Basis auf bundesstaatlicher Ebene

Der Vorstand einer auf bundesstaatlicher Ebene arbeitenden Behörde, die für die Versorgung und Betreuung behinderter Menschen zuständig ist, wollte ihre Dienststellen in die strategische Planung einbeziehen. Die Vorstandsmitglieder richteten ein Planungsteam ein, dem Versorgungsdienste, Betreute, die Strategieplaner und *Lippitt·Carter Consulting* angehörten.

Das Team führte vier regionale und jeweils zwei Tage dauernde Events durch. Der erste Tag eines jeden Events wurde im Format einer Ratsversammlung abgehalten, in dem die Betreuten und die Betreuenden vor einem Gremium über die Effektivität der Betreuungsdienste und die Lage der gesetzlich vorgeschriebenen Versorgungsdienste aussagten. Am zweiten wurde PF fortgesetzt. Auf der Grundlage der tags zuvor gemachten Aussagen entwickelten Gruppen von Dienstleistern und Behinderten eine Vision von der Zukunft. Ihre innovativen Visionen führten zur Verringerung momentan vorhandener Mängel und kamen ihren Bedürfnissen entgegen. Als Nächstes informierten die Teilnehmer an den einzelnen Tischen die mehreren hundert Menschen im Raum über ihre Arbeit, und anschließend setzten alle gemeinsam Prioritäten. Innerhalb eines Monates waren alle vier Regionen des betreffenden Bundesstaates zu Wort gekommen.

Nachdem die Daten aus den einzelnen Regionen erhoben worden waren, wurden sie vom Planungsteam zusammengeführt, um ein für den gesamten Bundesstaat gültiges Bild von der gewünschten Zukunft für die Versorgungsdienste zu entwickeln. Vertreter wurden für die Teilnahme an einer abschließenden Plenarsitzung berufen. Während der zwei Tage dauernden Plenarsitzung wurden die zusammengeführten Ergebnisse vorgetragen und spezifische Strategieprioritäten, Aktionen und Empfehlungen entwickelt. Diese gingen in den gesamtstaatlichen Strategieplan ein, der auf der von den Akteuren gewünschten Vision von der Zukunft beruhte. Der Vorstand hatte nun einen klaren, von der Basis ausgehenden Auftrag. Und die Strategieplaner waren begeistert; denn sie wussten, dass ihre Vorhaben auf gut dokumentierten Akteursdaten und breiter Unterstützung für die Fortsetzung des Prozesses beruhten. Das Behördenpersonal hatte nun einen klaren Auftrag, der ihm im Hinblick auf die Gesetzgebung Schlagkraft gab.

Was ist Preferred Futuring?

Mit PF können Teams, Organisationen oder Gemeinden die Zukunft entwerfen, die sie sich wünschen, und die Energie mobilisieren, die sie zur Realisierung dieses Wunsches brauchen. PF wurde 1969 eingeführt und ist der Vorläufer einiger der anderen heutigen Methoden, mit denen große Systeme verändert oder Visionen entwickelt werden. PF war auch ein Prototyp dafür, wie man Menschen helfen kann, in „ganzen Systemen" zu denken.

Bei PF entwickeln Gruppen ein gemeinsames Verständnis davon, wer sie sind und wie Erfolg aussieht, und erstellen Pläne, um diesen Erfolg zu erzielen. Der Prozess ist sehr robust und funktioniert in Systemen jeder Größenordnung. PF ist eine Geschäftsstrategie, ein Prozess und ein philosophischer Veränderungsansatz.

Als *Geschäftsstrategie* macht sich PF die besten Gedanken und Kenntnisse im System zunutze, richtet diese an der Mission der Organisation aus und verbindet den Prozess mit dem jährlichen Geschäftsplan und den Alltagsaktivitäten. PF lehrt alle, strategisch zu denken und zu handeln, und erzielt dadurch messbare Ergebnisse, die besser sind, als die Menschen es für möglich gehalten hätten.

Als *Prozess* läuft PF in acht klar umrissenen, einfachen Schritten ab. Wenn Sie diesem Ablauf folgen, funktioniert der Prozess! Wenn die Menschen den Prozess gelernt haben, nutzen sie ihn, um fortwährend eine Zukunft zu entwickeln, die sie sich wünschen. PF funktioniert bei einem 10-köpfigen Team, einer Kommune mit 500 000 Einwohnern oder einem international operierenden Unternehmen, das über den gesamten Globus verstreut ist.

Als *Philosophie* beruht PF auf dem ganzheitlichen Systemansatz und der demokratischen Überzeugung, dass Größe nur dann erreicht wird, wenn alle Akteure auf sinnvolle Weise partizipieren. PF zeigt, dass Partnerschaft und gemeinsames Erschaffen der Zukunft zu überragenden – kreativen, innovativen und klugen – Ergebnissen führen. Mit PF ist es möglich, als ganzes System zu arbeiten, das Verstand, Herz und Geist jedes Menschen nutzbar macht. Und PF fokussiert die Energie, um eine positive Zukunft zu gestalten, die aus dem Chaos eine Ordnung hervorbringt. PF verlangt schließlich nach einer grundlegenden Verschiebung von der Fokussierung auf Probleme (was wir *nicht* wollen) auf die Erschaffung einer gewünschten Zukunft (was wir *wollen*).

Wahrscheinliche Resultate

Wenn ein ganzes System versammelt ist, verringert sich der Wettbewerb über Funktions- und politische Grenzen hinweg. Dies reduziert Verschwendung, nutzt Ressourcen besser, macht aus weniger mehr und verbessert Leistung und Rentabilität. PF hilft, Differenzen zu würdigen und sie auf produktive Weise zu nutzen, sodass die Menschen aus völlig unterschiedlichen Kontexten und mit verschiedenen Standpunkten eine Zukunft gestalten, die alle unterstützen.

In den letzten 25 Jahren haben wir immer wieder erlebt, wie Menschen

- eine Vision und Mission erschaffen, die auf ihren Sehnsüchten beruhen;
- einen Strategieplan entwerfen, der mit spezifischen Aktionen verbunden ist, und die kollektive Leidenschaft entwickeln, diese Aktionen durchzuführen;
- eine gesamte Organisation für tief greifende und schnelle Innovation mobilisieren;
- Wissen und Ressourcen konzentrieren, die auf Ergebnisse gerichtet sind: auf höheren Gewinn, bessere Produkte und Dienstleistungen, höhere Lebensqualität;
- mit der ganzen Organisation starke Führungsachsen schmieden, die ein Unternehmen oder eine Gemeinde vereinen.

Wann ist PF nützlich?

PF bewirkt einen radikalen Paradigmenwechsel: Die Fokussierung auf Probleme wird ersetzt durch die Fokussierung auf das Potenzial. PF bringt die Entdeckung, dass wir unsere Zukunft proaktiv schaffen und folglich für sie verantwortlich sein können. Damit man verstehen kann, was die Veränderung erfolgreich macht, wird mithilfe eines Modells der Bedarf an PF diagnostiziert:

$C = D \times V \times F > R$:[1]
(C) [hange] = D[issatisfaction] x V[ision] x F[irst Step] > R[esistance].

Veränderung = Unzufriedenheit x Vision x erster Schritt > Widerstand.

C = change. Das ist die Formel für *Veränderung*. Durch Veränderung geht ein Zustand in einen anderen über und wird anders als das, was war. Sie hängt von vier Faktoren ab:

D = dissatisfaction. Die *Unzufriedenheit* mit der gegenwärtigen Situation ist ein Hebel für Veränderung und drückt sich häufig in Form von Beschwerden und in der Überzeugung aus, dass nichts getan werden kann. Das heißt, dass die Menschen in einer Welt des „Ist es nicht schrecklich?" leben. 30 Jahre, in denen Menschen als zu intelligenten Entscheidungen nicht fähig behandelt wurden, haben vielleicht zu diesem Zustand geführt. Unzufriedenheit muss in Motivation zur Veränderung umgewandelt werden. Dadurch, dass PF der Unzufriedenheit eine Öffentlichkeit gibt, wird den Menschen geholfen, für ihre Zukunft die Verantwortung zu übernehmen, indem sie fragen, was *sie* wirklich wollen.

V = vision. Eine *Vision* ist ein deutliches, detailliertes Bild von der Zukunft, auf das man sich geeinigt hat. Sie ist ein Bild, auf das die Menschen ausgerichtet sind und auf dessen Realisierung sie alle ihre Energie fokussieren. Mit Vision ist nicht die persönliche Vorstellung einer Führungskraft gemeint oder eine Vision, die der Organisation übergestülpt wird; gemeint sind auch nicht die im Verborgenen gehaltenen verschiedenen Visionen eines Führungsteams, die Arbeitsgänge über alle Zielsetzungen hinweg zum Funktionieren bringen sollen. Eine Vision ist ein kollektives Bild von einer Zukunft, die alle Akteure zutiefst und leidenschaftlich wollen. Mit PF ist diese Vision erreichbar.

F = first step. Mit *Aktionsplänen* – konkreten, vereinbarten Schritten – bewegt sich das System von der Vision zur Umsetzung und zu spezifischen Ergebnissen. Diese Pläne können ganz unterschiedlicher Art sein: ein für die ganze Organisation gültiger Strategieplan mit spezifischen zugewiesenen Initiativen; eine organisational ausgerichtete Vision einer Abteilung, die ihre jährlichen Ziele und Pläne von dieser Vision leiten lässt; oder spezifische Umsetzungsschritte für einen stra-

---

1 Dieses Modell erschien zuerst in R. Beckhard a. R. T. Harris (1977): Mit diesem Modell wurde der Widerstand gegen Veränderung erklärt als C = (ABD) > X; später wurde das Modell in einem Gespräch zwischen John Trenkle und Kathleen Dannemiller modifiziert zu C = D x V x F > R.

tegisch ausgerichteten und Prioritäten setzenden Arbeitsprozess. PF garantiert eine weit gestreute Planung, geschickte Umsetzung und Folgeprozesse.

R = resistance to change. Wenn Menschen von ihrem Motto „Ist es nicht schrecklich?" (Unzufriedenheit) loskommen, sich entscheiden, was sie wollen (Vision), und die Richtung der Organisation und die damit verbundenen Implikationen für ihre Arbeit bestimmen (erster Schritt), dann ist das Produkt größer als der *Widerstand (R)*. Darüber hinaus wird der Widerstand verringert, wenn die Leidenschaft zu der Energie hinzukommt, die darauf fokussiert, zu planen und sich mit spezifischen Hindernissen im System und in den Menschen auseinander zu setzen. So reduziert PF den Widerstand (R) und wandelt ihn in produktive Energie um.

Man darf nicht vergessen, dass D, V und F miteinander multipliziert werden. Wenn ein Faktor fehlt, ist das Produkt gleich null. Dann ist der Widerstand größer als der Wunsch nach Veränderung. Wenn die Menschen in der Unzufriedenheit verharren, entwickeln sie keine Vision und auch keine ersten Schritte – dann hilft wahrscheinlich PF.

Wie funktioniert PF?

PF impliziert acht Grundschritte:

1. *Geschichte*	Wie sind wir hierher gekommen?
2. *gegenwärtiger Zustand*	Was funktioniert und was nicht?
3. *Werte und Überzeugungen*	Welche zentralen Werte haben wir?
4. *strategische Trends / Entwicklungen*	Welche Trends können uns beeinflussen?
5. *Vision*	Wo wollen wir stehen?
6. *strategische Ziele*	Wie werden wir dahin kommen?
7. *Aktionspläne*	Wie werden wir geschickt agieren?
8. *Unterstützung der Fortsetzung*	Wir werden wir den Erfolg erhalten?

Diese Schritte können die Grundlage für einen dreitägigen Event mit 500 Führungskräften einer Organisation oder für einen neunmonatigen Prozess mit einer 500 000 Einwohner zählenden Gemeinde sein. Der Prozess umfasst verschiedene Werkzeuge: Designteams, Abklärung der Werte, Zeitplanungen und Arbeitsblätter, die Instruktionen für kleine Gruppen und für das ganze System enthalten.

Ein guter, Erfolg versprechender Ratschlag ist, von Anfang an Unterstützung bei der Umsetzung zu gewinnen. Eine böse Falle ist es, in zu engen Grenzen zu denken und entscheidende Akteure zu übergehen oder Widerstand als etwas Negatives zu sehen. Wenn Sie die Werkzeuge benutzen, um die Kernfrage der einzelnen Schritte zu beantworten, können Sie nur schwerlich fehlgehen.

Rechtfertigung der Kosten

Dieser Prozess verbindet Mission und strategische Vision zur Aktion mit der Absicht, tief greifende und dauerhafte Ergebnisse im gesamten System zu erzielen. Er nutzt die kollektive Intelligenz und Leidenschaft der Organisation. Städte und Gemeinden haben mit PF schon ihre Bürger zu Aktionen und der Verpflichtung mobilisiert, den Wohlstand und die Lebensqualität zu erhöhen. Der Prozess bietet spezifische, messbare Erfolgskriterien. Manche Organisationen haben dadurch große Kosteneinsparungen erzielt. Manche sind vom Zustand des Überlebens in den Zustand des blühenden Lebens übergegangen. Oft werden Leistung und Zufriedenheit am Arbeitsplatz gesteigert. Was ist was wert?

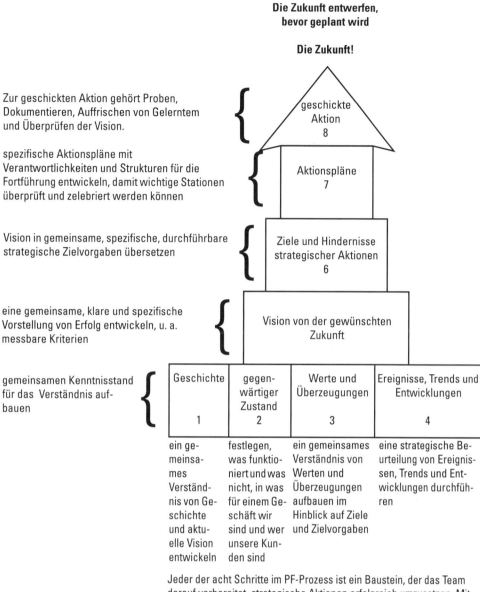

Die Zukunft entwerfen, bevor geplant wird

Die Zukunft!

Zur geschickten Aktion gehört Proben, Dokumentieren, Auffrischen von Gelerntem und Überprüfen der Vision.

geschickte Aktion 8

spezifische Aktionspläne mit Verantwortlichkeiten und Strukturen für die Fortführung entwickeln, damit wichtige Stationen überprüft und zelebriert werden können

Aktionspläne 7

Vision in gemeinsame, spezifische, durchführbare strategische Zielvorgaben übersetzen

Ziele und Hindernisse strategischer Aktionen 6

eine gemeinsame, klare und spezifische Vorstellung von Erfolg entwickeln, u. a. messbare Kriterien

Vision von der gewünschten Zukunft

gemeinsamen Kenntnisstand für das Verständnis aufbauen

Geschichte	gegenwärtiger Zustand	Werte und Überzeugungen	Ereignisse, Trends und Entwicklungen
1	2	3	4
ein gemeinsames Verständnis von Geschichte und aktuelle Vision entwickeln	festlegen, was funktioniert und was nicht, in was für einem Geschäft wir sind und wer unsere Kunden sind	ein gemeinsames Verständnis von Werten und Überzeugungen aufbauen im Hinblick auf Ziele und Zielvorgaben	eine strategische Beurteilung von Ereignissen, Trends und Entwicklungen durchführen

Jeder der acht Schritte im PF-Prozess ist ein Baustein, der das Team darauf vorbereitet, strategische Aktionen erfolgreich umzusetzen. Mit jedem Schritt bauen die Teammitglieder ein gemeinsames Verständnis davon auf, wo sie standen, wie gut sie momentan arbeiten, wohin sie gehen wollen und wie sie als ganzes Team (das von ein und derselben Seite des Dokuments aus operiert) – und nicht als Gruppe von Individuen – dorthin gelangen.

Abbildung 1: Der PF-Prozess

Der Start

Geben Sie den Entscheidungsträgern immer die Möglichkeit, PF im Vorfeld zu erleben. Der PF-Prozess kann in zwei Stunden beschrieben und demonstriert werden und Führungskräfte zu einer kundigen Entscheidung befähigen. Die Führungskräfte müssen auf jeden Fall verstehen, dass sie nicht mehr zurückgehen können, wenn sie erst einmal damit begonnen haben, die Menschen in den Prozess einzubeziehen.

Zu den elementaren Umsetzungsprinzipien von PF gehören die folgenden:

135

- Zuhören, um die Welt der anderen Person zu verstehen. Ermuntern Sie die Menschen, „ihre Geschichte zu erzählen", damit der Fluss ehrlicher Informationen freigegeben wird.
- Möglichkeiten dafür schaffen, dass die Menschen immer und immer wieder den Bogen zueinander schlagen, bis sie von *einem* Geist und *einem* Herzen inspiriert sind.
- Einen auf multiplen Realitäten und Überzeugungen ruhenden Interaktionsrahmen schaffen.
- Einen auf persönlichen Wahrheiten beruhenden gemeinsamen Kenntnisstand für das Verständnis schaffen, der die gegenseitige Achtsamkeit fördert und die Kenntnisse und Fähigkeiten der Menschen voll ausschöpft.
- Alles aus der Vision und den Werten ableiten und dabei spezifische Ergebnisse ansteuern.
- Einen Blick auf das ganze System entwickeln, in dem jeder Verantwortung trägt.
- Dem System helfen, sich selbst zu diagnostizieren.
- Die Erzeugung eines kreativen Energiefeldes bewusst unterstützen.
- Akteure wie z. B. Kunden oder Lieferanten einbeziehen.
- Die Verpflichtung dem System gegenüber im offenen Austausch und durch Handlungen mit Verstand, Herz und Geist leben. Zeigen Sie Ihre „Kontaktfreude".
- Möglichkeiten schaffen, damit das ganze System in einen Dialog eintreten kann.
- Die Herkunft und Menschlichkeit aller Individuen und Gruppen nutzen, um zu qualifizieren und demokratisieren.
- Das gemeinsame Erschaffen durch einseitige Achtsamkeit (Liebe) und Verpflichtung unterstützen.

Rollen, Aufgaben und Beziehungen

Der PF-Prozess muss *gefördert* werden von Entscheidungsträgern und Führungskräften. In Organisationen gehören dazu: das obere Management, einflussreiche Manager auf der mittleren Ebene und Gewerkschaftsvertreter bzw. der Betriebsrat. In Städten gehören dazu: Kommunalpolitiker, Sprecher von Bürgerinitiativen und Funktionäre einflussreicher Organisationen (z. B. Sozialdienste und Kirchen). Sie müssen dem PF-Prozess zustimmen, ihn aktiv unterstützen und Ressourcen für die Umsetzung und Fortsetzung des Prozesses zur Verfügung stellen.

Ein geschickter PF-*Moderator* arbeitet mit internen Ressourcen, um große Events durchzuführen. Zu den Fähigkeiten eines Moderators gehört es, dass er vom ganzen System her denkt, Gruppen unterstützt und große Events entwirft und durchführt. Fähigkeiten, Menschen zu coachen, sind ebenfalls erforderlich. Der Moderator muss ein starker Befürworter des Prozesses sein und die Verantwortung für spezifische Ziele und Ergebnisse bei den Mitgliedern des Systems lassen.

Ein *Mikrokosmos-Designteam*, das mit dem PF-Moderator arbeitet, steuert Planung und Umsetzung. In diesem Team – ein Mikrokosmos des Makrokosmos – sind die Sichtweisen des ganzen Systems vertreten. Das Mikrokosmos-Designteam stellt auf Vertrauensbasis Verbindungen zu allen Sektoren der Organisation her und trägt somit dazu bei, dass eine weit gestreute Partizipation gewährleistet ist.

Teilnehmer können Führungskräfte, die ganze Organisation oder eine Gemeinde mit hunderten oder tausenden von Einwohnern sein. Sie lassen die anderen in kleinen Gruppen und während Großgruppensitzungen an ihren Wahrheiten teilhaben. In Organisationen leisten Gruppen aus einzelnen Arbeitsbereichen sowie funktionsübergreifende und ebenenübergreifende Gruppen die Umsetzungsarbeit. In Gemeinden wird die Umsetzung von ehrenamtlichen Gruppen geleistet.

Es wird die *Funktion der Überwachung und Unterstützung* eingerichtet, die den laufenden Erfolg garantieren soll. Die Führung der Organisation hat die Aufgabe, diese Funktion selbst auszuüben oder sie an ein Team zu delegieren, das das System repräsentiert.

Und es wird die von einem systemübergreifenden Team ausgeübte *Dokumentationsfunktion* eingerichtet, die das Lernen der Organisation fördert und Daten dokumentiert, die weitere Unterstützung einbringen.

Tabelle 1 gibt eine Zusammenfassung einiger Schlüsselrollen.

	vorher	während	danach
Förderer	• beruft das Mikrokosmos-Designteam an • weist logistische Unterstützung an • verpflichtet sich für den Prozess von Anfang bis Ende	• wohnt dem ganzen Event bei • nimmt aktiv und ehrlich teil • verpflichtet sich zu Folgeaktivitäten • unterstützt den Prozess und die Ergebnisse	• garantiert Folgeaktivitäten mit kontinuierlicher Unterstützung, mit Ressourcen und Überwachung • setzt Aktionspläne um • unterstützt neue Prozesse und Rollen
Designer/ Moderator	• gibt Führungskräften Orientierung in Bezug auf Rollen und Aufgaben • moderiert das Mikrokosmos-Designteam • garantiert, dass Logistik und Arrangements vollständig sind • trainiert interne Ressourcen	• moderiert den Event • coacht Führungskräfte • überwacht fortwährend und macht, wenn nötig, Designveränderungen mit dem Designteam	• coacht und gibt Unterstützung bei der Weiterführung • trainiert, wenn gewünscht, in spezifischen Bereichen
Teilnehmer	• sind mit einer kleinen Anzahl im Mikrokosmos-Designteam vertreten	• wohnen dem ganzen Event bei • nehmen aktiv und ehrlich teil • verpflichten sich zu Folgeaktivitäten	• nehmen an Folgeaktivitäten teil • setzen Aktionspläne um • unterstützen neue Prozesse und Rollen

Tabelle 1: Rollen und Aufgaben

Auswirkungen auf das Macht- und Autoritätsgefüge

Verschiebungen im Macht- und Autoritätsgefüge stellen in jedem Veränderungsvorhaben, das uns erfolgreich ins nächste Jahrzehnt bringt, einen entscheidenden Faktor dar. PF ist ein kräftiges Werkzeug, mit dem die Art und Weise verändert werden kann, in der sich Kulturen und Arbeitsstrukturen zu Macht und Autorität verhalten. Wenn Führungskräfte alle Mitglieder sinnvoll und aktiv daran beteiligen wollen, eine strategische Richtung zu setzen, tagtäglich Entscheidungen zu treffen und Aktionen durchzuführen, wird PF ihnen dabei helfen. PF bietet Führungskräften, die beim Eingehen von Partnerschaften und beim Abgeben von Kontrolle ambivalent sind, die Möglichkeit, sich solide und verlässlich zu entscheiden. Wenn Führungskräfte einmal erlebt haben, wie vorteilhaft geringerer persönlicher Druck, höhere Leistung und Innovation sind, wollen sie nie mehr in den früheren Zustand zurück.

Die Auswirkungen auf das Macht- und Autoritätsgefüge sind für die anderen Mitglieder im System genauso einschneidend. Für sie bedeutet das nämlich, verstärkt Partnerschaften einzugehen und in Bezug auf strategische und tagtägliche Aktivitäten mehr Kontrolle und Entscheidungsverantwortung zu übernehmen. Organisationsmitglieder, die im PF-Prozess involviert sind, reagieren auf diese Verschiebungen ganz unterschiedlich. Einige weigern sich, den Luxus, die Führung zu beschuldigen zu dürfen und keine Verantwortung dafür übernehmen zu müssen, aufzugeben. Die meisten blühen sofort auf, wenn ein „frischer Windzug" ihnen gestattet, sich über Erwarten hervorzutun und Leistung zu zeigen. Für sie ist das die Gelegenheit, auf die sie gewartet haben. Wenn Menschen erkennen, dass sie unterstützt werden, wenn sie Verantwortung übernehmen, proaktiv und kreativ sind und wenn sie Erfolg verspüren, wollen auch sie nie mehr in den früheren Zustand zurück.

Erfolgsbedingungen

PF ist eine sinnvolle Methode, wenn die Führung der Organisation bereit ist, die Partnerschaft mit dem Rest des Systems auszuprobieren. Potenzielle Förderer qualifizieren sich dadurch, dass sie ihre Bereitschaft erklären, sich – mit Leib und Seele – dieser Arbeit zu verpflichten. Für Führungskräfte gilt erwartungsgemäß dasselbe. Nach dieser Pflichtübernahme müssen Entscheidungsträger auch signifikante Umsetzungen und Folgeaktivitäten unterstützen. Solange diese Bedingungen nicht gegeben sind, sollte man nicht fortfahren.

Diese Methode funktioniert, weil sie die Mannigfaltigkeit in allen menschlichen Systemen dazu nutzt, die Zukunft zu gestalten. Wenn verschiedene Wahrheiten miteinander kombiniert werden, entsteht immer eine größere, profundere Wahrheit. PF funktioniert auch deshalb, weil Menschen, die eine aufregende und konkrete Vision von der Zukunft haben, loslassen und zulassen, dass alte Weisen enden und neue Weisen beginnen. Die Transformation erscheint dann weniger riskant.

Riesige Veränderungen erreichen

Weitere Gründe dafür, weshalb PF funktioniert, stehen in Zusammenhang mit der Erzeugung generativer Energiefelder – in den neuen Wissenschaften ein vertrauter Begriff. Sie spiegeln sich auch in unserem wachsenden Verständnis von Geist und Seele einer Organisation. Das in Tabelle 2 dargelegte Veränderungsmodell (Quantum Change Model von Lawrence L. Lippitt) macht auf einfache Weise einen Prozess verständlich, den die meisten von uns nicht sehen oder berühren können. Es erinnert uns daran, dass unsere Arbeit auch auf der seelischen bzw. transformationellen Ebene des Heilens und Veränderns liegt. Und das gilt für *jedes* System – ob Individuum, Gruppe, Organisation oder Gemeinde.

Wir können die vergangenen Ereignisse identifizieren, die zu unserem gegenwärtigen Zustand (Æ) geführt haben. Diese Ereignisse können in uns die Einsicht festigen, dass die folgerichtige Wahl für die Zukunft *e* ist. Diese Ansicht kann so charakterisiert werden: „Nun, es ist immer so gewesen, und so wird es auch in Zukunft sein." Dies entspricht dem newtonschen Trägheitsprinzip.

Wir haben aber die Kraft, eine alternative Zukunft (*a* bis *d* oder *f* bis *i*) anzukurbeln. Diese Ansicht lässt sich so charakterisieren: „Jedes zukünftige Szenario ist möglich; ich persönlich bevorzuge z. B. die Variante *b*." Dadurch, dass wir eine andere mögliche Zukunft wählen, davon angetrieben werden und unsere Energien dareinsetzen, beschwören wir eine transformative Veränderung herauf. Dieses Prinzip liegt dem Quantum Change Model zugrunde. Und PF ist eine starke Methode, diese riesige Veränderung zu erreichen.

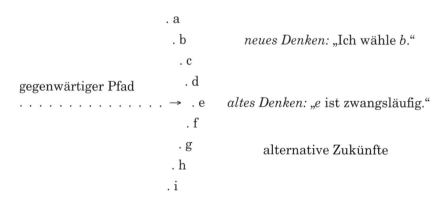

Abbildung 2: Veränderungsmodell (Quantum Change Model)

Preferred Futuring: Ja oder nein?

Bei der Anwendung dieser Methode sollte man ein paar Dinge beachten:

ja	nein
Sicherstellen, dass das Designteam einen Mikrokosmos des Systems darstellt.	Prozessplanung und Umsetzung auf ein kleines Team begrenzen.
Den acht Schritten folgen. Auf ihre Abfolge kommt es an.	Schnell zum „Lösungsansatz" übergehen, nachdem das, was funktioniert bzw. nicht funktioniert, festgelegt worden ist.
Mitglieder des Systems beauftragen, innerhalb und außerhalb ihres Umfeldes nach Ereignissen, Entwicklungen und Trends suchen, die einen Einfluss auf sie haben werden.	Die Suche nach Ereignissen, Trends und Entwicklungen „Experten" überlassen.
Die wichtigen Detailinformationen, die das volle Bild ergeben, bewahren und nutzen.	Die Aussage über die gewünschte Zukunft generalisieren oder in einem Artikel zusammenfassen.
Eine strategische Analyse durchführen, sobald die Vision entwickelt ist. Das ist der nächste Schritt des Prozesses.	Von einer Vision der gewünschten Zukunft direkt zu den Aktionsplänen übergehen.
Aus alten Mustern ausbrechen, indem man auf Möglichkeiten fokussiert.	Sich dem Denken verpflichten: „So, wie wir es immer schon gemacht haben."
Für den Erfolg proben, trainieren und ihn überwachen.	Seine Aufgabe als beendet betrachten, wenn die Aktionsplanung abgeschlossen ist.
Eine Dokumentationsfunktion einrichten, um das Gelernte festzuhalten.	Den Wert der Dokumentation ignorieren und denken: „Wir haben keine Zeit oder Ressourcen dafür." Oder: „Das ist nicht wichtig."

Tabelle 2: Gebote und Verbote

Die Geschichte von Preferred Futuring (Theoriebasis)

Vor langer Zeit unterzeichneten die Gründerväter der Vereinigten Staaten die Unabhängigkeitserklärung. Sie wiesen damit die feudalen und autokratischen Prinzipien, Strukturen, Vorgehensweisen und Autoritätssysteme zurück. Das Versprechen an die Welt war eine Gesellschaft, die genau wegen der individuellen Talente und Fähigkeiten freier, sich selbst verwaltender Menschen existierte und sogar prosperierte – eine Gesellschaft, in der die Menschen zusammenkamen, um aus einem offensichtlichen Chaos etwas Kreatives, Gutes und Produktives zu machen. Später – im Zuge des Zweiten Weltkriegs – waren wir mit großen sozialen und technischen Veränderungen konfrontiert.

Eine kleine Gruppe von Verhaltenswissenschaftlern um Dr. Kurt Lewin, die um diese Zeit die Gruppendynamik begründete, fühlte sich einem demokratischen Konzept von Philosophie und demokratischen Prinzipien zutiefst verpflichtet. Zu diesem Kreis zählte auch Dr. Ronald Lippitt, der später PF mitentwickelte. Diese Gruppe erkannte klar, wie wichtig Planung – und nicht das Sich-treiben-Lassen – als Steuerungsmechanismus für die kommenden Jahre war. Sie erkannten auch, dass Führungskräfte in partizipativer Planung trainiert werden mussten, wenn Planung funktionieren sollte. In den nächsten 30 Jahren wurde die Umsetzung partizipativer Führung zum Motor der Gruppendynamik und brachte die Theorie und Praxis der Organisationsentwicklung hervor.

Mehr als zehn Jahre später, 1958, prägten Ronald Lippitt und zwei seiner Kollegen den Begriff „geplante Veränderung"(Lippitt, Watson a. Westley 1958). Dieses fruchtbare Konzept besagt, dass Veränderung in jedem menschlichen System proaktiv geplant werden kann und in drei vorhersagbaren Phasen abläuft: „auftauen", „verändern" und „wieder einfrieren". Zu jener Zeit war dies eine fundamentale Verschiebung in der Konzeption von Veränderung. In den 60er-Jahren des 20. Jahrhunderts erkannte Ronald Lippitt, dass sich das Wesen der Veränderung selbst veränderte und heute etwa so aussieht:

Veränderung war …	Veränderung ist heute …
ordentlich	chaotisch
logisch	organisch
kontrollierbar	unkontrollierbar
kumulativ	stetig

Tabelle 3: Das Wesen der Veränderung

Auf seiner Suche nach neuen und besseren Wegen, positive Veränderung zu katalysieren, ließ sich Ronald Lippitt von dem Futuristen Dr. Ed Lindaman beeinflussen. Dieser war Direktor der Programmplanung *Apollo Spacecraft Project* bei *Rockwell International Space Division* gewesen. Er hatte die gesamte Organisation nur mit der fokussierten Vision, wie der Mensch auf dem Mond landet, mobilisiert. Seine Arbeit war der Schlüssel dazu, dass diese äußerst komplexe Aufgabe erfolgreich durchgeführt werden konnte.

Ronald Lippitt und Ed Lindaman entwickelten eine neue Veränderungsmethode, die die vielen aus fünf oder acht Schritten bestehenden Problemlösungsprozesse übersprang. Sie sahen ihren neuen Prozess der Zukunftsgestaltung als Spaltung des Atoms „menschlicher Energie". Wo immer sie diese Methode anwendeten, um Teams, Organisationen oder ganzen Kommunen zu helfen, auf Veränderungsenergien zu fokussieren und diese zu mobilisieren, wurden bestimmte zuverlässige Ergebnisse erzielt. Als Ronald Lippitt die Ergebnisse von PF erforschte, beobachtete er auch die Ergebnisse von Problemlösungsprozessen:

Preferred Futuring	Problemlösung
Ehrlichkeit und Realismus, sogar Katharsis, erzeugten konstruktive Unzufriedenheit, die an die Stelle von Resignation und Schuldzuweisung trat.	Schuldzuweisung nahm zu, und Übernahme von Verantwortung sank.
Enorme Erregung und Hoffnung und Optimismus erzeugten mehr Kooperation und Teamarbeit.	Depression und Verzweiflung stiegen, wodurch Kooperation und Teamarbeit sanken.
„Elastizität", Durchbruch und langfristige Ziele und Lösungen wurden entwickelt.	Kurzfristige Ziele fokussierten auf Schmerzlinderung oder auf die Ortung von Problemen.
Hohe Motivation entstand dadurch, dass man auf etwas Attraktives zusteuerte und nicht auf etwas Schmerzhaftes oder zu Vermeidendes.	Sinkende Motivation entstand dadurch, dass eine lange Liste mit Problemen, die nach Prioritäten geordnet waren, erstellt wurde.
Ein hohes Maß an Energie und Befähigung übertrug sich in Umsetzung und Aktion.	Ursachen wurden Faktoren zugeschrieben, die sich dem Einfluss oder der Kontrolle der Menschen entzogen, sodass sich das Gefühl von Macht verringerte und das Gefühl von Hilflosigkeit verstärkte.

Tabelle 4: Forschungsergebnisse

Als Ronald Lippitt diese Ergebnisse kontrastierte, lag die Schlussfolgerung auf der Hand.

Merkmale von PF

Vier Momente zeichnen PF aus:

- PF ist tief verwurzelt in einem *demokratischen Konzept von Philosophie* und erforschten demokratischen Methodologien. Es ist ein einfaches, starkes Werkzeug, das Führungskräften hilft, eine demokratische Kultur aufzubauen, indem Partizipation garantiert und den Sichtweisen aller Akteure gleiches Gewicht zugemessen wird.
- Da der PF-Prozess keine simultane Beteiligung verlangt, kann er in Systemen aller Größenordnungen durchgeführt werden. Er funktioniert mit einer

Person oder mit tausenden von Personen. Heute wissen wir, dass die gleichzeitige Präsenz der Teilnehmer nicht wichtig ist. Der Prozess kann – weltweit – in einem *virtuellen Raum* und für jede Zeitzone passend durchgeführt werden.

- Der Prozess ist *robust*. Er kann fast unmöglich fehlschlagen. Folgen Sie einfach den einzelnen Schritten, und vertrauen Sie dem Prozess. Er funktioniert mit Individuen, in Gruppen und organisationalen Systemen; im öffentlichen und privaten Sektor; in Gemeinden, Landkreisen oder globalen Systemen; und er bewirkt Umstrukturierung, kulturellen Wandel, Qualitätsverbesserung und schnelle Veränderung.
- PF trägt von Natur aus die *Werkzeuge,* das *Wissen* und die *Methodologie der Umsetzung* in sich. Für Ronald Lippitt, der PF mitentwickelt hat, musste die Theorie pragmatische, greifbare Ergebnisse für die Menschen in der Arbeitswelt erbringen. Die letzten vier Schritte dieses insgesamt acht Schritte umfassenden Prozesses integrieren Methoden und Werkzeuge, die eine geschickte, kluge und erfolgreiche Umsetzung garantieren. Dieser Prozess integriert alles, was Ronald Lippitt über die erfolgreiche Umsetzung von Veränderungsvorhaben gelernt hatte. Und die PF-Entwickler fügen das, was sie gelernt haben, stets hinzu.

Die Ergebnisse halten

PF ist leicht zu lernen und kann zu einem selbst geleiteten Prozess werden, der nicht von einem externen Moderator abhängig ist. Wer PF einmal erlebt hat, scheint die Methode einfach in seine Arbeit mit Abteilungen, Teams oder Familien einzubauen.

Wenn PF als strategischer Planungsprozess angewendet und mit der jährlichen Geschäftsplanung verbunden wird, sind seine Ergebnisse absolut nachhaltig. Wenn PF Teil des jährlichen Planungsprozesses ist, wird die Methode institutionalisiert. Folglich geht dieser Prozess weiter, auch wenn die Führung wechselt.

PF hinterlässt bleibende Spuren in persönlichen und kulturellen Annahmen und Überzeugungen. Dazu zählen die folgenden Aspekte:

- Demokratische Prinzipien können tatsächlich funktionieren und schneller bessere Qualität produzieren.
- Differenzen und Konflikte sind positive Ressourcen, die angenommen und zur Innovation genutzt werden müssen.
- Erfolg zu erzielen liegt in der Verantwortung des Einzelnen.
- Wir sind wirklich ein System. So etwas wie „Das ist nicht meine Aufgabe" gibt es nicht.
- Man muss vom ganzen System her denken.
- Befähigung und das Motto „Wir können das" überwinden Hilflosigkeit und das Gefühl „Es ist schrecklich".
- Die wirklichen Antworten liegen in uns als Menschen und als System.

Abschließende Bemerkungen

Probieren Sie PF aus. Sie werden staunen und begeistert sein. Die Frage lautet nicht mehr „Können wir das System verändern?", sondern „Welche Art von System wollen wir?".

10

SimuReal

Wo man sitzt, ist da, wo man steht.
Anonymus

SimuReal in der Praxis

Das *Columbus Regional Hospital*, ein Bezirkskrankenhaus südlich von Indiana-polis, war damit befasst, das medizinische Personal entlang mehreren Versor-gungslinien zu reorganisieren. Dabei musste es sich mit der Aufgabe auseinander setzen, das Verwaltungspersonal so auszurichten, dass es diese Versorgungs-dienste unterstützte. Weil das Managementteam der Klinik erkannte, dass die besten Informationen darüber, wie dies zu bewerkstelligen sei, von denjenigen kommen würden, die in dieser Arbeit involviert sind, suchte es einen Weg, wie diese Daten von über 70 Mitarbeitern gewonnen werden könnten. Darüber hinaus wollte das Managementteam die Fähigkeit des Personals optimieren, diese Situa-tion von einem systemischen statt von einem individualistischen Standpunkt aus zu sehen.

Angesichts der Notwendigkeit, in den kommenden Jahren die Kosten zu sen-ken, war das Managementteam besorgt darüber, dass das Personal dieses Vorha-ben als einen versteckten Versuch sehen würde, die Menschen aus ihren Ar-beitsplätzen hinauszuorganisieren. Das Team suchte eine Methode, wie die Bei-träge des Personals moderiert, Verpflichtung gesteigert und Prozesse optimal sichtbar gemacht werden könnten. SimuReal wurde ausgewählt, dieses Vorhaben in die Wege zu leiten.

Ein funktionsübergreifender Ausschuss für Qualitätsverbesserung nahm über sein internes Büro für Organisationsentwicklung Kontakt mit *Klein Consulting* auf und bat um Unterstützung bei der Moderation des SimuReal-Prozesses. Zuerst fokussierten wir auf die Aufgabe des SimuReal-Events: zusammenarbeiten, um mehrere Alternativmodelle zu entwickeln, wie man die Unterstützung der Versor-gungslinien organisieren könnte.

Danach erstellten wir ein Organigramm, das die formalen und informellen Be-ziehungen aus der Vogelperspektive zeigte. Wir identifizierten Schlüsselakteure, die nicht zum Verwaltungspersonal gehörten und deren Beiträge wertvoll sein würden. Die Sitzordnung für das SimuReal-Event wurde nach diesem Orga-nigramm festgelegt.

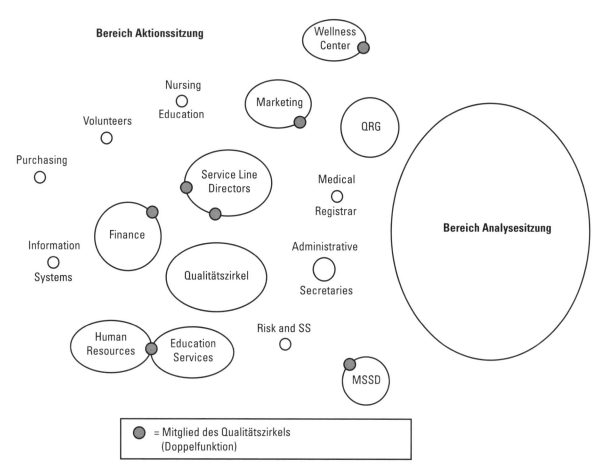

Abbildung 1: Das Columbus Regional Hospital in der SimuReal-Sitzordnung

Schließlich wurden funktionsübergreifend und ebenenübergreifend Vertreter quer durch die Organisation gebeten, sich zu einem Umsetzungsteam zusammenzuschließen. Seine Aufgabe war es, an dem Event teilzunehmen und danach einen Prozess zu organisieren und zu managen, um einen praktikablen Plan zu entwickeln, der

- die Strategien und Ideen verfeinerte, die in der SimuReal-Sitzung generiert worden waren,
- das Feedback des übrigen Personals nutzbar machte.

Für die 70 Teilnehmer, die zur SimuReal-Sitzung kamen, war in einem großen Raum eine Sitzordnung aufgebaut worden, bei der im Kreis aufgestellte Stühle in einzelnen Gruppen platziert waren, die mit den Namen der verschiedenen Teile der Organisation versehen waren. Diese Stuhlgruppen stellten die Home Base der Teilnehmer in ihrer Organisation dar. Ein paar Führungskräfte der Organisation sprachen einleitende Worte. Dann eröffnete der Moderator den Event und informierte die Teilnehmer darüber, dass ihnen der ganze Tag zur Verfügung stehe, um gemeinsam an der Aufgabe zu arbeiten, deren Beschreibung zuvor verteilt worden war. Er teilte auch ein paar Dinge mit über Leitlinien, die von der Planungsgruppe entwickelt worden waren. Dann umriss er das Arbeitsmuster für den Tag:

- drei ein bis anderthalb Stunden dauernde Aktionssitzungen, in denen die Teilnehmer die Aufgabe ganz nach ihren eigenen Vorstellungen bearbeiten konnten;
- nach jeder Aktionssitzung eine 20 bis 30 Minuten dauernde Analysesitzung, während der die gesamte Gruppe die Aktion aus der Distanz betrachten und

über das Geschehen reflektieren, Beobachtungen und Einblicke austauschen und Vorschläge für die nächste Aktionssitzung machen sollte.

Das Umsetzungsteam und seine Mitglieder wurden vorgestellt und seine Rolle in dem Prozess kurz erläutert. Damit begann die erste Aktionssitzung. Anfangs arbeiteten die Home-Base-Gruppen unter sich. Einige waren damit beschäftigt, ihre Erwartungen an den Prozess und an den Tag selbst abzuklären. Andere fingen sofort damit an, ihre Ideen und Strategien aufzuzeichnen.

Nach einer Stunde kündige der Moderator die erste Analysesitzung an. Nach einer Minute des Nachdenkens fingen die Gruppenmitglieder an, ihre Gedanken auszutauschen. Einige Teilnehmer freuten sich über den Fortschritt, den ihre Gruppen gemacht hatten. Manche fühlten sich von anderen Gruppen isoliert. Manche redeten miteinander über ihr Problem, dass sie nicht die Informationen oder Perspektive hatten, die sie zur Durchführung der Aufgabe gebraucht hätten. Während dieses Prozesses half der Moderator den Gruppen dabei, Zusammenhänge zwischen den Gefühlen und Einblicken der Teilnehmer und ihrem Verhalten sowohl während der SimuReal-Sitzung als auch generell an der Arbeit herzustellen. Allmählich verlagerten sich die Gespräche auf das Thema, was die Teilnehmer in der nächsten Aktionssitzung voneinander wollten. Viele Teilnehmer wollten eine intensivere Interaktion zwischen den Gruppen und machten Pläne, wie diese erreicht werden könnte.

Die zweite Aktionssitzung und die dritte Aktionssitzung glichen einem wechselnden Mosaik! Gruppen bildeten sich, lösten sich auf und bildeten sich neu, als der Teilnehmerkreis durch funktionsübergreifende Gruppierungen aufgebrochen wurde. Einige Teilnehmer wollten sehen, wie die Saat einer bestimmten Strategie aufging, und blieben während des gesamten Prozesses in einer einzigen Gruppe. Andere Teilnehmer fungierten als „Bestäuber", indem sie von einer Gruppe zur anderen „flogen" und Ideen und Informationen austauschten. Ein paar Teilnehmer verbrachten die Zeit damit, für sich allein über ihren Funktionsbereich nachzudenken. In den jeweiligen anschließenden Analysesitzungen konnten die Teilnehmer Fragen und Probleme formulieren und lösen, denen sie begegnet waren.

Der SimuReal-Event schloss damit, dass das Umsetzungsteam im Kreis mitten im Raum saß und von der übrigen Gruppe umgeben war. Die Mitglieder des Umsetzungsteams reflektierten über den Tag und fassten zusammen, was sie gehört hatten und was sie als ihre Aufgabe in den kommenden Wochen sahen. Es entwickelte sich eine interessante Diskussion, in der die Teammitglieder den anderen von ihren Gefühlen der Verletzbarkeit erzählten. Schließlich bekam das Umsetzungsteam den Auftrag, viele, oft konkurrierende Ideen zusammenzubringen. Die Teammitglieder handelten an Ort und Stelle Vereinbarungen aus, um sicherzustellen, dass sie sich weiterhin vom restlichen Personal unterstützt fühlen durften.

In den darauf folgenden drei Wochen integrierte das Umsetzungsteam die Strategien und Ideen, die aus dem SimuReal-Event hervorgegangen waren. Die Teammitglieder entwickelten einen Prozess, der regelmäßige Aktualisierungen an die übrigen Mitarbeiter sowie deren Feedback vorsah. In einem anschließenden zweitägigen Workshop wurde eine vorläufige strategische Richtung entwickelt und dem Personal vorgelegt, das daraufhin das endgültige integrierte Modell ausarbeitete. Man richtete eine Gruppe zur Entscheidungsunterstützung ein, um strategische Geschäftsplanung, Leistungsverbesserung, Kundenzufriedenheit und Finanzanalyse zu integrieren. Inzwischen, so die Aussage des Förderers, stellen die einst fragmentierten Funktionen der neuen Gruppe rationellere, ergiebigere Produkte und Unterstützung für die Versorgungslinie bereit und verringern zugleich Nachbesserung und Redundanz. Der gesamte Prozess vor der ersten SimuReal-Planungssitzung bis zur endgültigen Umsetzung dauerte etwa acht Monate.

Die Grundlagen: Anworten auf häufig gestellte Fragen

SimuReal bringt entscheidende Mitglieder der Organisation oder der Gemeinde zusammen, um ihnen die Möglichkeit zu geben,

- ihre Interaktionen miteinander zu erleben und mehr darüber zu lernen,
- gemeinsam an realen Problemen zu arbeiten,
- Entscheidungen innerhalb eines gestrafften Zeitrahmens zu treffen,
- sich Fähigkeiten und Erkenntnisse anzueignen, die ihnen helfen, mit zukünftigen Herausforderungen in ihrem „heimatlichen" Setting – der Organisation oder Kommune – effektiver umzugehen.

Der Name SimuReal leitet sich aus der Art ab, wie der Prozess die Struktur einer Organisation *simuliert* und dabei die Teilnehmer in eine *reale* Aufgabe einbindet.

Zwei Kategorien sind zu berücksichtigen, wenn man sich für eine Intervention entscheidet: Angemessenheit und Bereitschaft.

Angemessenheit: SimuReal ist darauf ausgelegt, wichtige Entscheidungen herbeizuführen, wenn viele Menschen von diesem Resultat betroffen sind. Die Methode funktioniert am besten mit 25 bis 80 Teilnehmern. Bei weniger als 25 Teilnehmern ist eine für Kleingruppen gedachte Methode vielleicht nützlicher. Bei über 80 Teilnehmern ist es schwierig, während der Analsysesitzungen Dialoge unter vier Augen zu führen, was aber eine wesentliche Komponente des Ansatzes ist. (Mit dem Aufkommen neuer Techniken der Datengewinnung bei großen Teilnehmerzahlen wird es vielleicht möglich, die maximale Teilnehmerzahl höher anzusetzen. Darüber hinaus haben Variationen des „Standardmodells" schon Teilnehmerzahlen bis 150 möglich gemacht.)

Die Aufgabe, auf die der SimuReal-Event fokussiert, muss klar, eindeutig definiert, erreichbar und an den Bedürfnissen und der Mission der Organisation ausgerichtet sein. Sie muss so wichtig und komplex sein, dass sie das Interesse aller Teilnehmer findet und es sich lohnt, Zeit und Energie darein zu investieren. Erreichbarkeit und Komplexität scheinen sich manchmal vielleicht auszuschließen, sodass eine Balance zwischen beiden Polen gefunden werden muss.

Bereitschaft: Das obere Management muss sich voll dafür einsetzen, dass der Event ein Erfolg wird, und darf ihn nicht nur halbherzig erlauben. Der Einsatz des Managements muss die ernsthafte Verpflichtung sein, zu gewährleisten und darauf zu achten: dass möglichst weit gestreute Beiträge von anderen Personen in der Organisation geleistet werden; dass es selbst an der Planungsgruppe, die den SimuReal-Event entwirft, partizipiert; und dass der Wunsch nach Empfehlungen und/oder Entscheidungen, die während des Events zustande kommen, ernsthaft berücksichtigt werden.

Der SimuReal-Event besitzt zwar einen gewissen Grad an Prozessstruktur, ihm fehlt aber ein gewisser Grad an Ergebnisstruktur, besonders verglichen mit den Methoden Konferenzmodell (Conference Model®), Zukunftskonferenz (Future Search) oder Strategische Veränderung in Echtzeit (Real Time Strategic Chance[SM]), die alle verschiedene „Produkte" in bekannten Intervallen in ihren Prozessen erzeugen. Bei SimuReal gibt es außer der durch die Aufgabe an sich auferlegten Struktur, dem Organigramm und dem Wechsel zwischen Aktion und Analyse kein vorausbestimmtes Ende und auch keine Zwischenergebnisse. Die Führung der Organisation muss deshalb bereit sein, ein ziemlich hohes Maß an Ambiguität zu akzeptieren.

Die Produkte einer SimuReal-Intervention schwanken je nach gewählter Aufgabe. Die Teilnehmer gewinnen durch den Event nützlichere Informationen und Erkenntnisse über die Aufgabe, als es ihnen auf anderem Wege möglich gewesen wäre. Je nach Aufgabe haben sie große Entscheidungen getroffen oder Richtungen für die spätere Arbeit an dem Problem vorgegeben.

Der Spiegel der Organisation

Ein einzigartiges Element des SimuReal-Designs ist das Organigramm, das vor dem Event aufgestellt wird und mit dem die Teilnehmer ihre Arbeit beginnen. Die Organisation offenbart sich vor sich selbst auf eine Weise, wie sie es zuvor wahrscheinlich nicht getan hat. Signifikante Einblicke werden oft dadurch generiert, dass die formale und informelle Struktur simuliert und diese Simulation in den Raum gebracht und vor allen Teilnehmern zur Betrachtung und Reflexion ausgebreitet wird.

Schließlich erwerben die Teilnehmer – dadurch, dass sie mit anderen Personen, mit denen sie schon in Interaktion stehen, an relevanten, wichtigen Aufgaben arbeiten und dazu noch eine moderierte Analyse dieser Arbeit an Ort und Stelle durchführen – Fähigkeiten und Erkenntnisse, die sie in zukünftigen Interaktionen außerhalb des SimuReal-Prozesses anwenden können.

Dem Event vorausgehende Aktivitäten

Vor dem SimuReal-Event bestimmt eine Planungsgruppe, die sich aus Vertretern der ganzen Organisation zusammensetzt, die Aufgabe, auf die der Event fokussieren wird. Darüber hinaus erstellt die Planungsgruppe ein Organigramm (Karte von der Organisation), in dem die formalen und informellen Machtverhältnisse und andere Gruppenwechselbeziehungen festgehalten sind. Normalerweise werden der CEO (Chief Executive Officer) und sein Personal in der Mitte platziert, und der Rest der Organisation wird über den Raum verteilt. Die Nähe zur Mitte und der einzelnen Gruppen zueinander repräsentiert die konkreten Arbeitsbeziehungen.

Der SimuReal-Event

Während des SimuReal-Events, der üblicherweise einen vollen Tag dauert, arbeiten die Teilnehmer in drei ein bis anderthalb Stunden dauernden Aktionssitzungen an der Aufgabe. In ihrer ursprünglichen Sitzordnung spiegelt sich das Organigramm, das von der Planungsgruppe vorbereitet worden ist. Doch wenn die Aktionssitzung beginnt, ist es den Teilnehmern freigestellt, in den Konfigurationen zu arbeiten, die sie für sinnvoll halten.

Zwischen den Aktionssitzungen finden 20 bis 30 Minuten dauernde Analysesitzungen statt. In diesen Sitzungen sammelt sich die ganze Gruppe im Kreis und betrachtet die Aktion aus der Distanz. Die Teilnehmer diskutieren darüber, was sie aus der vorausgegangenen Aktionssitzung mitgenommen haben – welches Geschehen sie gesehen haben, welchen Eindruck sie davon haben, wie das Geschehene sich auf ihre Arbeit an der Aufgabe auswirkt und inwieweit diese Erfahrungen ihre konkreten Arbeitsbeziehungen widerspiegeln. Sie machen sich auch Gedanken über die nächste Aktionssitzung und diskutieren darüber, wie sie diese so erfolgreich wie möglich machen können.

Der Event schließt mit einer zusammenfassenden Sitzung, in der die während des Tages erzielten Lernergebnisse und Entscheidungen rekapituliert werden und der Weg dafür bereitet wird, das Gelernte in der Organisation anzuwenden.

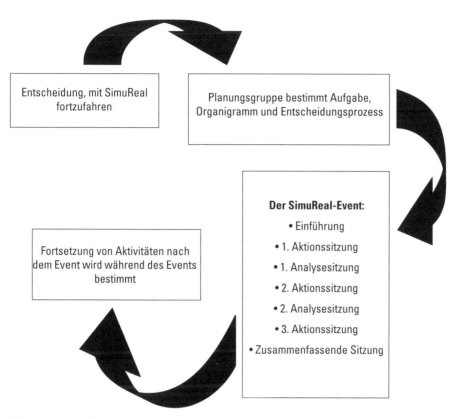

Entscheidung, mit SimuReal fortzufahren

Planungsgruppe bestimmt Aufgabe, Organigramm und Entscheidungsprozess

Fortsetzung von Aktivitäten nach dem Event wird während des Events bestimmt

Der SimuReal-Event:
- Einführung
- 1. Aktionssitzung
- 1. Analysesitzung
- 2. Aktionssitzung
- 2. Analysesitzung
- 3. Aktionssitzung
- Zusammenfassende Sitzung

Abbildung 2: Der SimuReal-Prozess

Rechtfertigung der Kosten

Die Rechtfertigung der Kosten für Interventionen der Organisationsentwicklung ist immer ein schwieriges Unterfangen. Oft werden die Resultate erst lange nach dem Event voll realisiert. Es kann schwierig sein, Ursache und Wirkung zwischen der Intervention und festgestellten Vorteilen (oder Nachteilen) voneinander zu trennen. Die Resultate liegen vielleicht im „ideellen Bereich" der Organisation und sind nur schwer, wenn nicht gar unmöglich direkt zu messen. Bei der Evaluierung der Ergebnisse einer SimuReal-Intervention sehen wir zwar einige dieser Vorbehalte, doch die Methode hat auch vorhersagbare, wiederkehrende Wirkungen, die wir für prospektive SimuReal-Nutzer gerne beleuchten.

Weil alle wichtigen Teilnehmer im Raum versammelt sind und auf ein und dasselbe Problem fokussieren, so berichten Teilnehmer, produziert ein Tag SimuReal Aktivitäten und Leistungen, für die ein bis anderthalb Jahre normale Arbeitszeit nötig sind. Weil die meisten Probleme und Konflikte einer Organisation auf Schwierigkeiten im System zurückzuführen sind, ist außerdem die Notwendigkeit, die „weißen Flecken" zwischen den Kästchen im Organigramm zu managen, immer präsent, vor allem dann, wenn Organisationen durch Fusionen wachsen und durch Reorganisation gefallen wollen. In den meisten Organisationen ist es jedoch für die Mitglieder schwierig, das große Bild zu sehen. Die komplexe Struktur der Organisation und ihre verschlungenen Beziehungen bleiben den meisten Mitarbeitern und – schließlich auch – den Managern verborgen. Die alte Redeweise „Wo wir sitzen, ist da, wo wir stehen" scheint zuzutreffen. Das Verständnis, das ein Mitarbeiter von seinem Arbeitsplatz und von seinem Teil der Organisation hat, färbt die Sicht auf das Leben der anderen Menschen in der Organisation. SimuReal gehört zu den wenigen Interventionen, die der formalen und informellen Struktur der Organisation einen Spiegel vorhalten und diesen Spiegel als Faktor des Events an sich in den Raum bringen.

Schließlich sind die Fähigkeiten und Erkenntnisse, die die Teilnehmer in den Analysesitzungen absorbieren und kristallisieren, wichtige, handfeste Nebenprodukte des SimuReal-Prozesses. Die Teilnehmer lernen oft neue Möglichkeiten, wie sie außerhalb des Simu-Real-Events miteinander umgehen können.

Der Start

Veränderung betrachtet man am besten als einen stetigen, niemals endenden Prozess. SimuReal kann helfen, große Innovationen verschiedenster Art anzustoßen. Die Methode ist jedoch kein Ersatz für laufende Vorgehensweisen, mit denen die Zukunft abgetastet und der Status quo kontinuierlich untersucht und verbessert wird.

SimuReal ist für eine Organisation der Verheißung vergleichbar, dass Bedingungen nie mehr so sein werden wie zuvor. Wenden Sie deshalb SimuReal nur dann an, wenn die Beteiligten offen dafür sind, Möglichkeiten der Veränderung in Rollen, Beziehungen, Strukturen und Verfahren zu explorieren, in denen sie selbst und andere involviert sind. SimuReal funktioniert am besten als Teil einer fortwährenden Beratungsbeziehung, die lange, bevor die Anwendung der Methode in Betracht gezogen wird, beginnen kann und oft erst dann endet, wenn die Organisation die während des Events erreichten Innovationen schon lange installiert und getestet hat.

Rollen, Aufgaben und Beziehungen

Förderung

Jedes Veränderungsvorhaben, das erfolgreich sein soll, braucht die Förderung vonseiten der Verantwortlichen in der Organisation. SimuReal bringt die Ideen, Talente und Sichtweisen der gesamten Organisation an den Tisch. Die Beiträge jedes einzelnen Teilnehmers werden mit Achtung und Sorgfalt behandelt. Wenn das obere Management nicht voll hinter dem Prozess steht, warten die Teilnehmer einfach darauf, bis „der andere Schuh auch angezogen ist", und geben sich der Überzeugung hin, dass dem – Management – schließlich jemand den „Boden unter den Füßen wegziehen" wird. Die Vorteile von SimuReal sind besonders anfällig dafür, auf solche Weise vereitelt zu werden, weil der Prozess stark von der „Realität" des Events abhängt – von der Befähigung der Teilnehmer, ein Problem zu lösen oder zu Entscheidungen zu gelangen, die in der Realität bedeutsam und für sie selbst wichtig sind.

Die Förderung von SimuReal ist nicht allein Aufgabe des oberen Managements; sie muss sich durch die gesamte Organisation ausbreiten. Die Planungsgruppe, die einen Querschnitt der Funktionen und Ebenen der Organisation repräsentiert, beginnt mit der Arbeit. Sie baut die Unterstützung für den SimuReal-Event auf, indem sie kontinuierlich den Kontakt zu anderen Mitgliedern der Organisation hält und deren Beiträge in die Überlegungen der Planungsgruppe integriert.

Wenn dies gut gelungen ist, gewinnt man Unterstützung selbst angesichts großer Spannungen. Es war ein denkwürdiger Fall, als mitten in einem SimuReal-Event, der eine ziemlich kontroverse Beziehung zwischen Gewerkschaft und Management implizierte, die Gewerkschaftsführerin, die auch der Planungsgruppe angehörte, demonstrativ den Saal verließ. Sie versuchte, ihre engsten Helfer zu überzeugen, mit ihr den Raum zu verlassen, doch diese waren zu sehr im SimuReal-Prozess vertieft. Der Moderator des SimuReal-Events versuchte, im Flur mit der Gewerkschaftsführerin zu sprechen, und brachte ihr vorsichtig nahe, dass ihre Gefolgsleute im SimuReal-Raum seien und sie besser daran tue, zu ihnen zurückzugehen, wenn sie weiterhin ihre Führerin bleiben wolle.

Moderation

Weil die SimuReal-Struktur einfach aussieht, scheint die Methode auf den ersten Blick ziemlich wenig Intervention, Vorbereitung oder Fähigkeiten vom Moderator zu verlangen. In Wirklichkeit ist SimuReal ziemlich anstrengend. Jede Designkomponente stellt völlig eigene Anforderungen an den Moderator.

Vor dem Event

Der SimuReal-Prozess beginnt lange vor dem Event selbst. Eine solide vertragliche Vereinbarung mit dem Klienten ist entscheidend dafür, den Weg für einen erfolgreichen Event zu bereiten. Sicherstellen, dass die Methode dem Klientensystem wirklich angemessen ist, dem Klienten den Vorschlag unterbreiten, SimuReal anzuwenden, und mit einer vielfältigen Planungsgruppe zusammenarbeiten, das sind alles wichtige Elemente des SimuReal-Prozesses.

Während des Events

In den Aktionssitzungen spielt der SimuReal-Moderator mehrere Rollen. Er ist

- *beobachtender Anthropologe*, der von der Organisation fasziniert und daran interessiert ist, mehr darüber herauszufinden, wie das Leben in ihrer Welt abläuft;
- *neugieriger Zuschauer*, der sich frei im SimuReal-Raum bewegt. Der Moderator hört in Gruppendiskussionen hinein (es sei denn, er wird von einem Gruppenmitglied explizit gebeten, dies nicht zu tun) und merkt sich, was dort vor sich geht;
- *Hausmeister*, der den Müll aufsammelt, dafür sorgt, dass die notwendigen Materialien vorhanden sind, sich generell darum kümmert, dass die gesamte Logistik bereitgestellt ist, und der mit einem Blick sieht, wenn ein Teilnehmer sich in Schwierigkeiten befindet.

Die Analysesitzungen haben noch weitere Aufgaben für den Moderator in petto. Er ist

- *Moderator*, der die Diskussion am Laufen hält, überprüft und sicherstellt, dass die Teilnehmer sich gegenseitig verstehen, zurückhaltende Teilnehmer ermutigt, sich zu Wort zu melden, und gegebenenfalls die Teilnehmer an die Normen erinnert, die in der Eröffnungssitzung festgelegt worden sind;
- *neugieriger Beobachter*, der von Zeit zu Zeit das Geschehen reflektiert oder, basierend auf seinen Beobachtungen, Fragen stellt, wenn er dies als hilfreich erachtet;
- *Dolmetscher*, der die Teilnehmer auf Signale aufmerksam macht, die auf besonders funktionales oder dysfunktionales Verhalten hinweisen, das die Teilnehmer während des Prozesses zeigen und das dem Verhalten ähnlich sein kann, das sie „zu Hause" in der Organisation fortsetzen;
- *Animateur*, der die Teilnehmer motiviert, darüber nachzudenken, wie man als Individuum und als Organisation effektiv seinen Willen ausdrücken und anderen Ressourcen anbieten kann.

Neben Gruppenmoderation und Beratungsfähigkeiten verlangt SimuReal – wie andere Veränderungsmethoden mit Großgruppen – von ihren Praktikern ein eigenes Fähigkeitsprofil. Sie müssen

- vor großen Gruppen sprechen können;
- *gelassen bleiben, wenn die Ergebnisse des Events unklar oder mehrdeutig sind.* Wir kennen zwar keinen SimuReal-Event, der keine nützlichen Ergebnisse erbracht hat, doch das spezifische Resultat ist immer offen. Sobald der Event beginnt, ist er wirklich das Eigentum der Teilnehmer;

- *die Prozesse zwischen den Individuen und den Gruppen verstehen und damit arbeiten.* Da kein SimuReal-Event wie der andere ist, erlebt man jedes Mal die Achterbahn der Emotionen und Energien, d. h. die üblichen Phasen der Gruppenentwicklung: Formierung (Forming), Konfliktphase (Storming), Normierungsphase (Norming), Arbeitsphase (Performing). Praktiker müssen die Achterbahn mit den Teilnehmern fahren – ihnen gegebenenfalls Unterstützung und Ermutigung geben, sich aber aus tiefer gehenden Kämpfen heraushalten;
- *die eigenen Ideen und Erwartungen in den Hintergrund stellen.* SimuReal-Moderatoren haben eine einmalige Vogelperspektive auf den Prozess und machen sich oft ihre eigenen Gedanken über das bestmögliche Resultat des Events. Als Moderator darf man seine eigenen Werte, Gedanken und Meinungen der Gruppe nicht überstülpen;
- *im Voraus auf physische Arrangements und Logistik achten.* Es gibt viele Details zu berücksichtigen sowie, wenn diese falsch angegangen werden, potenzierte Konsequenzen allein schon aufgrund der Anzahl der Beteiligten. Events mit großen Gruppen verlangen sehr viel Planung und Ausführungsbemühungen;
- *die systemische Orientierung behalten.* Lösungen für Probleme der Organisation liegen fast immer darin, dass die Beziehungen zwischen den Elementen des Systems erkannt und gemanagt werden, und weniger im Managen der Elemente selbst. Während des Prozesses brauchen Teilnehmer manchmal Hilfe, um diese Perspektive aufrechterhalten zu können und nicht auf leichte Lösungen oder Beschuldigungen anderer zu verfallen.
- *sofort Feedback anbieten.* Im Gegensatz zum gängigen Paradigma der Aktionsforschung müssen die Teilnehmer auf die Daten, die während des Prozesses gewonnen werden, in den Analysesitzungen sofort, aber auf sinnvolle Weise Rückmeldung bekommen.
- *Verantwortung delegieren und die Teilnehmer zu Eigentümern des Events machen.* Der Event ist „Eigentum" der Planungsgruppe. Irgendwann im Laufe des dem Event vorausgehenden Prozesses muss das Eigentum vom Moderator auf die Planungsgruppe übergehen. SimuReal-Praktiker müssen nicht nur die Eigentümerschaft der Planungsgruppe fördern, sondern irgendwann auch bereit sein, die alleinige Kontrolle über das Projekt aufzugeben.

Partizipation

Die Verantwortlichen in der Organisation müssen ganz klar wissen, welches Maß an Entscheidungsmacht die SimuReal-Teilnehmer haben. Das tatsächliche Ausmaß der Delegation von Macht spielt eine sehr geringe Rolle. Erfolgreiche SimuReal-Events haben die ganze Skala durchlaufen von höchst befähigten Entscheidungsgremien bis zu Sitzungen, in denen nur Input gesammelt wurde. Eine große Rolle spielt, dass unabhängig davon, in welchem Ausmaß die Entscheidungsmacht im SimuReal-Prozess eingesetzt wird, die Ebene der Entscheidungsmacht den Teilnehmern kristallklar verdeutlicht wird und vom Management auf keinen Fall in Zweifel gezogen werden darf.

Vor dem Event werden die Teilnehmer voll über die Methode, die Aufgabe und über die Arbeit informiert, die man von ihnen vor dem Event erwartet. Vielleicht wollen einzelne Personen oder Gruppen Positionspapiere, Rollenanalysen oder andere Dokumente erstellen und sie in den SimuReal-Prozess einbringen.

Während des Events schenken die Teilnehmer ihre ganze Energie und Aufmerksamkeit der konkreten Aufgabe in den Aktionssitzungen. Alle nähern sich dieser Aufgabe natürlich aus ihrer jeweiligen Perspektive und Rolle. Das ist überhaupt kein Nachteil, den es zu überwinden gilt. De facto spiegelt sich darin genau der Grund, weshalb Veränderungsmethoden in erster Linie mit Großgruppen durchgeführt werden: weil damit nämlich alle relevanten Sichtweisen und Daten auf ein signifikantes Problem bezogen werden, dessen Lösung sich in alle Verästelungen der Organisation ausbreitet.

Die Verantwortlichkeit der Teilnehmer nach dem Event ist völlig unterschiedlich. Gewiss werden Vereinbarungen, die während des SimuReal-Events getroffen worden sind, ausgeführt. Oft fungiert eine Teilnehmergruppe als Umsetzungsteam, das die Aufgabe übernimmt, die Informationen und die von Untergruppen während des Events getroffenen Entscheidungen in einen systematischen Aktionsplan umzuwandeln.

Tabelle 1 fasst die Rollen und Aufgaben in einem SimuReal-Event zusammen.

	vorher	während	danach
Förderer	• verpflichtet sich dem Prozess • nimmt an der Planungsgruppe teil	• ist sich der Delegation von Entscheidungsmacht bewusst • partizipiert voll durch Beitrag seines Wissens und seiner Perspektive	• unterstützt die Entscheidungen und Aktionen des SimuReal-Events
Designer/ Moderator	• stellt sicher, dass der Förderer versteht, was Verpflichtung heißt • unterstützt Aktivitäten der Planungsgruppe	• moderiert den SimuReal-Event	• coacht und unterstützt den Förderer und das Umsetzungsteam, bis Umsetzung abgeschlossen ist
Planungsgruppe	• definiert die Aufgabe • gewinnt Beiträge vom Rest der Organisation • entwirft das Organigramm	• partizipiert voll durch Beitrag ihres Wissens und ihrer Perspektive	• kann als Umsetzungsteam die Arbeit fortsetzen
Teilnehmer	• geben der Planungsgruppe auf Verlangen Informationen und Feedback	• partizipieren voll durch Beitrag ihres Wissens und ihrer Perspektive	• setzen die Entscheidungen aus dem SimuReal-Event um
Umsetzungsteam	• kann, wenn rechtzeitig eingerichtet, der Planungsgruppe Orientierung geben	• partizipiert voll durch Beitrag seines Wissens und seiner Perspektive	• gibt, wenn es eingerichtet wird, Unterstützung bei der Umsetzung

Tabelle 1: Rollen und Aufgaben

Auswirkungen auf das Macht- und Autoritätsgefüge

SimuReal geht von der Annahme aus, dass Partizipation der effektivste Ansatz ist, wenn schnelle und oft unerwartete Veränderungen eher die Regel als die Ausnahme sind. Statt Verantwortung und Autorität von oben nach unten zu delegieren, ist es so, dass oberes Management und andere wichtige Mitglieder der Organisation gemeinsam planen und Probleme lösen. SimuReal ist so angelegt, dass Barrieren von Rolle, Funktion und Status durchbrochen werden. Dieser alle Ebenen und Funktionen implizierende Ansatz informiert, involviert und befähigt Individuen und Untergruppen quer durch die Organisation. Deshalb sind die Menschen nach einem SimuReal-Event in Bezug auf die Organisation informierter, engagierter und einflussreicher; sie empfinden sich gewissermaßen als psychische Eigentümer des Systems.

Erfolgsbedingungen

SimuReal funktioniert, weil die Teilnehmer über eine sinnvolle Aktivität einer wichtigen Aufgabe nachgehen. Sie verbessern die gegenwärtige und zukünftige Gruppeninteraktion, indem sie systembezogene Faktoren erkennen und akzeptieren, die sich auf das individuelle und das Gruppenverhalten auswirken. Die Teilnehmer werden auf eine Art zu Eigentümern der SimuReal-Ergebnisse, die mit gebräuchlicheren, oft hierarchisch strukturierten Methoden nicht zu erreichen ist.

Theoretisches Fundament

SimuReal beruht auf zwei Annahmen:

1. *Organisationen und Gemeinden versteht man am besten mithilfe einer komplexen Systemdynamik.* Wie unterschiedlich die Rollen, Aufgaben und Funktionen aller Individuen und Bereiche innerhalb eines Systems auch sind, so sind sie doch wechselseitig voneinander abhängig. Wahrnehmungen, Interpretationen und Reaktionen auf das Verhalten des anderen werden weitgehend davon bestimmt, wo die Menschen im System in Relation zueinander platziert sind. Konflikte, Missverständnisse und andere Störungen – die oft einer einzelnen Person oder der zwischenmenschlichen Dynamik zugeschrieben werden –, sind normalerweise auf Fehler im System zurückzuführen. SimuReal erzeugt eine lebende Simulation der großen relevanten Aspekte des Systems und seiner Wechselbeziehungen.
2. *Niemand in einem komplexen System – auch die nicht, die formal die Verantwortlichen sind – weiß und versteht alles, was im System vor sich geht.* Komplexität und Zahl der Individuen und Bereiche, die simultan und getrennt voneinander arbeiten, sind zu groß. Die in einem einzigen Raum stattfindende Simulation großer Systemelemente bietet Möglichkeiten der Analyse, wie diese Elemente mit einer Aufgabe umgehen. SimuReal hilft den Teilnehmern, Systemfunktionen zu verstehen und anzuerkennen, wie wichtig es ist, ununterbrochen Informationen aus verschiedenen Teilen der Organisation zu gewinnen.

SimuReal gründet außerdem in den folgenden Lehrsätzen:

1. *Lernerfolge stellen sich besonders durch reflektiertes Arbeiten ein.* Wir lernen mehr aus den Erfahrungen, über die wir nachdenken, als aus denjenigen, über die wir nicht reflektieren. Deshalb werden abwechselnd Aktionsphasen und Phasen des Analysierens und Reflektierens durchgeführt.
2. *Menschen arbeiten effektiver in Systemen, die sie verstehen.* Deshalb werden die formalen und informellen Beziehungen in der Organisation dargelegt und im SimuReal-Raum physisch präsent inszeniert.
3. *Die reale Aktivität ist zwingender als die Aktivität, die man sich nur vorstellt.* Deshalb wird die Aufgabe für den SimuReal-Event aus der Mission oder Strategie der Organisation abgeleitet.
4. *Entscheidungen werden am besten von (oder mit den Beiträgen von) denjenigen getroffen, die für ihre Realisierung direkt verantwortlich sind.* Deshalb nimmt die gesamte Organisation oder eine signifikante repräsentative Gruppe wichtiger Mitglieder am SimuReal-Event teil.

Die Ergebnisse halten

Denken Sie daran, dass SimuReal lediglich ein Event ist. Am besten integriert man die Methode in ein größeres Mosaik aus geplanten Veränderungsaktivitäten, die zusammen genommen eine große Gruppe von Menschen befähigen, ihre eigene positive Zukunft zu erschaffen. Um dieses Mosaik herstellen zu können, braucht es Sensibilität für das Wesen der Teilnehmer, ihre Bedürfnisse und ihr größeres Umfeld.

Unserer Erfahrung nach können Organisationen die Energie, die durch ein Si-muReal-Event erzeugt worden ist, besser aufrechterhalten, wenn der Prozess in ein laufendes Veränderungsvorhaben eingebettet wird. Ein Management mit Ver-pflichtung, engagierte Mitarbeiter, effektive Beziehungen in der Organisation und ein effizienter Arbeitsfluss erscheinen nicht wie von Zauberhand in einem eintä-gigen Event und auch nicht in einem dreimonatigen SimuReal-Planungsprozess.

Von größter Wichtigkeit ist, dass die Teilnehmer nach dem SimuReal-Event wissen, was als Nächstes geschieht. Vielleicht ist eine Entscheidung getroffen wor-den, vielleicht sind Projektgruppen gebildet und „Marschordnungen" erlassen worden. Vielleicht ist ein Umsetzungsteam eingerichtet worden, das die während des Events gewonnenen Daten nutzt und daraus einen Aktionsplan entwickelt. Vielleicht hat das obere Management zugestimmt, dass man sich die entwickelten Ideen durch den Kopf gehen lässt und bis zu einem vereinbarten Termin zu einer Entscheidung gelangt. Klare Pläne für die nächste Zukunft erhalten die Energie in der Gruppe oder Organisation lebendig und präsent.

Organization Workshop (OW)

Ich habe jetzt klare Sicht, der Regen ist vorbei.
Ich sehe alle Hindernisse auf meinem Weg.
Weg sind die dunklen Wolken, die mir die Sicht genommen haben.
Es wird ein heller, heller, sonniger Tag.
Johnny Nash

Bericht aus der Praxis

Zwischen halb acht und acht Uhr morgens trafen 50 Workshopteilnehmer im Konferenzzentrum ein, das in einem ländlichen Setting steht und von Kiefern umgeben ist. Im Raum waren Vertreter des oberen Managements, mittlere Manager sowie Basismitarbeiter. Es herrschte eine erwartungsvolle Stimmung im Raum. Obwohl die Teilnehmer vor dem Workshop über die Veranstaltung informiert worden waren, unterhielten sie sich ganz aufgeregt darüber, was sie erwartete. *H-Tech Company* mit Sitz in Kalifornien ist ein High-Tech-Unternehmen mit 5 000 Beschäftigten, das seine Organisationskultur zu verändern suchte. Seine Zielvorstellung war eine Kultur mit mehr Unternehmergeist, weniger Schuldzuweisung, mehr persönlicher Verantwortung und besserer Partnerschaft zwischen allen Organisationslinien.

Punkt acht Uhr wurden die Teilnehmer in vier Gruppen aufgeteilt: Führungskräfte, mittlere Manager, Untergebene, Kunden.

Bei dieser Übung hatte die Führungsebene die gesamte Verantwortung für die Organisation. Zur unteren Ebene gehörten die Basismitarbeiter, die mittleren Manager hatten jeweils die Verantwortung für eine Gruppe aus der unteren Ebene. Kunden und potenzielle Kunden gaben der Organisation Projekte in Auftrag, an denen sie gegen Bezahlung arbeitete. Die Teilnehmer wurden nach dem Zufallsprinzip ihren Positionen zugewiesen (nicht so die Führungskräfte der Klientenorganisation, die Positionen auf der unteren Ebene oder von Kunden bekamen).

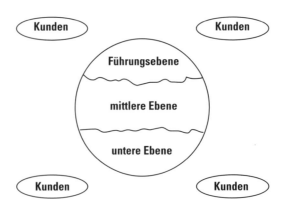

Abbildung 1: Die vier Gruppen

Die erste Übung dauerte den ganzen Vormittag. Die Aktion wurde in regelmäßigen Abständen gestoppt, und die Teilnehmer legten eine „Auszeit" ein. Der Zweck dieser Auszeiten war der, dass die Teilnehmer über das Leben in ihren jeweiligen Positionen sprechen konnten: über die Vorgänge in ihrer Welt, ihre Probleme, ihre Gefühle (eine Mischung aus Stress, Frustration und Angst) und auch darüber, wie sie andere Teile des Systems erlebten und wie ihre Beziehungen zu Gleichgestellten aussahen. Die Auszeiten reflektierten das, was in der Übung geschehen war; aber noch wichtiger war, dass in den Auszeiten Probleme beleuchtet wurden, die die Teilnehmer in ihren Veränderungsvorhaben in der Firma erlebten. Für die Workshopteilnehmer war dies – und das ist nahezu universal –, individuell und von der Organisation her betrachtet, ein Wendepunkt. Die Menschen erkannten, dass diese Übung – die eigentlich ganz anders sein sollte als ihre Organisation – de facto ihrer Organisation in folgenden Punkten sehr ähnlich war: in der Art der Frustration, die die Menschen erlebten; in der Art der Missverständnisse, die sich entwickelten; und in der Art der Probleme, mit denen die Menschen auf allen Ebenen konfrontiert waren. An diesem Punkt setzten wir den Hebel unserer systemischen Arbeit an.

Obwohl die erste organisationale Übung vor dem Mittagessen beendet war, spielten Teilnehmer während der Mittagspause die Ereignisse des Vormittags und das Gelernte noch einmal durch. Eine Teilnehmerin äußerte sich über die Nützlichkeit der neuen Struktur dahin gehend, dass sie die unterschiedlichen Welten der Führungskräfte, mittleren Manager, Untergebenen und Kunden beleuchte. Sie erzählte, wie sich in ihrer Organisation die Bedingungen für die oberen, mittleren und unteren Ebenen und die Kunden im Zuge eines härteren Wettbewerbs, der Globalisierung, zunehmenden Vielfalt der Belegschaft und schnell wechselnden Technologie zu verschärfen schienen. Diese Bedingungen führten dazu, dass es immer schlimmer werde, die richtige Wahl unter den Menschen zu treffen, mit denen man in und außerhalb der Organisation Partnerschaften eingehen könne.

Tabelle 1 beschreibt die Erfahrungen, die die Teilnehmer in der Übung machten und die sich genau mit ihren Erfahrungen in der Organisation deckten.

Position	Bedingung	Beschreibung
obere Ebene	überlastet	Komplexität und Verantwortlichkeit; viele Probleme; unvorhersehbare Probleme; Probleme, die nirgendwo besprochen werden; Verantwortung für das ganze System
mittlere Ebene	zerknirscht	Gefühl, zwischen differierenden und oft konfligierenden Anforderungen und Prioritäten der oberen und unteren Ebene aufgerieben zu werden; Gefühl, auseinander getrieben zu werden
untere Ebene	ignoriert	Probleme mit ihren Bedingungen und mit dem System; Gefühl, dass die obere und mittlere Ebene Probleme angehen sollten, dies aber nicht tun
Kunden	vernachlässigt	Produkte und Dienstleistungen werden nicht schnell genug oder nicht in akzeptabler Qualität oder zu akzeptablen Preisen geliefert; inadäquate Reaktion der Organisation

Tabelle 1: Die Erfahrung der Teilnehmer in der Übung und mit ihrer Erfahrung in der Organisation

Um ein Uhr mittags waren alle Teilnehmer wieder im Konferenzraum versammelt und bereit, die Struktur zu explorieren, um die Welten der Führungskäfte, mittleren Manager, Untergebenen und Kunden zu verstehen. An der Reihe war nun eine andere organisationale Übung. Bei dieser zweiten Übung wurden alle Teilnehmer, die vorher auf der oberen und mittleren Ebene und Kunden waren, zu Mitarbeitern auf der unteren Ebene. (Der Moderator achtete immer noch darauf, dass den Führungskräften im realen Leben keine Führungsposition während der Übung zugewiesen wurde.)

In der Zeit, als sich die Teilnehmer in ihre neuen Positionen hineinarbeiteten, explorierten wir ein paar Minuten lang, wie sie sich dabei fühlten. Wie in diesen

Workshops üblich, drückten die eigentlichen Führungskräfte, die jetzt Untergebene waren, ihre Erleichterung über ihre neue Position aus; und die eigentlichen Untergebenen, die jetzt Führungspositionen inne hatten, spürten bereits die mit Verantwortlichkeit verbundene Belastung und Anspannung. (Dies war für einige Mitarbeiter der unteren Ebene ein peinlicher Augenblick, weil sie am Vormittag noch heftig die Leute auf der oberen Ebene kritisiert hatten und jetzt selbst in dieser Position waren.) Die Kunden berichteten, dass sie eine große Distanz zu der Organisation spürten. Die „neuen" mittleren Manager konnten nicht sagen, wie sie sich fühlten. Generell hatten sie den Eindruck, keine Kontrolle über ihr zukünftiges Leben in der Organisation zu haben und dass ihre Erfahrung von den Aktionen der oberen und unteren Ebene und von den Kunden abhänge.

Bevor die zweite Übung fortgesetzt wurde, bekamen die Teilnehmer ein strategisches Modell an die Hand, mit dessen Hilfe sie erkennen konnten, weshalb Organisationen – trotz guter Absichten und erstklassiger Prozesse – immer wieder in die gleichen Muster der Selbstbeschränkung fallen. Und sie wurden über Prinzipien und konkrete Strategien informiert, wie gesündere, effektivere Systeme geschaffen werden können. Ausgerüstet mit ihrer neuen, „systemischen Sicht", gingen sie in die zweite Übung, die auch durch eine Auszeit unterbrochen war, damit die Probleme untersucht werden konnten. Wie in vielen anderen Organization Workshops (OW) war die zweite Übung ein großer Sprung nach vorn in Richtung Produktivität, Kreativität sowie Kunden- und Mitarbeiterzufriedenheit. Weniger Energie wurde darauf verwendet, mit Fingern auf andere zu zeigen, andere zu beschuldigen, sich zurückzuziehen und darauf zu warten, dass andere die Dinge richten. Die Teilnehmer zeigten mehr Selbstverantwortung, mehr Verständnis und Toleranz für andere und legten mehr Energie in die Arbeit des Systems. Obwohl sich manchmal in der zweiten Übung die Schwierigkeiten der ersten Übung wiederholen (was an sich eine wertvolle Lernerfahrung sein kann), war dies bei *H-Tech Company* nicht der Fall: Die Leistung der Mitarbeiter verbesserte sich beträchtlich.

Während der Nachmittagsübung erlebten die Teilnehmer eine weitere Offenbarung hinsichtlich ihres Systems: *Im Leben der Organisation sind alle von uns – unabhängig von Ebene, Titel oder Funktion – manchmal Mitarbeiter der oberen, mittleren oder unteren Ebene und Kunden. In manchen Interaktionen sind wir oben, in anderen unten, in wieder anderen in der Mitte und in noch anderen die Kunden.*

Die Teilnehmer erzählten, wie interessant es gewesen sei, dass unabhängig von ihrer jeweiligen Position in der Organisation (z. B. Direktor der Fertigungsabteilung, Vertriebsleiter oder Nachwuchsdesigner) die Art und Weise, wie sie Probleme erlebten und Reaktionen konzipierten, eher von der Bedingung abhängig war, unter der sie sich in diesem Augenblick befanden (obere, mittlere, untere Ebene oder Kunde). Genau zwei Wochen vor dem Workshop war Mark, ein Nachwuchsdesigner, Projektmanager eines kleinen Technikprojekts gewesen. Bei diesem Projekt hatte Mark nicht das mit einer Position auf der unteren Ebene verbundene typische Gefühl, unterdrückt zu sein und nie wahrgenommen zu werden. Stattdessen war er fasziniert von der Komplexität, dem Arbeitsumfang und seiner Verantwortung, das Projekt zu einem guten Abschluss zu bringen – die klassischen Gefühle einer Führungskraft! Weshalb empfand dieser Nachwuchsdesigner die Situation genau so? Weil seine *Bedingung* in diesem Projekt der einer Führungskraft entsprach, obwohl Mark auf der unteren Sprosse der Organisationsleiter stand.

Wir bezeichnen das ursprünglich fehlende Wissen über organisationale Prozesse und Interaktionen als *Systemblindheit*. Es ist unsere Absicht, im Workshop diese Systemblindheit umzuwandeln in *Systemsicht*.

Bis zum Ende des Tages hatten die Teilnehmer, so erzählten sie, verschiedene Einblicke in zunehmend erfolgreiche Partnerschaften – sowohl innerhalb der Organisation als auch mit Kunden – gewonnen, um die allgemeinen Ziele der Organisation erreichen zu können. Nach dem Workshop gingen die Teilnehmer emotional erfüllt nach Hause – begierig darauf, das neu Gelernte in der Praxis anzuwenden.

Vier Monate später berichtete der CEO (Chief Executive Officer), dass der erste OW und die Folgeworkshops dramatische Auswirkungen darauf gehabt hätten, wie die Menschen miteinander umgingen, was ihre Leistung positiv beeinflusse. Die Kundenzufriedenheit sei stark angestiegen, und die Firma habe die Zeit für die Entwicklung neuer Produkte signifikant verringert.

Die Grundlagen

OW ist eine mit der Gruppe durchgeführte Lernsitzung, in der die Teilnehmer universelle Bedingungen, Fallen und Dilemmata des organisationalen Lebens erfahren. Dadurch, dass die Teilnehmer diese Fallen unmittelbar erfahren und zusammen mit einer soliden Theorie diese zu umgehen lernen, entwickeln sie Konzepte, Methoden und eine gemeinsame Sprache, um ihre Interaktion in jeder Organisation zu verbessern.

Was genau verstehen wir unter dem Begriff „die Interaktion verbessern"? Wir meinen damit, dass die Teilnehmer lernen, Partnerschaften zwecks höherer Leistung einzugehen. Durch partnerschaftsfördernde Erfahrungen und Lernprozesse werden Individuen, Gruppen und ganze Organisationen in die Lage versetzt, effektiver und effizienter auf ihre Ziele hinzuarbeiten. OW fokussiert auf *alle* Formen von Partnerschaften: Partnerschaften zwischen oberer und unterer Ebene, quer verlaufende und Organisationseinheiten umfassende Partnerschaften, Partnerschaften zwischen Lieferant und Kunde.

Auf welche Weise trägt nun die Methode dadurch, dass sie die Art der Interaktion der Menschen verbessert, dazu bei, die Bedingungen zu schaffen, die eine Organisation für die Erreichung ihrer Ziele braucht? Dies gelingt dadurch, dass den Menschen die Augen geöffnet werden für organisationale Prozesse und Interaktionen, die ihnen vorher nicht bewusst waren. Doch den Menschen die Augen zu öffnen reicht nicht – OW bietet ihnen neue Wahlmöglichkeiten, wie sie mit ihrer neuen Systemsicht handeln können.

Das Ziel von OW besteht im Grunde darin zu demonstrieren, weshalb – trotz guter Absichten, gut trainierter Mitarbeiter und Qualitätsprozesse – die Erwartungen an Initiativen von Organisationen regelmäßig enttäuscht werden. Der Grund für dieses deprimierende Phänomen liegt darin, dass wir die Systemprozesse, von denen wir ein Teil sind, tendenziell nicht verstehen, obwohl wir einen Großteil unseres Lebens in Organisationen und anderen sozialen Systemen verbringen. Die Kosten dieser Systemblindheit sind Missverständnisse und Konflikte innerhalb von und quer durch Organisationslinien, geringere Motivation und Initiative, Bruch vielversprechender Partnerschaften, falsch eingesetzte Energie, schlechte Kundenbetreuung und so weiter.

In den Workshops erleben die Teilnehmer die Kosten der Systemblindheit unmittelbar – die damit verbundenen persönlichen Kosten und diejenigen für die Organisation –, und sie erleben die Macht der Organisation wie auch persönliche Befreiung, Kreativität und Befähigung, wenn sie sich von der Systemblindheit zur Systemsicht bewegen.

Vor einer ganzen Organisation neue Prinzipien ausrollen ist in jedem organisationalen Transformationsvorhaben eine Herausforderung. Wenn eine Organisation den Organization Workshop als Veränderungsplattform nutzt, ereignen sich die effektivsten Transformationen dann, wenn alle einen Workshop erlebt haben. Eine Strategie ist die, dass ein Kreis von geschickten internen Moderatoren aufgebaut wird, die dann den Workshop in der gesamten Organisation ausbreiten. Eine andere Strategie ist die, dass man zuerst eine Kerngruppe – vorzugsweise die einflussreichsten formalen und informellen Führungskräfte – am Workshop teilnehmen lässt. Diese Menschen können anschließend die Prinzipien verbreiten, indem sie mit anderen Organisationsmitgliedern Diskussionen führen. Eine weitere Strategie, die von Unternehmen angewendet wird, ist die, dass rein theoretische Diskussionen über OW geführt werden.

Organisationen, die OW angewendet haben, berichten über die vielfältigsten Resultate, z. B. geringere Durchlaufzeiten, bessere Qualität, niedrigere Kosten und ein höheres Niveau der Kundenbetreuung. OW ist zwar nicht spezifisch auf diese Verbesserungsbereiche ausgerichtet, *schafft* aber die *Bedingungen* für Verbesserungen aufgrund besserer Systemsicht.

Systemblindheit	Systemsicht
• Wir verlieren den Fokus auf die allgemeinen Ziele der Organisation und beschäftigen uns mit verschleißenden nebensächlichen Aktivitäten, die den strategischen Zielen nicht direkt entgegenkommen. • Wir erfinden Geschichten über die Aktionen anderer Menschen (in unseren Geschichten sind wir die Helden oder die Opfer, aber niemals die Schurken). • Wir bewerten andere Menschen als bösartig, unsensibel, inkompetent. • Wir nehmen die Aktionen anderer Mitarbeiter persönlich, als ob ihr Handeln gegen uns gerichtet sei. • Wir reagieren – werden kopflos, werden direkt, ziehen uns zurück. • Das ist das Ende der Partnerschaft.	• Wir bleiben fokussiert auf Aktivitäten, die die Ziele und Strategien der Organisation unmittelbar unterstützen. • Wir haben Empathie und Verständnis für andere. • Wir nehmen ihre Aktionen nicht persönlich. • Wir werden durch ihre Aktionen nicht blockiert. • Wir bleiben fokussiert auf das, was wir zu realisieren versuchen. • Wir handeln strategisch. • Wir ziehen die Welten und Belastungen der anderen Menschen in Betracht. • Wir bleiben in der Partnerschaft.

Tabelle 2: Vergleich zwischen Systemblindheit und Systemsicht

OW hilft Organisationen, sich von schwachen zu starken organisationalen Systemen zu entwickeln – in denen das organisationale System das *seine* und die Individuen das *ihre* bekommen.

Der Start

Wenn eine Organisation OW als Ausgangsbasis für eine Veränderungsstrategie anzuwenden gedenkt, sollte sie ein paar Aspekte im Hinterkopf behalten:

- Die Konzepte und Praktiken, die zu höherer Leistung durch Partnerschaft führen, werden am besten von den Menschen verstanden, die am Workshop teilnehmen. In den Menschen, die nur von den Konzepten hören oder lesen, werden die neuen Wahlmöglichkeiten und Prinzipien, die man für die in der heutigen schnelllebigen Welt erforderlichen Entscheidungen in Sekundenschnelle braucht, wahrscheinlich weniger „fest verdrahtet".

- Entscheidend ist, dass das obere Management am Workshop teilnimmt. Es funktioniert nicht, andere zum Workshop zu schicken, um „sie zu trimmen"; das obere Management ist Teil des Systems, das behandelt werden muss, um höhere Leistungsebenen zu erreichen.

- Versuchen Sie nicht, jeden Teil der Organisation zu seiner Zeit zu verbessern, d. h., erst ein halbes Jahr lang die Basismitarbeiter effektiver zu machen, danach die Manager auf der mittleren Ebene, anschließend das obere Management und zum Schluss die Kundenbeziehungen zu verbessern. Wenn das System Organisation besser funktionieren soll, müssen alle Komponenten – oberes, mittleres und unteres Management sowie Kunden – die aufgrund der Systemsicht gegebenen Wahlmöglichkeiten nutzen und ihre Leistung verbessern.

OW wird in den unterschiedlichsten Settings mit vielfältigen Zielsetzungen angewendet:

Anwendung	Im Detail
fungiert als *das* Instrument für einen groß angelegten kulturellen Wandel	Ein High-Tech-Unternehmen mit über 5 000 Beschäftigten fing mit einem ebenenübergreifenden Pilotprojekt an, startete danach ein Programm für den Präsidenten und seine ihm direkt berichtspflichtigen Mitarbeiter und ließ anschließend das Programm in die gesamte Belegschaft einfließen.
bringt eine von Werten geleitete Organisation hervor	Ein CEO nutzte OW trotz der Alltagsbelastungen, die die Menschen auf der oberen, unteren und mittleren Ebene der Organisation erlebten, um neue organisationale Werte zu testen und einzubetten.
verändert die Unternehmenskultur in Kombination mit anderen Veränderungsmethoden	Aikido und OW hatten in Kombination miteinander starke Auswirkungen auf 700 Manager, die die Prinzipien tagtäglich in ihre Vorhaben einbrachten. OW ist auch in Kombination mit Search Conferences und Participative Design Workshops angewendet worden, um Organisationen zu helfen, ein höheres Betriebsergebnis, bessere Arbeitsleistungen und intrinsische Motivation zu erzielen.
macht neue Teams so schnell wie möglich so effektiv wie möglich	Ein Manager führt jedes Mal, wenn er ein neues Projekt beginnt, einen Workshop als eine gemeinsame Erfahrung durch, um wechselseitiges Verständnis und eine gemeinsame Sprache zu generieren und zu vermeiden, dass wegen der üblichen Systemblindheit Energie verschwendet wird.
hilft Organisationen „von gestern", ihre Agenden zu modernisieren	Wenn solche Organisationen Prioritäten und Richtungen verlagern, stellen sie fest, dass es nützlich ist, die Fallen und Chancen zu verstehen, die mit den Bedingungen auf der oberen, mittleren und unteren Ebene und auf Kundenebene verbunden sind.
verbessert funktionsübergreifend die Effektivität von Teams	OW ist in zahlreichen High-Tech-Unternehmen und Dienstleistungsbranchen angewendet worden, um innerhalb und zwischen funktionsübergreifenden Teams die Beziehungen zu beruhigen und Partnerschaften aufzubauen.
stärkt die Rolle mittlerer Manager bei kulturellen Veränderungsvorhaben	Bei fast jedem groß angelegten Veränderungsvorhaben – Umstrukturierung, TQM (Total Quality Management), selbst gesteuerte Arbeitsteams – ist die Veränderung für die mittlere Ebene am schwierigsten. Organisationen haben erkannt, dass die Workshops mittleren Managern helfen, so zu denken und zu handeln, dass die neue Richtung unterstützt wird.
entwickelt Manager zu Führern des Systems	In einer Regierungsbehörde wird OW dazu benutzt, Manager auf der mittleren Ebene zu systemisch denkenden Managern auf der oberen Ebene aufzubauen.
schafft Programme zur Entwicklung der Geschäftsführung	Zahlreiche Unternehmen nutzen OW, um ein gut funktionierendes, in sich geschlossenes, unabhängiges Geschäftsführungsteam – und keine Sammlung von Individuen – aufzubauen, das Höchstleistungen erbringt.

Tabelle 3: Anwendungsmöglichkeiten von OW

Rollen und Aufgaben

Tabelle 4 beschreibt die Schlüsselrollen und Aufgaben vor dem Workshop, währenddessen und danach:

	vor dem Workshop	während des Workshops	nach dem Workshop
Förderer	bewilligt Zeit und Budget für OW	nimmt aktiv teil	unterstützt und wendet gelernte Sprache und Konzepte an
Designer/ Moderator	entwickelt kundenorientierte Workshopagenda, um die Bedürfnisse der Organisation zu befriedigen; führt vor dem Workshop Briefing durch	führt den Workshop durch, achtet auf Einhaltung der Zeit, informiert über Theorie und Aktionen, moderiert nach den Übungen die Diskussionen während der Auszeit	nicht immer erforderlich; hängt von den Bedürfnissen der Organisation ab
Teilnehmer	besuchen das dem Workshop vorausgehende Briefing über Ziele und Methoden von OW	partizipieren aktiv	unterstützen und wenden gelernte Sprache und Konzepte an

Tabelle 4: Rollen und Aufgaben

Auswirkungen auf das Macht- und Autoritätsgefüge

Vom Organigramm (mit seinen herkömmlichen Linien-Kästchen-Beziehungen) her gesehen, kann man sagen, dass OW keine Verschiebung im Macht- und Autoritätsgefüge der Organisation bewirkt. Denn die Linien und Kästchen des Organigramms haben sich nicht verändert. Doch wenn man die Organisation aus der Perspektive betrachtet, wie die Menschen im organisationalen Setting interagieren, kann die beobachtete Verschiebung im Macht- und Autoritätsgefüge beeindruckend sein. Im Allgemeinen beobachten wir folgende Verschiebungen:

Für...	Der allgemeine Trend besteht darin...,	Beispiele
obere Ebene	quer durch das System mehr Verantwortlichkeit als vorher zu schaffen	• andere in große Entscheidungen einbeziehen, z. B. die Bestimmung der strategischen Richtung und die Finanzierung kapitalintensiver Projekte • in das Training von Menschen investieren, damit sie Aufgaben übernehmen, die vorher vom oberen Management ausgeführt wurden
mittlere Ebene	Unabhängigkeit im Denken und Handeln zu bewahren	• Mitarbeiter der unteren Ebene coachen, damit sie sich bemühen, ihre Stimme auf der obere Ebene hörbar zu machen • Ideen filtern und überprüfen, die die obere Ebene umsetzen will und die sich auf die untere Ebene auswirken
untere Ebene	Verantwortlichkeit für die eigene Bedingung und für die Bedingung des gesamten Systems zu übernehmen	• Pläne zur Verbesserung der gesamten Organisation unterbreiten statt Pläne, die nur die eigene Abteilung oder Karriere verbessern können • stets darüber nachdenken, wie sich die Konsequenzen des eigenen Handelns auf das Gesamtbild der Organisation auswirken
Kunden	besser in die Lieferung der Waren und Dienstleistungen einbezogen zu werden	• zur Gestaltung des Lieferungsprozesses von Waren und Dienstleistungen beitragen • rechtzeitig als Partner in diesen Prozess eintreten statt später als Richter

Tabelle 5: Verschiebungen im Macht- und Autoritätsgefüge

Die Menschen machen sich diese neuen Verhaltensweisen im Workshop bewusst und üben sie. Sie nehmen diese Verhaltensweisen in ihren Berufsalltag als bewusste Entscheidungen mit. Die offizielle Organisationsstruktur verändert sich vielleicht nicht, doch die Verhaltensweisen (und die daraus resultierende Leistung) verändern sich sehr oft dramatisch.

Dramatischer als die reinen Verschiebungen im Macht- und Autoritätsgefüge sind die fundamentalen Veränderungen im Wesen der Teilnehmer. Es ist leicht, sich schnell einmal mit den Konzepten und Prinzipien zu befassen: „Ja, ich verstehe. Es gibt die Systemblindheit und die Systemsicht. Ich könnte das so oder so machen." Doch weil die Sache nicht ganz so einfach ist, arbeiten wir mit Erfahrungsübungen, bei denen wir uns mit diesen Entscheidungen in Aktion auseinander setzen: „Theoretisch bin ich keine Führungskraft, die die Verantwortlichkeit liebt, aber in der Aktionswelt, wenn eine Krise droht – *peng!* – reagiere ich nur noch reflexartig." „Theoretisch gehöre ich nicht zu den jammernden und klagenden Untergebenen, aber dann machen *sie* (die auf der oberen oder mittleren Ebene) irgendetwas Unmögliches, und schon bin ich – *peng!* – wieder der unterdrückte Untergebene."

Wir arbeiten mit den Menschen darauf hin, dass sie sich bewusst machen, wie attraktiv der Zustand der Systemblindheit ist: „Er ist so einfach; er bedarf keiner Überlegung; meine Freunde handeln entsprechend; die Ursachen meiner Probleme sind immer bei anderen oder in der Situation zu suchen; ich bin in allen meinen Geschichten der Held" und so weiter. „Weshalb sollte ich das alles aufgeben wollen?" Wenn unser Workshoptag zu Ende geht, richten wir die folgende elementare Frage an die Teilnehmer:

Was genau müssen wir aufgeben oder loslassen, damit wir als Führungskräfte, mittlere Manager, Untergebene und als Kunden die Systemsicht konse-

quent nutzen können? Diese Frage steht im Zentrum unserer Veränderungsvorhaben!

Als Führungskräfte müssen wir die mit der Kontrolle verbundenen Probleme untersuchen, die wir erleben; als Untergebene müssen wir uns mit Abhängigkeit und Schuldzuweisung befassen, die wir ablegen müssen; als Mitarbeiter auf der mittleren Ebene müssen wir uns mit der vorschnellen Reaktionsbereitschaft (sofort nach jedermanns Pfeife tanzen) befassen, die wir ablegen müssen, um uns unabhängige Meinungen zu bilden; und als Kunden müssen wir die Distanz und Anspruchshaltung aufgeben. Was bringen uns diese neuen Verhaltensweisen, und lohnt sich die Mühe? Es kann aufschlussreich sein – und auch beunruhigend für manche –, wenn sie den Workshop als das Ende der Unschuld betrachten. Doch wenn Sie den Workshop mitgemacht haben, dann existiert für Sie die Option Systemblindheit nicht mehr. Ihnen bleiben dafür Bewusstsein und Wahlmöglichkeiten.

Erfolgsbedingungen

Wir haben darüber gesprochen, wann Sie OW anwenden sollten. Sie *sollten* die Methode aber *nicht* anwenden, wenn

- das obere Management nicht am Workshop teilnimmt. Wenn der Workshop eine auf die Veränderung des Systems abzielende Intervention ist, hat es keinen Sinn, ihn ohne die Partizipation des oberen Managements abzuhalten. Wenn Sie ihn trotzdem durchführen, verstärken Sie das Gefühl des „Untenseins": „Da tun *sie* mal wieder etwas für uns, als ob wir das Problem wären";
- die Teilnehmer über Ziel und Methoden des Workshops vorher nicht adäquat informiert worden sind;
- das Ziel des Workshops nicht eindeutig mit einer aktuellen Agenda des Systems verbunden ist.

Theoretisches Fundament

Barry Oshry, der OW entwickelt hat, beschreibt die theoretischen Wurzeln:

1960, als ich noch am NTL Institute *(National Training Laboratories)* war, entdeckte ich die Kraft des *Erfahrungslernens.* Wenn man etwas über Gruppen erfahren will, richtet man eine Gruppe ein und untersucht ihre Prozesse. Die erste Phase begann, als ich dieses Konzept auf die Untersuchung von Organisationen anwendete. An der *School of Management* der Boston University, wo ich lehrte, entwickelten meine Assistenten und ich Organisationsübungen für 240 Studenten in einem Kurs über Kontaktpflege im Betrieb und Organisationsverhalten. Parallel dazu begannen mehrere Kollegen und ich Experimente mit Organisationsübungen als Teil der Management Work Conference von NTL.

Die zweite Phase begann, als ich gewisse Regelmäßigkeiten in der Art entdeckte, wie die Menschen auf der oberen, mittleren und unteren Ebene sich selbst und die anderen erlebten, obwohl die Teilnehmer während der Übungen ihre Positionen nach dem Zufallsprinzip zugewiesen bekamen. Meine ersten Berichte darüber waren deskriptiver Natur: Bilder von besonderen Belastungen und vorhersehbaren Interaktionsschwierigkeiten der Menschen auf der oberen, mittleren und unteren Ebene und der Kunden. Es stellten sich die Fragen: Was bedeutet das? Welche Implikationen hat das für die Aktion?

Die dritte Phase begann mit der Entdeckung von so genannten *mutants*; damit sind seltene, aber höchst effektive Aktionen gemeint, die von Menschen auf der oberen, mittleren und unteren Ebene und von Kunden durchgeführt werden. Diese „*mutants*" trugen zur Klärung des zusätzlich noch Möglichen bei.

In 30 Jahren haben die folgenden drei Elemente das Wesen meiner Arbeit geprägt: *Erfahrungsdesigns*, die Lernen verinnerlichen helfen; *deskriptive Klarheit*, das Wissen, wie Organisationen normalerweise funktionieren; und die *alternativen Wahlmöglichkeiten*, die uns zur Schaffung kraftvollerer menschlicher Systeme zur Verfügung stehen.

Die Schlüsselprinzipien, die den Workshop leiten, sind in Tabelle 6 aufgeführt:

Prinzip	detaillierte Beschreibung
Das, was wir persönlich nehmen, ist oft überhaupt nicht persönlich gemeint.	Wenn wir die „Welten" anderer Menschen und die Probleme, mit denen sie kämpfen, nicht verstehen, nehmen wir ihre Aktionen persönlich, als ob sie gegen uns gerichtete Handlungen seien.
Das, was wir als situationsgegeben erleben, ist oft überhaupt nicht von der Situation bestimmt.	Wenn Menschen behaupten: „Es ist eben so, weil die Organisation halt so ist", dann spielen sie ihre Rolle als Führungskräfte, mittlere Manager, Untergebene oder Kunden und fühlen sich unbehaglich, weil diese Rollen nicht das hergeben, was sie wirklich wollen oder was die Organisation wirklich braucht.
Alle organisationalen Systeme haben allgemeine Merkmale, berechenbare Bedingungen, vorhersehbare Fallen und wirkungsvolle Möglichkeiten, die Fallen zu umgehen.	Berechenbare Bedingungen sind in jedem organisationalen Raum mit Fallen verbunden. Diesen Fallen kann man entkommen, und genau dies üben die Teilnehmer im Workshop. Diese Fallen sind vielleicht nicht immer ausgelegt, aber sie schnappen mit einer solchen Regelmäßigkeit zu, dass wir nicht überrascht sein sollten, wenn wir ihnen sogar unter Freunden und Kollegen begegnen.
Damit das oganisationale System leistungsfähiger wird, müssen alle Teile leistungsfähiger sein.	Damit die Bedingungen für die ganze Organisation besser werden, Führungskräfte Verantwortlichkeit verteilen *und* • Manager auf der mittleren Ebene im Denken und Handeln unabhängig bleiben *und* • die Mitarbeiter auf der unteren Ebene Verantwortlichkeit für ihre Bedingung und die Bedingung des gesamten Systems übernehmen *und* • die Kunden aktiver in den Lieferungsprozess einbezogen werden. Wenn nur eine oder zwei der genannten Aspekte realisiert werden, wird sich die Leistung des Systems nicht substanziell verbessern.
Umstruktuierung, TQM und andere populäre Verbesserungsinitiativen misslingen, wenn die Systemprozesse und die Rollen, die Menschen in diesen Prozessen spielen und spielen könnten, nicht berücksichtigt werden.	Seit 30 Jahren sind in den verschiedenen Verbesserungsprogrammen allgemeine Bedingungen und berechenbare Reaktionen die großen Verbesserungshindernisse. Das gilt durchweg für alle Verbesserungsvorhaben, wenn nicht ausdrücklich auf die Systemsicht hingearbeitet wird. Erfolgreiche Umstrukturierungs- und TQM-Vorhaben gehen inzwischen explizit oder implizit auf die Systemsicht ein.
Erfahrung ist die beste Lehrerin.	Deshalb geschieht im Workshop Lehren und Lernen durch Erfahrungen.

Tabelle 6: Prinzipien von OW

Die Ergebnisse halten

Wenn eine Reihe von Workshops durchgeführt wird, kann das starke Auswirkungen auf die Kultur einer Organisation haben. Kultur kann z. B. definiert werden als die zentralen Überzeugungen und Annahmen, die die Menschen als Orientierung für ihre Wahlmöglichkeiten nutzen. Wenn Menschen Überzeugungen und Annahmen wählen, die von der Systemsicht ausgehen, vollziehen sie eine fundamentale Veränderung in der Art ihres Daseins. Sie *denken* anders über organisationale Interaktionen und *verhalten* sich folglich anders.

Ein wichtiger nachhaltiger Aspekt des Workshops ist die neue Sprache, die er den Menschen gibt. Wenn wir die Behauptung akzeptieren, dass wir Sprache benutzen, um unsere Realität zu erzeugen, dann folgt daraus, dass zu den realisierbaren Aktionen mit höchster Wirkungskraft der Akt gehört, jemandem eine neue Sprache zu geben. Dies wirkt sich darauf aus, wie Menschen miteinander reden und, was noch wichtiger ist, wie sie mit sich selbst reden. Es ist nicht ungewöhnlich, dass die einfache, aber wirkungsvolle Sprache des Workshops die Menschen noch jahrelang begleitet. Wenn man Jahre nach einem Workshop wieder in die betreffende Organisation kommt, hört man nicht selten Sätze wie: „Sie sind ein typischer Vertreter der mittleren Ebene – halten Sie sich aus der Situation heraus, und lassen Sie die beiden Parteien die Sache unter sich ausmachen." Oder: „Sie sind heute zweifellos ein jammernder Mitarbeiter der unteren Ebene. Warum tun Sie nicht etwas gegen dieses Problem, was es für Sie und die Organisation leichter macht?"

Abschließende Bemerkungen

Weshalb gehört OW in dieses Buch?

OW zeichnet sich durch die bemerkenswerte Eigenschaft aus, dass die Teilnehmer in eine Übung außerhalb ihres täglichen Arbeitslebens hineinversetzt werden. Diese Methode befasst sich nicht damit, Organisationsstrukturen, Planungsprozesse oder spezielle organisationale Themen zu verändern; ihre Kraft liegt in einem anderen, vielleicht subtileren, aber gleichermaßen wichtigen Bereich. Diese Methode verändert die Art und Weise, wie Menschen denken und interagieren. Diese Perspektive besitzt ein enormes Potenzial für signifikante, nachhaltige Veränderung. Nach einem Workshop versuchen Führungskräfte nicht mehr, Menschen und Ereignisse zu managen; statt dessen versuchen sie, Bedingungen zu managen.

Welche Missverständnisse kommen bei dieser Methode häufig vor?

Ein Missverständnis ist, zu glauben, dass der Workshop – mit seinem Modell von oberer, mittlerer und unterer Ebene und Kunden – die hierarchische Struktur der Organisation eher verstärkt als verringert. Der Workshop fokussiert auf Beziehungsmuster, die in allen Organisationen existieren und wahrscheinlich in allen zukünftigen Organisationen existieren werden, ob diese flach und partizipativ oder hierarchisch und bürokratisch strukturiert sind. Die bürokratische Hierarchie wird verstärkt, wenn wir diesen Mustern gegenüber blind sind, und sie wird verringert, wenn wir die Muster erkennen und managen.

Ein weiteres Missverständnis ist, zu glauben, dass die Workshopübungen Rollenspiele sind, in denen die Teilnehmer instruiert werden, wie man sich als Mitarbeiter auf der oberen, mittleren und unteren Ebene und als Kunde verhält, und folglich lernen, wie sie sich in ihrer jeweiligen Position besser benehmen. Die Übungen sind *keine* Rollenspiele; es gibt keine Rollen, die zu spielen die Menschen angeleitet werden. Die Menschen befassen sich schlicht und einfach mit ihren konkreten Bedingungen. Die Übungen sind so konstruiert, dass jeder, der eine bestimmte Position einnimmt, die Bedingungen dieser Position *in allen Organisationen* erfahren wird: Führungskräfte erfahren Überlastung, Untergebene erfahren Nichtbeachtung, Manager auf der mittleren Ebene erfahren Zerknirschung und Kunden Vernachlässigung. Teilnehmer müssen nicht instruiert werden, sich auf bestimmte Weise zu verhalten, wenn sie mit typischen Bedingungen auf der oberen, mittleren und unteren Ebene und von Kunden konfrontiert sind – sie verhalten sich automatisch entsprechend. Wenn man die Menschen zum Rollenspiel auffordern würde, wäre das für den Prozess der Selbstentdeckung, was funktioniert und was nicht, kontraproduktiv.

Ein weiteres übliches Missverständnis ist, zu glauben, dass der Workshop eine Simulation ist. Er ist es nicht. Wir benutzen das Wort *Übung*, um hervorzuheben, dass wir die Organisation unseres Klienten *nicht* simulieren, denn wir arbeiten mit der gleichen Übung in Gesundheitsdiensten, religiösen Einrichtungen, Produktionsbetrieben und Dienstleistungsfirmen, Regierungsbehörden, High-Tech-Unternehmen, Schulen und Hochschulen. Und wir arbeiten mit der gleichen Übung (manchmal in Übersetzung) in Mittelamerika, Australien, Deutschland, Großbritannien, Südafrika, Hongkong, Singapur und an anderen Orten der Welt. Die systemische Pointe besteht darin, dass wir auf keinen Fall versuchen, die

Übung auf ein bestimmtes Klientensystem hin maßzuschneidern. Die Botschaft lautet: „Es ist nicht *euer* System; es ist das *System*.“

Weitere Missverständnisse rühren daher, das wir den Begriff *Untergebene* benutzen. Es sind oft die Champions kulturellen Wandels, die vor dem Wort zurückschrecken und ihre Basismitarbeiter nicht als „Untergebene“ bezeichnen wollen (sie ziehen Begriffe wie „Betriebsangehörige“, „Partner“, „Teammitglieder“ vor). Drei Punkte sind hier erwähnenswert:

1. Der Begriff ist nicht auf Basismitarbeiter beschränkt; in unserem gesamten Programm und in der Organisation beschreiben wir mit diesem Begriff das Gefühl des „Untenseins“, wie wir es verschiedentlich auf allen Ebenen und in allen Positionen erleben.
2. Unserer Erfahrung nach haben Basismitarbeiter wenig Probleme mit dem Begriff *Untergebene*; er deckt sich im Allgemeinen mit ihrer Erfahrung.
3. Wir sind nicht der Meinung, dass Basismitarbeiter in der Organisation als „Untergebene“ bezeichnet werden müssen.

Angeboten werden ein- bis dreitägige Variationen des Workshops, in denen z. B. Übungen zur Führung von Systemen, zu gleichrangigen Beziehungen zwischen den einzelnen Ebenen der Organisation, zur Systemsicht im Hinblick auf Fragen der Vielfalt und zu speziellen Themen, die für die Teilnehmer und die Organisation von Interesse sind, durchgeführt werden.

12 Kathleen D. Dannemiller, Sylvia L. James und Paul D. Tolchinsky

Whole-Scale™ Change (WSC)

Was hinter uns liegt und was vor uns liegt, ist unbedeutend,
verglichen mit dem, was in uns liegt.
Ralph Waldo Emerson

Eine Geschichte über die Anwendung von Whole-Scale Change (WSC)

Die Geschäftslage

Ferranti-Packard Transformers, Ltd., Teil des britischen Unternehmens *Rolls Royce,* stellt in drei Werken Kraftumwandler für öffentliche Versorgungsbetriebe und Industriekunden her. Zwei Werke stehen in Kanada und eins in Mexiko.

Im Spätjahr 1995 wurde Pierre Racine zum CEO (Chief Executive Officer) von *Ferranti-Packard* ernannt und war damit der vierte CEO des Unternehmens innerhalb von drei Jahren. Die Aussichten des Werkes in Ontario (Kanada) waren düster. Das Werk hatte seit mehreren Jahren rote Zahlen geschrieben und erwartete 1995 einen Verlust von 4,5 Millionen Dollar. Schwacher Markt, harter Wettbewerb, hohe Qualitätskosten und Lieferschwierigkeiten machten dem Unternehmen zu schaffen. Die Beziehungen zwischen Management und den drei lokalen Gewerkschaftsvertretern von *United Steel Workers* war geprägt von Misstrauen, Zynismus und Feindseligkeit. Das Unternehmen musste einen Weg finden, Management, Gewerkschaftsvertreter und Arbeiterschaft zur Entwicklung und Umsetzung einer neuen Strategie zu vereinen.

Eine Intervention nach WSC

Die Ernennung von Pierre Racine war ein deutliches Signal dafür, dass Veränderung unausweichlich war, und um diesen Prozess anzustoßen, wählte der neue CEO die Methode WSC. Das Management machte das Werk zwei Tage lang zu und lud die gesamte Belegschaft zu einem zweitägigen Treffen an einem neutralen Ort ein, von dem sich Racine eine rasche betriebsweite Transformation erhoffte. Zu dem 280 Personen starken Event waren alle Beschäftigten und Zulieferer gekommen, um in vollem Umfang an dem Prozess zu partizipieren.

Ein Eventplanungsteam von 23 Personen aus allen Ebenen und Funktionen des Unternehmens strukturierte den Event. Dieses Team legte fest, worüber die Menschen diskutieren mussten; es überlegte, wie die Menschen an die Probleme herangehen sollten; und es identifizierte Möglichkeiten, wie man sofort zur Aktion übergehen konnte. WSC-Berater moderierten die Planungssitzungen als Prozessexperten, während die Mitglieder des Eventplanungsteams als Experten für Inhalte fungierten. Die Berater wendeten in den Planungssitzungen den gleichen Prozess und die gleichen theoretischen Prinzipien an, die sie auch beim großen Event anwenden würden. Für sie waren die Reaktionen des Eventplanungsteams der Maßstab dafür, was im Großen funktionieren würde und was nicht. Auf diese Weise boten die Planungssitzungen eine fortwährende Realitätskontrolle für das in der Entwicklung befindliche Design.

Ein Logistikteam installierte die Räumlichkeiten und sorgte dafür, dass alle „Requisiten" – vom Handzettel bis zum Mittagessen – vorhanden waren, wenn sie gebraucht würden.

Resultate des Events

Das erste und wichtigste Resultat des zweitägigen Events bestand darin, dass die Leute von *Ferranti-Packard*, Ltd., die Welt danach anders sahen. Sie hatten durch einen Wirtschaftsexperten erfahren, dass ihr Markt derzeit stagnierte. Sie hatten erfahren, dass die Konkurrenz qualitativ bessere Produkte in kürzerer Zeit und zu niedrigeren Kosten herstellte. Sie hatten auch etwas über ihre Kunden erfahren. Ein ehemaliger Kunde hatte gesagt: „Leute, wir versuchen nicht, euch aus dem Geschäft zu jagen. Diesen Job erledigt ihr schon selber." Doch der Vertreter eines Großkunden, *Westinghouse*, hatte sie wissen lassen: „Wenn ihr eure Lieferzeiten von 28 Wochen den in der Branche üblichen 20 Wochen annähern könnt, kann ich eure Auftragsbücher füllen." Diese hoffnungsvollen Worte machten einen Paradigmenwechsel möglich. Alle Teilnehmer konnten etwas entdecken, was sie dazu beitragen konnten, um das wettbewerbsfähige Unternehmen zu schaffen, das sie wollten.

Das greifbare Ergebnis des Events war eine Arbeitsstrategie für das Werk, zu deren Entwicklung alle ihren Anteil geleistet hatten. Die Strategie beinhaltete 100 spezifische öffentliche Verpflichtungen, die von 24 Funktionsgruppen, die Gruppe der Zulieferer und das Führungsteam eingeschlossen, abgegeben wurden. Die Menschen fingen mit der Umsetzung der neuen Strategie an, noch bevor sie das Treffen verließen.

Das ideelle Resultat des Events war genauso wichtig. Die Teilnehmer arbeiteten als *Ferranti-Packard-Team* zusammen und übernahmen die Verantwortung dafür, ihre gemeinsame Vision von der Zukunft zu gestalten und Schritte zu planen, um voranzukommen.

Ergebnisse nach einem Jahr

Im Juni 1997 sah die Zukunft von *Ferranti-Packard*, Ltd., völlig anders aus:

* Die Lieferzeiten für ihre Produkte hatten sich von 28 Wochen auf 18 bis 19 Wochen verkürzt, wodurch das Werk in dieser Kategorie „Weltklasse" wurde.
* Die Qualitätskosten (Ausschuss, Nacharbeit) waren von 8,6 % des Umsatzes im Jahr 1995 auf 3,4 % im Jahr 1996 gesenkt worden.
* Der Umsatz war von 40 Millionen Dollar im Jahr 1995 auf 50 Millionen Dollar im Jahr 1996 gestiegen, und man erwartete 1997 einen Umsatz von 60 Millionen Dollar.
* Arbeiter wirkten in funktionsübergreifenden Teams mit und gingen seit langem bestehende Prozessprobleme im Werk an.
* Im Frühjahr 1997 stimmten alle drei Gewerkschaftsvertreter von *United Steel Workers* neuen, über drei Jahre laufenden Abschlüssen zu.
* Im Werk sanken die Beanstandungen der Gewerkschaft signifikant.
* Das Werk reduzierte seine Verluste von 5,5 Millionen Dollar im Jahr 1995 auf 1,5 Millionen Dollar im Jahr 1996.
* *Rolls Royce* bewilligte – auf der Basis der besseren Betriebsergebnisse – eine Investition in neue, große Betriebsanlagen.

Antworten auf häufig gestellte Fragen zu WSC

Was ist WSC?

WSC wurde 1981 geboren, als *Ford Motor Company* versuchte, seine Managementkultur von „Befehl und Kontrolle" auf einen eher partizipativen Stil umzustellen, und Al Davenport, Bruce Gibb, Chuck Tyson und Kathleen Dannemiller beauftragte, diese Veränderung zu gestalten und zu moderieren. Die Methode, die aus dieser ersten Arbeit hervorging, wird nun seit zwei Jahrzehnten angewendet und hat hunderten von Organisationen geholfen. Auch wenn jede Situation anders gelagert ist, so bleibt die grundsätzliche Stoßrichtung von WSC die gleiche: Organisationen werden darin unterstützt, das Wissen, die Intelligenz und die Herzen aller ihrer Menschen zu entdecken und dafür zu engagieren, die Herausforderungen einer sich verändernden Welt anzunehmen.

Whole-Scale^{TM} Change ist das Warenzeichen für die Arbeit, die als Großgruppenintervention und Arbeitsdesign in Echtzeit (Real Time Work Design; erfunden von Paul Tolchinsky und Kathleen Dannemiller) entwickelt wurde und in den frühen 80er-Jahren des 20. Jahrhunderts begann. WSC besteht aus einer Serie von Klein- und/oder Großgruppeninterventionen, die eine Organisation dazu befähigen, einen Paradigmenwechsel vorzunehmen. Grundlage ist ein Ansatz des Aktionslernens, und WSC-Events fungieren als Beschleuniger. Mit der Schaffung eines Mikrokosmos – Gruppen, die alle Ebenen, Funktionen, die ganze Geographie und die Ideen der Organisation repräsentieren – bietet WSC eine wirksame Methode, mit dem ganzen System zu arbeiten, um Veränderung zu erzeugen und zu erhalten.

Ebenso befähigt WSC eine kritische Masse der Organisation dazu, *für den Augenblick* eine neue Kultur zu generieren. Die gleiche kritische Masse modelliert dann ein potenzielles Bild von der Organisation und wird zum Instrument, mit dem eine kraftvolle Veränderung im ganzen System durchgeführt wird.

Wann ist WSC nützlich?

WSC eignet sich gut, alle Arten von Veränderungsprozessen zu moderieren, z. B.: strategische Planung, Organisationsdesign, Fusionen und Übernahmen, Qualitätsmanagement, Umstrukturierung, Training, Vielfalt und Kulturwandel. Die Methode funktioniert sowohl im öffentlichen als auch im privaten Sektor gut, lässt sich mit Gruppen von zehn bis zu mehreren tausend anwenden und kann die Menschen von der Spitze der Hierarchie bis hinunter zum kleinsten Arbeiter einbinden. Eine Intervention nach WSC wird besonders von Organisationen in Betracht gezogen, die (1) alle oder fast alle an der Umgestaltung ihrer Organisation (der Prozesse und Strukturen) beteiligen wollen und die (2) eine gewisse Dringlichkeit verspüren, die aufgrund einer herausfordernden und sich schnell verändernden Umwelt gegeben ist. Mit einer klaren Strategie, starken Führung, mit adäquatem Training und systemweiter Fortsetzung führen WSC-Prozesse unter vielen verschiedenen Umständen und in den unterschiedlichsten Ländern, Kulturen und Organisationen effektiv zur raschen, systemweiten Veränderung.

Ein WSC-Projekt ist ein komplexes Unternehmen, das beim Start sehr viel Aufmerksamkeit braucht, damit der spätere Erfolg gewährleistet ist. Organisationen befinden sich üblicherweise mitten in einem oder in mehreren Veränderungsprojekten, wenn sie ein potenzielles Vorhaben wie z. B. ein WSC-Vorhaben explorieren. Solche Projekte verfolgen häufig unterschiedliche Ziele, sind in verschiedenen Teilen der Organisation angesiedelt und nicht miteinander verbunden. WSC ermöglicht Integration und Synergie aller dieser auseinander laufenden Gegebenheiten.

WSC impliziert robuste Prozesse, die rasch zu Veränderungen im Klientensystem führen und es auf weitere substanzielle Veränderung vorbereiten, indem

- multiple gegenwärtige Realitäten abgeklärt und miteinander verbunden werden;
- vielfältige Sehnsüchte, die um ein gemeinsames Zukunftsbild kreisen, zusammengeführt werden;
- Einigung über die Aktionspläne erreicht wird, mit denen die Organisation diese Zukunft erlangen soll;

- die Prozesse, Strukturen und Beziehungen aufgebaut werden, mit denen die Weiterentwicklung der Organisation aufrechterhalten wird;
- die Führungskräfte und die Beschäftigten der Organisation so ausgerichtet werden, dass sie die Veränderungen gemeinsam umsetzen können.

Wenn die Organisation den Paradigmenwechsel erlebt hat, sehen die Menschen die Welt mit anderen Augen. Sie sind bereit, die Aktionen zu unternehmen, mit denen ihre gemeinsame Vision zu ihrer gemeinsamen Realität transformiert wird.

Wie funktioniert WSC?

Das Evenplanungsteam und die Berater entwickeln das Design für ein WSC-Event und gehen dabei nach einer Veränderungsformel vor, die von Dick Beckhard angeregt worden ist. Die Formel D x V x F > R (D[issatisfaction] x V[ision] x F[irst step] > R[esistance]); Unzufriedenheit x Vision x erste Schritte > Widerstand) besagt, dass eine Organisation, die systemweite Veränderung zustande bringen will, mit einer kritischen Masse der Organisation arbeiten muss, um die Unzufriedenheit (D = dissatisfaction) der Menschen mit ihrer gegenwärtigen Situation aufzudecken und zusammenzuführen. Der nächste Schritt besteht darin, die Sehnsüchte der Menschen im Hinblick auf die Organisation, also ihre gemeinsame Vision von der Zukunft (V = vision), aufzudecken und zu kombinieren. Wenn die Veränderung real eintreten soll, muss das dritte Designelement, die ersten Schritte (F = first steps), wirksam werden: ein kombiniertes Bild von Aufgaben, von denen *alle* glauben, dass sie für die Realisierung ihrer Vision die richtigen sind. Die Rechnung ist einfach: Wenn eins der Elemente im linken Teil der Formel fehlt, ist das Produkt kleiner als der Widerstand, und das Veränderungsvorhaben wird den Widerstand (R = resistance) nicht überwinden. Die Menschen sträuben sich gegen Veränderung, wenn sie keine Unzufriedenheit verspüren, keine Vision haben und keine ersten Schritte vereinbart worden sind.

Die obige DVF-Formel beschreibt, was eine Organisation braucht, damit sie einen Paradigmenwechsel vornehmen kann. Wenn die Organisation alle drei Elemente aufdecken und kombinieren kann, werden alle eine neue Weltsicht einnehmen. An diesem Punkt können weder Individuen noch Gruppen behaglich das weitermachen, was sie bis dahin gemacht haben. Die Veränderung hat bereits eingesetzt.

Die Klienten entscheiden mit, welche Elemente als Erstes behandelt werden sollen; doch die Menschen in der Organisation müssen letztlich alle drei Elemente angehen, wenn sie eine nachhaltige Veränderung erreichen wollen. Der Widerstand gegen Veränderung, der unweigerlich vorhanden ist, stellt eine Ressource dar. Er teilt Beratern und Führungskräften mit, was sie wissen müssen und wo der Hebel anzusetzen ist, damit sie die Veränderung auch realisieren können.

Wie Abbildung 1 zeigt, ist der WSC-Prozess ein nie endender Prozess. Die Wegekarte zeigt, wie *Dannemiller Tyson Associates* kontinuierliches Lernen in einer Organisation mithilfe von WSC sehen.

Menschen in Organisationen lernen, die richtigen Fragen zu stellen und einen gemeinsamen Kenntnisstand zu schaffen, von dem aus sie eine gemeinsame Vision entwickeln. Danach einigen sie sich auf Veränderungsziele und schließen sich zu spezifischen Aktionen zusammen. Wenn sie dem von Edwards Deming vorgeschlagenen PDCA-Zyklus (Plan-Do-Check-Act Cycle: die Verbesserung planen, sie durchführen, ihren Erfolg überprüfen, sie festhalten) folgen, bekommen sie Ergebnisse, die evaluiert werden, und dann beginnt der Prozess von neuem. Dieser Kreislauf dreht eine immer tiefer gehende Spirale in Geist und Herz der Organisation.

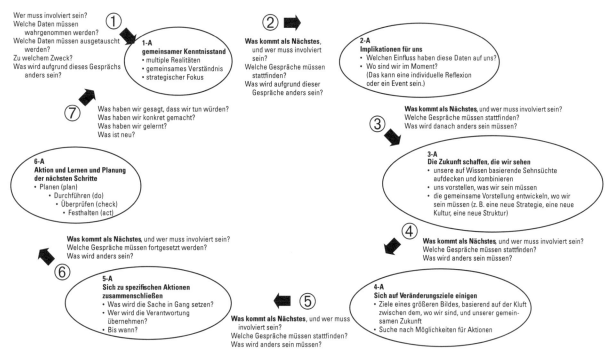

Abbildung 1: Aktionslernen nach WSC

Ist die Methode kosteneffizient?

WSC ist kosteneffizient, weil die Organisation damit einen Paradigmenwechsel vornehmen kann und diese Veränderung rasch zu Ergebnissen führt. Wenn die Menschen genau verstehen, mit welcher Geschwindigkeit die Welt sich wandelt, dann möchten sie ihre Organisation in der gleichen Eile verändern. Die schnelle Veränderung durch WSC ist weniger kostenintensiv als die herkömmlichen von oben nach unten laufenden Kaskadenmethoden.

Der Start von WSC

Der erste Schritt der WSC-Prozesse, die zur Veränderung der Organisation führen sollen, besteht darin, das strategische Ziel des Veränderungsvorhabens klar zu definieren. Unabhängig vom präsentierten Anliegen (z. B. Arbeitsdesign, Kulturwandel, Qualitätsverbesserung) müssen die Führungskräfte und die Berater klar definieren, wie die Veränderungsresultate die Geschäftsstrategie unterstützen werden.

Leitmotive

WSC funktioniert in jeder Kombination von Berater und Klient, wenn beide von den folgenden Prinzipien überzeugt sind:

- Eine Organisation muss ihre Vergangenheit und Gegenwart verstehen, um ihre Zukunft gestalten zu können.
- Wenn eine Organisation keine Vorstellung von der Zukunft hat, die sie erreichen will, kann sie unmöglich effektiv planen.
- Wenn ein Mikrokosmos der ganzen Organisation zusammenkommt, ist die Organisation in der Lage, sich sowohl kumulativ als auch in einem großen Paradigmenwechsel in Echtzeit zu verändern.
- Die Klugheit liegt in den Menschen, und wenn man Menschen miteinander verbindet, haben sie alle Klugheit, die sie brauchen, um die Antworten zu finden, die sie brauchen.

- Lösungen müssen auf die Verbundenheit von Menschen, Prozessen und Technik fokussieren. Lösungen, die nur auf einen dieser Aspekte fokussieren, werden langfristig wahrscheinlich nicht funktionieren, weil sie keine Systemlösungen sind.
- Menschen unterstützen das, was sie miterschaffen.

Rollen, Aufgaben und Beziehungen

Förderung ist notwendig

Das obere Management muss unbedingt darauf vorbereitet werden, als Führungsteam zu fungieren, das fähig ist, den Veränderungsprozess zu managen. Die Menschen sehnen sich nach effektiven Führungskräften, und WSC-Prozesse lassen solche Führungskräfte besonders sichtbar werden. Die Arbeit des Führungsteams besteht darin, Grenzen zu kommunizieren; Teams einzurichten, die an den Veränderungen arbeiten; Ressourcen, Richtung und Unterstützung zu geben; und die Umsetzung der Arbeit zwischen groß angelegten Events zu überwachen. Förderung braucht Führungskräfte, die während des gesamten Prozesses involviert sind.

Die Führungskräfte der Organisation müssen sich darin einig sein, dass sie – sowohl durch Sprechen als auch durch Zuhören – an der Entwicklung eines gemeinsamen Kenntnisstandes partizipieren. Die Definition von Führung ist in jeder Organisation anders. In manchen Organisationen besteht die Führung aus Gewerkschaftsvertretern bzw. Betriebsratsmitgliedern und Managern; in manchen Organisationen ist die Führung ein Lenkungsausschuss für das Projekt; in anderen Organisationen besteht die Führung aus einer informellen Gruppe, die als Leiterin des Veränderungsprozesses fungiert; und in wieder anderen Organisationen kann die Führung eine Managementgruppe sein.

Die Rolle des Moderators

Ein WSC-Berater muss (1) einen starken Kundenfokus haben, (2) persönliche Intelligenz und Erfahrung mit den Bedürfnissen des Klienten verbinden können und (3) während des gesamten Prozesses Partner sein. Eine Intervention nach WSC braucht eine partnerschaftliche Beziehung, in der alle Parteien spezielle Kenntnisse und Fähigkeiten in die Arbeit einbringen.

Die Rolle des Beraters besteht in erster Linie darin, den Fluss der Veränderungsprozesse zu lenken, zu überwachen und zu evaluieren. Die Berater werden immer als Team arbeiten müssen – wenn möglich, zwei externe und zwei interne Berater. Dieses kombinierte Team arbeitet mit dem Führungsteam zusammen, um sicherzustellen, dass die Leiter des Veränderungsprozesses mit dem Geschehen verbunden bleiben. Im Rahmen eines groß angelegten Treffens hat das Team die Aufgabe, den Teilnehmern eine klare Richtung vorzugeben, damit sie die Gespräche führen können, die sie brauchen, und die Arbeit verrichten können, die sie müssen.

Die Rolle des Kernteams

Wenn mit WSC das Arbeitsdesign verändert werden soll, fungiert ein Kernteam vom ersten Moment bis zur Umsetzung als Verbindungsmechanismus auf der Arbeitsebene. Als zusätzlicher Mikrokosmos tragen die Teammitglieder zur Veränderung der Organisation bei, indem sie auseinander gehende Denkansätze (Benchmarking, Perspektiven, Vorführmodelle, Spontanideen) in größeren Gruppen – Mikrokosmos des ganzen Systems – zusammenlaufen lassen. Sie lernen, wie man Organisationsdesigns entwirft, sie vermitteln den anderen Wissen, tragen zur Integration des WSC-Projekts in andere Veränderungsprojekte bei, verfolgen die Arbeit von Aufgabenteams, generieren Prozesse, um die Arbeit der Aufgabenteams mit integrierten Lösungen zu harmonisieren, und sie stellen sicher, dass das endgültige Design (Prozess und Organisation) in die existierende Organisation und ihre Vision, Werte und Prinzipien integriert wird.

Es gibt kein „Designteam", das die Veränderung entwirft und die Auswahl trifft. Stattdessen exploriert das Kernteam Möglichkeiten und engagiert die kritische Masse dafür, über neue Arten des Führens der Geschäfte zu entscheiden. Förderteams und Kernteams fungieren als Verbindungsmechanismen.

Die Rolle des Eventplanungsteams

Ein Eventplanungsteam wird eingerichtet, um alle WSC-Events vorzubereiten. Seine Mitglieder bilden einen Mikrokosmos aus den Personen, die an dem geplanten Event teilnehmen werden. Das Eventplanungsteam ist gewissermaßen ein diagnostisches Fenster auf die Organisation. Seine Rolle besteht darin, eine Zielvorgabe und ein Design für den Event selbst zu entwickeln. Die Teammitglieder haben die Sachkenntnis der Inhalte, während die Berater die Sachkenntnis der Prozesse haben. Die Mitglieder des Eventplanungsteams sind Teilnehmer des Events. Gemeinsam mit den Leitern des Veränderungsprozesses und den Beratern lesen sie am Ende eines jeden Tages die Evaluierungen und entscheiden über alle Veränderungen des Sitzungsdesigns am nächsten Tag. Von der Natur der Sache her besteht der einzige Zweck eines Eventplanungsteam darin, eine einzige WSC-Sitzung zu entwerfen; jeder Event im WSC-Prozess hat sein eigenes, alleiniges Eventplanungsteam.

Rolle des Logistikteams

Ein Event ist vergleichbar einem Bühnenstück, und der „Logistikkönig" entspricht etwa dem Inspizienten, der für ein Team von Bühnenarbeitern verantwortlich ist – normalerweise ein Teammitglied auf 50 Teilnehmer. Die Teammitglieder arbeiten schwer, um einen reibungslosen Ablauf zu gewährleisten und sicherzustellen, dass alle Materialien zur Verfügung stehen, wenn sie gebraucht werden. Weil ihre Arbeit so anstrengend ist, nehmen sie nicht am Event teil. Sie kommen oft aus anderen Abteilungen oder Büros und wollen mehr über die Arbeit mit WSC lernen. Die Mitglieder dieses Teams müssen keinen Mikrokosmos der Organisation darstellen.

Die Rolle der Teilnehmer

Die Menschen lassen sich oft mit einem gewissen Maß an Misstrauen und Zynismus auf einen WSC-Prozess ein. Sie haben schlechte Anfänge von Veränderungsvorhaben erlebt und zahlreiche Veränderungsvorhaben mitgemacht, die ihnen nutzlos vorkommen. Wenn die Menschen einen gemeinsamen Kenntnisstand entwickeln, baut sich allmählich Vertrauen auf. Die Reise, die sie zusammen unternehmen, versetzt sie in die Lage, ihre Befähigung zu erleben, adäquate Risiken auf sich nehmen und – als Individuen, als Teams und als Organisation – selbstständiger zu werden.

Wenn sich die Ereignisse entwickeln, lernen die Menschen andere in der Organisation kennen, mit denen sie normalerweise nicht interagieren. Sie tragen zum gemeinsamen Kenntnisstand dadurch bei, dass sie die anderen an ihren Hoffnungen, Zweifeln, Ängsten und Ideen offen teilhaben lassen, den anderen zuhören und sich schließlich auf veränderte Verhaltensweisen verpflichten lassen.

Auswirkungen auf das Macht- und Autoritätsgefüge

Im Verlaufe der WSC-Prozesse verteilt sich die Macht auf ganz natürliche Weise, und zwar hauptsächlich deshalb, weil die Leiter des Veränderungsvorhabens erleben, wie klug Menschen sein können, wenn sie einen gemeinsamen Kenntnisstand haben. Auch die Menschen haben das Gefühl, klüger zu sein, und sind deshalb bereit, sich mit Problemen auseinander zu setzen und sich dazu zu äußern.

WSC befähigt die Menschen, ihre Meinung deutlich hörbar zu äußern, und gibt ihnen die Chance, zu den Entscheidungen beizutragen, von deren Auswirkungen sie betroffen sind. Die Leiter erleben eine Zunahme ihrer Macht, weil die Menschen zeigen, dass sie das wollen, was die Leiter wollen, und dass sie gemeinsam vorankommen können, ohne dass man ihnen Befehle geben muss. Durch die WSC-Prozesse wird eine kritische Masse der Organisation dazu befähigt, das ganze System in eine neue Richtung zu lenken.

Die hierarchische Struktur der Organisation verschwindet dadurch nicht. Sie bleibt, wird aber nun von *einem* Geist und *einem* Herzen inspiriert und dadurch fähig, weitaus effizienter zu funktionieren.

Erfolgsbedingungen

Weshalb funktioniert WSC?

Praktiker von WSC sind überzeugt, dass die Intelligenz in der Gruppe liegt. Die Methode funktioniert, weil Leiter, die nicht mehr befehlen und kontrollieren wollen, neue Wege finden, eine große Zahl von Menschen an einem gemeinsamen strategischen Fokus auszurichten und darauf zu verpflichten. Sie moderiert einen Prozess divergierender und konvergierender Denkansätze, der die Veränderung hervorbringt. Die Methode funktioniert, weil

- die Menschen nach Informationen dürsten,
- sie die Verbindungen zu anderen herstellt, nach denen sich die Menschen sehnen,
- der Prozess die Menschen auf allen Ebenen der Hierarchie befähigt, in ihren jeweiligen Aufgaben Experten zu sein und ihre Sachkenntnis zu nutzen und mit anderen zu teilen,
- „die Wahrheit jeder einzelnen Person die Wahrheit" und Teil des gesamten Bildes ist.

Wann sollte WSC nicht angewendet werden?

Wenn ein Berater nicht imstande ist, eine von Konflikt, Chaos und Mehrdeutigkeit geprägte Situation zu tolerieren und eine solche Situation auszuhalten, bis die Organisation das Problem für sich geordnet hat, sollte er diese Methode nicht anwenden. Wenn man versucht, Ordnung in eine Situation zu bringen, bevor die Zeit dafür reif ist, wird der Klient betrogen. Der WSC-Praktiker muss Vertrauen in den Prozess haben, insbesondere dann, wenn sich dieser Prozess chaotisch gestaltet. Margaret Wheatley erinnert uns daran, dass Organismen Chaos brauchen und ihre Lösungen aus diesem Chaos selbst organisieren müssen. So etwas ist manchmal natürlich leichter gesagt als getan!

Die häufigsten Fehler bei der Anwendung von WSC

Zu den häufigsten Fehlern zählen die folgenden:

- WSC wird nur als Event betrachtet, und man sieht nicht, dass jeder Event in dem Prozess als Motivator in einem langfristigen Prozess fungiert.
- Man plant und macht weiter ohne die Intelligenz eines Mikrokosmos.
- Man lässt zu, dass die Führung der Organisation die Möglichkeit bekommt, die Entscheidungen eines Kernteams oder Eventplanungsteams einseitig aufzuheben.
- Es wird kein Team mit einer Führungsgruppe gebildet, das sicherstellte, dass die Teammitglieder ausgerichtet und darauf vorbereitet sind, so gut wie möglich zu sein.
- Einzelne Prozesse werden aus WSC herausgenommen und als Komponenten guter Sitzungen verwendet, ohne dass der Fluss des gesamten Prozesses erkannt würde, womit folglich die Synergie dessen, was möglich ist, verloren geht.

- Man denkt nur an Quantität statt an die Fokussierung auf robuste Prozesse, mit denen sich der Zustand erreichen lässt, *ein* Geist und *ein* Herz zu sein.
- Man arbeitet allein.

Das theoretische Fundament von WSC

Zu den Grundlagen von WSC zählen Prozessberatung, Strategieentwicklung und Umsetzung, Community Building und die Theorie der soziotechnischen Systeme. Viele ihrer Werte und Prinzipien stammen aus der Laboratory Method of Learning, wie sie von Ronald Lippitt und anderen an den *National Training Laboratories* (NTL) entwickelt wurden, und von Eric Trist und seinen Kollegen am *Tavistock Institute*, die dem Ansatz der soziotechnischen Systeme zur Konstruktion von Organisationen den Weg bereitet haben.

In jüngerer Zeit haben Margaret Wheatley, Myron Kellner-Rogers und andere die Feldtheorie, die Chaostheorie und den systemischen Denkansatz weiterentwickelt; und Rick Maurer hat den Begriff Widerstand auf eine Weise umgedeutet, die ebenso sehr nützlich ist. Das Modell in Abbildung 2 zeigt, wie sich die verschiedenen Elemente von WSC aus einem breiten Spektrum von Forschung und Praxis speisen.

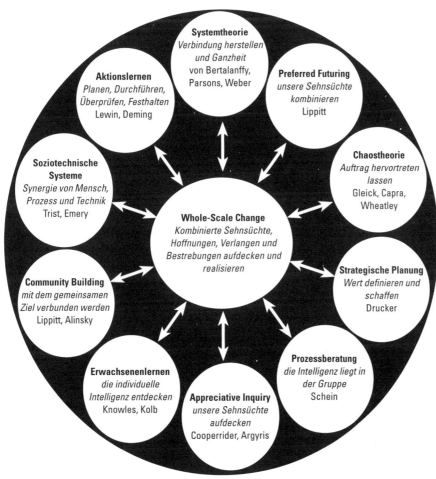

Abbildung 2: Wurzeln von WSC

Die Ergebnisse halten

Vier Prinzipien tragen dazu bei, dass die Veränderungen, die in Großgruppensitzungen beginnen, nachhaltig umgesetzt werden:

- die Ganzheit des Systems wahren;
- möglichst viele Teams, die einen Mikrokosmos darstellen, einsetzen;
- eine kritische Masse für Veränderung aufbauen;
- die Flamme der Veränderung erhalten.

Die Ganzheit des Systems wahren

Bei WSC-Events bleibt die Ganzheit der Gruppe gewahrt, denn wenn die Menschen während des Events in einem Mikrokosmos arbeiten, entwickeln sie ein gemeinsames Bild von der Gegenwart, von der Zukunft, die sie gestalten wollen, und von Aktionen, die dem Vorankommen dienen. Ist der Event vorbei, beginnt das gemeinsame Bild zu zerfallen. Wenn die Menschen an ihren „Herd" (in ihre Abteilung und/oder zu ihrer Schicht bzw. an ihren Ort) zurückkehren, treten neue Informationen in Erscheinung. Manche Menschen verlassen die Organisation, neue kommen hinzu. Die Gruppe verliert allmählich den vollen gemeinsamen Kenntnisstand. Die Menschen empfinden es als schwierig, im Denken „ganz" zu bleiben, was zweifellos die langfristige Aufgabe der Organisation werden wird, wenn die Menschen sich danach sehnen, in einer gemeinsamen Strategie miteinander verbunden zu bleiben.

Die Wahrung der Ganzheit des Systems wird dadurch praktiziert, dass die erzielten Ergebnisse und Verpflichtungen öffentlich gemacht werden, dass funktionsübergreifende Teams gebildet werden, die Veränderungsinitiativen durchführen, und dass Termine für weitere Treffen festgelegt werden, damit die Menschen aus ihren Erfahrungen lernen und über weitere Schritte entscheiden können. Menschen brauchen eine Möglichkeit, über ihre Mühen miteinander zu reden, ihre Erfolge zu zelebrieren und regelmäßig über den gemeinsamen Kenntnisstand wieder miteinander in Verbindung zu treten.

Möglichst viele Teams, die einen Mikrokosmos darstellen, einsetzen

Um den vom Event ausgehenden Impuls lebendig zu halten, muss man Schlüsselelemente der Großgruppensitzung Tag für Tag neu beleben können. Im Laufe ihrer Weiterentwicklung muss die Organisation immer wieder Gruppen zusammenbringen, in denen sich die Vielfalt von Funktionen, Bereichen, Ebenen und Optionen repräsentiert. Neue Teams, die einen Mikrokosmos darstellen, müssen aktiviert werden, z. B. Aktionsteams und Umsetzungsteams. Teams, die einen Mikrokosmos darstellen, können in Form von Großgruppensitzungen, Orientierungssitzungen, speziellen Fokussitzungen und Teamtreffen zusammengeführt werden. Wenn man mehr Menschen für Teams, die einen Mikrokosmos darstellen, engagiert, hat das zwei Ergebnisse zur Folge: (1) Man kommt schneller voran, und (2) man erhält und schafft neue Veränderungsenergie.

Eine kritische Masse für Veränderung aufbauen

Während des gesamten WSC-Prozesses sind Gruppen, die einen Mikrokosmos der Organisation darstellen, auf eine Weise mit Aktivitäten befasst, dass ein „Hologramm" vom Zusammenwirken des Systems als Ganzen entsteht. Die Organisation muss den Kreis der Einbeziehung kontinuierlich erweitern. Wenn eine kritische Masse der verschiedenen Gruppen, die einen Mikrokosmos darstellen, den Paradigmenwechsel erlebt, den die Teilnehmer des ursprünglichen Events erlebt haben, dann setzt sich die Veränderung des ganzen Systems fort. Diese kontinuierlich wachsenden Mikrokosmosanteile tragen in sich die Energie, Veränderung zu unterstützen.

Die Flamme der Veränderung erhalten

Die Energie für nachhaltige Veränderung erwächst aus Sinnhaftigkeit, Hoffnung und Macht. Sinnhaftigkeit entsteht, wenn die Menschen das Ziel, die Richtung und die Pläne für die Organisation kennen und sich darin wiederfinden.

Hoffnung entsteht, wenn die Menschen wissen, dass die Organisation mit ihren Veränderungsvorhaben Erfolg hat; wenn sie das Gelernte anwenden, wie es dem Fortschreiten der Veränderungen entspricht; und wenn sie dabei sichtbare Ergebnisse erzielen. Hoffnung bleibt lebendig, wenn die Resultate der Veränderungsvorhaben gemessen, überwacht und kommuniziert werden und wenn die Ganzheit des Systems gewahrt bleibt.

Macht entsteht, wenn eine kritische Masse der Organisation sich aktiv für die Veränderungsvorhaben einsetzt. Dadurch, dass mehr Menschen in der Organisation befähigt werden, wird den Individuen die Macht zugesprochen, den Veränderungsprozess am Laufen zu halten. Macht kommt daher, dass die Fähigkeit der Einflussnahme ausgeübt wird. Wenn der Impuls des Events erhalten werden soll, muss gewährleistet sein, dass die Menschen sich da mächtig fühlen, wo es für sie von Belang ist. Macht entsteht, wenn die Menschen wissen, dass sie Einfluss haben und dazu fähig sind, Veränderung zu initiieren.

Abschließende Bemerkungen

Wir werden oft gebeten, WSC mit anderen von uns verwendeten Veränderungsmethoden zu vergleichen. Tatsache ist, dass unsere Ansätze mehr Ähnlichkeiten aufweisen als Unterschiede und die gleiche Entstehungsgeschichte, die gleichen Philosophien und Werte haben. Unsere Devise lautet: „Lernen Sie sie alle, und entwickeln Sie dann Ihren eigenen Ansatz – einen, der zu Ihnen und/oder einem bestimmten Klienten passt. Wir alle haben auf genau diese Weise unsere besondere Leidenschaft entwickelt. Unsere Klienten haben uns unsere Prozesse gelehrt und sie gestaltet, wofür wir sehr dankbar sind!"

Dialogue bzw. Dialogmethode

Ich glaube an Alles noch nie Gesagte.
Rilke, *Das Stundenbuch – Das Buch vom mönchischen Leben*

Eine Geschichte

Es war im Herbst 1995. Die philanthropische Organisation *Fetzer Institute* in Kalamazoo (Michigan), die sich der Erforschung der Beziehung zwischen Seele, Geist und Körper im Hinblick auf Gesundheit und Heilung widmet, machte sich Gedanken über ihr Ziel und ihre Vision. Man entschied sich für die Dialogmethode (Dialogue), um die Beziehungen in der Organisation zu stärken und einen zentralen Kommunikationsprozess in Gang zu setzen, der reflexives Lernen und die Entwicklung elementarer Fähigkeiten fördern würde. In den kommenden drei Jahren wollte man der Dialogmethode vertrauen, um viele herausfordernde soziale und organisationale Probleme zu explorieren.

Zum Auftakt baten wir die Menschen, sich in kleinen Zirkeln hinzusetzen, um darüber zu sprechen, was die Dialogmethode ist und welcher Nutzen mit ihrer Anwendung verbunden wird. Man tauschte Gedanken aus über Veränderungen, die gerade vor sich gingen und die man sich vorstellte. Das gesamte Personal und die Vorstandsmitglieder (insgesamt etwa 55 Personen) wurden eingeladen, an einem von drei viertägigen (insgesamt über fünf Monate laufenden) Programmen teilzunehmen, um die Dialogmethode kennen zu lernen und zu üben. Personal und Vorstandsmitglieder wurden zu gemeinsamen Dialogsitzungen einberufen. Mindestens 50 Personen saßen gleichzeitig zusammen und schufen mithilfe der Dialogmethode einen sicheren Raum für wichtige, doch manchmal beängstigende Gespräche. Die Menschen entdeckten die Macht, das Unausgesprochene auszusprechen, und die Verpflichtung, zuzuhören und aufeinander zu hören. Gemeinsam sprachen sie über Themen wie z. B.: ethnische Vielfalt; Macht, Hierarchie und Entscheidung; Fairness; Spiritualität; Balance zwischen Arbeit und Leben. Eine Gruppe wurde gebildet, die sich dem Thema Vielfalt widmete. Man explorierte die kollektiv identifizierten Kernwerte. Ein Heft *Allgemeine Übereinstimmungen* wurde angelegt. Der Dialog wurde allmählich in die laufenden Personal- und Vorstandssitzungen, in Klausursitzungen und in viele Programmbereiche des *Fetzer Institute* integriert.

> Der aufregendste Teil der Anwendung der Dialogmethode bei Fetzer war unsere Transformation zu einer lernenden Kultur, in der wir uns von unseren Rollen so lange distanzieren und diese überschreiten konnten, bis wir einander zuhörten. Wir wurden dazu inspiriert, unsere Verfahren und Praktiken gemeinsam neu zu formulieren, um sie mit unseren Werten in Übereinstimmung zu bringen ... was an sich selbst schon eine Quelle der Transformation gewesen ist.[1]

1 Wendy Lombard, Direktorin von Organization Formation, *Fetzer Institute.*

Was heißt Dialogmethode?

Stellen Sie sich vor, wie Sie mit guten Freunden zusammensitzen und reden, wissend, dass die anderen alles, was Sie sagen, hören und schätzen. Stellen Sie sich vor, wie Sie mit Menschen mit völlig unterschiedlichen Sichtweisen sprechen, und statt darüber zu streiten, wer Recht hat, warten alle sehr gespannt auf ein größeres Bild, das den vielfältigen Standpunkten einen gemeinsamen Sinn verleihen könnte. Stellen Sie sich vor, auf diese Weise mit Ihren Kolleginnen und Kollegen am Arbeitsplatz sprechen und ihnen zuhören zu können. Wie könnte das Ihren Tag verändern: Ihre Effektivität steigern, Beziehungen stärken und Ihre Zufriedenheit und Moral heben?

Jetzt haben Sie eine Vorstellung von der Dialogmethode gewonnen. Es gibt zwar keine einheitliche Definition von Dialog, aber da, wo im Laufe der Jahrhunderte Elemente des Dialogs aufgetaucht sind, finden wir Gemeinschaften, die auf Ehre, Achtung und Vertrauen – Kennzeichen seiner praktischen Anwendung – gegründet sind.

1985 fing David Bohm[2] mit einer Untersuchung an, die viele dazu inspirierte, sich mit dem Dialog und der damit verbundenen Hoffnung für Gesellschaft und Organisationen näher zu befassen. Bohm verfolgte die Ursprünge des Wortes Dialog bis ins Griechische *diá* („durch") und *lógos* („Rede, Wort"). Wenn wir unseren gemeinsamen Sinn zu verstehen versuchen, können wir die Fundamente unserer Kulturen und dadurch die Überzeugungen und Annahmen erforschen, die alle unsere Entscheidungen, Aktionen und Ergebnisse, die wir hervorbringen, motivieren. Dies gilt für Arbeitsgruppen, Organisationen und Gesellschaften.

Dialogmethode	Diskussion/Debatte
das *Ganze* sehen, das die Teile in sich schließt	Themen/Probleme in *Teile* aufbrechen
Verbindungen und *Beziehungen* erkennen	*Unterschiede* und *Differenzen* erkennen
Annahmen *erkunden*	Annahmen *rechtfertigen/verteidigen*
durch Erkundung und Aufdeckung *lernen*	*überzeugen, verkaufen, erzählen*
gemeinsamen Sinn unter vielen herstellen	*einen* Sinn unter vielen *auswählen*

Tabelle 1: Kontinuum des Gesprächs

Die Kontrastierung des Dialogs mit einer gängigeren Form des Gesprächs, der Diskussion, kann helfen, die einzelnen Formen zu klären. Wir können zwischen den einzelnen Formen bewusst auswählen und sie miteinander verflechten, was vom Kontext und von den Zielen des jeweiligen Gesprächs oder des größeren Projekts abhängt.

Wie die Dialogmethode funktioniert

Der Dialogprozess lässt sich folgendermaßen veranschaulichen.

> Die Menschen betreten den Raum. Wir setzen uns meistens in einem offenen Kreis. Wir sprechen der Reihe nach. Wir wollen die Anwesenheit des anderen gegenseitig bestätigen und vollkommen präsent sein und uns darauf vorbereiten, am Dialog teilzunehmen. Unser designierter Moderator erinnert uns an das Ziel, das mit der Einberufung der Dialogsitzung verbunden ist, und bittet uns, auf das Denken *mit*einander zu fokussieren und dabei über das Verständnis des Einzelnen hinaus zu einem größeren Bild des Ganzen zu gehen. Wir überprüfen die Leitlinien, auf die wir uns geeinigt haben und die unser Gespräch unterstützen sollen, und beginnen den Dialog.

2 David Bohm war Physiker, der über die Quantentheorie arbeitete und einer der innovativsten Denker seines Jahrhunderts war.

Der in Abbildung 1 dargestellte Korb (Ellinor a. Glenna 1998, p. 63) ist eine Möglichkeit, die Beziehungen zwischen den Komponenten zu beschreiben, die den Dialog schaffen und erhalten.

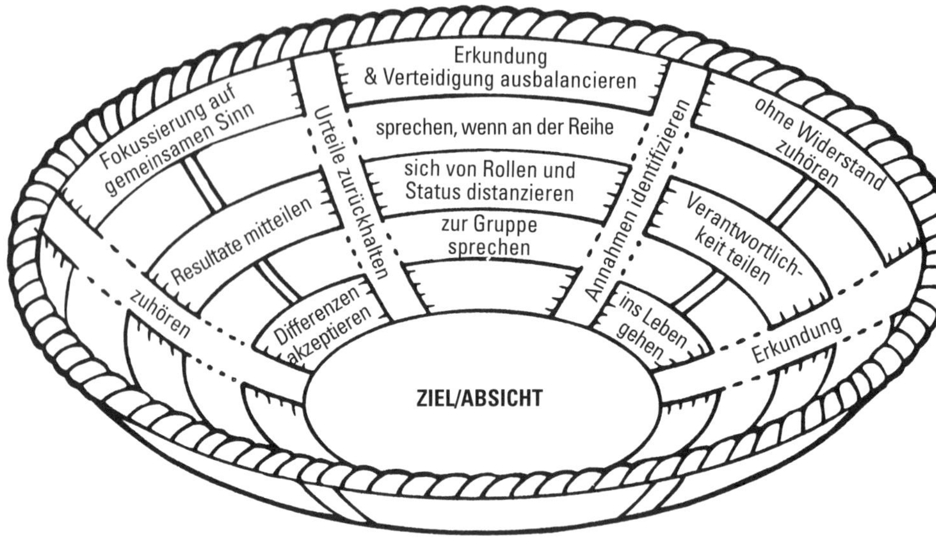

Kraft des kollektiven Denkens

Erkundung
& Verteidigung ausbalancieren

sprechen, wenn an der Reihe

sich von Rollen und
Status distanzieren

zur Gruppe
sprechen

Fokussierung auf gemeinsamen Sinn

Urteile zurückhalten

ohne Widerstand zuhören

Resultate mitteilen

Annahmen identifizieren

Verantwortlich- keit teilen

zuhören

Differenzen akzeptieren

ins Leben gehen

Erkundung

ZIEL/ABSICHT

Gemeinschaften von Vertrauen und gemeinsamer Führung

Abbildung 1: Leitlinien und Fähigkeiten, den Dialog zu schaffen und zu erhalten

Mit der Zeit kann sich unser Gespräch verlangsamen, wenn eine Person jeweils spricht. Oft gibt es Schweigephasen, Räume für tiefere Reflexion und Erkundungen. Die Menschen fragen aus Neugier, um etwas über die Denkweise hinter der Perspektive des anderen zu lernen – und ohne ihn verändern oder beeinflussen zu wollen. Vielleicht spüren Sie, dass ein offenes Ende beabsichtigt ist, d. h. die Bereitschaft zu und den Wunsch nach einem spezifischen Ergebnis fallen zu lassen und darauf zu hoffen, dass sich neue Ideen entwickeln.

Nach einer festgelegten Zeit beenden wir den Prozess und schließen den Dialog mit einer Reflexion sowohl über den Inhalt dessen, was wir exploriert haben, als auch über den Prozess. Wir notieren unsere Schlüsselerkenntnisse und Einblicke, die wir in zukünftigen Gesprächen oder Sitzungen, bei denen Entscheidungen getroffen werden, einbringen wollen. Wir machen uns Notizen über die Verhaltensweisen, die den Dialog gestützt haben, und überlegen uns, wie wir die Verantwortlichkeit unter allen so aufteilen können, dass die Qualität unserer Praxis verbessert wird.

Was ist mit den Menschen, die an der Dialogsitzung nicht teilnehmen? Mit guter Planung können auch ihre Gedanken und Fragen in die Sitzung eingebracht werden. Über E-Mail, Chatrooms und das herkömmliche Telefon oder über Fokusgruppen können Daten gewonnen werden, doch wird keines dieser Medien die Tiefe oder den Zusammenhalt einer Face-to-Face-Sitzung erreichen. Die Kommunikation in die größere Organisation hinein kann über persönliche Gespräche, schriftliche Mitteilungen und E-Mail stattfinden. Eine Frage oder ein Thema von weit reichender Bedeutung kann zu einer Reihe kleinerer Dialogsitzungen oder zu einem größeren Event führen, damit alle Akteure eingebunden werden können, deren Beitrag und Unterstützung für die besten Ergebnisse gebraucht werden.

Genauso wie die Dialogmethode Individuen verändern kann, so kann sie auch eine Kultur transformieren. Wir lernen, gemeinsam zu denken und Gemeinschaften zu entwickeln, die durch neue Verhaltensweisen und Fähigkeiten auf Vertrauen und Respekt bauen. Positive Erfahrungen mit der Macht des kollektiven Denkens und der Gemeinschaft verstärken und erweitern unsere Verpflichtung zum Handeln. Das Konkurrenzdenken macht Platz für Zusammenarbeit, Partnerschaft und gemeinsame Verantwortlichkeit, sobald wir den Wert der Vielfalt direkt erleben.

Abbildung 2 beschreibt den Welleneffekt, den die Dialogmethode auf die Kultur der Organisation haben kann. Die Ovale stellen gängige alltägliche Anwendungs- und Übungsbereiche des Dialogs dar. Eine Designstrategie, den Dialog in einen groß angelegten Veränderungsprozess zu integrieren, ist die, Bereiche und Anwendungen zu identifizieren, aus denen sich der Wert des Dialogs ableiten lässt, und diese dafür zu benutzen, die Grundlage für den Welleneffekt zu legen.

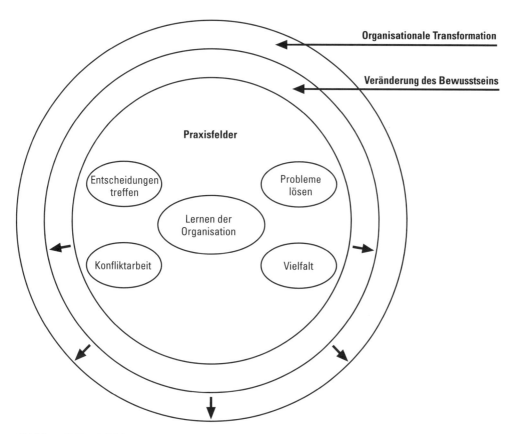

Abbildung 2: Praxisfelder

Achtung: Manchmal wird der Dialog für eine Technik oder ein Rezept gehalten. Diese Annahme kann sich auf seine Anwendung nachteilig auswirken. Die Dialogmethode ist die Kunst, die Ziele und Leitlinien des „Korbes" miteinander zu verflechten und sich von der Bereitschaft tragen zu lassen, sich von den eigenen Annahmen zu lösen und intensiv darauf zu hören, was sich in jedem Augenblick des Gesprächs zeigen will. Durch Übung lernen wir, die Art und Weise zu bezeugen, in der wir miteinander denken, Entscheidungen treffen und Aktionen durchführen. Wir werden fähig zu lernen, dass der Dialog nicht nur automatisch abläuft und auf vergangenen Erfahrungen beruht, sondern gekennzeichnet ist durch Erkundung, Reflexion und kreative Durchbrüche. Ein Geist von Zusammengehörigkeit und Gemeinschaft, der nicht an einzelne Personen gebunden ist und uns durch die stärksten Herausforderungen trägt, entwickelt sich und wird intensiver.

Wann ist der Dialog nützlich?

Die Dialogmethode kann man anwenden, um

- darauf zu fokussieren, eine ganzheitliche oder systemische Sicht auf ein Problem, eine Frage oder eine Herausforderung zu lernen und zu entwickeln;
- eine Polarisierung zu überwinden und Alternativen zu entdecken, die einen gemeinsamen Sinn stiften und eine gerichtete Aktion ermöglichen;
- Fähigkeiten zu entwickeln, die für eine auf Vertrauen und Achtung beruhende Kultur der Kooperation und gemeinsamen Führung förderlich sind;
- spontane Ideen zu generieren.

Achtung: Die Dialogmethode ist kein Instrument der Entscheidungsfindung; aber das durch den Dialog gesteigerte Bewusstsein und bessere Verständnis werden zu kreativeren und effektiveren Entscheidungen führen.

Der Nutzen der Dialogmethode

Wir vergleichen die Dialogmethode mit einem anderen Prozess namens Akkordeonplanung (Accordion Planning). Eine der ersten hochkarätigen Erfolgsgeschichten dieser Methode war die, dass man bei *Ford* das Design der Fertigungsprozesse für den Ford Taurus überdachte. Die Gesamtdurchlaufzeit sank von sieben auf dreieinhalb Jahre und sparte Millionen von Dollars ein. Inwieweit ist die Dialogmethode analog? Bei beiden Prozessen sind entscheidende Akteure in einem Projekt involviert, das direkt mit dem Ziel verbunden ist, einen gemeinsamen Sinn und gerichtetes Handeln zu generieren. Unter dem Motto „Langsam gehen, um schnell voranzukommen" garantieren diese Prozesse, dass es bei der Fertigung nur ein Minimum an Nacharbeit gibt.

Außerdem wird dadurch, dass die Dialogmethode auf das kollektive Denken fokussiert, eine ganzheitliche, systemische Sichtweise gefördert und die Klarstellung von Denkweisen unterstützt, die für kohärente und effektive Entscheidungen von fundamentaler Bedeutung sind. Folglich ist es unwahrscheinlich, dass „wir uns selbst ein Bein stellen", nur weil wir Unstimmigkeiten in unserem Denken und unseren Entscheidungen nicht bemerkt haben. Gemeinsam einen Sinn finden führt zur gerichteten Aktion und zur Fähigkeit, kreativ zu denken und laufende Aufgaben zu erfüllen. Das kreative Lösen von Problemen heißt nicht nur, den gleichen Prozess besser zu bewältigen, sondern auch Durchbrüche im Denken zu erreichen.

Der Start

Bevor Sie sich für die Dialogmethode entscheiden, müssen Sie die gegenwärtige Kultur, die Führung und die Fähigkeiten in der Organisation beurteilen. Je mehr Sie von folgenden Fragen mit Ja beantworten können, desto besser.

- Haben die Menschen eine Vision von der Zukunft, die sie dazu motiviert, Zeit, Geld und Energie in einen Prozess zu investieren, der sie manchmal in Bereiche bringt, in denen sie sich unbehaglich fühlen?
- Gehört es zum Veränderungsvorhaben, dass Fähigkeiten zur offenen Kommunikation entwickelt werden und einen Schlüssel für den Erfolg darstellen?
- Wird es unterstützt, dass Prioritäten in der Zuweisung von Ressourcen neu gesetzt werden, um die Übung und Entwicklung des Dialogs in der Organisation zu fördern?
- Besteht in den Gruppen auf den einzelnen Hierarchiestufen und in hierarchieübergreifenden Gruppen ein mittleres bis hohes Maß an Vertrauen?

- Zeigt sich in der gegenwärtigen Kultur der Glaube an Zusammenarbeit, bezeugt durch das fortgesetzte Bemühen in dieser Richtung?
- Sind die Führungskräfte bereit, die auf Zusammenarbeit ausgerichteten Verhaltensweisen und Fähigkeiten zu gestalten, die sie in ihrer Organisation entwickelt sehen wollen?

Rollen, Aufgaben und Beziehungen

Tabelle 2 beschreibt die einzelnen Rollen in den verschiedenen Phasen des Dialogprozesses.

	vorher	während	danach
Förderer/ Führungskraft	engagiert sich sehr für das Design und die Unterstützung des Prozesses	kann, muss aber nicht einbezogen werden, was von Gruppe und Ziel abhängt	engagiert sich für die laufende Unterstützung des Prozesses
Moderator	engagiert sich für Design und arbeitet mit Förderer/Führung, um Teilnehmer zu gewinnen	bringt der Gruppe Fähigkeiten bei und hilft ihr, sich selbst zu moderieren	engagiert sich für Folgedesign und vielleicht für den Übergang zur Selbstmoderation
Teilnehmer	engagieren sich manchmal für die Durchführung von Interviews mit Moderatoren, beantworten Fragebogen zum Betriebsklima usw.	engagieren sich für das Lernen von Fähigkeiten und für die Selbstmoderation	engagieren sich für die laufende Übung, indem sie die Dialogmethode Tag für Tag anwenden

Tabelle 2: Rollen und Aufgaben

Diese Rollen werden nachstehend im Einzelnen beschrieben.

- *Förderer:* Von ihm wird ein hohes Maß an Verpflichtung verlangt. Neue Fähigkeiten zu lernen braucht Übung und Zeit. Der Förderer kann die Prioritäten neu setzen und die Integration des Dialogs in die Alltagsaktivitäten unterstützen. Er muss bereit sein, die Relevanz der Dialogarbeit für das gesamte Veränderungsvorhaben der Organisation zu verteidigen.
- *Moderator:* Moderation ist wesentlich. Doch ein primäres Anliegen der Dialogmethode ist es, dass die Aufgabe der Moderation auf die gesamte Gruppe übergeht, d. h., dass die Moderation eine gemeinsame Verantwortlichkeit ist und nicht das Eigentum einer einzigen Person bleibt. Am Anfang ist diese gemeinsame Aufgabe normalerweise noch nicht möglich. Der Moderator modelliert die Prinzipien und Fähigkeiten, die den Dialog unterstützen, und hilft den anderen, darin Übung zu bekommen und die Moderation schließlich selbst zu übernehmen. Der Dialog bewirkt oft eine signifikante Veränderung im Denken und Verhalten von Moderatoren, die normalerweise dafür bezahlt werden, Gruppen zu moderieren, und nicht dafür, den Gruppen diese Fähigkeit der Selbstmoderation beizubringen.
- *Führungskraft:* Führungskräfte qua Position stellen fest, dass sich ihre Beziehungen zu den Gruppenmitgliedern signifikant verändern. Dieses Thema behandeln wir im nächsten Abschnitt. Hier nur so viel: Weil sich die Partizipation der Führungskräfte auf den Erfolg des Dialogprozesses auswirkt, müssen sie ihre Rolle in diesem Prozess verstehen und gegebenenfalls das entsprechende Coaching erhalten, durch das sie unterstützt werden.
- *Teilnehmer:* Die Teilnehmer sind aufgefordert, neue oder brachliegende Fähigkeiten zu entwickeln, in die gemeinsame Verantwortung für die Selbstmoderation langsam hineinzuwachsen und oft ein gewisses Maß an – manchmal unbehaglicher – Offenheit zu riskieren. Der Mut und die Bereitschaft, „sich nach Kräften zu bemühen", sind notwendig. Unserer Erfahrung nach sind die meisten Menschen dazu in der Lage und kommen wirklich

voran und beteiligen sich. Doch diese Entscheidung muss auf freiwilliger Basis geschehen, wenn Vertrauen aufgebaut werden soll. Die Dialogmethode macht geduldig.

Durchweg ist die Verpflichtung all derjenigen notwendig, die in diesem Prozess involviert sind: Förderer, Gruppenleiter, Moderatoren und Teilnehmer. Es wird zu belebenden Durchbrüchen kommen. Es wird frustrierende Zeiten des Zweifels und der Ambivalenz geben. Um Rosen zu pflücken, brauchen wir Beharrlichkeit, weil wir uns gelegentlich an ihren Dornen stechen.

Auswirkungen auf das Macht- und Autoritätsgefüge

Ein besonderer Aspekt der Dialogmethode ist die Art, wie sie sich auf die Dynamik von Macht und Autorität auswirkt. Die formale Struktur, wer an wen berichtet, bleibt zwar erhalten, doch es entsteht Bewegung in Richtung *gemeinsame Führung*. Mit dem Begriff gemeinsame Führung bezeichnen wir das Geschehen, wenn diejenigen, die den Dialog praktizieren, sich mit der Zeit ein gemeinsames Verständnis der kollektiv bestimmten Ziele aneignen. Ausrichtung entwickelt sich. Jedes Individuum erkennt deutlicher, wie es auf seine Weise an der Leistung und den Endergebnissen teilhat und welchen Beitrag es dazu liefert. Führungskräfte qua Position müssen die Aktivitäten der ihnen unterstellten Mitarbeiter weniger dirigieren. Wenn Mitarbeiter in untergeordneten Positionen mit einem besseren Verständnis des größeren Bildes ausgerüstet sind, unternehmen sie unabhängige Aktionen, wenn dies erforderlich ist, ohne auf das Feedback ihres Managers angewiesen zu sein.

Eine andere Art, wie sich der Dialog auf das Macht- und Autoritätsgefüge auswirkt, beobachtet man in den Sitzungen selbst. Wie schon erwähnt, führt der Dialog zur gemeinsamen Moderation bzw. gemeinsamen Verantwortlichkeit für die Aufgabe der Moderation. Das bedeutet, dass jeder lernt, für die Qualität des Gesprächs und den stattfindenden Lernprozess die Verantwortung zu übernehmen. Die Menschen teilen sich buchstäblich die Führungsaufgabe, um die Ergebnisse des Dialogs zu erzielen.

Unserer Erfahrung nach brauchen Führungskräfte bei diesen Verschiebungen in der Machtdynamik Coaching. Eine Vorgesetzte, mit der wir gearbeitet hatten, erzählte uns Folgendes: Nachdem neun Monate lang Dialogsitzungen in die Arbeit des Teams, das sie leitete, integriert worden waren, war sie überzeugt, dass sie ihre Aufgabe zur Verfügung stellen müsse. Die ihr unterstellten Mitarbeiter schätzten erst die Ansichten ihrer Vorgesetzten zu arbeitsbezogenen Fragen ab, umgingen dann den formalen Berichtsweg und kritisierten sie schließlich noch. Die Abteilung, die sie leitete, hatte drei Hierarchieebenen.

Erfolgsbedingungen

Wenn die Dialogmethode für Vorhaben eingesetzt wird, die eher kurzfristiger Natur sind, z. B. für die Exploration komplexer Probleme, den Umgang mit einem Konflikt oder die Entwicklung gemeinsamer Visionen, dann hängt der Erfolg davon ab, dass der Dialog mit der aktuellen Aufgabe verknüpft wird und Moderatoren engagiert werden, die in der dialogischen Gesprächsform sehr versiert sind. In Fällen, in denen nicht viel Zeit für Training und/oder die Entwicklung von Fähigkeiten bleibt, ist das Vertrauen in den Moderator besonders wichtig. Der Moderator wird gebraucht, um dem Dialog „den Raum zu geben", indem er die dem Vorhaben entsprechenden Grundregeln und Leitlinien, die den Dialog nützlich und durchführbar machen, exzellent modelliert und der Gruppe hilft, diese Regeln und Leitlinien schnell zu identifizieren.

Moderatoren, die die Dialogmethode gut kennen und viel Erfahrung darin haben, müssen vielleicht helfen, ein Umfeld und einen Kontext zu schaffen, in denen sich die dialogische Kommunikation entfalten kann.

In Situationen, in denen der Dialog benutzt wird, um die Kultur auf eine höhere Ebene der Zusammenarbeit und Partnerschaft zu heben, ist der Prozess in solchen Organisationen besonders erfolgreich, in denen schon eine Bewegung von eher traditionellen, autoritätsbasierten Kulturen zu partizipativen und auf Kooperation basierenden Kulturen stattgefunden hat. Mit der Dialogmethode lassen sich schnell Kommunikationslinien innerhalb einer Hierarchieebene und hierarchieübergreifend aufbauen. Wenn die Organisation eine solch offene Kommunikation nur begrenzt erlebt hat oder wenn das obere Management nicht auf Veränderungen vorbereitet ist, die mit einem offenen Umfeld verbunden sind, dann besteht die Gefahr, dass jeder erzielte Fortschritt einen gegenteiligen Effekt haben kann. Wenn Kommunikationslinien durch den Dialog aufgebaut worden sind und dann aufgrund mangelnder Bereitschaft der Organisation wieder abgebaut werden, ist der Reiz, die Linien noch einmal aufzubauen, für die Beschäftigten verloren. In der Organisation werden die Erwartungen geweckt, dass Veränderung ansteht. Wenn das obere Management ein höheres Maß an Offenheit nicht unterstützt, fühlen sich die Beschäftigten im Stich gelassen. Die Erwartungen sind zerstört, wenn die Situation wieder den früheren Zustand erreicht. Das nächste Mal, wenn das obere Management eine Dialogsitzung abhalten will, werden die Manager feststellen, dass die Mitarbeiter skeptisch sind. Es ist nachdrücklich zu empfehlen, die Dialogmethode erst dann für einen kulturellen Wandel einzusetzen, wenn beim oberen Management eine echte Verpflichtung auf Veränderung existiert und das erforderliche Coaching zur Verfügung steht.

In Kontexten, die auf Zusammenarbeit ausgelegt und partizipativ sind, modelliert wahrscheinlich das obere Management die erforderlichen Verhaltensweisen und verfügt auch über die erforderlichen Werte, um den Dialog in der Organisation zu unterstützen. Dies war beim *Fetzer Institute* der Fall. Wir stellten damals fest, dass gemeinsame Führung keine große Strapaze war und kein besonderer Bedarf an kontinuierlichem Coaching bestand, das die kulturelle Veränderung unterstützte. Die Manager dort stellten eher ganz natürlich die Zusammenhänge in Bezug darauf her, wie sie den ihnen unterstellten Mitarbeitern helfen konnten, den Dialog in ihre Arbeitsroutine zu integrieren. Auch vonseiten der Belegschaft war kein so riesiger Sprung nötig. Sie waren schon an eine Kultur gewöhnt, in der ihre Meinungen und Ansichten zählten. Der Dialog half ihnen einfach auf natürlichere Weise, sich die Kultur zunutze zu machen, die bereits existierte.

Theoretisches Fundament

Dialogische Kommunikationsformen gibt es seit Beginn der Menschheit, und sie finden sich in Settings wie den Quaker-Versammlungen, in der Arbeit von Carl Rogers und Martin Buber sowie bei den Indianern und anderen indigenen Kulturen. Was unser Alltagsleben betrifft, so treten wir ständig in dialogische und diskussionsbasierte Gespräche ein und verlassen diese wieder. Doch der Dialog als bewusst angewendete Kommunikationsübung stammt aus dem Spätwerk von David Bohm. Der Dialog als Methode wurde 1990 durch das Buch *The Fifth Discipline* von Peter Senge (dt. 1999) in organisationale Settings eingeführt und dort bekannt gemacht.

Drei wichtige theoretische Grundlagen prägen die gegenwärtige Praxis des Dialogs:

- *Das expandierende Paradigma der Welt kommt aus der neuen Wissenschaft.* David Bohm, Spezialist im Bereich der Quantenphysik, verglich eine Organisation mit einem Hologramm, in dem alle Teile das Ganze enthalten und das Ganze aus den einzelnen Teilen besteht. Wenn wir diese Hologramm-metapher auf das Design menschlicher Systeme anwenden, wird die Information lebenswichtig und die Kommunikation (Dialog) zwischen und unter allen Teilen elementar.

Die Theorie der sich selbst organisierten Systeme vergleicht die Organisation mit einem selbstreferenziellen System, das um eine sich entwickelnde Kernidentität herum angeordnet ist und sich selbst erhält. Anpassung ist die Norm. Die Richtung von oben nach unten wird um Informationen angereichert, die unter allen Teilen der Organisation hin- und herlaufen, wobei sich jeder Teil fließend den sich verändernden inneren und äußeren Bedingungen anpasst.

Von der Chaostheorie lernen wir, dass Organisationen auf viele nicht-lineare Weisen funktionieren, die nicht genau vorhersehbar oder planbar sind. Für die Nutzbarmachung der enormen nichtlinearen Kraft in Organisationen ist die offene und alle Mitglieder einbeziehende Kommunikation entscheidend. Der Dialog öffnet die Kommunikation innerhalb der und quer durch Funktions- und Hierarchieebenen.

- *Metabewusstsein und Kognition:* David Bohm stand viele Jahre lang in Kontakt mit dem östlichen Mystiker Krishnamurti. Vor dem Hintergrund dieser Beziehung stellte Bohm einen Zusammenhang her zwischen dem, was in der Meditation geschieht – man wird sich seines inneren Gedankenstroms bewusst und kommt in die Position eines Zeugen seiner eigenen Gedanken –, und der Beobachtung dessen, wie sich im kollektiven Gespräch Sinn zu entfalten beginnt. Seine Überzeugung war folgende: Wenn wir uns als Individuen unsere eigenen inneren Prozesse bewusster machen könnten, indem wir einfach zu Zeugen unseres Bewusstseinsstroms würden, dann könnten sich auch ganze Gruppen bewusster machen, wie das gemeinsame Denken (in Gesprächen) einen kollektiven Sinn stiftet, der unsere Aktionen antreibt. Wenn wir mit mehr Bewusstsein an die Frage herangehen, worauf die Aktionen basieren, die wir im Namen von Werten, Überzeugungen und Annahmen durchführen, dann können wir von mehr Bewusstsein getragene Aktionen mit Blick auf die Ergebnisse durchführen, die wir erzielen wollen. Dieses „Metabewusstsein" der Dialogmethode ist ein wichtiger Aspekt, in dem sich der gegenwärtige Dialog unterscheidet von anderen Formen der dialogischen Kommunikation, die sich durch die Geschichte herausgebildet haben, und auch von dem, was wir in unseren Alltagsgesprächen mit anderen vielleicht erleben.

- *Transformation der Kultur:* Vor dem Hintergrund der Bekanntschaft mit dem Sozialpsychologen Patrick de Mare begann David Bohm, sich Gedanken darüber zu machen, was für eine wichtige Rolle die Kultur bei den meisten drängenden sozialen Problemen der heutigen Zeit spielt. David Bohms Interesse richtete sich zwar auf die größere soziale Arena, doch seine Gedanken über die Bedeutung der Kultur im Leben einer Organisationen stehen damit in Zusammenhang. Seiner Vorstellung nach können wir durch den Dialog Muster des kollektiven Denkens in der Gesellschaft aufdecken, die vielleicht dysfunktional sind. In organisationalen Settings ist es wichtig, dass sich die Dialoggruppe aus den für das System repräsentativen Teilen zusammensetzt, die zu den thematisierten Problemen oder Fragen beitragen oder davon betroffen sind. Wir haben festgestellt, dass die Zahl der am Dialog beteiligten Menschen drastisch schwankt und von ein paar wenigen bis zu mehreren hundert reichen kann. In manchen Kontexten kann es wünschenswert sein, dass die ganze Organisation in den Dialog eintritt.

Über die Aufdeckung von Mustern und das Erlangen einer klareren Sicht auf das System hinaus führt die Dialogmethode allein durch ihre Anwendung zu einer Veränderung der tiefer liegenden Kultur. Weil der Dialog von den Teilnehmern ein stärkeres Maß an Offenheit und Authentizität verlangt, führt er die Gruppen „im Dialog" zu Kulturen, die eher an Zusammenarbeit orientiert sind und auf Prinzipien der Partnerschaft beruhen.

Der Dialog in der Forschung

Weil die Anwendung der hier beschriebenen Dialogmethode ein relativ neues Phänomen ist, gibt es noch keine ausgedehnten Forschungen über die langfristigen Auswirkungen des Dialogs. Kürzere Fallgeschichten belegen, dass die Dialogmethode über einen bestimmten Zeitraum hinweg ihren Effekt hat. *The Dialogue Group* verfolgte neun Monate lang die Anwendung der Dialogmethode in einer 17-köpfigen Abteilung einer Behörde und arbeitete auch mit Organisationen wie z. B. dem *Fetzer Institute*, in denen Ergebnisse untersucht worden sind. Diese dokumentieren eine Bewegung zu mehr Kommunikation, Offenheit und Vertrauen.

Eine Fülle von Dissertationen hat unser Verständnis von den Auswirkungen der Dialogmethode bereichert.[3]

1992 erhielt William Isaacs, Leiter des MIT (Massachusetts Institute of Technology) Dialogue Project, von der W. K. Kellog Foundation ein Stipendium von 480 000 Dollar, um über die Dialogmethode zu forschen. Das Projekt untersuchte experimentell zunächst in drei Kernsettings den über ein Jahr bis zu zweieinhalb Jahren laufenden Dialogprozess und erforschte eine Fülle von kurzfristigen Dialogsitzungen, die auf spezifische Konflikte und Gemeinschaften ausgerichtet waren. Zu den langfristig angelegten Initiativen gehörte die Einführung der Dialogmethode bei

- einer Gruppe von Gemeindevertretern in Boston (Massachusetts);
- einer Gruppe von Vertretern des Gesundheitswesens – z. B. leitende Verwaltungsbeamte, Ärzte, Pflegekräfte und Techniker wie auch der CEO (Chief Executive Officer) der lokalen Health Maintenance Organization (eine Art private Krankenversicherung) in Grand Junction (Colorado);
- einer Gruppe von Stahlarbeitern und Managern in Kansas City (Missouri).
- Aus diesem Forschungsprojekt sind eine Theorie der Dialogmethode und Dialogmodelle hervorgegangen. Derzeit entwickeln William Isaacs und Claus Otto Scharmer ein Projekt, das der Frage nachgeht, wie unterschiedliche „Behälter" bzw. übergeordnete Kontexte für Gespräche unterschiedliche Qualitäten von Sprache, Reflexion und Aktion ermöglichen und stimulieren.[4]

Die Ergebnisse halten

Wenn man die Dialogmethode in organisationalen Kontexten anwendet, um einen kulturellen Wandel herbeizuführen, ist die wichtigste Erwägung die, dass die Methode kontinuierlich angewendet wird. Das bedeutet, dass Manager und Vorgesetzte darüber nachdenken müssen, wie der Dialog in Alltagskontexte integriert werden kann, z. B. bei Entscheidungsprozessen oder Problemlösungen, bei der Exploration von Konflikten, der Entwicklung von Visionen und der Einrichtung von Hochleistungsteams. Nachdem die Menschen in den Konzepten und Fähigkeiten des Dialogs adäquat trainiert worden sind, sollten sie die Zeit für laufende Übungen im Kontext ihrer Arbeit miteinander haben. Aus diesem Grunde sollten intakte Teams trainiert werden. Der Dialog kann dann vor oder nach planmäßigen Sitzungen oder im Kontext bereits anberaumter Sitzungen geübt werden. Der Dialog kann z. B. als Teil einer Planungssitzung integriert werden. Ein Team kann

---

3 Mario Cayer, Université Laval, Faculté des Sciences d'Administration, Pavillon Palasis-Prince, Université Laval, Quebec, Canada G1K7P4, E-Mail: Mario.Cayer@mng.vlaval.ca – Betsy Smith, 113 Eucalyptus Knoll, Mill Valley, CA, E-Mail: 105147.1731@compuserve.com.
4 DIA·Logos Inc., P. O. Box 898, Cambridge, MA 92142–0009, E-Mail: Dialogos1@aol.com.

sich z. B. entschließen, eine Sitzung über Produktstrategie mit einem einstündigen Dialog zu beginnen, der auf zukünftige Trends oder andere relevante Themen fokussiert. Nach dem Dialog können die Teammitglieder über die besonders wichtigen Punkte reflektieren und anschließend in einen strukturierten Entscheidungsprozess eintreten. Auf diese Weise nutzen sie den Dialog mit dem Ziel, ein klareres, profunderes und fruchtbareres Verständnis des aktuellen Themas zu entwickeln. Die Informationen, die sie miteinander teilen, durchdringen jeden Einzelnen und geben ihm Ausgewogenheit in der Sitzung, in der Entscheidungen getroffen werden.

Abschließende Bemerkungen

Entscheidende Unterschiede zwischen dem Dialog und anderen Ansätzen

In drei Aspekten unterscheidet sich der Dialog von anderen Methoden zur Veränderung von Organisationen.

- *Der Dialog ist eine auf Kommunikation beruhende Methode zur Veränderung von Organisationen.* Als Praktiker kann man die Dialogmethode mit anderen Arten von Veränderungsprozessen kombinieren, z. B. mit Zukunftskonferenz, Open Space Technology oder Appreciative Inquiry, weil sie immer da verwendbar ist, wo Menschen interagieren. Der Nutzen des Dialogs besteht darin, dass er die Gesprächsqualität erhöhen und den Klienten helfen kann, Fähigkeiten zu üben, die schließlich zur langfristigen Veränderung der Kultur führen.
- *Der Dialog verfolgt primär das Ziel, Gruppen zu gemeinsamer Führung zu bewegen.* Die Klienten fangen an, sich selbst zu organisieren, um die Art ihrer Zusammenarbeit zu verbessern. Gemeinsame Führung stellt sich ein, wenn eine stärkere Ausrichtung auf gemeinsame Ziele besteht und wenn eine authentischere und intensivere Kommunikation unter denjenigen stattfindet, die miteinander arbeiten.
- *Dadurch, dass die Annahmen untersucht werden, auf denen Gruppenentscheidungen basieren, sind bessere und effektivere Entscheidungen möglich.* Die Dialogmethode ist insofern einzigartig, weil sie auf einer „Metaebene" des Bewusstseins ansetzt, was zu optimalen, langfristigen und systemorientierten Aktionen führen kann.

Falsche Vorstellungen von der Dialogmethode

Zu den häufig vorkommenden falschen Vorstellungen von der Dialogmethode gehören die folgenden.

- *Die Menschen glauben oft, dass der Dialog zwecklos sei, weil er ein Gespräch mit offenem Ende ist und keinen Ausgang haben kann, der schon am Anfang festgesetzt worden ist.* Das ist überhaupt nicht der Fall. Es ist zwar tatsächlich ein Muss, dass es kein im Vorhinein festgelegtes Resultat geben darf, doch das Ziel liegt in der intensiven Exploration der Sache und dem potenziellen Lernen, das dabei herauskommen kann. Was den Dialog zum Dialog macht, ist das Ziel des potenziellen Lernens. Bei der Diskussion besteht das Ziel darin, das Gespräch auf eine Wahlmöglichkeit oder einen festen Punkt zu verengen. Der Dialog erweitert das Verständnis eines Themas, bevor er zu einer eher formalen Entscheidungsfindung führt.
- *Der Dialog ist das Gleiche wie eine kunstgerechte Diskussion.* Eine kunstgerechte Diskussion integriert den Dialog in ein moderiertes Gespräch, das zu Entscheidungen führt. Während die kunstgerechte Diskussion den Dialog direkt integriert und manchmal extrem nützlich sein kann, unterscheidet sich der Dialog von der Diskussion dahin gehend, dass er die Notwendigkeit

der Entscheidungsfindung auf einen anderen Zeitpunkt verlegt. Auf diese Weise bietet er das Potenzial dafür, dass in der Gruppe ein höchst fruchtbarer Denkprozess stattfinden kann. Eine kunstgerechte Diskussion führt zwar zu einem konvergierenden Gespräch, kann aber der Gruppe helfen, ihre Gedanken eine kurze Zeit lang auseinander laufen zu lassen. Eine kunstgerechte Diskussion braucht auch einen Moderator; dagegen führt der Dialog zu Aufgaben der Moderation, die von der ganzen Gruppe getragen werden.

- *Der Dialog ist einfach zu erlernen.* Weil der Dialog als etwas Intuitives erscheinen kann, sind die Menschen oft überrascht, wenn sie nicht die Ergebnisse erhalten, die sie bei ihrem ersten Versuch erwarten. Damit soll nicht gesagt werden, dass sich ein sinnvoller Dialog nicht in bestimmten Settings mit sehr wenig Planung oder Training auf natürliche Weise entwickeln kann. Das Problem entsteht, wenn der Dialog in Gruppen versucht wird, die nicht wissen, wie sie sich davor schützen können, in diskussionsbasierte Gesprächsmuster zurückzufallen. Das ist besonders dann ein Problem, wenn sich einige Personen als höchst betraute Eigentümer bestimmter Sichtweisen empfinden. Die im Dialog involvierten Fähigkeiten sind intuitiv zwar einfach, brauchen aber Zeit, um in bestimmten schwierig zu handhabenden Settings, z. B. im Umgang mit Vielfalt oder Konflikt, ohne Training und/oder Moderation bestehen zu können.

- *Der Dialog ist nur etwas für Feinsinnige oder akademisch Gebildete.* Weil man irrtümlicherweise nur sieht, dass der Dialog nicht zur Aktion führt, übersehen die Menschen im Geschäftskontext oft seine unglaubliche Kraft. Sie lehnen diese Methode ab, weil sie annehmen, sie sei zu esoterisch oder philosophisch, um einen Platz in der Arbeitswelt zu verdienen. Nichts ist von der Wahrheit weiter entfernt. Man könnte z. B. vor einer großen Fusion oder einer Übernahme mehrere Dialogsitzungen auf unterschiedlichen Ebenen der Organisation abhalten. Die Vorteile daraus, dass man sich hier die Zeit nimmt für eine Dialogsitzung zu den komplexen Konsequenzen eines solchen Schrittes, könnten in Bezug auf höhere Arbeitsmoral, geringere Fluktuation, bessere Ausrichtung auf die Notwendigkeit für bestimmte Prozessveränderungen usw. enorm sein.

- *Der Dialog kann überall und für alles angewendet werden.* Manchmal begehen diejenigen, die den Nutzen des Dialogs selbst erfahren haben, den Fehler, zu glauben, dass die Methode für alle Entscheidungen, mit denen sie konfrontiert sind, benutzt werden könnte. Der Dialog sollte nicht für banale Entscheidungen wie etwa die Bestellung eines Kugelschreibers oder in Situationen, in denen das Resultat bereits feststeht, angewendet werden.

Zusammenfassung

Durch die Praxis des Dialogs wird ein solides Fundament von Fähigkeiten, Prinzipien und Werten geschaffen, die auf Zusammenarbeit und Partnerschaft beruhende Kulturen auszeichnen. Die Organisationen, die sich in diese Richtung entwickeln wollen, werden mithilfe der Dialogmethode ein höheres Maß an authentischer Kommunikation, größere Akzeptanz und Honorierung der Vielfalt, die Fähigkeit zur Exploration und Überwindung von Konflikten, ein höheres Maß an Kreativität und ein tiefer gehendes Verständnis der gemeinsamen Ziele und organisationalen Werte erleben. Der Dialog kann auch bei kurzfristigen Anliegen angewendet werden, wenn er in Aktivitäten wie z. B. strategische Entwicklung von Visionen, Teamentwicklung und Konfliktmanagement integriert wird.

Open Space Technology (OST)

Die Zeiten ändern sich.
Bob Dylan

Open Space Technology in Aktion

AT&T hatte ein interessantes Problem. Das Designteam, das gebildet worden war, um dem Pavillon für die Olympischen Spiele 1996 zu entwerfen, hatte den Erwartungen voll entsprochen. Das Design war – genau genommen – so gut, das *AT&T* eingeladen wurde, seinen Pavillon vom Rande des olympischen Dorfes zu dessen Mitte hin zu verschieben. Da es darum ging, gesehen zu werden, und 200 Millionen Dollar in dem Projekt steckten, fiel die Entscheidung zur Verlegung des Pavillons leicht. Ein kleines Problem war jedoch damit verbunden. Am Rande des olympischen Dorfes wurden 5 000 Besucher am Tag erwartet. In der Mitte ging die Besucherzahl dramatisch nach oben: 75 000 Menschen ad portas. Apropos gesehen werden: Ein Pavillon, der auf 5 000 Menschen ausgelegt ist, würde natürlich keine 75 000 Menschen fassen. Was noch schlimmer war: Für das ursprüngliche Design hatte man zehn Monate bis zur Fertigstellung gebraucht, und damals war Dezember und die Olympischen Spiele noch knapp sechs Monate weg.

Die 23 Mitglieder des Designteams waren entmutigt, als sie sich versammelten, um den Kampf aufzunehmen. Sie wussten, dass sie gut waren, und mit ausreichend Zeit wären sie der Lage auch durchaus gewachsen gewesen. Aber die Zeit stand nicht zur Verfügung. Als sie im Kreis zusammensaßen und sich darauf vorbereiteten, an einem ihrer Meinung nach sehr zweifelhaften Unterfangen namens Open Space Technology (OST) teilzunehmen, war von einem Teammitglied zu hören: „Ich glaube, wir verwandeln gerade ein Desaster in eine Katastrophe."

Zwei Tage später war die Atmosphäre ganz anders. Ein komplett neues Design war bis hinunter zu den Arbeitsskizzen entwickelt worden, und alle Teammitglieder waren sich darin einig, dass dieser Entwurf ästhetisch viel besser sei als der erste. Im Hinblick auf die Umsetzung waren sie mit dem neuen Design schon weiter, als sie es mit dem alten gewesen waren; denn als sie planten, bestellten sie auch gleich die Materialien zur Lieferung. Am wichtigsten war vielleicht, dass alle miteinander sprachen; einige bezeichneten das Unternehmen sogar als „Spaß" und beklagten sich nur darüber, dass sie nicht schon beim ersten Mal OST angewendet hatten.

Im Folgenden erzählt Anne Stadler, die OST seit vielen Jahren praktiziert, eine das ganze System betreffende langfristige Geschichte über diese Methode.

Im Mai 1996 nahmen 120 Lehrende, Studenten und Mitarbeiter aus allen Bereichen des *Fred Hutchinson Cancer Research Center* (FHCRC) an einer ungewöhnlichen zweitägigen Klausursitzung teil. Fokussierend auf das Thema *Integration von Grundlagenforschung, Medizin und Epidemiologie zum Verständnis der menschlichen Biologie und der Krankheit*, benutzten sie OST, um Gespräche zu initiieren und praktische Aktivitäten anzuregen.

Damit dies gelingen konnte, brauchte es Voraussicht und Mut. Das FHCRC mit seinen 2 000 Menschen war nach den klassischen Disziplinen organisiert. Es gehört zu den Weltführern in der Krebsforschung. Weshalb also am Erfolg herummachen?

Dr. Lee Hartwell, ein hoch geachteter Genforscher, initiierte das Vorhaben. Er war überzeugt, dass wir nur durch die Synthese aus Grundlagenforschung, Medizin und Epidemiologie die Grundlagen der menschlichen Biologie und der Krankheit verstehen können. Die entscheidenden Antworten würden nicht mehr die isolierten Arbeiten einzelner Disziplinen geben. Lee Hartwell wählte OST, um eine optimale Gelegenheit der Selbstorganisation zu unterstützen. Seiner Ansicht nach würde dadurch die schlummernde Führung bei Zusammenarbeit, Lernen und Aktion geweckt werden. Über seine Wahl schüttelten seine Kollegen nur den Kopf. Sie fragten: „Wer sind die Sprecher? Wie sieht die Agenda aus?" Als ihnen mitgeteilt wurde, dass sie die Agenda an Ort und Stelle entwickeln würden, waren die meisten von ihnen skeptisch. Doch als man den Menschen eine offene Agenda präsentierte und sie ermunterte, Verantwortung für ihre Anliegen zu übernehmen, kristallisierten sich Führer heraus, die die Gesprächsfäden zusammenlaufen ließen.

Aus dieser ersten Sitzung gingen mehrere disziplinenübergreifende Initiativen hervor, z. B. ein Graduierten- und Postgraduiertenseminar einmal pro Monat, interne Webseiten für jedes einzelne Labor, ein von zwei Mentoren betreutes Trainingsprogramm sowie mehrere interdisziplinäre Kurse, Minikurse, Workshops und Vorlesungen. Der Event entfesselte neue Führung und enthusiastische Partizipation.

1997 wurde Dr. Lee Hartwell zum Präsidenten und Direktor des FHCRC ernannt. Seine erste Tat bestand darin, dass er für das ganze Zentrum einen weiteren OST-Event arrangierte. Dadurch entwickelten sich neue Beziehungen und Projekte, z. B. ein langfristiges interdisziplinäres Forschungsprogramm mit vier Bereichen, weitere Kurse, partielle Reorganisation und laufende Arbeit an Vielfalt und Führungsentwicklung. Rückblickend auf das Jahr, in dem OST am FHCRC angewendet worden war, sagte Lee Hartwell: „Ich habe festgestellt, dass Führung in alltäglichen Aktionen und Fragen der Schlüssel ist. Um eine signifikante Veränderung zu bewirken, müssen viele Mitarbeiter Führer werden."

Die gegenwärtige Herausforderung des FHCRC besteht darin, eine kontinuierlich lernende OST-Gemeinschaft zu werden, in der die effiziente Kommunikation zwischen vielen Arbeitsorten mit unterschiedlichen Kulturen gepflegt wird. Kim Wells, Direktorin für Organisationsentwicklung, hält den Raum offen für die im Entstehen begriffene lernende Gemeinschaft. Sie berichtet: „Ich biete Kurse an zur Führung komplexer Systeme; wir haben inzwischen regelmäßige zweistündige Open- Space- Lerntreffen, und wir denken an eine OST-Sitzung zum Thema Vielfalt im kommenden Jahr. Ein Zukunftsprojekt ist, dass wir unser Intranet für die Kommunikation nutzen und nachvollziehen, was die Menschen gerade machen und lernen."

Auf der Basis der zweijährigen Erfahrung mit OST am FHCRC können wir sagen, dass die Anwendung dieser Methode in einer Organisation nach folgenden Zyklen abläuft:

- den Kreis versammeln (alle wichtigen Akteure werden zur Behandlung eines aktuellen und relevanten Themas zusammengerufen),
- die im Raum vorhandene Führung und Vielfalt aufdecken (durch Selbstorganisation eines Marktplatzes),
- praktische Resultate in der Alltagsarbeit manifestieren,
- die Führung in sich und anderen unterstützen, um auf entstehende Realitäten und Chancen zu reagieren,
- gemeinsames Lernen durch Reflexion und Geschichtenerzählen.

Häufig gestellte Fragen

Was ist OST?

Open Space ist allermindestens ein schneller, billiger und einfacher Weg zu besseren und produktiveren Sitzungen. Auf einer tiefer liegenden Ebene befähigt OST die Menschen, eine völlig andere Qualität der Organisation zu erleben, in der selbst gesteuerte Gruppen die Norm sind, Führung eine fortwährend gemeinsame Aufgabe ist, Vielfalt zur genutzten Ressource wird statt zu einem zu lösenden Problem und persönliche Befähigung zur gemeinsamen Erfahrung wird. Open Space macht auch Spaß. Kurzum: OST schafft die Bedingungen für eine fundamentale Veränderung der Organisation; de facto hat diese Veränderung vielleicht schon stattgefunden. Am Ende haben die Gruppen eine interessante Wahl: Sie können Open Space wiederholen, sie können Open Space besser machen, oder sie können zu ihrem früheren Verhaltensmodus zurückkehren.

Wann wird OST angewendet?

Die Methode eignet sich für Situationen, in denen ein großes Problem gelöst werden muss, das durch einen hohen Grad an Komplexität, ein hohes Maß an Vielfalt (in Bezug auf die beteiligten Menschen), die Präsenz eines potenziellen oder aktuellen Konflikts und durch Entscheidungsdruck gekennzeichnet ist.

Welche Resultate sind wahrscheinlich?

Je nachdem, wie viel Zeit für OST investiert wird (ein bis drei Tage), sind die folgenden Resultate im Wesentlichen garantiert: Jedes Thema, das für die einzelnen Personen in der Gruppe von Belang ist, kommt auf den Tisch. Alle Fragen werden so lange diskutiert, wie es die daran interessierten Parteien für richtig halten. Die Teilnehmer haben am Schluss ein vollständiges Protokoll der Diskussionen vorliegen. Prioritäten werden identifiziert, verwandte Punkte zusammengeführt und erste Aktionsschritte identifiziert. Und die Menschen in der Organisation lernen eine ganz andere und sich selbst befähigende Art des Arbeitens kennen, die sie in die Organisation mitnehmen können. Einschneidende Resultate reichen vom Umbau der Organisation bis zur Entwicklung eines Strategieplans für das Produktdesign – um nur zwei zu nennen.

Wie funktioniert OST?

Die Methode ruht auf zwei Säulen: Leidenschaft und Verantwortlichkeit. Leidenschaft mobilisiert die Menschen im Raum. Verantwortlichkeit stellt sicher, dass Aufgaben durchgeführt werden. Ein Fokusthema oder eine Fokusfrage geben dem Event den Rahmen. Die Kunst, die Frage zu rahmen, liegt darin, genau so viel zu sagen, dass Aufmerksamkeit erregt wird, und zugleich hinreichend offenen Raum zu lassen, damit die Vorstellungskraft arbeiten kann.

Alle Teilnehmer sitzen im Kreis (oder in konzentrischen Kreisen, wenn die Gruppe groß ist). Ich habe festgestellt, dass der Kreis die Grundform für offene menschliche Kommunikation ist: Oder haben Sie jemals von einem Freundes*quadrat* gehört? Dann werden die vier Prinzipien und das eine Gesetz vorgestellt, die das Leben von Open Space bestimmen. Die Teilnehmer werden aufgefordert, ein Thema herauszugreifen, für das sie echte Leidenschaft verspüren und die persönliche Verantwortung übernehmen möchten. Mit dem Thema/den Themen im Hinterkopf treten sie in die Mitte des Kreises, schreiben ihr Thema auf ein Blatt Papier, stellen es der Gruppe vor und heften das Blatt an die Tafel. Wenn alle Themen, die die Teilnehmer identifiziert haben möchten, formuliert und aufgehängt sind, wird die Gruppe aufgefordert, zur Tafel zu gehen, sich für die Themen zu verpflichten, die sie behandeln möchte, und sich an die Arbeit zu machen. Unabhängig von der Gruppengröße nimmt dieser Vorgang etwas mehr als eine Stunde in Anspruch. Ab diesem Zeitpunkt steuert sich die Gruppe selbst. Wenn die Gruppen zusammenkommen, werden Berichte ihrer Aktivitäten (üblicherweise am PC) geschrieben, und am Schluss (eines dreitägigen Events) sind alle Themen nach Prioritäten geordnet. Die „heißen" Themen werden im Detail ausgearbeitet, wobei konkrete Aktion das Ziel ist.

Die vier Prinzipien und das eine Gesetz von OST

Jeder Teilnehmer ist immer die richtige Person. Dadurch werden die Menschen daran erinnert, dass es nicht darum geht, wie viele Teilnehmer kommen oder welche Position sie innehaben, sondern dass ihre Leidenschaft für das Thema das Entscheidende ist. Und was passiert, wenn niemand in Ihre Gruppe kommt? Nun, wann hatten Sie zum letzten Mal die Zeit, an einer Idee zu arbeiten, die für Sie wirklich ein Anliegen ist? Auch eine einköpfige Gruppe funktioniert.

Das, was geschieht, ist das Einzige, was geschehen kann. Das ist eine Erinnerung daran, nicht daran zu denken, was hätte sein dürfen, sein sollen oder sein können. In den Augenblicken der großen und kleinen Überraschung geschieht das eigentliche Lernen und Wachsen.

Der Event startet immer zur richtigen Zeit. Kreativität und Geist gehen nicht nach der Uhr; sie erscheinen nach ihrem eigenen Rhythmus. OST erinnert uns lediglich daran, dass Uhren von Menschen geschaffen sind und sehr wenig damit zu tun haben, wann die richtige Zeit für bestimmte Dinge ist.

Wenn der Event vorbei ist, ist er vorbei. Dieses Prinzip bietet eine wunderbare Möglichkeit, Zeit und Ärger zu sparen. Wenn Sie zusammen sind und in zehn Minuten das erledigt bekommen, was sie wollten, herzlichen Glückwunsch! Wenden Sie sich einer anderen Arbeit zu. Wenn Sie aber intensiv mit Ihrer Arbeit befasst sind, setzen Sie diese so lange fort, bis Sie damit fertig sind.

Diese Prinzipien sind einfache Aussagen darüber, wie die OST-Welt funktioniert. Manche mögen diese Aussagen zwar als kontraintuitiv empfinden; doch sie beschreiben nur das, was immer passiert, wenn Menschen interagieren.

Das Gesetz der zwei Füße (manchmal Gesetz der persönlichen Initiative genannt) besagt, dass Sie für Ihre Überzeugung eintreten, und wenn Sie das Gefühl haben, dass Sie an Ihrem Platz weder etwas beizutragen haben noch etwas lernen, dann benutzen Sie Ihre zwei Füße und gehen woandershin. Das Gesetz beruht im fundamentalen Sinn auf persönlicher Verantwortlichkeit. Es macht deutlich, dass die einzige Person, die für Ihre Erfahrung verantwortlich ist, Sie selbst sind.

Der eigentliche OST-Event dauert je nach gewünschten Resultaten zwischen einem Tag und drei Tagen. An einem Tag werden die passenden Themen formuliert und diskutiert. In zwei Tagen können viele nützliche Tätigkeitsberichte generiert werden. In einem weiteren halben Tag können alle Themen nach Prioritäten geordnet, zusammengeführt und zu einem Aktionsschritt formuliert werden. Der OST-Event kann auch in kürzerer Zeit durchgeführt werden, was aber mit einem wahren Verlust an Tiefe verbunden ist.

Das Leben nach OST

Meines Wissens gibt es keine Organisation, in der OST keine Spuren hinterlassen hätte. Neben den tief greifenden Resultaten, die vielleicht aus der Versammlung hervorgegangen sind, können die subtilen Auswirkungen sogar noch mehr Einfluss haben. Zumindest hat die Organisation einen neuen Leistungsmaßstab, denn alle Teilnehmer wissen jetzt, dass es keiner endlosen Vorbereitung bedarf, wenn man sinnvoll mitwirken will. Aufgeteilte Führung, persönliche Befähigung, die Würdigung der Vielfalt, auch selbst gesteuerte Arbeitsgruppen sind eine Sache der Erfahrung. Natürlich kann die Gruppe beschließen, diese Erfahrung nie mehr zu wiederholen; doch es lässt sich nicht leugnen, dass alle beschriebenen Vorgänge stattgefunden haben.

Rechtfertigung der Kosten

Da für OST im Grunde genommen keine Vorausplanung (außer was die Identifizierung der Themen und die Logistik betrifft) und auch kein Training notwendig ist und, unabhängig von der Gruppengröße, nur ein einziger Moderator benötigt wird, können die Kosten zwischen nahezu null und dem Betrag liegen, den die Gruppe für Unterbringung, Reise und dergleichen ausgeben möchte. Stellen Sie diese Kosten gegen den Nutzen, dass in zwei Tagen das erledigt wurde, was zuvor in einem Projekt für 200 Millionen Dollar zehn Monate Arbeit in Anspruch genommen hatte, und die Rechtfertigung der Kosten ist vom Tisch. Man muss nicht betonen, dass nicht jeder OST-Event solche Ergebnisse hervorbringt, doch ungewöhnlich sind sie nicht.

Der Start

Wenn ich über grundlegende Veränderung reflektiere, ist mein erster Ratschlag der: „Wenn etwas nicht zerbrochen ist, sollte man es nicht reparieren." Kurz gesagt: Bevor Sie sich auf die Reise begeben, sollten Sie sicherstellen, dass Sie diese auch wirklich unternehmen wollen. In Bezug auf Open Space ist mein Ratschlag der: „Wenn Sie einen anderen Weg finden können, das zu tun, was Sie wollen, dann gehen Sie diesen." Der Grund dafür ist einfach. Bei OST sind die gute Nachricht und die schlechte Nachricht identisch: Die Methode funktioniert. Bei Open Space hat noch jede Gruppe, mit der ich gearbeitet habe, begeistert, innovativ, kreativ mitgemacht und sich verantwortlich dafür gezeigt, was den Teilnehmern wichtig ist. Das klingt alles wunderbar; aber für manche Menschen klingt es manchmal auch wie eine Verschreibung dafür, aus dem Ruder zu laufen. Und sie haben Recht. Wenn die Aufrechterhaltung der Kontrolle Ihr oberstes Ziel ist, dann denken Sie um Himmels willen nicht an Open Space. Wenn Sie dagegen bereit sind, an die Menschen zu glauben, ihnen zu vertrauen und zu akzeptieren, dass sie aller Wahrscheinlichkeit nach die eigentlichen Experten sind für das, was getan werden muss, dann wird es OST bringen. Und Sie können sicher sein, dass grundlegende Veränderung die wahrscheinliche Konsequenz ist.

Rollen, Aufgaben und Beziehungen

Anforderungen an die Förderer

Die Förderer müssen bereit sein, alle Teilnehmer zu honorieren und zu respektieren. Das heißt nicht, dass jede verrückte Idee, die im Laufe der Versammlung aufkommt, umgesetzt werden muss, und es wird einige verrückte Ideen geben. Das heißt aber, dass der geschaffene Raum für die Menschen sicher sein muss, damit sie vollkommen kreativ und vollkommen sie selbst sein können. Tatsache ist, dass die Gruppen, mit denen ich gearbeitet habe, ziemlich konservativ sind, seien es nun Unternehmen, Gemeinden, religiöse Orden oder große politische Körperschaften gewesen; und doch erweisen sie sich kollektiv als ausgezeichnete Richter in puncto Verrücktheit oder Anwendbarkeit einer Idee.

	vorher	während	danach
Förderer/ Einberufende	• formuliert die Notwendigkeit • verpflichtet sich, Kontrolle abzulegen • verpflichtet die Ressourcen • wählt Teilnehmer aus	• ist voll und ganz präsent	• unterstützt die Resultate • ist offen dafür, wohin die Erfahrung die Organisation trägt
Designer/ Moderator	• unterstützt die Einberufenden bei der Formulierung des Themas • lässt erforderliche Sorgfalt walten, wenn er dem Förderer bewusst macht, dass die Organisation nicht auf den vorherigen Zustand zurückfällt, wenn sie sich einmal „geöffnet" hat.	• schafft einen sicheren Raum	• coacht den/die Förderer dahin gehend, offen zu bleiben dafür, was sich in der Organisation entwickelt – manchmal kann das sehr fremd und ungemütlich sein

	vorher	während	danach
Teilnehmer		• sind voll und ganz präsent	• setzen ihre Verpflichtungen um • nehmen die vier Prinzipien und das Gesetz mit zurück in die Organisation

Tabelle 1: Rollen und Aufgaben

Rolle des Moderators

Die Aufgabe des Moderators besteht darin, einen sicheren Raum zu schaffen, in dem die Menschen arbeiten können, und dann den Weg frei zu machen. Beachtenswert ist, dass der Moderator maximal 20 Minuten „an der Front" ist und ab diesem Punkt offenbar nichts mehr macht. Er interveniert in keiner Gruppe und auch nicht in der gesamten Gruppe, es sei denn, jemand „dringt in den Raum ein". „Eindringlinge" sind vielleicht nur übermäßig begeisterte Teilnehmer oder (im schlimmsten Fall) der Vorstandsvorsitzende, der sich Sorgen darüber macht, dass die Dinge außer Kontrolle geraten. Raumeindringlinge maßen sich an, den anderen eine einzige Handlungsrichtung ihres eigenen Entwurfs aufzuoktroyieren. Open Space ist so etwas wie der Inbegriff von „Vertraue der Gruppe – vertraue dem Prozess", und *niemand* hat das Recht, spezifische Resultate zu kontrollieren, solange er freiwillig am OST-Event teilnimmt.

Die Rolle der Teilnehmer

Die einfache Antwort auf die Frage, wer am OST-Event teilnimmt, lautet: derjenige, der ein Anliegen hat. In der Praxis ist es so, dass die Einladung an alle Personen – ob innerhalb oder außerhalb der Organisation – ergeht, denen die Antworten auf das Thema oder die rahmende Frage ein Anliegen sein könnten. Wenn es mit der Logistik problematisch wird, gibt es viele Möglichkeiten, mit der Situation umzugehen, z. B. die, dass man die Teilnehmerzahl begrenzt nach dem Motto „Wer zuerst kommt, mahlt zuerst" oder für die Zahl der Teilnehmer aus den jeweiligen betreffenden Gemeinschaften ein Limit setzt.

Die Aufgabe der Teilnehmer besteht darin, voll und ganz sie selbst zu sein. Wenn sie Angst haben, kein Vertrauen haben, frustriert sind, dann ist das eben so. Wenn sie begeistert sind, kreativ und bereit für Neuerungen, dann ist das auch gut. Sie sind so, wie sie sind, und das ist genau so, wie sie sein sollten. Die Erwartungen an die Teilnehmer (und damit sind alle gemeint, auch der Planungsausschuss, die Führungskräfte und der Vorstandsvorsitzende) sind die, dass sie kommen, voll und ganz präsent sind und offen für Resultate – und sich danach persönlich verantwortlich dafür zeigen, dass die Durchführung guter und nützlicher Aktivitäten gewährleistet ist. All das ist nicht ganz vergleichbar mit dem, was eine flammende Rede über Werte und Verantwortlichkeiten hervorzurufen vermag. Doch es scheint sich – fast wie von selbst – in Situationen zu ergeben, in denen ehrlicher Respekt vorhanden ist.

Für diejenigen, die nicht am Event teilnehmen können, bilden die Protokolle und die Teilnehmer die Brücke zu der Erfahrung mit Open Space. Was anschließend geschieht, ist abhängig von der Leidenschaft und der Verantwortlichkeit derjenigen, die dem Event beigewohnt haben, und davon, was die Teilnehmer in die Organisation hineintragen.

Ein Wort zu Planungsausschüssen

Für Planungsausschüsse stellt OST ein Problem dar. Es gibt sehr wenig, was im Voraus getan werden kann. Um die Wahrheit zu sagen, bemühe ich mich bei solchen Ausschüssen hauptsächlich darum, ihnen verständlich zu machen, dass nach Festlegung des Themas und Einladung der Gäste nur noch die ganz schlichte und unkomplizierte Logistik übrig bleibt. Mieten Sie den Saal, bestellen Sie die Ver-

193

pflegung, und lassen Sie den Dingen ihren Lauf. Die Selbstorganisation hat wirklich ihre Vorzüge.

Auswirkungen auf das Macht- und Autoritätsgefüge

OST kann für die qua Position gehaltene Macht und Autorität sehr problematisch sein, vor allen Dingen dann, wenn diejenigen, die diese Macht und Autorität innehaben, in hohem Maße unsicher sind. Für „Kontrolltypen" ist Open Space ein Gräuel und sollte von ihnen niemals angewendet werden. Doch wenn Macht und Autorität in Kompetenz, Achtung, Verantwortung und Vertrauen wurzeln, wird OST zu einer sehr natürlichen Art des Führens der Geschäfte. Es ist noch nicht allzu lange her, dass man von Führungskräften auf allen Ebenen erwartete, alles unter Kontrolle zu haben und alle Antworten zu kennen. Ich vermute, dass diese Zeiten vorbei sind. Für diejenigen in Führungspositionen, die meine Vermutung teilen, kann OST eine sehr nützliche Methode sein.

Erfolgsbedingungen

Wann wendet man OST an? Nutzen Sie Open Space, wann immer die Antwort auf eine Frage oder ein Problem im Grunde unbekannt ist und die einzige mögliche Hoffnung darin besteht, dass die Gruppe, die sich aus all denjenigen mit einem Anliegen zusammensetzt, aus ihrer kollektiven Weisheit heraus zu Lösungen gelangen kann, die sich weder ein Individuum noch eine Kleingruppe ausdenken kann.

Weshalb funktioniert OST? Open Space ist ein sich entwickelndes Mysterium. Von Rechts wegen dürfte die Methode nicht funktionieren. Aber sie tut es. Die Antworten auf die Frage, weshalb OST funktioniert, werden aus dem kommen, was wir über selbst organisierte Systeme wissen und gerade herausfinden.

Wann sollte OST nicht angewendet werden? Wenden Sie diese Methode nicht an, wenn Sie die totale Kontrolle behalten möchten, zumindest in dem Sinne, in dem wir *totale Kontrolle* zu verstehen pflegten. Kontrolle und Verantwortlichkeit sind bei OST immer noch sehr präsent, doch beide Aspekte verlagern ihren Ort von einer einzigen klugen, allmächtigen Führungsperson auf die Teilnehmer selbst.

Gängiger Fehler: OST ist eine bemerkenswert versöhnliche Methode. Die einzige mir bekannte Möglichkeit, den Prozess zu unterminieren, ist tatsächlich die, zu glauben, man sei für ihn verantwortlich (siehe oben).

Theoretisches Fundament

OST war nicht das Produkt eines sorgfältigen Designs. Die Methode kam einfach dadurch zustande, dass ich es leid war, Sitzungen zu organisieren, um dann feststellen zu müssen, dass der beliebteste Part die Kaffeepausen waren – der einzige Part, mit dem ich nichts zu tun hatte. Die direkte Assoziation war die zur sozialen Organisation in westafrikanischen Stämmen, wo ich entdeckte, dass alles Wichtige und Nützliche in einem Kreis abgehandelt wurde. Alle indigenen Populationen, die mir bekannt sind, haben die gleiche Entdeckung schon lange vor mir gemacht.

Wenn wir im Rückblick herauszufinden versuchen, weshalb OST funktioniert, kommen die Antworten im Allgemeinen aus der Forschung, die sich mit Selbstorganisation, komplexen adaptiven Systemen, „dissipativen Strukturen" und dergleichen beschäftigen. Die damit verbundenen Namen, die im Allgemeinen nicht in der Managementliteratur und auch nicht in der Verhaltenswissenschaft auftauchen, sind Stuart Kaufmann (Biologe), Ilya Prigogine (Chemiker) und Murray Gel-Mann (Physiker), um nur ein paar zu nennen. Auf der Ebene der allgemein verständlichen Darstellung sind Margaret Wheatley und ihr Buch *Leadership and the New Sciences* sowie ihre jüngere Arbeit *A Simpler Way* (beide bei Berrett-Koehler erschienen) zu erwähnen.

Ergebnisse halten

Sie hatten also eine großartige Versammlung. Und was machen Sie als Nächstes? Die Antwort ist ziemlich einfach, aber vielleicht nicht ganz zufrieden stellend: Schwimmen Sie mit dem Strom. Das bedeutet konkret, dass während des Events die emergente Struktur, das Ziel und die Macht einer Organisation nicht nur von selbst an die Oberfläche treten, sondern auch in den Aktivitätsberichten dargelegt sind und in den Folgeaktionen zum Vorschein kommen. Die Investition wird die Energie fördern. Wo sie stark (kohärent und nützlich) ist, wird sie Ressourcen liefern und Barrieren niederreißen (z. B. bürokratische Zwänge), und wo sie schwach ist, lässt man die Sache auf sich beruhen.

Welcher Schritt unmittelbar als Nächstes gewählt wird, ist normalerweise ziemlich klar und üblicherweise eine von drei Möglichkeiten:

- die zu unternehmenden Aktionen sind so eindeutig, dass nichts anderes übrig bleibt, als sie durchzuführen;
- die zu unternehmenden Aktionen sind reichlich eindeutig, aber man braucht mehr Information oder Beratung; in diesem Fall muss man unbedingt einen Termin setzen, bis zu dem diese Aufgaben abgeschlossen sind;
- das Thema ist so klar wie Kloßbrühe; in diesem Fall bestünde der vernünftigste nächste Schritt darin, einen weiteren Event abzuhalten – dieses Mal aber ausschließlich dem betreffenden Thema gewidmet.

Es gibt auch eine große Chance, die durch OST erlebten neuen Verhaltensweisen in der Organisation zu verankern. Wie schon erwähnt, sind z. B. selbst gesteuerte Arbeitsgruppen, aufgeteilte Führung, Würdigung der Vielfalt und Selbstbefähigung natürliche Nebenprodukte von OST. Doch normalerweise manifestieren sich diese Verhaltensweisen so schnell und leicht, dass viele der Teilnehmer „ihre Ankunft verpassen". Für eine intakte Arbeitsgruppe ist es sehr hilfreich, über das Auftauchen neuer Verhaltensweisen zu reflektieren. Diese Art der Reflexion sollte nicht mit den gängigen Trainingsprogrammen verwechselt werden, die diese Verhaltensweisen zuvor schon hervorzubringen versucht hatten. Wenn eine selbst gesteuerte (z. B.) Arbeitsgruppe schon funktioniert, hat es wenig Sinn, mit elementaren Konzepten und Praktiken an den Anfang zurückzugehen. In diesem Fall haben wir es mit einer Erfahrungssache zu tun, die berücksichtigt werden und als Basis dienen kann.

Abschließende Bemerkungen

Viele Menschen, die zum ersten Mal von OST hören, bilden sich die Meinung, dass diese Methode keine Struktur und noch weniger Kontrolle habe. Diese Meinung ist völlig falsch. Wahr ist, dass es bei OST keine *auferlegte* Struktur und Kontrolle gibt. Das, was an Struktur und Kontrolle vorhanden ist (und das ist, wie sich zeigt, eine Menge), kommt allesamt aus den beteiligten Menschen, den von ihnen durchgeführten Aufgaben und dem Umfeld, in dem sie operieren. Kurzum: Es handelt sich um *angemessene* Struktur und Kontrolle – den Menschen, der Aufgabe und dem Umfeld angemessen.

In den meisten Fällen ist es so, dass diejenigen, die OST für eine Methode ohne Kontrolle und Struktur halten, Open Space noch nie selbst erlebt haben. Hätten sie einen Event mitgemacht, wüssten sie, was 500 Teilnehmer wussten, nachdem sie sich versammelt hatten, um über die Presbyterianische Kirche in den USA nachzudenken. In diesem Prozess bildeten die presbyterianischen Kirchenvertreter 164 Aufgabengruppen, die 48 Stunden lang selbst gesteuert arbeiteten, und am Ende des Events hielten die Teilnehmer ein 350 Seiten umfassendes Protokollbuch in den Händen. All dies wurde nicht durch spiritistische Manipulation erreicht. Kurz gesagt: Das Ausmaß der emergenten Struktur und Kontrolle ist im Allgemeinen von einer Art, die sich kein Planungsausschuss vorzustellen – geschweige denn umzusetzen – wagen würde. Doch es passiert, und es funktioniert. So ist das Wesen selbst organisierter Systeme.

Es scheint von OST auch die Vorstellung zu geben, dass die Methode nur dafür gut sei, nützliche Gespräche zu etablieren, wobei der stichhaltige Beitrag kein Ziel der Methode sei. Ein Autor beschrieb OST sogar so, dass der einzige Nutzen darin liege, ein Forum für die Klagen der Beschäftigten zu sein. Zweifellos finden gute Gespräche statt; und Klagen werden geäußert – aber der stichhaltige Nutzen, wie im Fall von *AT&T*, ist kein Fremder.

Appreciative Inquiry (AI): Eine positive Revolution in der Veränderung

*Wir selbst müssen die Veränderung sein,
die wir in der Welt sehen wollen.*
Gandhi

Bericht aus der Praxis

„Mit Appreciative Inquiry [AI; etwa: wertschätzende Unternehmensentwicklung durch Erkundung oder Befragung] beginnt ein Abenteuer. Schon bei den ersten Schritten spürt man eine aufregende Tendenz in unserer Sprache und unseren Veränderungsideen – eine Einladung, wie manche sagen, zu einer ‚positiven Revolution'." Die zitierten Worte *sind* stark und leider nicht von uns. Je öfter wir die Highlights unserer Arbeit bei *GTE* Revue passieren lassen, umso intensiver stellen wir uns genau die Frage, die die Menschen bei *GTE* an ihre Führungskräfte richteten: „Sind Sie wirklich auf die Wucht vorbereitet, die erzeugt wird? Daran wird sich eine Graswurzelbewegung entzünden ... es *wird* eine Organisation mit ihrer ganzen Ausdruckskraft geschaffen, eine Plattform für Revolutionäre im positiven Sinn!"

Tom White, Präsident des Unternehmens, das damals *GTE Telops* hieß (und 80 % der 67 000 Beschäftigten von *GTE* ausmachte), antwortete ohne Zögern: „Ja, und was ich in dieser Sitzung sehe, das sind Streiter, Menschen mit einer Mission und der Leidenschaft, das neue Unternehmen *GTE* zu erschaffen. Ich bin einer von euch, ich bin euer neues Mitglied Nummer eins, Streiter Nummer eins." Die Menschen jubelten.

14 Monate später gewann die Initiative zur ganzheitlichen Systemveränderung von *GTE* – auf der Basis signifikanter und messbarer Veränderungen in den Aktienkursen, den Umfrageergebnissen zur Arbeitsmoral, den Beziehungen zwischen Qualität und Kundenzufriedenheit, den Beziehungen zwischen Gewerkschaft und Management usw. – den ASTD-Preis *(American Society for Training and Development)* 1997 für das landesweit beste Programm zur Veränderung von Organisationen. AI wurde als das „Rückgrat" bezeichnet.

Wie konnte *GTE* dies erreichen?

Tom White deutet AI in der Sprache des Managers:

> Mit Appreciative Inquiry erzielt man viel bessere Ergebnisse, als wenn man Probleme sucht und löst. Für mich ist das ein interessantes Konzept – und ich denke, für die meisten von Ihnen –, weil Telefongesellschaften zu den besten Problemlösern der Welt gehören. Wir konzentrieren enorme Ressourcen auf die Korrektur von Problemen ... wenn dieser Ansatz über einen langen Zeitraum kontinuierlich angewendet wird, führt er zu einer negativen Kultur. Wenn wir eine negative Kultur mit den Herausforderungen unserer Tage kombinieren,

könnten wir uns leicht davon überzeugen, dass wir zu viele Probleme zu überwinden haben – um in ein lähmendes Gefühl der Hoffnungslosigkeit hinüberzugleiten ... Verstehen Sie mich nicht falsch. Ich bin nicht für ein sinnloses Geschwafel von Glück. Appreciative Inquiry ist eine komplexe Wissenschaft, die darauf ausgelegt ist, die Dinge besser zu machen. Wir können Probleme nicht ignorieren – wir müssen sie einfach von der anderen Seite her angehen (White 1996, pp. 472-474).

Was Tom White als „die andere Seite" bezeichnet hat, beschreiben wir als den *positiven Veränderungskern*. AI ist ein Werkzeug, mit dem die Verbindung zu der Transformationskraft dieses Kerns hergestellt wird, indem Stärke, Innovation, Leistung, Vorstellungskraft, Hoffnung, positive Tradition, Leidenschaft und Träumerei der systematischen Erkundung zugänglich gemacht werden. Zu dieser Methode gehört es, wertschätzende Aufforderungen vorzubringen und wertschätzende Fragen zu stellen, z. B.:

1. Beschreiben Sie einen Höhepunkt Ihrer Erfahrung in dieser Organisation, eine Zeit, in der Sie höchst lebendig und engagiert waren.
2. Erzählen Sie ohne Bescheidenheit, was Sie an sich selbst, Ihrer Arbeit, Ihrer Organisation am meisten schätzen.
3. Welche zentralen Faktoren geben Ihrer Organisation Leben, ohne die die Organisation nicht die gleiche wäre?
4. Welche drei Wünsche haben Sie, um die Gesundheit und Vitalität Ihrer Organisation zu steigern?

AI benutzt dann die so erzeugten Geschichten, um neue Geschichten, zwingendere Bilder von der Organisation und ihrer Zukunft zu generieren.

Um diese fantastische Verschiebung in der Kultur von *GTE* zu erreichen, fragten wir: „Wie können wir das positive Potenzial aller Beschäftigten für die Transformation der Firma nutzbar machen?" Wir wollten bei allem, was wir unternahmen, die Eigenständigkeit der Mitarbeiter zur Kenntnis nehmen und mobilisieren. Wir setzten uns das Ziel, eine an Erzählungen reiche Kultur zu erzeugen, wobei fünf positive Geschichten auf eine negative Geschichte kamen. Diesem Ziel näherten wir uns auf die unterschiedlichsten Weisen:

- Im ersten Jahr unterwiesen wir 800 Beschäftigte in AI.
- Wir schufen Gelegenheiten, „gute neue" Geschichten auszutauschen. Ein Geschäftsführer stellte sich freiwillig als das Geschichtenzentrum zur Verfügung. Die Geschichten kamen in sein Büro, und er gab sie zur Verteilung und Wiederholung an andere Bereiche weiter. Viele dieser Geschichten wurden im *Newsletter* der Firma veröffentlicht.
- Das Erzählen von Geschichten war in verschiedene Prozesse eingebettet. Beispielsweise fokussierte das Programm *The President's Leadership Awards* darauf, dass Geschichten über die erfolgreichen Mitarbeiter, ihre Teams und die Kundenbetreuung erzählt wurden.
- Wir fügten der Umfrage unter den Beschäftigten der Firma Fragen mit offenem Ende hinzu und achteten auf das Verhältnis von positiven zu negativen Kommentaren.
- Wir legten ein AI-spezifisches Geschichtenbuch als Lehrwerkzeug für alle Beschäftigten an.
- Wir führten AI mit großen Gruppen (100 bis 1 000 Menschen) in Arenen der strategischen Veränderung ein – um z. B. ein neues Partnerschaftsmodell zwischen den Gewerkschaften und dem Management von *GTE* auf höchster Ebene zu gestalten und zu bestätigen.

Mit diesen und vielen anderen Aktivitäten lenkten wir die Aufmerksamkeit der Beschäftigten von *GTE* auf ihre Macht, – aufgrund der Qualität ihrer Gespräche und der Geschichten, die sie untereinander austauschten – Selbstachtung, Identität und Erfolg positiv zu beeinflussen.

In den zehn Jahren, in denen Theorie und Vision von AI nun bekannt sind (vgl. Cooperrider a. Srivastva 1987), haben hunderte von Menschen AI-Praktiken mitgestaltet, indem sie den Geist und die Methodologie von AI in Organisationen rund um den Globus hineingetragen haben. Die Resultate und Beispiele, die wir ausgewählt haben, sind zwar oft dramatisch, doch möchten wir betonen, dass AI noch in den Kinderschuhen steckt.

Was ist AI?

AI ist auf die unterschiedlichste Weise beschrieben worden: als radikal affirmativer Veränderungsansatz, der sich vom problembasierten Management völlig lossagt (White 1996, pp. 472–474); als wichtigster Fortschritt in der Aktionsforschung in den letzten zehn Jahren (Bushe a. Pitman 1991, pp. 1–4); und als Stein der Weisen in der Organisationsentwicklung (Sorensen, Jr.,1996, pp. 3 f.). AI zusammenzufassen ist schwierig – eine Philosophie des Wissens, eine Methodologie für die Bewältigung von Veränderung, ein Ansatz zur Führung und Personalentwicklung. Eine praxisorientierte Definition lautet:

AI ist die gemeinsame Suche nach dem Besten in den Menschen, ihrer Organisation und der sie umgebenden Welt. Die Methode beinhaltet die systematische Entdeckung, was einem System „Leben" gibt, wenn es in ökonomischer, ökologischer und menschlicher Hinsicht am effektivsten und fähigsten ist. AI ist die Kunst und Übung, Fragen zu stellen, die die Kapazität eines Systems stärken, um positives Potenzial zu erhöhen. Die Methode mobilisiert die Unternehmensentwicklung dadurch, dass eine „bedingungslos positive Frage" formuliert wird, die oft hunderte oder manchmal tausende von Menschen involviert. Im AI-Prozess wird Intervention ersetzt durch Imagination und Innovation; an die Stelle von Negierung, Kritik und endloser Diagnostik treten Entdeckung, Traum und Entwurf. AI geht davon aus, dass jedes lebende System über ungenutzte, reiche und inspirierende Aktivposten verfügt. Verknüpft man diesen positiven „Veränderungskern" direkt mit einer Veränderungsagenda, werden plötzlich und demokratisch Veränderungen mobilisiert, die vorher nie für möglich gehalten wurden.

Der positive Veränderungskern gehört im heutigen Change Management zu den größten und weithin unerkannten Ressourcen. Der wichtigste Einblick, den wir mit AI bis heute gewonnen haben, ist der, dass *menschliche Systeme sich in Richtung dessen entwickeln, worüber sie beharrlich Fragen stellen*. Die einzige und wichtigste Aktion, die eine Gruppe unternehmen kann, um den menschlichen Geist zu befreien und bewusst eine bessere Zukunft zu gestalten, ist die, dass sie *den positiven Veränderungskern zum gemeinsamen und expliziten Eigentum aller macht*.

Der Viertagezyklus von AI

Der Zyklus von AI kann so schnell und informell sein wie ein Gespräch mit einem Freund oder einem Kollegen oder so formal wie ein organisationsweiter Prozess, der alle Akteure einbezieht. Es gibt zwar keine Formel für AI, doch die meisten organisationalen Veränderungsvorhaben durchlaufen den Viertagezyklus (siehe Abb. 1). Jeder AI-Prozess ist ein Eigengewächs – so angelegt, dass er den einzigartigen Herausforderungen der betreffenden Organisation und Industrie begegnet.

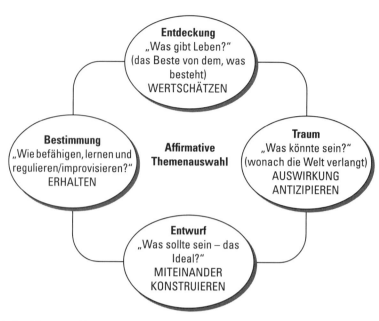

Abbildung 1: Der Viertagezyklus von AI

Der Organisationsgipfel nach AI

Der AI-Gipfel gehört zu den aufregendsten Anwendungen von AI. Er ist ein groß angelegter Sitzungsprozess, der darauf fokussiert, den positiven Veränderungskern der Organisation zu entdecken und zu entwickeln und diesen Kern in strategische Geschäftsprozesse wie z. B. Marketing, Kundenbetreuung, Personalentwicklung und Entwicklung neuer Produkte umzuwandeln. Partizipation ist von Natur aus vielfältig und schließt alle Akteure der Organisation mit ein. Der Gipfel dauert üblicherweise vier Tage und involviert 50 bis 2 000 Teilnehmer. Das brasilianische Unternehmen *Nutrimentalfoods* mit 700 Beschäftigten z. B. ließ den Betrieb vier Tage lang ruhen, an denen Beschäftigte und etwa 150 Kunden, Verkäufer und Gemeindemitglieder an einem strategischen Planungsgipfel nach der AI-Methode teilnahmen. Ein Jahr später waren die Gewinne um 300 % gestiegen, und die Firma machte den AI-Gipfel zu einem jährlichen Event. Dieser war so kosteneffizient, dass er zum strategischen Planungsmodus der Firma wurde. (Whitney a. Cooperrider 1998, pp. 17–28).

Jeder Gipfel hat zwar ein einzigartiges Design, doch es gibt einige gemeinsame Aspekte erfolgreicher AI-Gipfel. Die vier Tage folgen dem Viertagezyklus von AI:

Tag – Zyklus	Fokus	Teilnehmer ...
1 – Entdeckung	eine systemische oder systemweite Erkundung des positiven Veränderungskerns mobilisieren	• engagieren sich für wertschätzende Interviews • reflektieren über Gesprächshöhepunkte
2 – Traum	das größte der Organisation mögliche Potenzial für positiven Einfluss und Auswirkung auf die Welt antizipieren	• tauschen Träume aus, die in den Interviews gesammelt wurden • entwickeln und präsentieren auf den Träumen basierende dramatische Inszenierungen
3 – Entwurf	eine Organisation entwerfen, in der der positive Veränderungskern in allen Strategien, Prozessen, Systemen, Entscheidungen und Kooperationen äußerst lebendig ist	• identifizieren einflussreiche Designelemente und entwickeln ein Organisationsdesign • skizzieren provokative Vorschläge (Aussagen zum Entwurf), die den positiven Veränderungskern beinhalten
4 – Bestimmung	zur Aktion ermutigen, die von den Tagen des Entdeckens, Träumens und Entwerfens inspiriert ist	• beabsichtige Aktionen öffentlich bekannt machen und um Unterstützung bitten • bilden eigenständig Gruppen, die die nächsten Schritte planen

Tabelle 1: Viertagezyklus von AI und der AI-Gipfel

Im Zentrum von AI steht das wertschätzende Interview. Einzigartigkeit und Macht eines AI-Interviews kommen von seinem grundlegend affirmativen Fokus. Wertschätzende Interviews decken auf, was einer Organisation, einer Abteilung oder einer Gemeinde in ihren besten Zeiten Leben gibt. In diesen Interviews wird offenbart, welche Höhepunkte es im Leben der Menschen und der Organisation gibt, was Menschen wertschätzen und was sie hoffen und wünschen, um die soziale, ökonomische und umfeldbezogene Vitalität ihrer Organisation zu steigern.

Der Start: Ein Beispiel

Stellen Sie sich vor, Sie haben soeben folgenden beunruhigenden Telefonanruf erhalten:

> Hier spricht Rita Smith. Ich bin Präsidentin einer New Yorker Beratungsgesellschaft. Unsere Firma ist auf den Konflikt in Organisationen spezialisiert: Probleme zwischen Arbeitnehmer und Arbeitgeber, geschlechtsspezifische Konflikte, Probleme in Bezug auf ethnische Vielfalt. Ein Unternehmen von *Fortune 500* hat uns vertraglich verpflichtet, ihm bei der Ausschaltung sexueller Belästigungen am Arbeitsplatz zu helfen, ein Problem zu beseitigen, das tiefer geht und schwerer ist, als sich ein Unternehmen das eigentlich vorstellen kann. Unsere Firma ist seit einigen Jahren auf dieses Gebiet spezialisiert, und allmählich geht mir der hippokratische Eid durch den Kopf: Helfen wir wirklich? Seit zwei Jahren nimmt das Problem zu, egal, wonach man es beurteilt: Anzahl der Beschwerden, der gerichtlichen Klagen, Evaluierungen von Trainings gegen sexuelle Belästigung, Aussagen. Unsere nach dem Workshop durchgeführten Interviews zeigen, dass die Menschen weniger mit dem anderen Geschlecht kommunizieren können, mehr Distanz und weniger Vertrauen verspüren und dass die gläserne Wand bleibt. Also meine Frage ist die: Wie würden Sie das Problem sexuelle Belästigung mit AI in Angriff nehmen?

Das ist eine schwierige Frage. Im Zentrum des AI-Zyklus steht die *affirmative Themenwahl*. Sie ist der wichtigste Teil jedes AI-Vorhabens. Unserer Ansicht nach liegt die Saat der Veränderung in den allerersten Fragen, die wir stellen.

Wenn Erkundung und Veränderung ein paralleles Moment darstellen, wenn die Fragen, die wir stellen, den Weg bereiten für das, was wir „finden", und wenn das, was wir „entdecken" (die Daten), das Material für die Konzeption der Zukunft liefert, wie sollen wir dann mit einem wertschätzenden Ansatz an sexuelle Belästigung herankommen? Kehren wir zurück zu unserem Telefonat. Hier ist ein Auszug aus der konkreten Antwort:

> *David:* Wir haben hier eine wichtige Frage. Was wollen *Sie* darüber lernen und erreichen?
>
> *Rita:* Wir wollen die Vorfälle sexueller Belästigung drastisch reduzieren. Wir wollen dieses riesige Problem lösen oder zumindest einen signifikanten Rückgang erreichen.
>
> *David:* Ist das alles?
>
> *Rita:* Sie meinen, was ich *wirklich* will? [Es folgt eine lange Pause, dann platzt sie heraus.] *Was wir wirklich wollen, ist, dass wir die Organisation des neuen Jahrzehnts entwickeln – ein Modell für erstklassige Beziehungen zwischen Frauen und Männern am Arbeitsplatz!*
>
> *David:* Was halten Sie davon, wenn wir die Menschen bitten, sich paarweise zusammenzutun, damit sie ihre Geschichten darüber auszutauschen, wie sie erstklassige Beziehungen zwischen Frauen und Männern am Arbeitsplatz entwickeln und erhalten?

Um es vorwegzunehmen, ein kleines Pilotprojekt überstieg jedermanns Erwartungen. Nicht dutzende, sondern hunderte von Paaren setzten sich zusammen. Das war Überraschung Nummer eins. Dann erfuhr eine andere Organisation von dem Pilotprojekt und entwarf ein wahrlich grandioses Vorhaben. Die bahnbrechende Organisation war *Avon Corporation* in Mexiko. Einhundert Menschen wurden geschult, wie man jemanden nach der AI-Methode interviewt. In den darauf folgenden Wochen führten sie über 300 Interviews durch. Am Ende eines jeden Interviews baten die Interviewer die befragte Person, ob sie beim Interviewen helfen könne, wodurch ein Schneeballeffekt entstand. Geschichten sickerten durch – Geschichten über Errungenschaft, Vertrauensbildung, authentische gemeinsame Führung, Übungen zu effektivem Konfliktmanagement, Umgang mit geschlechtsspezifischen Stereotypen, Entwicklungsstufen und Methoden der Karriereförderung – die alle auf erstklassige Beziehungen zwischen Frauen und Männern am Arbeitsplatz fokussierten.

Ein Großgruppenforum wurde abgehalten, an dem die Interviewgeschichten benutzt wurden, um ein Bild von der Zukunft zu entwickeln. Praktische Vorschläge wurden erarbeitet, z. B.: „Jede Projektgruppe oder jeder Ausschuss bei *Avon* wird, wann immer möglich, von einem gemischten Paar geleitet." An die 30 visionäre Vorschläge wurden produziert. Die sich anschließenden Veränderungen in den Systemstrukturen und Verhaltensweisen waren dramatisch (Schiller a. Worthing 1998). Aus unserer Sicht waren Veränderungen in Bezug auf die gemischte Mitgliederschaft der obersten Führungsgruppe vielleicht die wichtigsten. Die Veränderungen bewirkten mehr als die Verbesserung zwischenmenschlicher Beziehungen; die gläserne Wand wurde zu einem Tor. Bei *GTE* ist die Geschichte noch besser. *Avon Mexiko* erhielt 1997 den *Catalyst Award* für den frauenfreundlichsten Arbeitsplatz im ganzen Land.

Rollen, Aufgaben und Beziehungen

Die Rolle der Führung einer Organisation ist die des *positiven Veränderungskatalysators* – um die Saat von AI auszubringen und sie auf ihre Weise und gemäß ihrem Rhythmus gedeihen zu lassen. Die Führungskräfte sind eingeladen, gleichwertig zu partizipieren wie die vielen wichtigen Stimmen am Tisch. Wenn Führungskräfte die Möglichkeit haben, den kreativen Ideen, Hoffnungen und Träumen ihrer Kollegen und der Akteure in der Organisation zuzuhören und diese wahrzunehmen, erkennen sie, dass ihre größte Aufgabe darin besteht, den Weg frei zu machen. Wenn die positive Revolution erst einmal beginnt, braucht es vor allen Dingen Bejahung und einen klaren Weg zum Experimentieren und zur Innovation. AI ist ein höchst partizipativer Prozess, der, wenn er einmal eingesetzt hat, sich auf bemerkenswerte Weise mit bemerkenswerten Ergebnissen fortsetzt.

Die Rolle der Berater im AI-Prozess ist die des *Agenten der Unternehmensentwicklung* (Cooperrider 1996b,pp. 5–11). und umfasst vier Aspekte:

- Organisationen werden als lebendige geistig-soziale Systeme, als Geheimnisse der Kreation, die gepflegt und bejaht werden müssen, betrachtet und nicht als mechanische oder wissenschaftliche Operationen mit Problemen, die zu lösen sind.
- Man arbeitet in der Bejahung und strebt kontinuierlich danach, zu entdecken, was der Organisation und ihren Mitgliedern Leben gibt.
- Man ist Moderator von Möglichkeiten, der Hoffnung und der inspirierten Aktion.
- Man sucht kontinuierlich nach Wegen, wie man den Prozess freigeben kann, um die Mitglieder der Organisation darin zu unterstützen, sich diesen zu Eigen zu machen.

Die primäre Rolle der Teilnehmer von AI ist die des *Schülers des organisationalen Lebens*. AI bindet alle Ebenen und Akteure in einen kooperativen Lern- und Mitgestaltungsprozess ein. Der Status des Schülers des organisationalen Lebens betont Neugier und das Lernen auf eine möglichst pragmatische Weise. Das Beste von dem, was war und was möglich ist, kann mit inspirierter Aktion verknüpft werden. Träume von der Zukunft wurzeln in der Realität und sind folglich glaubwürdig.

Die Verwaltung einer organisationsweiten AI bleibt normalerweise bei einem *Kernteam*, das im Hinblick auf Vielfalt des Hintergrunds, praktische Erfahrung und Verantwortung in der Organisation ausgewählt wird. Das Kernteam überschaut den Prozess und überwacht dessen allgemeine Auswirkung.

	vorher	während	danach
Berater	• stellen der Organisation AI vor • fokussieren auf den „Geschäftsfall" für AI	• trainieren Gruppen in AI • unterstützen das Kernteam • moderieren den Gipfel	• helfen der Organisation, AI in täglichen Übungen zu integrieren
Förderer	• lernen AI kennen • bringen die Saat von AI aus	• engagieren sich für AI in der Organisation • partizipieren – als gleichwertige, wichtige Stimme	• fragen: Wie könnten wir hier nach AI vorgehen? • führen durch Bejahung
Kernteam	• lernt AI kennen	• wählt affirmative Themen aus • erstellt Interviewprotokoll • legt Interviewstrategie fest • kommuniziert die „besten" Geschichten	• benutzt AI als tägliche Übung
Interviewer	• lernen AI kennen	• führen Interviews durch • fassen die „besten" Geschichten zusammen	• benutzen AI als tägliche Übung
Gipfelteilnehmer	• führen Interviews durch oder werden interviewt • überprüfen den Interviewbericht	• befassen sich mit Entdeckung und Dialog • wagen zu träumen • entwerfen die ideale Organisation	• erhalten Prozesse und Übungen im Stil von AI • schaffen mit AI neue Systeme und Strukturen • tauschen Erfolgsgeschichten aus

Tabelle 2: Rollen und Aufgaben von AI

Appreciative Inquiry und die Macht in Organisationen

Dieser Abschnitt könnte auch heißen *Eloge auf die Problemlösung*. Unserer Ansicht nach ist das Paradigma der Problemlösung, das vielleicht einmal ziemlich effektiv war, nicht mehr synchron mit den Realitäten unserer heutigen virtuellen Welten (Cooperrider 1996a, pp. 23–33). Lösungsorientierte Ansätze der Veränderung sind quälend langsam (und fordern immer dazu auf, zurückzuschauen auf Ursachen von gestern). Sie führen kaum zu einer neuen Vision (weil ein Problem implizit von einem Ideal ausgeht, suchen wir nicht nach neuem Wissen, sondern danach, wie wir Lücken schließen können). Lösungsorientierte Ansätze erzeugen außerdem Verteidigung und Trennung unter den Menschen (das ist nicht mein Problem, sondern deines).

Unser eigentliches Anliegen bezieht sich auf Macht, Kontrolle und darauf, wie das lösungsorientierte Paradigma menschliches Potenzial einschränkt. Unser Anliegen bezieht sich insbesondere darauf, den Gebrauch der Sprache bewusster mit menschlichem Potenzial und Veränderung zu verknüpfen. Worte erzeugen Welten – auch auf ungewollte Weisen.

Es war ein unvergesslicher Augenblick während einer Konferenz über AI für Akteure, die sich mit der Veränderung innerstädtischer Bezirke befassten und vorwiegend Gemeindeaktivisten der Philosophie von Saul Alinsky (*Leitfaden für Radikale*) waren. Nach zwei Tagen provozierte ein Teilnehmer:

> Das ist doch naiv ... haben Sie jemals in den Tiefen innerstädtischer Bezirke gearbeitet, z. B. in dem sozialen Brennpunkt Cabrini Green? Sie verlangen von mir, dass ich das „wertschätzen" soll ... gerade gestern sah ich, wie die verarmten Kinder Fußball spielten, aber nicht mit einem Ball – dafür ist kein Geld da –, sondern mit einer toten Ratte. Und Sie erzählen mir was von wertschätzender Erkundung in sozialen Brennpunkten!

Eine gewaltige Frage. Sie veranlasste uns, tiefer zu gehen. Zuerst argumentierten wir, dass Problem-Diagnose-Ansätze wie z. B. Alinskys Konfrontationsmethoden zwar funktionierten, aber nur halb so schnell wie AI. Als wir die kulturellen Konsequenzen einer defizitbetonten Sprache (z. B. er ist „manisch-depressiv", sie verhält sich „unsozial") explorierten, erkannten wir eine beunruhigende Beziehung zwischen der gesamtgesellschaftlichen Eskalation defizitbasierter Veränderungsmethoden und der Erosion der Macht der Menschen. Aus der konstruktionistischen Perspektive spiegeln Worte nicht die Außenwelt; sie koordinieren unsere Aktionen. Fachsprachen funktionieren wie Werkzeuge: Wenn ich meinem Sohn einen Hammer gebe, wird für ihn alles unweigerlich zum Nagel. Was passiert, wenn die „wissenschaftlichen" auf dem menschlichen Defizit basierenden Vokabularien in jedermanns Werkzeugkoffer zu finden sind? Wissenschaftler haben dokumentiert, dass insbesondere defizitbasierte Veränderungsansätze die Hierarchie verstärken, die Gemeinschaft aushöhlen und den Menschen das Gefühl von Selbstschwächung einrichtern (Gergen 1992/1996).

Kehren wir zurück zur Konferenz über Innenstädte: Nachdem wir defizitbasierten Vokabularien in den psychiatrischen Professionen, der Entstehung der Bürokratie, der skeptischen Wissenschaft, der Rede von der Erbsünde und in den zynischen Medien nachgespürt hatten, stieß der in der Alinsky-Philosophie geschulte Aktivist unter Keuchen hervor:

> Im Namen der Unterhaltung werden meine Leute gefüttert mit der negativen Sicht auf menschliche Gewalt – umgeben von endlosen Beschreibungen ihres „problembeladenen Lebens". Das Ergebnis? Die Leute schlafen vor dem Fernseher ein, können sich nicht mehr bewegen. Sie haben eine Stimme, wenn es um die Beurteilung ihrer Lebenssituation geht. Aber das ist eine ... visionslose Stimme. Man bringt sie dazu, die Defizitanalyse zu bestätigen ... Jetzt fällt mir auf, wie radikal die Botschaft von AI ist. Marx hätte es besser sagen können: Defizitbasierte Vokabularien sind Opium für das Volk. Die Menschen haben eine Stimme, werden durch sie aber nicht mehr mobilisiert. Eine visionslose Stimme ist schlimmer als gar keine Stimme.

Nicht die lösungsorientierten Methodologien an sich sind von Belang, sondern es ist die Tatsache, dass wir mit den Werkzeugen zu weit gegangen sind. Irgendwo ist folgende Verschiebung eingetreten: Die Organisationen *haben* keine Probleme, sie *sind* die Probleme (siehe Abb. 2). Wenn Change Management einmal als fundamentale Wahrheit akzeptiert worden ist, wird es von einem Defizitbewusstsein durchdrungen. Zum Beispiel: „Aktionsforschung ist sowohl ein Ansatz der Problemlösung, ein Modell oder Paradigma wie auch ein problemlösender Prozess" (French a. Bell, Jr., 1994).

Abbildung 2: Problemlösung und Appreciative Inquiry

Schwierige Fragen bleiben im Diskurs über Macht und Defizit offen. Unsere Hypothese ist die, dass der positive Kern zum expliziten und gemeinsamen Eigentum aller wird, wenn AI als ganzheitlicher Systemansatz angewendet wird und den Viertagezyklus durchläuft. In jedem Fall entwickelt sich eine Tendenz zu mehr Gleichheit und weniger Hierarchie. Zwangsläufig entstehen postbürokratische Organisationsdesigns, in denen die Macht verteilt ist und menschliche Energie freigesetzt wird.

Erfolgsbedingungen

AI funktioniert am besten, wenn es ein hohes Maß an *Prozessintegrität* gibt, bei der Mittel und Zweck identisch sind. Wenn eine Organisation mehr Kooperation zwischen den einzelnen Funktionslinien möchte, stärkere Verpflichtung und Verantwortlichkeit der Beschäftigten will und eine schnellere Durchlaufzeit anstrebt, muss der Prozess die Menschen dafür gewinnen, zwischen Funktionslinien Interviews zu machen, er muss die Beschäftigten darin einbeziehen, Entscheidungen zu treffen und den Prozess zu bestimmen, und er muss dies alles schneller als üblich leisten.

Auch die *Integrität der Veränderung des Menschen* trägt zum Erfolg von AI bei. Damit ist die Fähigkeit der Mitglieder des Systems gemeint, – in Gandhis Worten – „die Veränderung zu sein, die sie sehen wollen". AI wirkt sich tief greifend und zeitgleich auf die Leistung des Individuums, der Beziehungen und der Organisation aus. Wenn Individuen interviewt werden, erfahren sie ungewohnte Bestätigung und Unterstützung. Geschichten erzählen und von anderen Menschen bestätigt zu werden ist eine außergewöhnlich transformierende Erfahrung. Auf der Beziehungsebene schließt das Interview eine menschliche Sehnsucht auf, sinnhafte Verbindungen zu erleben und zu erkennen. Wenn die Geschichten, die gemeinsame Erfahrung und die Verbindungen erst einmal entdeckt worden sind, werden sie zu einem Bestandteil der Identität der Menschen und der Organisation. Mit AI verändern sich die Organisation, ihre Mitglieder und Akteure gleichzeitig in ihrer Beziehung zueinander.

Beharrlichkeit in der Veränderung ist ein weiteres Erfolgskriterium. Veränderung ist Leben an sich, kein Event. Wenn AI zur Höchstform aufläuft, gewinnt die Organisation größere Kapazitäten, sich mithilfe von Erkundung, gemeinsamen Geschichten, beziehungssteigernder Kommunikation und kooperativer Innovation zu verändern. Wir lassen die Organisation nicht in einem Endzustand namens

Effizienz oder Vortrefflichkeit zurück. Wir bestehen auf der Offenheit dafür, zu lernen, neue Chancen für Verstehen und Leistung zu entdecken und mit anderen unser Bestes zu teilen, um den kollektiven Lebensstandard in unseren Organisationen und auf der Erde zu heben.

Eine an Erzählungen reiche Kommunikation zu schaffen ist ein fruchtbares Feld für den Erfolg. Im Gegensatz zu Memos, Plänen und Taktiken wirkt AI durch Geschichten, Referenzen und Großgruppenforen in die Kommunikation der Organisation hinein. AI nutzt den inneren Dialog einer Organisation – die Geschichten, die die Mitglieder über sich und ihre Organisation erzählen. Im Grunde genommen geschieht Organisieren dadurch, dass man Best Practices, magische Momente und Leben spendende Erfahrungen miteinander teilt. Durch erzählungsreiche Kommunikation verbreiten sich Best Practices und vermehren sich Begeisterung und das Gefühl von Wohlbefinden. Wenn wertschätzende Geschichten „Flügel haben" und umherfliegen, erweitert sich die Kapazität für Veränderung und Höchstleistung.

Erkundung und Dialog erzeugen reiche *antizipatorische Bilder*. AI beruht auf dem Prinzip, dass unsere Bilder von der Zukunft unsere Leistung in der Gegenwart steuern. Wo die Bilder optimistisch und expansiv sind, sind organisationale Leistung und persönliche Motivation generell hoch. Wo die Bilder pessimistisch oder defizitbetont sind, ist die Moral tendenziell schlecht und die Fluktuation der Mitarbeiter hoch. Dadurch, dass Entdeckung und Austausch von Erfolgsgeschichten – aus der Vergangenheit und in der Fantasie – gepflegt werden, lädt AI zu Bejahung und Expansion ein.

Theoretisches Fundament

$E = mc^2$

AI beschleunigt Durchbrüche in der Organisation. Veränderungen, die für unmöglich gehalten wurden, werden plötzlich und demokratisch mobilisiert, wenn die Menschen die Macht des positiven Kerns konstruktiv annehmen und das Negative einfach *loslassen*.

Doch dann wird immer die Frage gestellt: „Was machen wir mit den *realen* Problemen?"

Grundprinzipien von AI

Um auf diese Frage nicht in naiv-optimistischen Worten zu antworten, müssen wir die Arbeit erläutern, von der AI inspiriert ist. Die folgenden fünf Prinzipien sind das Herzstück des theoretischen Fundaments von AI.

Das konstruktionistische Prinzip: Menschliches Wissen und das Schicksal der Organisation sind eng miteinander verflochten. Um effektiv sein zu können, müssen wir Organisationen als lebende, menschliche Konstruktionen begreifen.

Wir sind fortwährend damit beschäftigt, die Welt um uns herum zu verstehen – indem wir strategisch planen, das Umfeld überprüfen, Revisionen durchführen, Umfragen machen usw. Der Konstruktionismus verlagert den Ort des Wissens vom *Individuum* auf die *Beziehung*, indem er die Sprache als so mächtig bewertet, dass sie unseren Realitätssinn erzeugen kann.

Die Erkundung ist mit der Aktion untrennbar verbunden. Ihr Ziel ist es, eine „generative Theorie" hervorzubringen. Statt die Welt von gestern zu erklären, formuliert sie Möglichkeiten von morgen.

Das Prinzip der Gleichzeitigkeit: Erkundung und Veränderung sind keine separaten Momente, sondern ereignen sich zeitgleich. Erkundung ist Intervention. Die Saat der Veränderung – was Menschen denken und worüber sie sprechen, was Menschen entdecken und lernen und was den Dialog durchdringt und die Bilder von der Zukunft inspiriert – liegt in den ersten Fragen, die wir stellen. Sie bereiten den Weg für das, was wir „finden". Was wir „entdecken" (die Daten), wird zu den Geschichten, aus denen die Zukunft konzipiert ist. Deshalb gehört die Formulierung von Fragen zu den wirkungsvollsten Aktionen, die ein Veränderungsakteur unternimmt.

Ein großer Mythos besteht darin, dass wir zuerst analysieren und dann über Veränderung entscheiden. So nicht, sagt die konstruktionistische Sichtweise. Selbst die unschuldigste Frage evoziert Veränderung – auch wenn Reaktionen lediglich Veränderungen im Bewusstsein, im Dialog, im Gefühl der Langeweile oder im Gelächter sind. Wenn wir davon ausgehen, dass Erkundung und Veränderung zeitgleiche Momente sind, lautet die Frage nicht mehr: Führt meine Frage zu richtigen oder falschen Antworten?, sondern vielmehr: Wie wirkt sich meine Frage auf unser gemeinsames Leben aus? Bringt die Frage Gespräche über das Gute, das Bessere, das Mögliche hervor?

Das poetische Prinzip: Menschliche Organisationen sind wie offene Bücher. Die Geschichte einer Organisation wird fortwährend von mehreren Autoren produziert. Vergangenheit, Gegenwart und Zukunft sind unerschöpfliche Quellen des Lernens, der Inspiration und der Interpretation – den unendlichen Interpretationen eines guten Gedichts vergleichbar. Die Implikation ist die, dass wir jedes mit menschlicher Erfahrung verbundene Thema studieren können. Wir können in jeder menschlichen Organisation die Natur von Entfremdung oder Freude, Begeisterung oder schlechter Moral, Effizienz oder Exzess erkunden.

Der Konstruktionismus erinnert uns daran, dass „die Welt da draußen" unsere Erkundungen nicht diktiert; die Themen sind vielmehr Produkte sozialer Prozesse (von kulturellen Gewohnheiten, der Rhetorik, von Machtbeziehungen). AI sorgt dafür, dass wir nicht immer wieder dieselben Welten durch simple und langweilige Wiederholung unserer Fragen einfach nur reproduzieren (nicht schon wieder eine Umfrage zur Arbeitsmoral). AI teilt auch – mit Aufgeregtheit – mit, dass es von großem Nutzen ist, Mittel und Zweck der Erkundung zu verknüpfen. Beispielsweise haben wir in Gesprächen mit großen Führungspersonen von Nichtregierungsorganisationen *(Save the Children, World Vision)* die tiefe Freude wertschätzen gelernt, die ein CEO (Chief Executive Officer) als „dienender Führer" empfindet. Diese positive Orientierung spielt eine wichtige Rolle bei der Schaffung gesunder Organisationen. Heißt das nun, dass Freude etwas mit guter Führung zu tun hat? Weshalb nehmen wir dieses Thema nicht in unsere Veränderungsvorhaben auf? Was könnte passieren, wenn wir es tun?

Das antizipatorische Prinzip: Unsere positiven Bilder von der Zukunft lenken unsere positiven Aktionen – dieser Gedanke wird zur mehr und mehr Energie verleihenden Basis und ist die Voraussetzung von AI.

Die unbegrenzte menschliche Ressource, die wir für die Schaffung konstruktiver Veränderungen unserer Organisationen haben, ist unsere kollektive Vorstellungskraft und unser Diskurs über die Zukunft. Das Bild von der Zukunft steuert das gegenwärtige Verhalten jeder Organisation. Ganz ähnlich einem Filmprojektor, der Bilder auf die Leinwand projiziert, werfen menschliche Systeme unaufhörlich ihre Erwartungen an sich voraus. Das Gespräch auf dem Flur – die Metaphern und die Sprache – bringen die Zukunft als mobilisierendes Agens kraftvoll in die Gegenwart ein. Wenn die Erkundung so ist, dass die antizipierte Realität neu definiert wird (Cooperrider 1999) – indem positive Bilder gemeinsam entwickelt werden –, dann ist das vielleicht der wichtigste Aspekt einer Erkundung.

Studien über positive Leitbilder bei Sportlern, Forschungen zur Beziehung zwischen Optimismus und Gesundheit, Untersuchungen über den Placeboeffekt in der Medizin und Studien über den Pygmalioneffekt im Klassenzimmer lassen Schlussfolgerungen zu, die in dem Gedanken zusammenlaufen, den schon Aristoteles geäußert hat: „Eine lebhafte Vorstellung zwingt den ganzen Körper, dieser zu gehorchen."

Das positive Prinzip: Entwicklung und Erhaltung der Triebkraft zur Veränderung erfordern unserer Erfahrung nach ein hohes Maß an positiver Perspektive und sozialer Bindung – Dinge wie Hoffnung, Aufgeregtheit, Inspiration, Fürsorge, Kameradschaft, Gespür für Dringlichkeit und die reine Freude daran, miteinander etwas Sinnvolles zu erschaffen. Je positiver die Frage ist, die wir stellen, umso nachhaltiger und erfolgreicher ist das Veränderungsvorhaben.

Die Ergebnisse halten

Ergebnisse, die mit AI erzielt werden, sind direkt, oft überraschend dramatisch und von großer Reichweite, weil sie die Transformation des Individuums wie auch des ganzen Systems berühren und Leistung, Produktivität und Rentabilität der Organisation steigern.

Der Schlüssel zur Erhaltung hoher Partizipation, Begeisterung und Moral, inspirierter Aktion sowie organisationaler Agilität und Innovation liegt in der Verpflichtung der gesamten Organisation, eine AIO (Appreciative Inquiry Organization) zu werden. Nachhaltigkeit hängt davon ab, ob die Kernprozesse der Organisation – Personalentwicklung, Management, Planung und Messung – bewusst und strategisch rekonstruiert werden und an den Prinzipien und Methodologien von AI ausgerichtet sind.

Sobald die Prinzipien und Methodologien von AI in täglichen Übungen verankert sind, steigert sich die Kapazität der Organisation, ein hohes Maß an Partizipation und Begeisterung zu erhalten. In einer AIO beginnen z. B. alle Sitzungen mit einer kurzen Erkundung der „magischen Momente" – Zeiten eines außergewöhnlichen Erfolgs unter den Mitgliedern. Weitere organisationale Inszenierungen von AI sind jährliche Gipfeltreffen zur strategischen Planung, die Durchführung wertschätzender Interviews als Orientierungsprozess für die Beschäftigten, wertschätzendes Feedback und affirmativ fokussierte Messsysteme.

Schlussfolgerung

Mit AI beginnt auf jeden Fall ein Abenteuer.

Was das Verstehen wertschätzender Prozesse des Wissens und der sozialen Konstruktion anbelangt, stehen wir noch am Anfang. Doch es wird uns zunehmend bewusst, dass die Welt bereit ist, defizitbasierte Veränderungsmethoden zu überspringen und in eine lebenszentrierte Domäne einzutreten. Organisationen sind, so die AI-Theorie, in allererster Linie Zentren menschlicher Verbundenheit, und Beziehungen gedeihen da, wo es ein wertschätzendes Auge gibt – wenn die Menschen in den anderen das Beste sehen, wenn sie ihre Träume und höchsten Anliegen affirmativ miteinander teilen und wenn sie mit ihrer ganzen Stimme miteinander verbunden sind, um nicht nur neue, sondern auch bessere Welten zu erschaffen. Die Geschwindigkeit und weitgehend informelle Verbreitung wertschätzender Lernerfahrungen lassen auf eine wachsende Desillusionierung über ausgelaugte Veränderungstheorien – besonders über diejenigen, die mit defizitbasierten Vokabularien gepaart sind – und auf ein entsprechendes Bedürfnis schließen, mit Menschen, Gruppen und Organisationen auf konstruktivere, positive, lebensbejahende, sogar spirituelle Art zusammenzuarbeiten. Wir hoffen, dass Ihnen AI nun mehr sagt als nur: Viertagezyklus aus Entdeckung, Traum, Entwurf und Bestimmung; das, was hier vorgestellt wird, ist etwas näher am Kern.

Vielleicht muss unsere Unternehmensentwicklung durch Erkundung die positive Revolution werden, die wir in der Welt sehen wollen. Albert Einsteins Worte sind eindeutig zwingend: „Es gibt nur zwei Arten, das Leben zu leben. Entweder man tut so, als ob nichts ein Wunder sei. Oder man tut so, als ob alles ein Wunder sei."

Conference Model® bzw. Konferenzmodell

Wir müssen fähig sein, zusammenzukommen mit der kontinuierlich wachsenden
Geisteshaltung, das Richtige tun zu wollen, obwohl wir sehr genau wissen,
dass wir nicht wissen, wie und wo wir anfangen sollen.
Malidoma Patrice Somé

Bericht aus der Praxis

15 Monate lang arbeitete *Detroit Edison* daran, den Prozess der Lieferkette zu verbessern. Trotz der unermüdlichen Arbeit und vieler Stunden, die viele Menschen von innerhalb und außerhalb der Organisation darauf verwendet hatten, konnte die Firma wenig Erfolgreiches melden. Ungeachtet der Wichtigkeit des Vorhabens begegneten die meisten Menschen der Verbesserung des Lieferkettenprozesses mit desinteressierter Langeweile. *Detroit Edison* hatte es versäumt, die Organisation in den Veränderungsprozess hinreichend einzubinden.

Heute gibt es bei *Detroit Edison* 26 aktive Projekte zur Verbesserung der Lieferkette und potenzielle Einsparungen in Millionenhöhe. Das Engagement auf allen Ebenen der Organisation ist an die Stelle von Desinteresse getreten.

Wie hat Detroit Edison einen Veränderungsprozess, der am Tropf hing, in einen blühenden Veränderungsprozess transformiert? Das Unternehmen hat das Konferenzmodell (Conference-Model®) angewendet, um eine flexible Antwort auf diese kritische Situation zu geben. Es hauchte der Verbesserung des Lieferkettenprozesses nicht nur Leben ein; sondern führte auch zu anderen Initiativen, die nun weiterhin Prinzipien des Konferenzmodells anwenden, um die Organisation auf die Begegnung mit den Herausforderungen der Deregulierung zu verpflichten.

Zwischenzeitlich hatte 2 000 Meilen entfernt ein besorgter Manager ein anderes Problem. „Bei uns war es wie in einem Flüchtlingslager. Wir arbeiteten zwar für die gleiche Firma, sprachen aber verschiedene Sprachen. Der Schock über den Rückgang in unserem Industriezweig saß uns allen in den Knochen. Wir waren verwirrt und ohne Heimat in der Organisation. Überleben hieß eine neue Lebensart entwickeln", erklärt Mike Freeman, früherer Direktor von *Hewlett-Packard's Micro Electronics Operation*. „Die Herausforderungen waren enorm. Wir hatten fünf verschiedene Organisationen, wir waren an einem Standort, und wir mussten uns in eine integrierte Fertigungsorganisation umwandeln, während wir uns mit einem wechselnden und unsicheren Markt auseinander setzten."

Mike Freeman und sein Führungsteam erkannten instinktiv, dass für eine erfolgreiche Durchsetzung der nötigen Veränderungen das volle Engagement der Belegschaft erforderlich war. Sie benutzten das Konferenzmodell, um ihr Flüchtlingslager in eine effiziente, gemeinschaftliche, kundenzentrierte Organisation umzuwandeln – die nun seit fünf Jahren jährliche Produktivitätszuwächse von 18 % verzeichnet. Wie haben sie das geschafft? Sie transformierten, ähnlich wie *Detroit Edison*, die gesamte Organisation durch die Anwendung des Konferenzmodells.

Das Konferenzmodell im Überblick

Das Konferenzmodell war die erste Methode, bei der große Menschenmengen in einer Serie integrierter Konferenzen und Durchgängen auf eine systemweite Veränderung verpflichtet wurden. Das Modell umfasst vier Elemente:

- eine Serie integrierter Konferenzen,
- den Prozess des „Durchgangs",
- einfache Verpflichtungen,
- stützende Mechanismen.

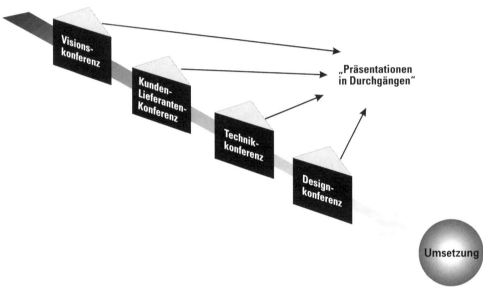

Abbildung 1: Das Konferenzmodell im Überblick

Zu den Anwendungen des Konferenzmodells gehören die Umstrukturierung von Prozessen, die Formulierung von Zukunftsentwürfen für die Organisation, die Entwicklung neuer organisationaler Kulturen, die Integration von Einheiten/Prozessen der Organisation, die Bildung selbst geleiteter Arbeitsteams, die Verbesserung der Zusammenarbeit zwischen Gewerkschaft und Management und die Bestimmung der organisationalen Ausrichtung an neuen strategischen Richtungen.

Die Konferenzen

Was genau ist eine Konferenz? Eine Konferenz ist ein Treffen der Akteure der Organisation und der Beschäftigten aus allen Ebenen (und wichtiger Akteure aus dem Umfeld der Organisation wie z. B. Kunden, Lieferanten und Gemeindemitglieder). Die Größe der Konferenz kann von kleinen Gruppen mit 30 bis 40 Personen bis zu Großgruppen mit hunderten von Personen reichen. Die Verbesserung des Lieferkettenprozesses bei *Detroit Edison* involvierte über 900 Personen (in Konferenzen und Durchgängen) aus einer Organisation mit 2 500 Beschäftigten.

Die Konferenzen schaffen einen offenen Informationsaustausch, ein tieferes Verständnis des betreffenden Systems, neue Vereinbarungen und Aktionen sowie intensivere Beziehungen unter den Teilnehmern.

Während einer Konferenz begegnen die Menschen vielen Themen in den unterschiedlichsten Formaten und diskutieren darüber. Manchmal bilden sie gemischte Gruppen, die sich aus Vertretern aller an der Konferenz versammelten Personen zusammensetzen. Manchmal bilden sie Akteursgruppen, die eine ganz bestimmte Sichtweise vertreten. Und manchmal kommen sie als ganze Gemeinschaft zusammen.

Die Konferenzteilnehmer engagieren sich in verschiedenen Aktivitäten, um Wissen und Verständnis der betreffenden Themen zu erhöhen. Der „genetische Fingerabdruck" der Konferenz besteht aus drei Elementen:

- Es wird sichtbar ein gemeinsamer Kenntnisstand geschaffen, wenn die Teilnehmer ihre Antworten auf Fragen auf große Zettel schreiben und an die Tafel hängen.
- Die Daten werden von den Gruppen an den einzelnen Tischen analysiert und die Befunde der ganzen Gruppe mitgeteilt.
- Die Daten werden in der großen Gemeinschaft diskutiert.

Bei der Erarbeitung eines gemeinsamen Kenntnisstandes werden die unterschiedlichsten Formate benutzt, um den Teilnehmern auditive, visuelle und kinästhetische Lernstile zugänglich zu machen. So werden z. B.

- Schaubilder angefertigt, um Störungen in Produktionsprozessen zu identifizieren,
- Seile benutzt, um Verbindungen in der Organisation nachzustellen, damit das Gezerre im System konkret erfahrbar wird,
- dysfunktionale Normen und Verhaltensweisen begraben,
- Wandgemälde angefertigt, um einen zukünftigen Zustand symbolisch darzustellen.

Während einer Konferenz bauen die Aktivitäten aufeinander auf und bieten den Teilnehmern eine gemeinsame Informationsbasis, sodass Analysen und Entscheidungen erleichtert, neue Wege der Zusammenarbeit entwickelt und Aktionen angespornt werden.

Ein Schlüsselmerkmal des Konferenzmodells besteht darin, dass man eine integrierte Serie von Konferenzen, die üblicherweise im Abstand von vier bis sechs Wochen durchgeführt werden, miteinander verknüpft. *Detroit Edison* führte zwei dreitägige Konferenzen durch, während *Hewlett-Packard* fünf zweitägige Konferenzen abhielt. Anzahl und Inhalt der Konferenzen werden von den Bedürfnissen der Organisation bestimmt. Die Teilnehmer kommen in diesen Konferenzen zusammen, um ihre gegenwärtige Situation zu verstehen und die Zukunft zu identifizieren, die sie entwickeln wollen.

Auf die komplexen Fragen, mit denen Organisationen heute konfrontiert sind, lassen sich unserer Ansicht nach nicht die schnellen Antworten finden. Wenige Probleme können in nur einer Konferenz gelöst werden. Entscheidend dafür, dass erstklassige Lösungen für komplexe Probleme gefunden werden, ist die Fähigkeit, diese auf einem immer höheren Niveau zu untersuchen. Eine Serie integrierter Konferenzen bietet diesen Mechanismus. Multiple Konferenzen schaffen auch eine kritische Masse von Menschen, die den Wandel unterstützen, und involvieren dadurch langfristig mehr und unterschiedliche Teilnehmer.

Das allgemeine Konferenzmodell besteht aus drei Konferenzen: einer Konferenz „Vision/Kunde"[1], einer Konferenz „Technik" (in der auch soziale und kulturelle Fragen angesprochen werden) und einer Konferenz „Design". Nach der Designkonferenz führen die Organisationen Umsetzungskonferenzen durch, um die Umsetzungsstrategie auszuarbeiten und die in der Designkonferenz erarbeitete Schablone detaillierter zu machen. Ein generisches Konferenzmodell besteht aus den folgenden Elementen:

---

1 Hier sind die beiden ersten Konferenzen von Abbildung 1 zu einer Konferenz zusammengefasst.

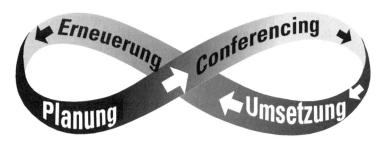

Abbildung 2: Das Konferenzmodell

Der Durchgang

Konferenzen allein bringen noch keine kritische Masse hervor. Man muss diejenigen, die an den Konferenzen nicht teilnehmen können, mit dem Veränderungsprozess verbinden. Der Prozess des Durchgangs bietet dieses Bindeglied. Ursprünglich hielt man diesen Prozess zwar für weniger wichtig als die Konferenzen, doch Klienten berichten, dass der Prozess des Durchgangs so wichtig sei wie die Konferenzen. Durchgänge sind zwei- bis dreistündige Sitzungen, in denen Konferenzteilnehmer und diejenigen, die an den Konferenzen nicht teilgenommen haben, interagieren und die Resultate der Konferenzen diskutieren. Der Prozess des Durchgangs ist ein Prozess der Rückmeldung und der „Vorausmeldung". Die Konferenzdaten werden in die Organisation zurückgemeldet, und die Teilnehmer der Durchgangssitzung bringen ihren Input in die nächste Konferenz ein.

Einfache Verpflichtungen

Der Prozess der einfachen Verpflichtung findet am Ende der einzelnen Konferenzen statt. Individuen und Gruppen verpflichten sich zu Aktionen, die in den nächsten 30 bis 60 Tagen durchgeführt werden können, um den Veränderungsprozess voranzubringen. Über den Fortschritt bei einfachen Verpflichtungen wird zu Beginn der sich jeweils anschließenden Konferenz berichtet. Diese öffentlichen Verpflichtungen demonstrieren Unterstützung und geben Impulse für den Veränderungsprozess. Einfache Verpflichtungen können reichen von dem Versprechen, Kollegen zur Teilnahme am Veränderungsprozess zu ermuntern, über den Vorsatz der Pflegekräfte, die Patienten abends mit warmen Handtüchern abzureiben, bis zu der Aktion, Linien auf den Boden im Lagerhaus zu zeichnen und damit den Materialfluss sichtbar zu machen. Diese einfachen Verpflichtungen bringen Ideen voran, während sich die Organisation mit größeren Problemen des Systems beschäftigt.

Stützende Mechanismen

Konferenzen und Durchgänge allein reichen nicht aus, um einen Veränderungsprozess gegen die Macht der Stetigkeit aufrechtzuerhalten. Stützende Mechanismen bilden das dritte wesentliche Element des Konferenzmodells: die Strukturen und Strategien, die das Veränderungsvorhaben unterstützen. Sie sind die Gerüste, die Halt geben, wo der Veränderungsprozess verletzlich ist. Sie sind keine permanenten Strukturen, sondern vorübergehende Strukturen, die wieder abgebaut werden, wenn der Veränderungsprozess auf eigenen Beinen stehen kann.

Ein wichtiger Stützmechanismus ist die Planungsgruppe, die sich aus Vertretern mehrerer Ebenen – und auch Gewerkschaftsvertretern – zusammensetzt und dadurch einen Mikrokosmos der Organisation darstellt. Die Planungsgruppe ist verantwortlich für die allgemeine Veränderungsstrategie. Sie identifiziert die Ziele, Leitlinien und Grenzen des Veränderungsprozesses.

Die meisten Planungsgruppen bilden Unterausschüsse, um schwierige Aufgaben bewältigen zu können. Dazu gehören üblicherweise die folgenden:

- *Das Datenteam* trägt alle Konferenzdaten zusammen und begleitet den Prozess des Durchgangs.
- *Das Logistikteam* managt die lokalen Arrangements in den einzelnen Konferenzen: Aufbau, Mikrofonanlage, Beleuchtung, Sitzordnungen, Namenschilder und Büromaterial wie Markierstifte und Flipcharts.
- *Das Kommunikationsteam* entwickelt die Kommunikationsstrategie für den Prozess. Da es nie genug Kommunikation geben kann, entwickelt diese Gruppe Kommunikation auf mehreren Kanälen, z. B. in Form von Newsletters, Hotlines, Intranet und Arbeitsessen, um Informationen über den Veränderungsprozess auszutauschen.
- *Das Übergangsteam* entwickelt die Umsetzungsstrategie und die Umsetzungskonferenzen und richtet Taktiken und Verfahren entsprechend aus.

Zu den stützenden Mechanismen gehören auch Strategien und Strukturen, um mit negativen Kräften der Organisation umzugehen, die sich auf den Veränderungsprozess auswirken könnten: fehlendes Vertrauen, fehlende Glaubwürdigkeit, weit verbreitete Gefühle von Zweifel und Zynismus. Dazu zählen auch Strategien, die Schlüsselgruppen wie z. B. mittlere Manager und/oder Aufsichtspersonen für den Veränderungsprozess gewinnen sollen. Weitere Stützmechanismen können Ausschüsse mit Gewerkschafts- und Managementvertretern sein, die sich mit potenziellen tarifrechtlichen Problemen beschäftigen.

Kosten und Nutzen

Lohnt es den arbeitsmäßigen, zeitlichen und finanziellen Aufwand, große Menschenmengen im Konferenzmodell zusammenzubringen? Die wichtigere Frage ist: Was kostet es, dies nicht zu tun? Was kostet es, den Beistand von Beratungsexperten einzuholen, nur damit deren Pläne in der Schublade einer Führungskraft schlummern? Was kostet es eine Organisation, wenn ihre Menschen glauben, ihre Meinungen zählten nicht?

Interessanterweise werden wir selten gebeten, die Kosten dieser Methode zu rechtfertigen. Führungskräfte wissen, dass die Kosten für elegante Pläne, die ungenutzt in den Schubladen herumliegen, weit höher sind als die Kosten für eine intensive Einbeziehung der Menschen in den Veränderungsprozess. Sie verstehen auch, dass das Konferenzmodell mehr als neue Organisationsstrukturen und -prozesse produziert; es produziert außerdem signifikante kulturelle Veränderungen. Klienten berichten von kulturellen Veränderungen, die sich als Folge des Konferenzmodells ergeben haben, z. B.:

- *Gesteigerte Zusammenarbeit:* Die Teilnehmer erwerben Fähigkeiten, wie sie mit Menschen aus anderen Hierarchieebenen und Abteilungen zusammenarbeiten und Probleme lösen können.
- *Gesteigerte Kundenorientierung:* Die Teilnehmer erfahren die Wünsche und Bedürfnisse der Kunden aus erster Hand und lernen, wie sie das System mobilisieren können, um auf diese Bedürfnisse zu reagieren.
- *Gesteigerte Veränderungskapazität:* Diese ergibt sich, wenn Teilnehmer die Techniken anwenden, die sie in der Konferenz lernen, um andere auf zukünftige Veränderungen zu verpflichten. Eine Personalberatungsfirma, die vor einer Weile mit dem Konferenzmodell gearbeitet hatte, führte den Prozess eigenständig durch, als wechselnde Bedingungen ihr die Notwendigkeit zur Veränderung diktierten.

Konferenzteilnehmer berichten über weitere wichtige Vorteile des Konferenzmodells:

- *Ganzheitliche Systemlösungen* für ernste Geschäftsprobleme.
- *Beschleunigte Umsetzung,* weil während des Prozesses ein hohes Maß an Eigentümerschaft und Verpflichtung entwickelt wird. Statt dass der Veränderungsprozess von *einem* Champion abhängt, produziert das Konferenzmodell *hunderte* von Champions.
- *Ein tieferes Verständnis der Organisation,* ihres betrieblichen Umfeldes und davon, wie die Dinge konkret funktionieren.
- *Eine Würdigung der Perspektiven der Menschen* innerhalb und außerhalb der Organisation. Die Konferenzerfahrung erzeugt neue Ebenen der Zusammenarbeit unter den Teilnehmern.
- *Gesteigerte organisationale Kapazität.* Teilnehmer lernen direkt übertragbare Prozesse kennen, mit deren Hilfe man in der Gruppe Entscheidungen trifft, unterschiedliche Perspektiven wahrnimmt und eine gemeinsame Wissensbasis in Gruppen mit Menschen aus verschiedenen Funktionen und Hierarchieebenen identifiziert. Sie lernen auch Fähigkeiten, mit deren Hilfe man die Organisation auf die Zukunft verpflichten kann.

Die Voraussetzungen für den Start

Veränderung beginnt immer damit, dass eine Führungsperson den Veränderungsbedarf erkennt. Ist dieser Veränderungsbedarf erkannt, verpflichtet die Führungsperson andere Menschen auf den Prozess.

Planung

Der erste Schritt besteht darin, eine Planungsgruppe mit Menschen aus verschiedenen Funktionen und Hierarchieebenen einzurichten. In gewerkschaftspflichtigen Betrieben bedeutet das die Einbeziehung von Gewerkschaftsvertretern. (In Deutschland würde man den Betriebsrat einbeziehen.) Die Planungsgruppe befasst sich mit folgenden Aufgaben:

- *Das allgemeine Ziel bestimmen.* Welches Ziel verfolgt die Intervention; auf welche Weise wollen die Teilnehmer als Konsequenz ihrer gemeinsamen Arbeit anders sein als vorher?
- *Die Gründe für die Veränderung und die Gründe für die Sinnhaftigkeit bestimmen.* Wie lässt es sich logisch begründen, dass diese Veränderung einen Sinn ergibt, und wie lässt es sich emotional begründen, dass diese Veränderung wichtig ist?
- *Den aktuellen Zustand beurteilen.* Welche Kräfte unterstützen/behindern den Erfolg; welche Strategien verstärken die unterstützenden Kräfte und verringern die behindernden Kräfte?
- *Ziele, Leitlinien und Grenzen des Veränderungsprozesses entwickeln.*
- *Akteursgruppen zusammenstellen.* Wer besitzt Autorität, Verantwortlichkeit, Einfluss und Information, und wer wird von der Veränderung auch betroffen sein – diejenigen innerhalb und außerhalb der Organisation eingeschlossen?
- *Feststellen, wie viele Personen an den Konferenzen teilnehmen sollen.* Auch entscheiden, wie viele Konferenzen durchgeführt werden.
- *Den Auswahlprozess definieren und Personen für die Teilnahme bestimmen.* Wir empfehlen, Schlüsselpersonen auszuwählen – Fachleute und Führungskräfte – und die übrigen Teilnehmer auf freiwilliger Basis aus den zuvor identifizierten Akteursgruppen zu rekrutieren. Wir empfehlen, dass die Anzahl der Personen, die auf besondere Einladung kommen, 20 % der Konferenzteilnehmer nicht übersteigen sollte.

- *Unterausschüsse bilden.* Die Unterausschüsse befassen sich mit Fragen der Logistik, der Kommunikation und der Übergangsplanung und bilden das Datenteam.
- *Orientierungen geben.* Die Planungsgruppe trägt das allgemeine Ziel, die Gründe für die Veränderung, die Gründe für die Sinnhaftigkeit, Feinziele und Leitlinien in die Organisation hinein. Sie tauscht mit anderen Informationen darüber aus, was man auszuführen und zu erreichen versucht; und mobilisiert die Menschen dazu, sich dem Veränderungsprozess anzuschließen.
- *Die allgemeine Veränderungsstrategie und die Konferenzen vor dem Hintergrund dieser Strategie entwerfen.* Wir arbeiten mit dem Planungsausschuss, um das Veränderungsvorhaben insgesamt, die einzelnen Konferenzen und den sich anschließenden Umsetzungsprozess zu entwerfen.

Prinzipien

Eine weitere wesentliche Voraussetzung dafür, dass das Konferenzmodell in Gang gesetzt werden kann, ist die, dass man die Prinzipien im Kern der Methode genau versteht. Ohne die Beachtung dieser Prinzipien riskiert die Organisation, das Konferenzmodell auf eine Reihe mechanischer Techniken zu reduzieren.

Die Prinzipien sind die folgenden.

- *Ein zwingendes Ziel erzeugt Interesse.* Die Aufgabe muss Tiefe und ein Ziel haben. Wenn die Aufgabe zu eng gefasst ist und neuen Beiträgen und Ideen keinen Raum lässt – weshalb sich dann damit abgeben? Eine Zukunft miteinander erschaffen ist etwas anderes, als einen Beitrag zu einer festgelegten Handlungsweise zu leisten. Die meisten Organisationen konzentrieren sich darauf, Gründe für die Veränderung zu geben. Genauso wichtig sind die Gründe für die Sinnhaftigkeit – die die Seele ansprechen.
- *Öffentlich gemachte Informationen und Entscheidungen schaffen Vertrauen.* Information ist nur wertvoll, wenn andere daran teilhaben. Deshalb müssen alle für die Diskussion nötigen Informationen öffentlich gemacht werden. Dazu gehören alle relevanten Informationen und alle Entscheidungen, die während des Veränderungsprozesses entwickelt bzw. getroffen wurden. Aufgrund des Informationsaustausches können alle eine kundige Wahl treffen, die auf größerem Wissen über und Vertrauen in das ganze System beruht.
- *Das ganze System muss involviert sein, um das ganze System zu verstehen.* Effektive Systeme haben eine intensive, präzise und rechtzeitige Kommunikation unter den Subsystemen. Wenn viele Akteure in einen Dialog miteinander eintreten, verstehen sie sich untereinander und das größere System. Wenn sie lernen, wie sie in das größere Ganze hineinpassen, entwickeln sich neue Möglichkeiten.
- *Ein sicheres Umfeld muss vorhanden sein.* Damit man voranzukommt, ist es entscheidend, dass Angst und Zweifel ausgedrückt werden dürfen. Aber eine Organisation, mit der wir arbeiteten, bezeichnete diejenigen, die das Veränderungsvorhaben befürworteten, als *Apostel* und diejenigen, die sich ihm entgegenstellten, als *Terroristen*. Die Etikettierung als Terroristen führte bei Teilnehmern dazu, ihre Anliegen, die zu robusteren Lösungen hätten führen können, für sich zu behalten.
- *Die ganze Person muss involviert sein.* Wir alle haben einen bevorzugten Lernstil. Manche von uns lernen auf auditive, manche eher auf visuelle und wieder andere auf kinästhetische Weise. Wenn wir Menschen versammeln, legen wir den Prozess so an, dass jeder Teilnehmer seinen bevorzugten Lernstil finden kann. Wenn wir nur *einen* Lernstil anwenden, besteht die Gefahr, dass wir wichtige Mitwirkende nicht erreichen.
- *Die Orientierung auf die Zukunft ist notwendig.* Ronald Lippitt schließt aus seinen Forschungen über Gruppen, dass Menschen begeistert und tatkräftig

werden, wenn sie darauf fokussieren, was sie schaffen wollen. Wenn sie auf Problemlösung fokussieren, werden sie lethargisch. Robert Fritz stellt fest: Wenn Menschen den gegenwärtigen Zustand wie auch die Zukunft, die sie erschaffen wollen, klar verstehen, entsteht eine strukturelle Spannung, und sie bewegen sich auf diese gewünschte Zukunft zu.

- *Der Geist der Gleichheit schafft Vertrauen und Gemeinschaft.* Die Antworten sind überall und in uns allen. Geist der Gleichheit bedeutet, auf eine Weise zusammenzuarbeiten, dass die mit Rollen und Titeln verknüpften Privilegien verschwinden. Das heißt nicht, dass legitime Macht oder Autorität geleugnet werden, sondern dass Beiträge von ihrem Wert her evaluiert werden und nicht von der Position des Beiträgers her.
- *Im gemeinsamen Erschaffen entwickeln sich Eigentümerschaft und Verpflichtung.* Eigentümerschaft kommt zustande, wenn Teilnehmer ein Problem, eine Lösung, eine Strategie oder Handlungsweise an sich nehmen und sich zu deren Eigentümern machen. Eigentum erhält und pflegt man bis zum Schluss. Wenn wir eine Verpflichtung eingehen, versprechen wir, etwas auszuführen, zu produzieren und eine Handlungsweise zu perpetuieren.

Zu berücksichtigende Aspekte

Vor dem Start des Prozesses des Konferenzmodells ist einiges zu berücksichtigen.

Welche Kultur und Geschichte hat die Organisation? Entscheidend ist, dass man das Umfeld, in dem der Veränderungsprozess stattfinden soll, genau kennt. In welchem Ausmaß erhöht das Konferenzmodell die Mitwirkung? Welche Geschichte hat die Organisation im Zusammenhang mit früheren Veränderungsvorhaben? In welchem Maß haben diese Vorhaben der Organisation geholfen oder geschadet?

Können Management und die Berater eine effektive Partnerschaft eingehen? Beide Gruppen bieten Führung. Das Management kann die Verantwortung für die Leitung des Veränderungsvorhabens nicht delegieren, und die Berater können nicht leugnen, dass das Management das entscheidende Wissen und die Sachkenntnis im Veränderungsprozess hat. Unserer Ansicht nach verlangen effektive Partnerschaften danach, dass beide Gruppen sich für das Veränderungsvorhaben hundertprozentig verantwortlich fühlen und ihre Sachkenntnis angemessen einsetzen. Die Berater haben nicht das organisationale Wissen des Managements, und das Management hat selten die auf den Wandel in Organisationen bezogene Sachkenntnis der Berater.

Passen die Prinzipien des Konferenzmodells zu den Bestrebungen der Organisation? Die oben beschriebenen Prinzipien sind eine Arbeitsphilosophie und wichtige Bausteine für den Veränderungsprozess. Entscheidend für den Erfolg des Vorhabens ist es, dass das Management diese Prinzipien versteht und bereit ist, damit zu arbeiten. Wenn sich eine Organisation diese Prinzipien im Augenblick nicht zu Eigen macht, ist sie wenigstens grundsätzlich bereit, diese anzunehmen?

Ist der Entscheidungsprozess klar und in sich stimmig? Wir tendieren dazu, den Prozess so offen wie möglich zu halten. Wenn die Grenzen zu eng gesteckt sind, lädt das nicht zur Partizipation ein. Wenn die Grenzen zu locker sind, d. h. jeder macht, was er will, ist das unglaubwürdig und erzeugt Misstrauen. Falsch gezogene Grenzen sind ebenfalls problematisch: Wir haben Versuche erlebt, den Prozess des Konferenzmodells partizipativ erscheinen zu lassen, obwohl er es de facto nicht war. Den Prozess mit einer fertigen Lösung zu beginnen und vorzugeben, dass die Teilnehmer eine Wahl hätten, verursacht Verachtung und Unmut. Wenn es keine Wahl gibt, müssen die Menschen das wissen. Dann können vielleicht die Teilnehmer den Umsetzungsprozess gestalten.

Beginnen Sie den Prozess erst, wenn Sie sich zur Fortsetzung verpflichten. Mit dem Konferenzmodell werden die Teilnehmer intensiv darauf verpflichtet, ihre Organisation zu verändern. Enorme Energie und Hoffnung werden im Hinblick auf die gewünschte Zukunft mobilisiert. Wenn das Management den Prozess nicht bis zum Schluss unterstützt, dann können Pessimismus, Zweifel und Misstrauen um sich greifen.

Rollen, Aufgaben und Beziehungen

Im Folgenden werden die Schlüsselfiguren im Prozess des Konferenzmodells sowie die für den Erfolg entscheidenden Rollen und Beziehungen beschrieben.

Förderer

Die Führungskräfte der Organisation können nicht am Spielfeldrand sitzen bleiben oder ihre Verantwortlichkeiten delegieren. Eine volle, sichtbare Partizipation hilft Führungspersonen, die Probleme aus den unterschiedlichen im Raum vertretenen Perspektiven zu verstehen. In gewerkschaftspflichtigen Organisationen übernehmen Gewerkschaftsvertreter (in Deutschland wäre dies der Betriebsrat) und das Management gemeinsam die Leitung des Vorhabens. Die aktive Partizipation der Führung am Konferenzmodell schafft Glaubwürdigkeit und Vertrauen in die Organisation. Dadurch wird sichergestellt, dass das entscheidende Wissen der Führungskräfte allen zugänglich ist und die Umsetzung erfolgen wird, weil diese Personen von Anfang bis Ende Teil des Prozesses sind.

Das Management muss Zeit und Ressourcen der Organisation zur Verfügung stellen, um den Prozess zu unterstützen und die Ergebnisse umzusetzen. Einfach nur weitere Aufgaben zur Durchführung draufzusatteln macht ohnehin schon belastende Situationen noch belastender. Führungskräfte müssen ihre Macht und ihren Einfluss nutzen, um den Veränderungsprozess und seine Ergebnisse zu unterstützen.

Moderatoren

Unter Moderation versteht man den Prozess, etwas leichter zu machen. Es gibt mehrere Rollen, Verhaltensweisen und Fähigkeiten des Moderierens, die Sitzungen mit großen und mit kleinen Gruppen unterstützen:

- *Der strukturierende Manager:* Eine Schlüsselrolle besteht darin, Sitzungsstrukturen zu erhalten – z. B. Ziel, Grenzen, Zeitpläne und Aufgabe. Dies gibt den Menschen das Gefühl, dass es Dinge gibt, auf die sie sich verlassen können, sodass sie mit einer gewissen Sicherheit weitermachen. Für die Menschen wird es einfacher, wenn sie ihre Angst in kreative Energie umwandeln können.
- *Der Begründer eines sicheren Umfeldes:* Moderatoren können ein hundertprozentig sicheres Umfeld nicht garantieren, aber sie *können* Querelen stoppen und meistens helfen, dass die Menschen auf die Aufgabe fokussiert bleiben. Dies ist auf unterschiedliche Weisen möglich: sich an die Aufgabe und Zeitstruktur halten; zu differierenden Meinungen ermutigen und diese unterstützen; zu entgegengesetzten Ansichten auffordern; die Menschen bitten, Fragen zu stellen und Informationen zu geben statt Urteile abzugeben; zu konkreten Beispielen ermuntern; sich auf Ziel und Grenzen konzentrieren; und auf die gemeinsame Wissensbasis fokussieren.
- *Der Eigentümer einer Vision.* Der Moderator muss inmitten von Chaos, Verwirrung und Konflikt an die Möglichkeit positiver Resultate glauben. Das hat nichts mit Zweckoptimismus zu tun, sondern mit seiner innersten Überzeugung, dass die Menschen mit Komplexität umgehen können und die Ordnung schaffen werden, die sie brauchen. Wie jeder gute Mentor sieht auch der Moderator die Möglichkeiten in der Gruppe, bevor die Mitglieder der Gruppen diese sehen können.

Teilnehmer

Die Teilnehmer müssen ihr Wissen und ihre Erfahrung miteinander teilen. Offenheit für das Wissen und die Erfahrung der anderen ist ebenso wesentlich. Mit anderen Worten: Wir verlangen von den Teilnehmern, dass sie Einfluss ausüben und sich beeinflussen lassen. Menschen, die sich zurücklehnen und beobachten, was dabei herauskommt, verletzen den Prozess genauso wie diejenigen, die fertige Ideen mitbringen und damit ihren eigenen Willen durchsetzen wollen. Wir brauchen Menschen, die bereitwillig zusammenkommen, eine Lerngemeinschaft aufbauen und Aktionen entwickeln, die vor der Teilnahme an der Konferenz niemand für möglich gehalten hätte.

Auswirkungen auf das Macht- und Autoritätsgefüge

Das Prinzip des Geistes der Gleichheit wirkt sich tief greifend auf das Macht- und Autoritätsgefüge aus. Manche Klienten beschreiben diesen Vorgang als Übung im Loslassen. Andere beschreiben ihn als Übung, wie man loslassen kann, ohne abzudanken. Während des gesamten Prozesses des Konferenzmodells arbeiten die Teilnehmer in Gruppen mit Menschen aus unterschiedlichen Funktionen und Hierarchieebenen zusammen. In diesen Gruppen werden Kommunikation und Diskussionsfähigkeiten geübt, die für die Zukunft der Organisation entscheidend sind. Auf eine sehr reale Weise sind die Konferenzen eine Übungsarena für das Arbeiten in der Organisation.

Mit dem Konferenzmodell werden Hierarchie, Macht oder Autorität nicht abgeschafft. Die Teilnehmer lernen vielmehr, mit diesen Konstrukten auf sehr reale Weise zu arbeiten. Eine Direktionsassistentin beschreibt ihre Erfahrung so: „Ich habe gelernt, dass sowohl Manager als auch Maschinenarbeiter reale Menschen mit Gedanken, Gefühlen und Ideen sind. Sie sind nicht nur Rollen oder Titel. Es sind alles reale menschliche Wesen."

Erfolgsbedingungen

In der Anwendung des Konferenzmodells haben wir folgende Erfolgskriterien identifiziert.

- *Zwingendes Ziel:* Wie schon erwähnt, muss das Gesamtziel mit einem relevanten Geschäftsproblem verknüpft sein und einen Sinn haben. Ein zwingendes Ziel appelliert sowohl an unseren Verstand (was die Gründe für die Veränderung betrifft) als auch an unser Herz (was die Gründe für die Sinnhaftigkeit betrifft).
- *Führung:* Die Führungskräfte der Organisation müssen die Prinzipien des Konferenzmodells unterstützen und danach leben. Wir anerkennen, dass die Führungspersonen sich im Augenblick vielleicht nicht so verhalten, wie es diesen Prinzipien entsprechen würde. Wichtig ist ihre Bereitschaft, sich diesen Prinzipien zu nähern und sie in ihren Managementstil zu integrieren. Ein wesentliches Merkmal des Führungsverhaltens besteht in der Bereitschaft, Einblicke und Informationen mit anderen zu teilen und offen zu sein für den Einfluss der anderen.
- *Volle Partizipation:* Eine wesentliche Voraussetzung für den Erfolg des Prozesses ist, dass die richtigen Personen im Raum versammelt sind. Das heißt, dass alle Systeme und Subsysteme präsent sind, dass alle Ebenen repräsentiert sind und dass wichtige andere Personen wie z. B. Kunden, Lieferanten und in manchen Fällen auch Gemeindemitglieder teilnehmen. Anfangs sind viele Organisationen dagegen, Kunden und Lieferanten in den Prozess einzubeziehen, weil sie fürchten, ihre schmutzige Wäsche in der Öffentlichkeit

waschen zu müssen. Wahr ist, dass Kunden und Lieferanten tagtäglich die schmutzige Wäsche zu Gesicht bekommen. Unserer Erfahrung nach ist es so, dass Kunden und Lieferanten, die Sie zur Teilnahme an dem Prozess einladen, in Ihren Erfolg eingeschlossen werden, und dass eine neue Ebene der Partnerschaft erreicht wird. Jeder Klient, der Kunden und Lieferanten zur Teilnahme an seinem Veränderungsprozess eingeladen hat, fand das bis jetzt lohnend. Zu den häufigsten Kommentaren, die wir von Klienten hören, gehört der, dass sie sich wünschen, sie hätten mehr von diesen Akteuren eingeladen.

- *Geduld, Planung und Beharrlichkeit:* Diese drei Qualitäten sind entscheidend für den Erfolg. Veränderung geschieht nicht auf der Stelle; deshalb ist Geduld wesentlich. Der Prozess hat emotionale Höhen und Tiefen. Situationen sind selten so gut, wie sie scheinen, wenn Sie gerade ein Hoch erleben; und sie sind auch nicht so schlecht, wie sie scheinen, wenn Sie gerade ein Tief durchmachen. Geduld ist für diese emotionale Achterbahnfahrt notwendig. Auch Planung ist dafür erforderlich. Ohne Planung haben Sie keine Chance, erfolgreich zu sein. Sorgfältige Planung beeindruckt die Teilnehmer und bereitet Sie auf das Unerwartete vor. Eisenhower sagte einmal, dass es wichtig sei, einen detaillierten Plan zu entwickeln, und dass es genauso wichtig sei, diesen Plan in der Hitze des Gefechts aufzugeben. Beharrlichkeit ist die dritte Qualität. In unserer schnelllebigen Welt erwarten wir den schnellen Erfolg. Wir erwarten, dass wir einmal etwas tun und dies das Richtige ist. Veränderung geschieht nicht auf diese Weise. Beharrlichkeit ist ein Schlüssel zum Erfolg.

Weshalb funktioniert das Konferenzmodell?

Unserer Ansicht nach funktioniert das Konferenzmodell aus folgenden Gründen.

- *Engagement:* Mit dem Konferenzmodell wird das ganze System darauf verpflichtet, systembezogene Probleme anzugehen. Mit den Konferenzen und Durchgängen wird die ganze Organisation darauf verpflichtet, systembezogene Probleme zu identifizieren und zu lösen. Dieses hohe Maß an Mitwirkung bietet nicht nur einzigartige Lösungen für seit langem bestehende Probleme, sondern ist auch eine Garantie für die Umsetzung.

- *Zugrunde liegende Prinzipien:* Die oben diskutierten Prinzipien legen das Fundament nicht nur für die Lösung von aktuellen Problemen, sondern auch für die Veränderung der Kultur. Wenn diese Prinzipien berücksichtigt werden, erhöhen sie das Maß an Kooperation, Zusammenarbeit und Vertrauen innerhalb der Organisation.

- *Lernen, entdecken und handeln:* Während des Prozesses lernen die Menschen ihre Organisation, ihre Rolle und ihre Beziehung zum ganzen System kennen, und sie lernen auch, wie man mit Menschen aus anderen Abteilungen und Hierarchieebenen arbeitet. Sie entdecken neue Möglichkeiten, Dinge zu erledigen, und identifizieren kreative Strategien und Lösungen. Danach agieren sie aufgrund des einfachen Verpflichtungsprozesses am Ende einer Konferenz bzw. aufgrund der Strategien und Lösungen, die entwickelt werden. Dieser Prozess des Lernens, Entdeckens und Handelns verleiht Energie und Schwung.

- *Teilnehmer, die wahrgenommen und verstanden werden:* Das Konferenzmodell funktioniert, weil die Menschen erleben, dass sie wahrgenommen werden und ihre Ideen zählen. Wenn die Zeit gekommen ist, sich für Strategien und Umsetzung zu entscheiden, können sie hinschauen und sagen: „Ich sehe meine Idee."

Theoretisches Fundament

Das Konferenzmodell integriert, nutzt und verschmilzt verschiedene Denkrichtungen:

Denkrichtung	Quelle
allgemeine Systemtheorie	Ludwig von Bertalanffy
soziotechnische Systeme und partizipatorische Demokratie	Fred Emery und Eric Trist
Zukunftskonferenz	Marvin Weisbord und Sandra Janoff
strukturelle Spannung	Robert Fritz
Preferred Futuring	Ronald Lippitt
Lerntheorien	David Kolb, Malcolm Knowles und Howard Gardner
Aktionsforschung	Chris Argyris
Integration von Chaostheorie und Führung	Margaret Wheatley
das gesamte Feld der Gruppendynamik	J. Richard Hackman, Jack Gibb, Leland P. Bradford und andere
Familiensysteme	Murray Bowen
Ritual	Evan Imber-Black und Malidoma Patrice Somé

Tabelle 1: Denkrichtungen

Wie lassen sich Vorteile erhalten?

Auf die Prinzipien fokussiert zu bleiben ist entscheidend dafür, dass die Nutzen des Konferenzmodells nachhaltig sind. Organisationen, die die Prinzipien in ihr tägliches Arbeitsleben integrieren, bringen den Unterschied zwischen dem Veränderungsvorhaben und der Durchführung „realer Arbeit" zum Verschwinden. Das ist so einfach wie die Frage „Wer sonst muss noch hier sein?", wenn man zusammenkommt, um sich mit wichtigen Themen zu befassen. Wenn dies geschieht, geht der Veränderungsprozess in der Organisation auf, und die Organisation steigert ihre Kapazität, sich auf rasch wechselnde Bedingungen einzustellen.

Integrieren Sie das Lernen und die Erneuerung in Ihren Veränderungsprozess. Lernen Sie beiläufig, indem Sie kontinuierlich fragen: „Was funktioniert, was funktioniert nicht?" Verlangen Sie das von der Planungsgruppe, den Konferenzteilnehmern und von denjenigen, die nicht am Prozess teilgenommen haben. Nutzen Sie diese Informationen, um beiläufig Kurskorrekturen vorzunehmen. Führen Sie alle sechs bis zwölf Monate Konferenzen zur Auffrischung durch, um notwendige Veränderungen zu identifizieren. Planen Sie Lernen und Erneuern vom Anfang des Veränderungsprozesses – nicht von seinem Ende – her.

Abschließende Bemerkungen

Häufige Fehler

Zu den Fehlern, die Organisationen bei der Umsetzung des Konferenzmodells machen, gehören die folgenden.

- *Man ist in Eile:* In der heutigen schnelllebigen Welt will jeder die Dinge schon gestern erledigt haben; jeder will den Planungsprozess beschleunigen und die Konferenzen verkürzen. Man will ein Menü für Feinschmecker und gleichzeitig einen Imbiss. Das ist unmöglich. Wir haben festgestellt, dass sowohl die Klienten als auch die Moderatoren teuer dafür bezahlen, wenn wir im Planungsprozess oder während den Konferenzen Abkürzungen nehmen.
- *Man geht nach der Kochbuchmethode vor:* Der Prozess muss immer der Kultur und der Situation des Klienten angepasst sein. Den Prozess durchfüh-

ren, ohne dass die jeweils einzigartige Situation des Klienten berücksichtigt wird, ist das Rezept für ein Desaster.

- *Man hängt die Führung an den Nagel:* Wenn der Prozess erfolgreich sein soll, müssen die Führungskräfte der Organisation intensiv am Prozess des Konferenzmodells teilnehmen. Die Konferenzteilnehmer brauchen deren Beitrag, und das obere Management braucht den Beitrag der Organisationsmitglieder. Manager wollen oftmals nur partiell an einer Konferenz teilnehmen. Unserer Erfahrung nach ist das störend, weil den Führungskräften dann der Kontext fehlt. Außerdem schicken sie die Botschaft aus, dass diese Aktivität nicht wirklich wichtig ist.

Häufige Missverständnisse

Weil der Prozess so gut dokumentiert ist, leiten manche daraus ab, dass er in Stein gemeißelt sei. Von unseren Klienten hören wir, dass eine wesentliche Komponente des Modells seine Fähigkeit sei, mit ihren jeweils einzigartigen Situationen flexibel umzugehen.

Es stimmt nicht, dass das Modell nur dafür benutzt werden kann, Organisationen oder Prozesse umzustrukturieren. Das Konferenzmodell und seine zugrunde liegenden Prinzipien sind mehr als ein Großgruppenevent – sie sind ein Beratungsmodell und eine Veränderungsstrategie.

Think Like a Genius® (TLG)

Die Schar der Weisen ist das Wohl der Welt.
König Salomon, *The Wisdom of Solomon*

Katalysatoren für Durchbrüche und Innovationen

Ein für Innovation zuständiger Direktor eines Unternehmens von *Fortune 100* braucht Visionen und Mut, wenn er mit einer neuen Methode experimentieren will, mit der Durchbrüche in der Produkt- und Geschäftsentwicklung erzielt werden. Dies erkannten wir in dem Moment, in dem unser Klient uns seinem Team aus 15 Spezialisten für Kreativität vorstellte, die den Prozess Think Like a Genius® (TLG) probeweise anwenden sollten. Als der Direktor die kindlich anmutenden kunstgewerblichen Materialien in Augenschein nahm, die wir vorbereitet hatten, um die Problemaussage des Unternehmens visuell zu artikulieren, schien sein subtiles Stirnrunzeln zu sagen: Was sollen wir denn mit Leuchtpapier, Garn, Schnur, Folie, Tesafilm, Karton, Scheren, Styropor und einem Stapel Illustrierten anfangen? Für ihn wie auch für viele andere, die sich für den TLG-Prozess entscheiden, ist die Frage „Würden Sie eine Idee, die hundert Millionen Dollar wert ist, einfach so wegwerfen?" mit ihrer Antwort „Sie würden, wenn Sie die Idee nicht als eine wertvolle erkennen würden" ein guter Grund dafür, das Risiko auf sich zu nehmen.

Als der interaktive Workshop begann, sah der Direktor, wie offen und lebhaft das Team interagierte. Die Teilnehmer benutzten gemeinsam die Werkzeuge, diskutierten über ihre Ideen und bauten das zusammen, worüber sie diskutiert hatten. Als die Teammitglieder zusammenarbeiteten, um ihren Ideen eine Form zu verleihen – sie untersuchten Unmengen von Bildern, schnitten sie aus und collagierten sie auf einzelne Formelemente, sie konstruierten und arrangierten diese multidimensionalen Konfigurationen, in denen ihre noch unfertigen Gedanken festgehalten waren –, wandte der Direktor sich an das Team und sagte begeistert: „Ich weiß, was wir gerade machen … wir bauen gerade visuelle Wissenskarten … multidimensionale Wissensmodelle! … Raffiniert."

Innerhalb von Minuten war der Raum erfüllt von ungezügelter Energie. Der Direktor beobachtete weiterhin, wie aktiv die Teilnehmer bei der Sache waren, als sie einander zuhörten und bunte, vielschichtige Modelle untersuchten und konstruierten. Nachdem diese Fantasiegebilde etwa nach einer Stunde Gestalt angenommen hatten, ähnelten sie modernen und zeitgenössischen Kunstwerken. Der große Unterschied zwischen den Modellen der Teilnehmer und den Werken von Künstlern bestand darin, dass die Teilnehmer nicht den Versuch unternahmen, ihre Modelle zu etwas ästhetisch Gefälligem oder Künstlerischem zu machen. Die Begriffe *Kunst* und *Architektur* waren tatsächlich nie Teil unserer Botschaft. Die Modelle des Teams stellten vielmehr offene, intuitive Gedanken und Gefühle dar, die auf eine spezifische Lösung fokussierten. Die Modelle waren greifbare Artefakte nicht verbalisierter Gedanken, und ihre Schönheit lag in ihrer Ehrlichkeit und Direktheit. Das Team hatte auf natürliche und ungebundene Weise die Materialien benutzt, um seine Ideen über diese milliardenschwere Möglichkeit zu kommunizieren, über eine Möglichkeit, von der sie zuerst nicht gewusst hatten, wie sie sie entwickeln sollten. Ihre Modelle boten neue Einblicke.

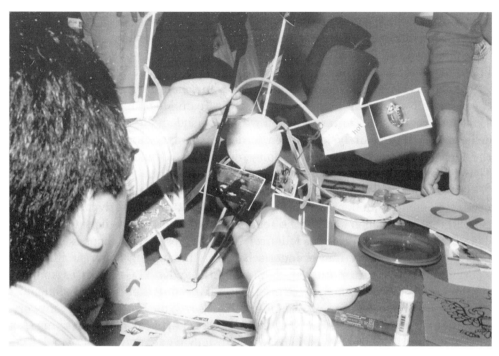

Abbildung 1: Gedanken, Ideen, Wissen, Erfahrungen und Fakten eine Form verleihen

Während der Modellbau-Aktion beherrschte weder ein Team noch ein Teammitglied das Gespräch. Niemand unterbrach die anderen Teilnehmer, auch dann nicht, als sie ihre Modelle „auspackten" – und die symbolischen Darstellungen und Inhalte der Modelle erörterten, interpretierten und analysierten. Sie unterhielten sich entspannt und freundlich miteinander, als ob die Achtung voreinander genauso wichtig wäre wie das Ergebnis ihres Gesprächs. Die Menschen genossen es, in Gesellschaft der anderen zu sein, als ob sie Freunde wären, die gerade Kaffee miteinander trinken und sich über ihre Hobbys und Interessen unterhalten. Und in der Zwischenzeit war ihre Arbeit an der Entwicklung einer praktikablen neuen Produktstrategie beendet.

Der TLG-Prozess beherbergt alle Lernstile. So kleideten z. B. einige Teilnehmer ihre Geschäftsprobleme in Worte, andere bearbeiteten Kugeln und Kegel aus Styropor, während sie dem Gespräch zuhörten und mitredeten. Weder Hände noch Hirn der Teilnehmer waren unbeschäftigt. Mithilfe von Kartonstücken, Buntstiften, Illustrierten und losen Blättern waren schließlich ins Auge springende Bilder und gedankenanregende, aussagekräftige Darstellungen entstanden, die alle Bereiche und Themen umspannten. Im Grund genommen waren alle Dimensionen der multiplen Erkenntnisfähigkeiten der Teilnehmer – von der mathematischen bis zur kinästhetischen Intelligenz – stimuliert worden. Darüber hinaus konnte das Team nicht nur über seine systembezogenen Perspektiven diskutieren, sondern diese auch im Detail bildhaft darstellen. Der Direktor konnte eine Bestandsaufnahme davon durchführen, was die Teilnehmer gerade machten – und dachten –, um ihre Geschäftsmöglichkeit zu realisieren. Seine abschließenden Bemerkungen waren ermutigend: „Dieser Prozess hat in vier Stunden die Lernerfolge erbracht, für die man sonst eine ganze Woche bräuchte." Das war eine beträchtliche Einsparung.

Einstellungen verändern

Valerie Brown, Präsidentin von *Medical Risk Solutions* bei ING, dem drittgrößten diversifizierten Finanzdienstleister, war die Förderin eines zweitägigen TLG-Workshops. Sie hatte vor kurzem einen neuen Bereich übernommen und musste sich rasch mit dem Geschäft und seinen Mitarbeitern vertraut machen. Der TLG-Prozess erlaubte es, dass Valerie Brown und ihr zwölfköpfiges Team sich intensiv und auf sinnvolle Weise kennen lernen konnten. Er erlaubte es auch, dass alle ihre Geschäftsmöglichkeiten explorieren und über neue Märkte und Chancen gründlich und systematisch nachdenken konnten. Ihre Modelle strömten über von Ideen, Daten, Marktanalysen und anderen technischen Informationen.

Bis zum Nachmittag hatte Valerie Browns Team Möglichkeiten skizziert, die sonst im Arbeitstrubel untergegangen wären. Nachdem die Teilnehmer ihre Modelle vorgestellt und analysiert hatten, forderten wir das Team auf, sich auf die Suche nach den „hundert Millionen Dollar schweren Ideen" zu machen und die in den Tiefen ihrer Modelle verborgenen Perlen zu finden.

Die Gruppe suchte nach Ideen, wie sie ein kleines Vermögen einsparen oder neue Einkommensquellen aus vorhandenen intellektuellen Aktivposten und Eigenschaften erschließen könnte. Die Teammitglieder legten eine dicke Goldader in den virtuellen Bergen ihrer Modelle frei. Mithilfe dieses Workshops konnten sie praktische, koordinierte und erfinderische Wege finden, auf denen sie ihre Zeit, Energien und Ressourcen nutzen konnten. Mithilfe des TLG-Prozesses konnten sie auch ihr Aktionsplanmodell kreieren, das auf ihren strategischen Modellen beruhte. Der Aktionsplan enthielt detaillierte Ziele sowie die Rollen und Verantwortlichkeiten der Teammitglieder. Er wurde zur Wegekarte für die Umsetzung. Am Ende des Workshops sagte Valerie Brown: „Wir haben in genau zwei Tagen das geschafft, wofür wir sonst sechs Monate gebraucht hätten – mit einem großartigen Resultat!"

Weshalb funktioniert der TLG-Prozess?

Jedes Zeichen oder Symbol ist ein sichtbarer Gedanke. Jedes Bild offenbart eine Welt von Informationen und Empfindsamkeiten, indem es eine Geschichte mit Hinweisen auf die Lösung eines Problems oder die Entwicklung einer Chance erzählt. Der TLG-Prozess versetzt bunt gemischte Gruppen von Menschen aus unterschiedlichen Funktionsbereichen in die Lage, in der Entwicklung vielschichtiger, multidimensionaler Modelle zusammenzuarbeiten, die ihre Vision, Mission, Ziele und ihr Wissen kommunizieren. Die Modelle – Kompositionen aus kühnen Bildern, gedankenvollen Bekundungen, provokativen Fotografien und anderen einnehmenden Materialien – sind wahre Lagerhäuser voller Ideen und Möglichkeiten für die Unternehmensentwicklung. Die Modelle sind Türen, die in eine Welt voller Aussichten auf persönliches Wachstum und einen größeren Erfolg der Organisation führen.

Menschen, die sich diese physischen Modelle anschauen und darüber nichts wissen, sind oft überrascht, wenn der Urheber eines Modells sie mitnimmt auf die Reise durch die in dem Modell vorhandenen Ideen. Sie nehmen die Einladung gerne an, um das Modell von ihrer Warte aus zu interpretieren. Dann passieren magische Dinge. Menschen von außerhalb werden zu Ad-hoc-Teilnehmern, wenn sie über die tieferen Bedeutungen und Implikationen des Modells nachdenken. Man kommt mit den Deutungen des Geschäfts des Lebens und des Lebens des Geschäfts nie an ein Ende.

Wenn Menschen beschreiben, welch tieferen Sinn ihre Modelle haben, verwandeln sie Datenstücke in emotionalen Inhalt, der die Vorstellungskraft auf denkwürdige Weise entzündet. Sie treten über ihre multiplen Interpretationen miteinander in Verbindung. Wenn andere noch ihre Eindrücke hinzufügen, nehmen die Einblicke zu, und das gegenseitige Verständnis wird größer. Die Menschen verstehen die Wahrheit und den Wert multipler Perspektiven; die Kommunikation selbst wird neu definiert. Plötzlich sehen die Menschen ihre Konzepte in Relation zueinander und in Relation zum Gesamtbild.

Das ist besonders wertvoll für Menschen aus unterschiedlichen Arbeitsbereichen. Ingenieure z. B. sprechen eine Spezialsprache und denken vielleicht nie darüber nach, wie eine Person aus der Marketingabteilung sie verstehen könnte. Der gemeinsame Bau von Modellen führt dazu, dass das gegenseitige Verständnis von Herangehensweise und Inhalt bereichert wird. Die Kooperation zwischen einzelnen Arbeitsbereichen verbessert sich dramatisch.

Tiefer gehen, um wachsen und gedeihen zu können

Die Aufgabe des Moderators und gleichzeitig Beraters besteht darin, die Aufmerksamkeit der Teilnehmer von der Oberfläche der Modelle auf das „Surfen" über das Gelände der Modelle zu lenken, um einen größeren Überblick zu bekommen. Danach gehen sie in geringer Tiefe „schnorcheln". Als „Tiefseetaucher" gelangen sie in tiefere Gewässer, um nach Sinnhaftigkeit zu suchen. Diese tiefere Ebene hält phänomenale Informationen bereit – Schatzkisten voller Bilder, Symbole, Geschichten, Wörter und visueller Analogien. Moderatoren zeigen den Teilnehmern den Weg, auf dem sie Bindeglieder zwischen den Modellen finden können. Sie binden die Teilnehmer in die kreative Erkundung ein, was eher nach Wissenschaft als nach Geschäft aussieht. Der Historiker Jacob Bronowski bezeichnet dies als „die Suche nach verborgenen Ähnlichkeiten" und gemeinsamen Punkten. In *Science and Human Values* schreibt Bronowski (1956, p. 13): „Alle Wissenschaft ist die Suche nach Einheitlichkeit in verborgenen Ähnlichkeiten." Diese Einheitlichkeit gibt uns die Möglichkeit, über unsere unterschiedlichen Repräsentationen von Gedanken, Ideen und Erfahrungen hinauszugehen. Sie motiviert auch den Entdeckungsprozess, der ein integraler Bestandteil unserer Arbeit und unserer Bestrebungen ist.

Das Fundament

Der TLG-Prozess verfolgt drei klar umrissene Ziele:

- unsere natürlichen Fähigkeiten des Schaffens, Erfindens, Entdeckens, Lernens und Kommunizierens zu entwickeln;
- als Katalysator für Durchbrüche und Innovation zu fungieren;
- die Faktoren zu sehen, auf die es wirklich ankommt, wenn der Erfolg einer Organisation vorbereitet wird und diese Faktoren greifen.

Albert Einstein schreibt: „Viele Dinge, die man zählen kann, zählen nicht. Viele Dinge, die man nicht zählen kann, zählen wirklich" (Safir a. Safire 1982). Wie ein Genie zu denken zählt wirklich, auch wenn wir dieses Denken weder zählen noch vorhersagen können. Niemand kennt die Bedingungen, die zu Geniestreichen anregen, obwohl wir eine Vorstellung davon haben, wie und wann sich das Genie entfaltet. Der TLG-Prozess transformiert das Wissen, die Ressourcen, Produkte und Erfolge einer Organisation auf neue Weisen – und befördert die Organisation zu neuen Höhen der Vortrefflichkeit. Der TLG-Prozess kann als virtuelles Massentransportsystem fungieren, das in der Lage ist, die Vorstellungswelten von tausenden von Menschen überall dorthin zu transportieren, wo diese hinzugehen gedenken. „Die Schar der Weisen" kann diesen Prozess nutzen, um in das Land der realen Möglichkeit und Produktivität zu gelangen.

Den Geist aufschließen und Hindernisse für den Erfolg beseitigen

Der TLG-Prozess ist ein Generalschlüssel, der den Geist aufschließt und mentale Barrieren beseitigt, die kreative, machbare Lösungen blockieren. Die Teilnehmer teilen miteinander Wissen mittels einer einfachen, aber differenzierten Modellbauaktivität, die zum gemeinsamen Lernen anregt. Sie folgen einem Prozess in vier Schritten:

1. *Verbindung:* Man vergleicht, indem man zwei oder mehr Dinge miteinander verbindet.
2. *Entdeckung:* Man exploriert die Verbindungen gründlich, um neue Einblicke und Entdeckungen zu gewinnen.
3. *Erfindung:* Man kreiert oder erfindet etwas, das auf den Einblicken und Entdeckungen beruht.
4. *Anwendung:* Man wendet die Erfindung auf unterschiedlichste Weise und in verschiedensten Kontext an. Dies alles wird – unzählige Male – wiederholt.

Dieser aus vier Schritten bestehende Prozess heißt Metaphorming und ist ein zeitloser, wandelbarer Prozess des kreativen und kritischen Denkens. Er ist der Kern des TLG-Prozesses: Wie ein Genie denken.

Mit Genie ist die Fähigkeit gemeint, durch Dinge hindurchzuschauen und Dinge zu durchschauen. Dazu gehört, dass man im Einfachen das Komplexe sieht und die Dinge nicht nur danach anschaut, was sie sind, sondern – mithilfe der Vorstellungskraft – auch danach, was sie sein können.

BINSENWEISHEITEN

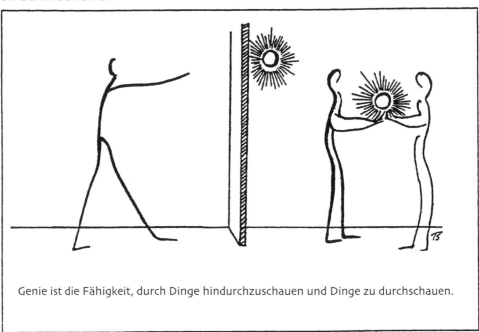

Genie ist die Fähigkeit, durch Dinge hindurchzuschauen und Dinge zu durchschauen.

Abbildung 2: Durch die „Wände" des sektorisierten Wissens hindurchschauen zu können ist eine der wichtigsten Facetten des Metaphorming: die Fähigkeit, eine Situation zu „röntgen", also hinter die Oberflächen zu schauen und die Essenz von etwas zu sehen.

Mithilfe des TLG-Prozesses können Teilnehmer auf greifbare, persönliche und direkte Weise eine Lösung entwerfen. Seine breite Palette an Techniken der Visualisierung und Konzeptualisierung stammt aus Kunst, Wissenschaft, Maschinenbau und Technik. Seine Orientierung auf das Visuelle ist wichtig wegen der visuell ausgerichteten Kultur von heute.

Dazu ein „lebendes" Beispiel:

Schritt	Aktivität
Verbindung	Ein Teilnehmer fügt dem Modell einer hydroelektrischen Staustufe das Bild einer durch treibende Baumstämme verursachten Blockierung hinzu. Er erklärt, dass diese Ansammlung von Baumstämmen die Blockade darstelle, die das Team daran hindere, alle Schleusentore und Ressourcen für die Realisierung seiner strategischen Ziele zu öffnen.
Entdeckung	Ein anderer Teilnehmer sprudelt los: „Wir hatten solche Blockierungen auch in ein paar anderen Abteilungen. Ein paar mit Dynamit gefüllte Sprengkapseln – und es war geschafft!"
Erfindung	Unser Team hat mindestens einmal im Monat eine kurze „Sprengsitzung", um aufkommende Blockierungen zu durchbrechen, die unsere Kommunikation und die Umsetzung unseres Geschäftsplans stören könnten.
Anwendung	Wir übernehmen nun diese regelmäßigen Spreng- und Modellbausitzungen, um dringende Probleme oder Fragen in allen Abteilungen der Firma zu lösen.

Tabelle 1: Beispiel für Metaphorming

Der TLG-Workshop

Seit 1978 wird der TLG-Workshop für Individuen in den Bereichen Patentschutz, Entwicklung von Prototypen und Karriereplanung angewendet. Organisationen erkennen allmählich seinen Wert. Der Workshop ist seit 1993 eine bevorzugte Methode, um Nutzen in der gesamten Organisation zu erzielen. Der typische TLG-Workshop dauert zwei Tage. Danach folgt üblicherweise eine Reihe halb- bis ganztägiger Workshops, an denen jeder teilnimmt, auf den sich eine bestimmte Frage oder Möglichkeit auswirkt. Der Workshop besteht aus den folgenden Aktivitäten:

1. Mit einem *kurzen Vortrag* werden die Teilnehmer in die Konzepte und Praxis des Metaphorming eingeführt.
2. Die Menschen bauen gemeinsam 5-D-Modelle *(5-D models^{TM})*[1], die eine Antwort auf die Frage oder die Realisierung einer Möglichkeit erlauben, denen die Teilnehmer gegenüberstehen (z. B. einen Strategieplan erstellen oder ein neues Produkt entwickeln). Die multidimensionalen symbolischen Modelle enthalten eine Fülle von Ideen, Wissen und kreativen Lösungen. Die 5-D-Modelle können eine solche Hebelwirkung haben, dass konkrete Resultate mit messbaren Ergebnissen produziert werden.
3. Die Gruppe *exploriert die Modelle* tiefgründig. Diese Modelle sind ergiebige Artefakte für strenge Analyse und kontinuierliche Interpretation. Sie sind Ressourcen und zugleich Forschungswerkzeuge (wie Mikroskop und Teleskop), die es einem erlauben, zu sehen, was man vorher noch nie gesehen hat – und entsprechend zu kommunizieren, was man sieht und entdeckt. Diese Modelle geben den Gedanken sofort eine Form, durch die Visionen, Wertvorstellungen und Arbeitsprozesse sichtbar werden.

   Da viele Menschen den Humor in ihre Modelle einarbeiten, ertönt beim Modellbau oft schallendes Gelächter. Selbst in sachlichen Gruppen verbreitet sich die Freude an der Zusammenarbeit geschwind. Gelächter kann ausgelöst werden, wenn z. B. jemand sagt: „Die Informationsmenge, die wir jeden Tag verarbeiten sollen, ist so, wie wenn man Füße Größe 42 in Schuhe Größe 24 stecken wollte ... oder einen Bauch Größe 50 in eine Hose Größe 36 ... Autsch!"

---

1 Diese Modelle heißen 5-D-Modelle, weil sie die vier Dimensionen Länge, Breite, Zeit und Bewegung integrieren, und die fünfte Dimension bezieht sich auf Symbole wie z. B. Worte, Bilder, Objekte, Zeichen, Geschichten, Metaphern und Analogien, die multidimensional und von Natur aus räumlich sind.

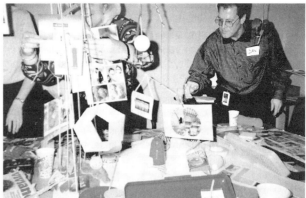

Abbildung 3: Lernen entfaltet sich organisch. Vom kreativen Chaos zur analytischen Ordnung kommunizieren Modelle die Essenz von Ideen und Visionen und bieten enorme Möglichkeiten für persönliches und organisationales Wachstums.

Meine Arbeitsprioritäten

1. Meine Leute unterstützen

2. Strategieplan fertig entwickeln

3. Uneingeschränkte Unterstützung für Strategieplan gewinnen

4. Entwicklungsplan für neues Produkt vorstellen

5. Kreativitätstraining beginnen und abschließen

4. Die Gruppe *entwickelt ihre Pläne.* TLG lässt sich auf strategische Planung und taktische Manöver anwenden, für die lokale Sichtweisen notwendig sind. Sowohl der Prozess als auch die physischen Modelle führen zu klaren, praktischen Aktionsplänen mit konkreten Resultaten, die auf spezifische technische Fragen und Geschäftsangelegenheiten fokussieren.

Visuelles Denken demonstriert seine Stärke auch dann, wenn die Gruppen Prioritätenbäume (Priority Poles™) bauen, d. h. Modelle, die Prioritäten buchstäblich in der Rangfolge von oben nach unten anordnen (siehe Abb. 4). Die Gruppen verlassen den Workshop mit einer gemeinsamen multidimensionalen Perspektive ihrer Ziele und mit Plänen, um ihre Ziele zu erreichen. Weil die Modelle eine emotionale Verbindung zum Inhalt herstellen, bleiben sie tendenziell im Langzeitgedächtnis haften. Oft benutzen Teilnehmer noch sechs bis sieben Monate nach einem TLG-Workshop selbst die kleinen Details, um in ihrer Ausrichtung zu bleiben.

Abbildung 4: Spitzenprioritäten mithilfe eines Prioritätenbaumes beschreiben

Was kann man vom TLG-Prozess erwarten?

Vom TLG-Prozess können Sie vier Ergebnisse erwarten.

- *Bessere Kommunikation:* Wenn man bedenkt, wie wesentlich effektive Kommunikation in jeder Organisation ist – wie jede Facette des Geschäfts davon beeinflusst wird –, dann sind Menschen, die wahrhaft gut kommunizieren, die Grundlage für den Erfolg. Der TLG-Prozess verbindet Individuen und Abteilungen auf profunde Weise, indem er ihre Beziehungen bereichert und neue Freundschaften und Allianzen pflegt. Teilnehmer bekommen ein viel gründlicheres Wissen über die Interessen, Leidenschaften, Prioritäten und die Arbeit der anderen.
- *Gesteigerte Teamarbeit und Zusammenarbeit:* Nichts bringt eine Organisation ihren Zielen schneller näher als inspirierte Teams, die eine gemeinsame Vision und Vorstellung von ihrem Ziel haben.
- *Nutzung des Wissens und der Ressourcen der Organisation:* Dies bringt Organisationsmitglieder hervor, die die Grenzen ihres Wissens erkennen und Möglichkeiten finden, ihre Grenzen auf geniale Weise zu überschreiten oder zu nutzen.
- *Erlernen von Metaphorming:* Metaphorming verhält sich zur Kreativität wie Atmen zum Leben. Es ist so fundamental und wesentlich dafür, wie Menschen jeden Alters denken und lernen – und lernen, mit Vorstellungskraft zu denken.

Der TLG-Prozess verdankt einen Großteil seiner Effektivität dem Umstand, dass er von Natur aus auf Erfahrung beruht oder, wie Aristoteles es nannte: „Was wir lernen müssen, lernen wir durch Praktizieren."

Der Start

Als Erstes wird ein wichtiges Thema identifiziert, indem man z. B. fragt: Welches brennende Problem wollen mein Team und ich lösen bzw. welche brisante Möglichkeit wollen mein Team und ich realisieren? Denken Sie an die Menschen und Ressourcen, die Ihrer Ansicht nach partizipieren sollen. Das ist alles an Vorbereitung, die nötig ist. Ausmaß und Komplexität des Themas bestimmen Anzahl und Häufigkeit der TLG-Workshops. Elektronische Fortsetzungen mit virtuellen Teams ist ein neuer Weg, auf dem Unternehmen den Einfluss der Workshops zu erweitern beginnen.

Rollen, Aufgaben und Beziehungen: Der Ruf nach Champions und Gedankenführern

Mindestens ein Champion pro Team, normalerweise ein Geschäftsführer oder Manager, bringt TLG in die Organisation ein. Die hauptsächliche Herausforderung des Champions besteht darin, den ersten Schritt zu machen: indem er daran glaubt, dass Schnur, Tesafilm, Folie und geleitetes Denken tatsächlich zu etwas Produktivem führen können.

Die Aufgabe des *Moderators* besteht darin, die Bedingungen zu schaffen, dass etwas Magisches passieren kann. Moderatoren bieten „unsichtbare" Quellen der Inspiration und Orientierung, wenn sie ergiebige Fragen stellen, die zur Erkundung führen. Sie kennen den Wert guter Fragen, die als Katalysatoren dienen, indem auf entspannte und nichtkonfrontative Weise Interpretationen ausgedehnt sowie Sichtweisen und vorgefasste Meinungen hinterfragt werden. Die besten Moderatoren haben eine gute Kombination aus Vorstellungskraft, Wissen, Denkfähigkeiten und Leidenschaft für das Lernen.

Verpflichtung und Begeisterung des *Teilnehmers* garantieren den Erfolg von TLG. Und im Prozess ist die laufende Partizipation aller Mitglieder der Organisation willkommen. Während Moderatoren die Bedingungen für das Magische schaffen, erzeugen Teilnehmer das Magische durch das Bauen und Interpretieren von Modellen. Die Belohnungen sind greifbar, wenn Teilnehmer die Verantwortung dafür übernehmen, das Gelernte bei verschiedenen Geschäftsmöglichkeiten anzubringen. Teilnehmer destillieren auch Schlüsselelemente oder „Essenzen" aus ihren oft üppigen Konstruktionen, wodurch sie das Äquivalent schaffen für die tragenden Strukturen eines Gebäudes, auf denen ihre Arbeit ruhen wird. Teilnehmer haben außerdem die Verantwortung dafür, Zusammenarbeit zu lernen, indem sie die Essenzen der Modelle gemeinsam identifizieren.

Subtile Machtverlagerungen

Wir kennen die vollen Auswirkungen dieser Methode auf das Machtgefüge noch nicht, weil die Ergebnisse unserer Untersuchungen noch nicht vorliegen. Die Zeit wird kommen, wenn TLG mit anderen wirkungsvollen Veränderungsmethoden kombiniert werden wird, um auf organisationale Macht kollektiv Einfluss zu nehmen und diese Macht in Kombination mit Wissen auszuhandeln.

Den Weg bereiten für den Erfolg

Wenden Sie den TLG-Prozess nicht an, wenn Sie keine Veränderung wollen. Wenn Sie ihre Teams auf unbeschwerte, unterhaltsame Weise miteinander verbinden wollen, lassen Sie TLG sein. Engagieren Sie in diesem Fall lieber einen Entertainer, der darauf spezialisiert ist, Motivation zu entzünden oder Inspiration zu entfachen. Auch wenn der TLG-Prozess Spaß macht und einen beträchtlichen Spielanteil aufweist, erfordert er in der Realität verankertes Denken und Handeln; und er verlangt nach ernsthafter Verpflichtung und Aufmerksamkeit. Teilnehmer unterhalten eher die Ideen und Möglichkeiten, als dass sie von diesen unterhalten werden. Sie sind Akteure und Schöpfer und keine passiven Konsumenten.

TLG funktioniert am besten, wenn die Teilnehmer zum Handeln fähig sind. Deshalb ist es wichtig, Personen auszuwählen, die kenntnisreich sind und gemeinsam mit anderen Eigentümer der Lösung oder Möglichkeit sein können. Das setzt voraus, dass sie an ihr Talent und ihre Fähigkeiten glauben, die entstehenden Ideen realisieren – oder die Durchbrüche managen – zu können. Wenn diese Bedingungen erfüllt sind, gibt der TLG-Prozess ihnen das, was sie *brauchen* und was sie *wollen*.

Um sich auf den Weg der grundlegenden Veränderung machen zu können, muss man die Menschen finden, die motiviert sind, diesen Weg mitzugehen. Diese Individuen erkennen intuitiv die Notwendigkeit der Veränderung und schließen sich bereitwillig der Reise an, um die Veränderung zu realisieren. Entscheiden Sie sich für die frühen Befürworter, statt dass Sie darum kämpfen, diejenigen zu überzeugen, die sich gegen die Veränderung sträuben.

Während des TLG-Prozesses schlüpft kein Teilnehmer in die Rolle des Beobachters; darauf bestehen wir. Zum Vergleich: Es ist ein Unterschied, ob man darüber liest, wie man Fahrrad fährt, oder ob man real Fahrrad fährt. Es reicht nicht, diese Erfahrung stellvertretend zu kennen und zu leben. Sie *kennen* heißt sie *ausführen*.

Ein zeitloser Prozess der angewandten Kreativität und Innovation (theoretisches Fundament)

Seit den ersten Anzeichen von Zivilisation wird Metaphorming benutzt, um eine Idee zu kommunizieren, eine Vision oder Überzeugung auszudrücken und einen Traum zu realisieren. Stellen Sie sich vor, wie die Höhlenmaler von Lascaux in Frankreich vor 10 000 Jahren mit Metaphorming arbeiteten, als sie symbolische Bilder von ihrem Leben und ihrer Umwelt malten. Diese Menschen der Altsteinzeit gaben ihren Gedanken und Emotionen eine Form, indem sie die zugänglichsten Kommunikationsmittel nutzten, die sie hatten: Bilder.

Fast alle Entdecker und Erfinder haben seit Anbeginn der Kulturgeschichte Aspekte des Metaphorming verwendet. Der griechische Ingenieur Archimedes nutzte z. B. Metaphorming, als er die Wasserschnecke erfand (etwa 250 v. Chr.); Leonardo da Vinci nutzte Metaphorming, als er neben anderen Erfindungen den Maschendraht entwarf (etwa 1495); Benjamin Franklin nutzte Aspekte dieses Prozesses für seinen Blitzableiter (1760) und für seine Entwürfe bifokaler Linsen (1780). Hinter den kühnen Erforschungen der Flugpioniere Wilbur und Orville Wright stand unbeabsichtigtes Metaphorming, um die Flugdynamik der Vögel verstehen und diese Dynamik auf das Flugzeug übertragen zu können (1903).

Eingelassen in das Vermächtnis künstlerischer, wissenschaftlicher, mathematischer und technischer Innovationen ist die unumstößliche Tatsache: Jede Erfindung und Entdeckung hatte etwas mit Metaphorming zu tun. Metaphorming ist kein greller, neuer Prozess, der in Mode und aus der Mode kommt. Er ist ein zeitloser Allzweckprozess, der jede Facette unserer Arbeit und unseres Lebens integrieren kann – indem er uns hilft, den tieferen Sinn und die Bedeutung unserer Arbeit zu entdecken. Den kühnen Unternehmungen nach, bei denen man Metaphorming benutzt hat, um Ergebnisse zu erzielen, ist dieser Prozess genauso kraftvoll und transformativ wie einfach anzuwenden, um Durchbrüche herbeizuführen.

Zu den vielen Einflüssen, die bei der Entwicklung des TLG-Prozesses eine Rolle spielten, gehören *The Principles of Psychology* (1890) von William James, *Symbolik des Geistes* (1954) von Carl Gustav Jung sowie *Pädagogisches Skizzenbuch* (1925), *Das bildnerische Denken* (hrsg. 1956) und *Unendliche Naturgeschichte* (hrsg. 1970) von Paul Klee[2]. Die praktische Verfeinerung des TLG-Prozesses entwickelte sich aus der Arbeit mit Grundschullehrern und Schülern.

Simone de Beauvoir sagt: „Man wir nicht als Genie geboren, man wird zum Genie" (Auden a. Kronenberg 1962). Diese Aussage gewinnt eine neue Bedeutung, wenn man an Menschen denkt, die ohne wundersame kreative Energien geboren werden und lernen, ihre natürlichen Begabungen auf optimale Weise mit maximalen Ergebnissen zu nutzen. Dies sind die alltäglichen Genies, die sich in irgendetwas hervortun – manchmal fast sich selbst zum Trotz. Dieses „irgendetwas" kann so einfach wie der gesunde Menschenverstand sein. Die Aussage von Ralph Waldo Emerson klingt wahr: „Der gesunde Menschenverstand ist das Genie in seiner Arbeitskleidung" (Roy 1995).

Die Ergebnisse halten

Üben, üben, üben – üben Sie den aus vier Schritten bestehenden Metaphormingprozess, und wenden Sie ihn auf breiter Basis an. Das heißt nicht, dass Sie jedes Mal, wenn ein Thema oder eine Möglichkeit aufkommt, Schere und Garn zücken müssen. Es heißt vielmehr, dass Sie die vier Schritte Verbinden, Entdecken, Erfinden und Anwenden kontinuierlich gehen sollten, sodass sich die Vorteile einstellen können.

---

2 Paul Klee starb 1940. Die späteren Veröffentlichungen sind posthum erschienen.

Ist das nicht genau das, was unsere progressivsten Unternehmen wie *Microsoft, Netscape, 3M* und *Lucent Technologies* tun? Ist das nicht genau das, womit sie ihre Konkurrenten aus dem Feld schlagen – indem sie ununterbrochen nach dem Denken greifen, das die Durchbrüche erzielt? Seit Jahrtausenden rühmen Gesellschaften kreative Geister für die Fähigkeit, auf höchster Ebene zu denken, zu erfinden und zu handeln – und schrauben die Anforderungen an Vortrefflichkeit höher. In den wettbewerbsfähigsten Unternehmen scheint die erste Direktive zu lauten, „alles zu optimieren": von der kreativen Nutzung des Wissens der Beschäftigten und Kunden bis zum innovativen Management finanzieller Belange und Ressourcen.

Weil der TLG-Prozess starke disziplinenübergreifende Beziehungen aufbaut, gehen Menschen oft dauerhafte Beziehungen mit Menschen ein, die anders denken als sie selbst. Der Prozess wir dadurch lebendig gehalten, dass jeder Teilnehmer (z. B. ein Ingenieur und ein Verkäufer) einen anderen Teil desselben Bildes sieht. Diese einmal gelernte Lektion wirkt nach.

Einige generelle Anmerkungen

Entscheidende Unterschiede, die Türen zu neuen Chancen öffnen

Der TLG-Prozess hilft den Menschen nicht nur, das, was in ihrem Kopf vorgeht, mit einem konkreten Problem in Verbindung zu bringen. Er zeigt uns nicht einfach konkret auf, wie wir unsere Emotionen, Gedanken und Gefühle ausdrücken können. Er bindet vielmehr Entdeckung, Erfindung und Anwendung direkt ein – und erreicht feinste Detailebenen.

Mit TLG kann jedes Konzept oder Thema gleich welchen Ausmaßes angegangen werden: von Vertriebskonzepten bis zu Kundenkonzepten, von Betriebskonzepten bis zu Konzepten der Forschung und Entwicklung. TLG behandelt Themen, indem zahlreiche Ansätze und analytische Techniken zeitgleich integriert werden. Das ist eines der primären Unterscheidungsmerkmale von TLG: die Synthese. Der TLG-Prozess zeichnet sich dadurch aus, dass er verschmilzt und vereinfacht.

Häufige Missverständnisse, die unsere „heftige Übereinstimmung" blockieren

Haben Sie schon einmal zwei Menschen beobachtet, die dasselbe Objekt anschauen und heftig darin übereinstimmen, was sie sehen – nur: Sie wissen es nicht? Ihre Sprache steht ihrem gegenseitigen Verständnis im Weg.

Auch wenn sich unsere Wahrnehmungen zu überschneiden scheinen; unsere Ausdrucksmodi, Repräsentationen und Beschreibungen tun dies nicht. Darin liegt eine der größten Barrieren der Kommunikation: das Fehlen einer gemeinsamen Sprache oder Weise, mit der man sich profund verstehen und die Lücken zwischen unseren individuellen Welten überbrücken könnte. Stellen Sie sich z. B. weißes Licht vor. Alle sichtbaren Farben sind im Tageslicht integriert. Das ist die gemeinsame Sprache der Natur. Wenn Sie weißes Licht durch ein Prisma zerlegen, sehen Sie alle Farben des Regenbogens. Jede Farbe hat eine spezifische Wellenlänge oder Frequenz; dadurch wird sie zu einer unterscheidbaren Farbe im Spektrum. Die Menschen sind in den Unterscheidungsmerkmalen (Farben) ihrer eigenen Sichtweisen gefangen und verteidigen diese manchmal bis zuletzt. Im großen Bild des Lichtes verschwimmen und verschwinden diese Unterscheidungsmerkmale.

Metaphorming funktioniert dadurch, dass man den Menschen hilft, die Ähnlichkeiten unter unseren Wahrnehmungen zu sehen und nicht bei den Unterschieden in unseren Ausdrucksmodi und Repräsentationen zu verharren. Das Team steuert den Metaphormingprozess und widerlegt damit die gängige Weisheit, dass es nur einen Steuermann geben kann. Alle Teammitglieder denken nach der Idee „Einer für alle und alle für einen" – ohne dadurch ihre persönlichen Meinungen, Ideen und ihre Vielfalt aufzugeben. Sie entdecken den realen Sinn und Wert hinter dem abstrakten Ausdruck „Einheitlichkeit in der Vielfalt". Sie schätzen auch die großartigen Belohnungen, wenn funktionsübergreifende Ideen integriert werden.

Gemeinschaftliches Lernen ist wesentlich für den dauerhaften Erfolg
Der Reichtum gemeinschaftlichen Lernens durch das Bauen von Modellen liegt in seiner Intensität der Entdeckung, der Interpretation, der Analyse und der breiten Anwendung. Disparate Ideen oder Kenntnisse miteinander zu verbinden ist nur ein Teil des kreativen Prozesses – wenn auch ein entscheidender Teil. Die Anwendung der Vorstellungskraft und des persönlichen Wissens ist tendenziell ein größerer und schwierigerer Teil, weil der Geist tiefer und breiter graben muss. Er muss schwerer arbeiten, um eine Verbindung zu entdecken oder einen Einblick zu gewinnen. Je tiefer wir graben, umso mehr kreative Energie verbrauchen wir.

Worte allein steigern nicht bei jedem Menschen die Tiefe des Verstehens. Modelle können das. Das Bauen von 5-D-Modellen gibt die Möglichkeit, nonverbale Mitteilungen auszutauschen, die oft tiefer gehend, reichhaltiger und denkwürdiger sind als die verbalen Mitteilungen.

Aus Cézannes Weisheit lernen
Ein ignoranter Kunstkritiker ging einmal auf den französischen Impressionisten Paul Cézanne zu, als dieser gerade an einem seiner großen Gemälde des Montagne Sainte-Victoire arbeitete, und fragte naiv: „Sind Sie es nicht leid, immer wieder dieselbe Landschaft zu malen?" Cézanne antwortete: „Nein, wenn ich meine Leinwand nur um ein paar Grade drehe, habe ich eine völlig neue Landschaft."

Vielleicht liegt das definierende Unterscheidungsmerkmal des TLG-Prozesses darin, dass Erfolg um die Förderung „sachkundiger Novizen" kreist: Menschen, die gelernt haben, ihr Wissen ruhen zu lassen, um zu entdecken, was sie noch nicht wissen. Das bedeutet, frühere Erfolge und Errungenschaften beiseite zu legen, um sich mit offenem und frischem Geist an die Entdeckung zu machen. Diese Offenheit ist entscheidend. Sie trägt zur Geschwindigkeit, Reichhaltigkeit und Differenziertheit des Prozesses bei.

Der Blick nach vorne
Der TLG-Prozess hilft einer Organisation, durch inspirierte Zusammenarbeit ihre Wachstumschancen zu entwerfen und zu realisieren. Der Prozess unterstützt Organisationen darin, ihr Potenzial voll auszuschöpfen, indem sie ihr Wissen innovativ anwenden und signifikante Endergebnisse erzielen.

In der Kernphilosophie hinter dem TLG-Prozess schwingt Goethes Überlegung mit: „Wenn Kinder sich so entwickeln dürften, wie sie es von ihrer Geburt her mitbringen, wären sie alle die reinsten Genies." Metaphorming weckt nicht nur das Genie in Individuen und Organisationen; es nutzt auch geniales Denken, um die ganze Organisation auf höchst erfinderische Weise wachsen zu lassen.

Der US-amerikanische Ingenieur und Erfinder Charles Kettering sagte einmal: „Ein Erfinder ist jemand, der seine Bildung niemals allzu ernst nimmt." Er ist auch derjenige, der sagte: „Solange es einen aufgeschlossenen Geist gibt, wird es immer eine Grenze geben." Individuen wie Organisationen müssen sich diesen Gedanken gut merken.

Real Time Strategic Change[SM] (RTSC) bzw. Strategische Veränderung in Echtzeit

> *Ich kenne keinen sichereren Hort der absoluten Macht einer Gesellschaft*
> *als das Volk selber; und wenn wir es nicht für aufgeklärt genug halten,*
> *die Kontrolle dieser Macht mit Besonnenheit auszuüben, so liegt die Lösung*
> *nicht darin, dem Volk diese Macht wegzunehmen,*
> *sondern darin, ihm diese Besonnenheit durch Aufklärung zu verleihen.*
> Thomas Jefferson, 28. September 1820

Zwei Geschichten

Eine schnelle Geschäftswende

Eine regionale Geschäftseinheit einer multinationalen Öl- und Gasgesellschaft im Wert von 750 Millionen Dollar brauchte entweder eine schnelle Wende oder riskierte es, verkauft zu werden. Als Reaktion auf diese Lage wurde eine Strategische Veränderung in Echtzeit (Real Time Strategic Change[SM], RTSC)[1] gestartet, die über 20 Arbeitssitzungen mit 20 bis 1000 Menschen beinhaltete. Die Sitzungen fokussierten auf Strategieentwicklung, Organisationsdesign, Umstrukturierung der Kernprozesse, Einführung eines neuen Geschäfts und die Verpflichtung auf ein vereinheitlichtes Team.

Im August 1995 kamen 1000 Menschen (85 % der Organisation) drei Tage lang zusammen. Die Gruppe entwickelte eine Strategie, um drei separate Organisationen zu integrieren, und erreichte einen Konsens über Aktionspunkte, die zur Verbesserung der Leistung notwendig waren. Mit diesen Aktionspunkten sollte ein Teufelskreis durchbrochen werden, in dem die Organisation seit fünf Jahren gefangen war (siehe Abb. 1).

Abbildung 1: Der Teufelskreis

Zehn Monate später war die Geschäftseinheit auf die Kernprozesse hin umorganisiert. Die Rendite des Anlagevermögens erhöhte sich um 15 % (9 % Preisanpassung), die Verringerung der Durchlaufzeiten sparte 30 Millionen Dollar ein, der Investitionsüberschuss sank von 70 Millionen Dollar auf null, ein neues Geschäft erwirtschaftet derzeit 12 Millionen Dollar und hat zu einer 30%igen Reduktion eines großen laufenden Ausgabenpostens geführt, und fünf Tiefseepachtverträge wurden abgeschlossen – eine Premiere für das Geschäft. Eine Kultur des Misstrauens und der Engstirnigkeit wurde in eine Kultur der Zusammenarbeit verwandelt. Die Geschäftseinheit wurde nicht verkauft.

Chris Christensen, der Hauptgeschäftsführer der Geschäftseinheit erinnert sich:

---

1 Real Time Strategic Change und RTSC sind Dienstleistungsmarken von *5 oceans*, inc.

Wir hatten drei verschiedene Geschäftseinheiten etwa am gleichen Standort, aber wir haben nicht als einheitliches Gebilde funktioniert, und – noch eklatanter – wir waren am Markt nicht wettbewerbsfähig.

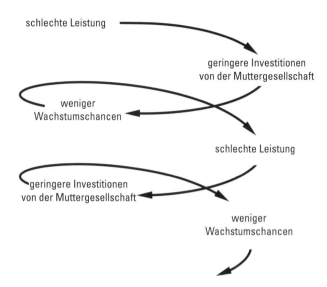

30 Menschen aus allen Ebenen und Funktionen, u. a. eine Gruppe von Gewerkschaftsvertretern, kamen zu einem Trainingskurs in Strategischer Veränderung in Echtzeit. Am zweiten Abend kamen wir alle zusammen und identifizierten über 30 verschiedene potenzielle Anwendungen dieser Methode. Alle waren sich darin einig, dass wir diesen Ansatz nehmen müssten, weil er so war, wie wir in der Zukunft zusammenarbeiten wollten ... und das konnten wir schnell in die Tat umsetzen.

Unser Führungsteam tat sich mit einem Designteam zusammen, um die Geschäftsstrategie zu bestimmen und zu erörtern, wie man diese als Gesamtvorhaben gestalten könnte. Als wir schließlich 1000 Menschen versammelt hatten, konnte ich beobachten, wie ein riesiges Führungsteam die Fragen debattierte und aus sich heraus Antworten fand. Ich war stolz darauf, welche Themen sie herausgegriffen hatten, sogar die Frage, wie die Menschen in der neuen Organisation miteinander arbeiten müssten. Das war der große Wendepunkt.

Danach kam eine 80-köpfige Gruppe zusammen, von der einige Mitglieder einen Mikrokosmos der Organisation repräsentierten und andere über Sachkenntnis in Projektplanung verfügten, und übersetzte die Empfehlungen aus der 1000-köpfigen Sitzung in sechs zentrale Arbeitsprozesse. Weitere Teams, die mit der Entwicklung von Prozessdesigns befasst waren, gingen aktiv in die Organisation hinein, um weitere Personen zu gewinnen. Sie nahmen auch an nicht auf das Vorhaben bezogenen Veranstaltungen teil, um Feedback zu bekommen, statt dass sie die Menschen, die partizipieren wollten, zu sich kommen ließen. Kleinigkeiten wie diese schickten eine starke Botschaft aus, die signalisierte, wie das Geschäft von nun an geführt werden würde.

Im April 1996 war die neue Organisation etabliert und am Laufen. Neue Prozessleiter waren von Mitarbeitern, die einen Mikrokosmos der Organisation bildeten, ausgewählt worden. Prozessbasierte Teams hatten sich gebildet und überprüften, entwickelten, und sie einigten sich auf ihre jeweiligen Rollen in der neuen Struktur und auf ihre Schlüsselbeziehungen.

Neue Wege, das Geschäft zu führen

Bill Buchanan, der im Januar 1991 zum *Sedgwick County Manager* (zum obersten Verwaltungsbeamten des Kreises) ernannt worden war, erzählt: „Die Kreisverwaltung war voller kleiner Fürstentümer, Argwohn und bürokratischer Personalstrukturen. Die Menschen wollten die Veränderung, aber wir hatten keine gemeinsame Richtung oder Zielsetzung."

Jerry Harrison, stellvertretender County Manager, fügt hinzu: „Wir fingen mit Strategischer Planung in Echtzeit an, um unsere Richtung zu finden, und fokussierten auf die Verbesserung der Dienstleistungen für die Gemeinde. Zum ersten Mal nahmen wir Akteure in unseren Planungsprozess auf: Bürger, Vertreter von Nachbargemeinden und lokalen Unternehmen. Dann bezogen wir die Bürger in Gemeindediskussionen ein, in denen über alles von der Müllentsorgung bis zu neuen Wahlmaschinen gesprochen wurde."

„Aus der Sicht eines Beschäftigten", sagt der interne Berater Kristi Zukovich, „hat uns diese Arbeit auf eine professionelle Ebene gehoben. Wir denken jeden Tag über die Ergebnisse nach, die wir erreichen müssen, und über die Aktionen, die uns dahin bringen werden. Wir fokussieren jetzt darauf, wie wir neue Wege finden können, wettbewerbsfähig zu sein und der Gemeinde weitere Wertschöpfung hinzuzufügen."

Jerry Harrison sagt: „Der Kreis finanziert lokale Behörden, die physisch und psychisch behinderte Menschen betreuen. Mehrere Behörden wollten Geld von uns haben, und alle standen sie auf Wartelisten … folglich wurden die Bedürfnisse unserer Bürger nicht befriedigt. Wir haben uns mit behördlichen Dienstleistern, Klienten und ihren Familienangehörigen zusammengesetzt. Als Konsequenz daraus haben wir die Kaufkraft in die Hände der Klienten gelegt, sodass sie nun die Dienstleistungen, die sie wollen, von den Anbietern kaufen können. Aufgrund dieser ‚Zahlungsfähigkeit' bekommen die Klienten nun bessere Dienstleistungen, und wir bekommen eine bessere Rendite auf unsere Investition. Beispiele wie dieses gibt es im gesamten Kreis – wir fokussieren wesentlich stärker auf die Dienstleistung."

„Wir haben auch ein Modell entwickelt, das inzwischen ein landesweit anerkanntes Modell für die Betreuung Obdachloser in Gemeinden ist", sagt Buchanan abschließend. „Das Land hat mit uns einen Vertrag, dass wir andere darin schulen, wie man Akteure in Bereichen wie Jugendkriminalität einbindet. Andere Bundesländer bitten uns sogar manchmal um Hilfe. Für uns ist es so, dass wir unser Geschäft nur noch auf diese Weise erledigen und uns nichts anderes mehr vorstellen können."

Was bedeutet „Strategische Veränderung in Echtzeit"?

RTSC ist ein auf Prinzipien beruhender Ansatz, der es ermöglicht, rasche, nachhaltige und organisationsweite Veränderung zu erreichen. *Rasch* bedeutet, dass man seine gewünschte Zukunft in die Gegenwart einbringt – also denkt und handelt, als ob die Zukunft gegenwärtig sei. *Nachhaltig* bedeutet, dass eine Organisation sich anpassen und weiterhin erfolgreich sein kann, wenn neue Realitäten entstehen.

RTSC ist ein Ansatz, der Organisationen und ihre Mitglieder als lebende Systeme aktiviert und auf Geist und Gemeinschaft wie auch auf Strategien, Strukturen und Prozesse fokussiert. RTCS ist jedoch nicht nur ein Ansatz für die Veränderung der ganzen Organisation. RTSC ist auch eine Art und Weise, wie man das Geschäft führt und tagtäglich denkt und handelt. Veränderung auf diese Weise – als normalen Teil der Führung des Geschäfts – zu sehen ist ein Beispiel für das paradoxe Denken, das RTSC durchdringt.

Prinzipien bilden das Fundament – die solide und festgelegte Basis – von RTSC. Die sechs Prinzipien von RTSC (siehe Abb. 2) unterstützen den dauerhaften

Wandel, weil sie in jeder Situation Orientierung geben – bei der Veränderungsarbeit und auch bei der täglichen Arbeit.

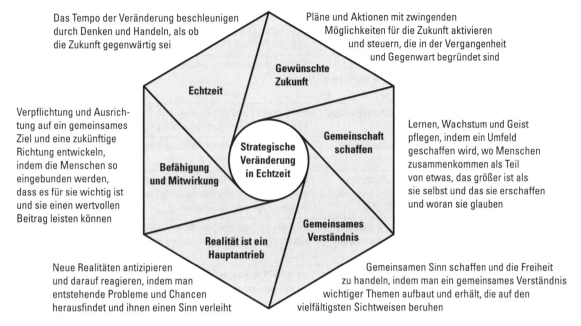

Das Tempo der Veränderung beschleunigen
durch Denken und Handeln, als ob
die Zukunft gegenwärtig sei

Pläne und Aktionen mit zwingenden
Möglichkeiten für die Zukunft aktivieren
und steuern, die in der Vergangenheit
und Gegenwart begründet sind

Verpflichtung und Ausrichtung auf ein gemeinsames
Ziel und eine zukünftige
Richtung entwickeln,
indem die Menschen so
eingebunden werden,
dass es für sie wichtig ist
und sie einen wertvollen
Beitrag leisten können

Lernen, Wachstum und Geist
pflegen, indem ein Umfeld
geschaffen wird, wo Menschen
zusammenkommen als Teil
von etwas, das größer ist als
sie selbst und das sie erschaffen
und woran sie glauben

Neue Realitäten antizipieren
und darauf reagieren, indem man
entstehende Probleme und Chancen
herausfindet und ihnen einen Sinn verleiht

Gemeinsamen Sinn schaffen und die Freiheit
zu handeln, indem man ein gemeinsames Verständnis
wichtiger Themen aufbaut und erhält, die auf den
vielfältigsten Sichtweisen beruhen

Gewünschte Zukunft — Echtzeit — Gemeinschaft schaffen — Befähigung und Mitwirkung — Strategische Veränderung in Echtzeit — Gemeinsames Verständnis — Realität ist ein Hauptantrieb

Abbildung 2: Prinzipien der Strategischen Veränderung in Echtzeit

Wenn man *nur* sechs Prinzipien hat, gibt das Fokus und Klarheit sowie Orientierung für die Wahlentscheidungen während der und nach den Veränderungsvorhaben. Wenn eine Methode auf Prinzipien beruht, gibt das große Flexibilität in der
Anwendung, sodass Organisationen einzigartige Wege in ihre Zukunft bauen können. Aufgrund der Prinzipien kann RTSC als „offene Plattform" fungieren, indem
Möglichkeiten geschaffen werden, die mit anderen, RTSC-kompatiblen Ansätzen
der organisationalen Veränderung und Entwicklung ihre Wirkung und Synergien
entfalten.

Martin Raff führte in seiner Funktion als Regionaldirektor des *United Kingdom's Employment Service* eine systemweite Strategische Veränderung in Echtzeit
durch. Er beleuchtet das breite Anwendungsspektrum der Prinzipien: „Führungskräfte auf allen Ebenen der Organisation nutzen die Prinzipien von RTSC in
ihrer täglichen Arbeit, wenn sie führen, planen, Probleme lösen und sich mit
Beschäftigten, Kunden, Akteuren und der Gemeinde auseinander setzen."

Wann ist die Strategische Veränderung in Echtzeit nützlich?

Die Anwendung von RTSC hängt nicht davon ab, welche Art der Veränderung Sie
vorhaben, wie komplex oder undeutlich die Probleme oder Handlungsweisen sind,
und auch nicht davon, wie groß die Organisation ist. Was wirklich eine Rolle spielt,
ist, dass die Probleme für die Organisation von elementarer Bedeutung sind, dass
rasche Veränderung bevorzugt wird, dass die Führung für neue Ideen bezüglich
Zukunft der Organisation und für die Wege, auf denen dies erreicht wird, offen ist
und dass die Führungskräfte daran glauben, die Macht mit Menschen aus allen
Ebenen der Organisation teilen zu können. Strategische Veränderung in Echtzeit
kommt voll zur Entfaltung, wenn ein Gefühl der Dringlichkeit besteht und dauerhafte Veränderung das Ziel ist.

Zu den typischen Beispielen für die Anwendung von RTSC zählen:

Situation	Strategische Veränderung in Echtzeit
Probleme sind komplex, chronisch oder unspezifisch; sie erstrecken sich auf separate Teile der Organisation; handhabbare Lösungen scheinen unerreichbar	entscheidende Akteure auf die Klärung von Problemen, auf die Definition von Ziel und Spektrum und auf die Entscheidung, wie die Probleme anzugehen sind, verpflichten
die Organisation zieht in unterschiedliche Richtungen; es gibt gemischte Botschaften darüber, „wer wir sind und wohin wir uns entwickeln"	Strategie entwickeln und umsetzen und rasche Ergebnisse erzielen
gegenwärtige Fähigkeiten und Kenntnisse sind unzureichend; viele Menschen brauchen neue Kompetenzen	Lerntempo beschleunigen durch Training und Entwicklung von Großgruppen mit Fokussierung auf die tägliche Arbeit
neue Techniken und Systeme, z. B. Managementsysteme im gesamten Unternehmen, werden eingeführt	Design und Umsetzung mit der gesamten Organisation
Organisation muss Fusion, Übernahme oder Zusammenschluss bewältigen; die Menschen sind vielleicht verstimmt, haben Angst oder fühlen sich an den Rand gedrängt	strategische und kulturelle Stärken beider Organisationen aufbauen, um eine neue Identität zu etablieren und produktive Beziehungen zu entwickeln
Umstrukturierung eines Geschäftsprozesses wird gerade umgesetzt – mit neuen Prozessen, Systemen, Rollen und vielleicht Stellenabbau	den Menschen die Strategie verständlich machen, die Organisation neu definieren und das Kerngeschäft umstrukturieren
Belegschaft und Management suchen nach Durchbrüchen in chronifizierten, widersprüchlichen, unproduktiven Beziehungen	nachhaltige Partnerschaften aufbauen, die auf der Entdeckung gemeinsamer Interessen und auf der Zusammenarbeit beruhen

Tabelle 1: Typische Anwendungssituationen

Ian Peters, Manager für Organisationsentwicklung und -lernen bei einem Hersteller von Flugzeugteilen, sagt: „Wir haben Strategische Veränderung in Echtzeit erfolgreich angewendet, um die Arbeit im Zusammenhang mit einer Fusion zu unterstützen, innovatives Denken in Bezug auf Kundenbedürfnisse anzuregen und das auszudehnen, was wir als Training für flächendeckende Veränderung in Organisationen zu bezeichnen pflegten."

Wie Strategische Veränderung in Echtzeit funktioniert

Bei RTSC-Vorhaben führt die Reise der Organisationen durch drei Phasen: Möglichkeiten sondieren, Führung entwickeln und ausrichten sowie Stimmigkeit in der Organisation herstellen. Abbildung 3 zeigt, wie RTSC in die tägliche Arbeit einer Organisation eingelassen ist und wie die Zyklen dieser drei Phasen immer weitere Wunschvorstellungen davon erzeugen, wie das Geschäft geführt werden kann.

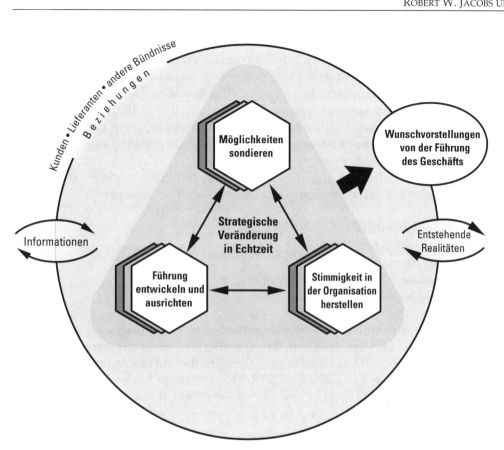

Abbildung 3: Wie RTSC funktioniert – Nachhaltige Leistung der Organisation erreichen

In diesen Wunschvorstellungen von der Führung des Geschäfts drücken sich konkrete Modi von der gewünschten Zukunft einer Organisation aus, z. B. wie die Beschäftigten miteinander und untereinander arbeiten, mit Kunden, Lieferanten, Eigentümern und anderen wichtigen Partnern in Beziehung treten. RTSC sieht Organisationen als offene Systeme, die mit ihrer Umwelt durch einen kontinuierlichen Informationsfluss, durch Beziehungen unter entscheidenden Akteuren und durch ein waches Bewusstsein für aufkommende Realitäten verbunden sind.

In der Phase *Möglichkeiten sondieren* wird ein klarer, durchdachter Plan für ein Veränderungsvorhaben erstellt. Dieser spornt die Menschen mit vielen Möglichkeiten an, um ihr Veränderungsvorhaben voranzubringen. Diese breit angelegte Vorgehensweise ergänzt den Fokus, den die Menschen brauchen, um einen einheitlichen Weg zu finden, der zur Kultur, zu den Bedürfnissen und den Zwängen ihrer Organisation passt. Die Erstellung einer eigenen Wegekarte für die Veränderung ist für die meisten Organisationen ein wichtiger Teil der Erfahrung, wie man das Geschäft auf neue Weise führt, und ein Symbol für die Zukunft.

In der Phase *Führung entwickeln und ausrichten* werden Führungskompetenzen und Verpflichtung aufgebaut, die für ein erfolgreiches Veränderungsvorhaben und für eine in sich stimmige Führung in der Zukunft notwendig sind. Diese Fähigkeiten können auf vielfältige Weise und in vielerlei Settings ausgebildet werden: in groß angelegten Events, kleineren Klausursitzungen, Initiativen des Aktionslernens, der persönlichen Reflexion sowie in Coachingsitzungen, Trainingssitzungen und in der täglichen Arbeit mit anderen Führungskräften und der Organisation im weiteren Sinn. Diese Bemühungen fokussieren auf die Entwicklung eines bevorzugten und konsequenten Führungsstils, auf Strategieausrichtung und eine Reihe von Fähigkeiten, u. a. die Fähigkeit, die Umsetzung der Wunschvorstellungen von der Führung des Geschäfts zu leiten und zu unterstützen.

In dieser Phase entwickeln die Führungspersonen den Veränderungsfall und die zukünftige Richtung der Organisation und richten sich selbst entsprechend aus. Sie entscheiden auch, wie und wann andere Mitglieder in diese Arbeit einbezogen werden. Manchmal entwickeln Führungspersonen auch selbst eine Strategie und gewinnen später andere dafür, die Strategien nachzuvollziehen und in die tägliche Arbeit zu übersetzen. In anderen Fällen beziehen Führungspersonen andere Personen sofort ein und entwickeln – vor dem „leeren Blatt" – miteinander eine Strategie. Grundsätzlich gilt, dass die Entscheidung, wie und wann man Macht und Autorität mit anderen teilt, ein wichtiger, bewusster, kontinuierlicher Prozess ist, der in dieser Phase beginnt.

In der Phase *Stimmigkeit in der Organisation herstellen* ist die gesamte Organisation damit befasst, eine solide Harmonie zu schaffen zwischen

- externen Realitäten,
- der gewünschten Zukunft,
- Strategie und Plänen,
- Systemen, Strukturen und Prozessen,
- der täglichen Arbeit.

Diese Phase beginnt damit, dass der Organisation das Ziel, das Spektrum, die Größenordnung und der Plan des Veränderungsvorhabens mitgeteilt wird. Zu den veränderungsbezogenen Unterstützungsinitiativen, die auf die genannten Punkte fokussieren, gehören normalerweise RTSC-Events sowie Teams, Projektgruppen, Prozesse und Vorgehensweisen, die zu der jeweiligen Initiative passen. Mit der Zeit übersetzt sich das, was in dieser Phase gelernt wird, in bessere Denk- und Handlungsweisen im Alltag.

RTSC-Events – Sitzungen, in denen man die Ärmel hochkrempelt – stellen in dieser Phase einen Eckpfeiler dar. Techniken der Strategischen Veränderung in Echtzeit funktionieren in kleinen Gruppen wie auch in Gruppen mit 1 000 oder mehr Personen. Gleichgültig, ob man einen Konsens über die strategische Richtung anstrebt oder neue Kompetenzen für reale Fragen entwickelt und anwendet, setzen diese Events die Macht und Möglichkeiten des Kollektivs in die Tat um, und zwar in weitaus größerem Maße, als dies mit traditionelleren Methoden möglich wäre.

Was kann man von Strategischer Veränderung in Echtzeit erwarten?

Dramatische quantitative und qualitative Gewinne sind oft ein direktes Ergebnis von RTSC-Vorhaben, wie die eingangs berichteten Geschichten belegen. Angesichts der Flexibilität und Vielfalt der Strategischen Veränderung in Echtzeit ist eine große Bandbreite von Resultaten möglich. Tim Jones, Hauptgeschäftsführer von *Retail Bank Services for National Westminster Bank* in England fängt den Geist der Arbeit mit RTSC in seiner Organisation folgendermaßen ein: „Wir suchten nach einem Weg, um in unserem Geschäft einen wirklichen Dialog zu erreichen – diese [RTSC-]Ideen brachten einen wirklichen Durchbruch darin, unsere Leute auf den Erfolg zu verpflichten."

Eine klare strategische Ausrichtung quer durch die Organisation macht es möglich, an vielen Fronten gleichzeitig vorzurücken. Synergien entstehen unvorhergesehen zwischen vormals unverbundenen Initiativen und führen gewöhnlich dazu, dass unbekannte Probleme entdeckt werden. Janice Saunders, Bereichsdirektorin bei *United Kingdom's Employment Service* schreibt eine jährliche Einsparung von 18 Millionen Pfund einem RTSC-Vorhaben zu, in dem das Ausmaß eines zuvor ignorierten Problems deutlich wurde. Dies führte zu einem relativ unkomplizierten Prozess und zu Systemveränderungen, die wiederum zu diesen signifikanten Kosteneinsparungen führten.

Strategische Veränderung in Echtzeit steigert die Zusammenarbeit und das Vertrauen in einer Organisation. Ian Paterson von *Strategy Management Consultants* in Südafrika sagt: „In vielen Organisationen haben wir Manager, die einen individualistischen, profitorientierten Ansatz vertreten. Im Gegensatz dazu arbeitet ein Großteil der Arbeiterschaft nach einem traditionellen afrikanischen Ansatz, der auf ‚Ubuntu' oder kollektivem Humanismus beruht. RTSC kombiniert beide Ansätze, indem der kollektive Geist aktiviert wird und zugleich individuelle Bedürfnisse und Geschäftsziele anerkannt werden."

Strategische Veränderung in Echtzeit ist oft der Katalysator für persönliche Veränderung. Jerry Harrison, *Sedgwick County*, sagt: „Der Prozess, mit dem andere einbezogen werden, war für mich eine ziemlich dramatische Veränderung. Ich pflegte mehr Entscheidungen allein zu treffen und verbrachte viel Zeit damit, meine Ideen anderen zu verkaufen. Jetzt muss ich niemanden mehr davon überzeugen, dass ich eine gute Entscheidung getroffen habe. Wenn ‚wir' die Entscheidungen treffen, sind es normalerweise gute Entscheidungen."

Eine weitere Belohnung der Strategischen Veränderung in Echtzeit ist schließlich die nachhaltige Leistung, die von jeder Organisation individuell definiert und gemessen wird, wobei sowohl harte Daten als auch qualitative Beurteilungen von Gesundheit und Wohl der Organisation benutzt werden. Die Leistung zeigt sich in Form von Organisationen, die als Orte des Lernens, Wachsens, Dazugehörens und Mitwirkens geschätzt werden und über eindeutige Werte und Normen verfügen. Sie zeigt sich auch darin, dass wechselnde Stimmungen und Veränderungen des Marktes bewusst wahrgenommen und beurteilt werden, und darin, wie und wann man auf diese Verschiebungen reagiert.

Der Start der Strategischen Veränderung in Echtzeit

RTSC-Vorhaben beginnen manchmal mit dem Ziel einer fundamentalen und weitreichenden Veränderung. Häufiger ist es so, dass Organisationen die Notwendigkeit sehen, eine größere Anzahl ihrer Mitglieder in die Behandlung spezifischer Probleme und Chancen einzubeziehen. In jedem Fall tut eine Organisation gut daran, vor dem Start Folgendes zu explorieren:

- ihre Probleme und Chancen und die zugrunde liegenden Annahmen,
- potenzielle Schlüsselakteure und ihre möglichen Rollen,
- bestehende Initiativen und Verbindungen zu dem geplanten Vorhaben,
- Vorstellungen davon, was ein gutes Ergebnis des Vorhabens wäre,
- Optionen bezüglich Spektrum und Ausmaß des Vorhabens (Beschränkungen und Grenzen),
- Ideen für die Weiterentwicklung.

Dieses erste Sondieren wird am besten von einer Gruppe vorgenommen, in der die Organisation repräsentiert ist und zu der formale und informelle Führungskräfte, interne und externe Berater, Organisationsmitglieder und auch externe Akteure gehören können. Die Gruppe sollte eine praxisnahe Mischung aus Personen sein, die Informationen, Interesse und innovatives Denken mitbringen, was für die Entwicklung einer soliden Einschätzung der Situation der Organisation notwendig ist.

Wenn konventionelles Denken, gegenwärtige Praktiken, Annahmen und Normen in dieser frühen Phase mit Szenarios des „Was ist, wenn …" hinterfragt werden, hilft dies, die Orientierung auf eine gewünschte Zukunft zu etablieren. Dadurch lässt sich auch die Falle umgehen, einfach die Probleme des Tages zu nehmen und diese nach der Methode *business as usual* zu lösen zu versuchen. Mike Weiss, ein wichtiger Akteur in einem an der *Brooklyn Technical High School* initiierten Veränderungsvorhaben, das sich auf den Umbau des Lehrplans, Personalentwicklung und Facility Management bezieht, sagt: „Schon sehr früh fingen wir an, Dinge infrage zu stellen, die wir für selbstverständlich gehalten hatten. In den meisten Schulen kündigt der Direktor Veränderungen an. Wir schlagen eine andere Richtung ein, indem wir bei der Umstrukturierung der Schule Seite an Seite mit dem Personal arbeiten. Wenn wir Partnerschaften mit den Lehrern und anderen wichtigen Akteuren eingehen wollen, weshalb sollen wir das nicht von Anfang an tun?"

Aus unserer Erfahrung wissen wir, dass die Verpflichtung auf und die Einbindung in RTSC-Vorhaben gewöhnlich einen Schneeballeffekt haben und das Tempo der Umsetzung dramatisch beschleunigen und ihre Bandbreite drastisch vergrößern. Deshalb ist es enorm wichtig, dem System ein paar Schritte voraus und darauf vorbereitet zu sein, dass man den Menschen hilft, tragende Führung zu entwickeln, Szenarios zu erkunden, wie sich das Vorhaben entwickeln könnte, und eine gut durchdachte Ressourcenplanung zu erstellen. Wenn Veränderungsvorhaben voranschreiten, geschieht vieles wie geplant und vorhergesehen – sei es die Datengewinnung durch eine Projektgruppe, die Umgestaltung des Prozesses oder ein großer Event. Andere Aspekte der Arbeit sind erst in der Entwicklung begriffen und unvorhersehbar, z. B. wie und wann sich die ersten Bilder von einer gewünschten Zukunft darauf auszuwirken beginnen, wie die Sondierungsarbeit voranschreitet oder auf welche Weise neue Geschäftspraktiken auftauchen.

Rollen und Strukturen in der Strategischen Veränderung in Echtzeit

Rollen und Strukturen sind einzigartig daraufhin gestaltet, dass sie den Bedürfnissen und Zwängen des RTSC-Vorhabens der einzelnen Organisation entgegenkommen. Manche Rollen und Strukturen sind planbar, andere dagegen tauchen erst mit der Entfaltung der Arbeit auf.

In einem Telekommunikationsunternehmen z. B. beschloss ein Eventplanungsteam, dass alle 10 000 Beschäftigten in einem Zeitfenster von zwei Wochen die vitale Information verstehen müssten. Die Leitung des Unternehmens bezweifelte zwar die Machbarkeit dieses Vorhabens, arbeitete aber mit dem Planungsteam zusammen und organisierte dutzende von großen, interaktiven Sitzungen. Die Menschen, die an diesen Treffen teilnahmen, waren beeindruckt von der Qualität ihrer Erfahrung. Sie waren sogar noch stärker davon beeindruckt, dass die Mitglieder des Planungsteams es in eigener Verantwortung auf sich genommen hatten, Wege zu schlagen in das chronische Problem der Menschen, „eigentlich nicht zu wissen, was Sache ist".

Im Folgenden werden einige der gängigeren Rollen und Strukturen der Strategischen Veränderung in Echtzeit beschrieben.

Erste Sondierungsgruppe und Designteam für das Veränderungsvorhaben: Eine erste Sondierungsgruppe denkt ganz am Anfang darüber nach, ob und wie man die Organisation voranbringen kann. Wenn Klient und Berater sich auf die Fortführung geeinigt haben, wird üblicherweise ein Designteam für das Veränderungsvorhaben eingerichtet. Am besten ist es, wenn beide Gruppen einen repräsentativen Mikrokosmos der Organisation darstellen, aber sie müssen nicht unbedingt dieselbe Mitgliederschaft haben. Ein Designteam für das Veränderungsvorhaben bestimmt die grobe Richtung, Schlüsselinitiativen und Pläne für das Gesamtvorhaben, wobei es bei dieser Arbeit oft mit einer breiten Basis zusammenarbeitet. Im Laufe der Zeit wird der Plan des Veränderungsvorhabens – manchmal radikal – revidiert, was von Initiativen für Datengewinnung, regelmäßigen Reflexions- oder Lernsitzungen und außerplanmäßigen in Echtzeit ablaufenden Reaktionen auf entstehende Probleme und Möglichkeiten abhängt.

Leiter und Führungsteams: Formale und oft auch informelle Leiter gehen mit anderen wichtigen Akteuren Partnerschaften ein: um eine Strategie zu entwerfen; um im Entstehen begriffene Weisen der Geschäftsführung zu gestalten und zu unterstützen; und um den Veränderungsfall allen Menschen in der ganzen Organisation zu kommunizieren. Sie entdecken und entwickeln einen Führungsstil, der mit der gewünschten Zukunft der Organisation in Einklang zu bringen ist. Sie treten zusammen mit der gesamten Organisation auch in laufende Dialoge ein über wichtige Fragen wie z. B. Autorität, Rollen und Entscheidungsfindung; über die

Werte und Normen der Organisation und darüber, wie sich diese in die tägliche Arbeit übersetzen lassen; über die Entwicklung, Interpretation und Umsetzung von Strategien; über bevorzugte Zukünfte in Aktion; und über den Kommunikations- und Informationsfluss.

Designteams für Events und Initiativen: Diese Teams, die jeweils als Mikrokosmos der gesamten Organisation organisiert sind, planen und managen die Inhalte und Prozesse von RTSC-Events und RTSC-Initiativen wie z. B. Eventagenden, vergleichende Umfragen, Bemühungen um Organisationsdesign und Unterstützung der Kommunikation.

Logistikteams: Die Mitglieder dieser Teams werden mit der gesamten Logistik betraut – vom nahtlosen Management der Tonqualität bei Events bis zur Erstellung von Sitzungsunterlagen, von der Dokumentation der Eventergebnisse bis zur Hilfe bei der Entwicklung interner Kommunikationssysteme wie z. B. eines Intranets.

Mitglieder der Organisation: Neben der Aufgabe, sich potenziell dem einen oder anderen der erwähnten Teams anzuschließen, haben Organisationsmitglieder mindestens zwei weitere Rollen in RTSC-Vorhaben zu spielen: (1) Sie arbeiten an systemweiten Problemen und Möglichkeiten in RTSC-Events und (2) setzen gewünschte Weisen der Führung des Geschäfts in ihrer täglichen Arbeit um. Sie können auch an Unterstützungsinitiativen unterschiedlichster Art in kurzfristigen oder eher langfristigen Teams arbeiten.

Berater: Interne Berater und externe Berater, die auf Veränderung, Strategie, Umgestaltung, Informationstechnologie und andere Fachgebiete spezialisiert sind, müssen in der Strategischen Veränderung in Echtzeit enge Partnerschaften eingehen. Zu den Kompetenzen eines RTSC-Beraters gehört die Fähigkeit,

- nach den Prinzipien der Strategischen Veränderung in Echtzeit zu arbeiten und diese in Aktion zu übersetzen;
- bei RTSC-Prozessen und RTSC-Praktiken zu beraten und diese umzusetzen, z. B. groß angelegte Events;
- Polaritäten[2] zu identifizieren und zu managen und genau diese Fähigkeit auch beim Klienten aufzubauen;
- den Klienten zu helfen, Möglichkeiten zu entdecken, um ihre Zukunft schneller realisieren zu können:
- ein tiefes Verständnis komplexer Systeme zu nutzen, um identifizieren zu können, wo der Hebel für die Veränderung angesetzt werden muss;
- die Transformation und ihre Auswirkungen auf Individuen, Teams und die gesamte Organisation einzuschätzen;
- systemweite Veränderungen zu unterstützen, die zeitgleich ablaufen.

Auswirkungen der Strategischen Veränderung in Echtzeit auf das Macht- und Autoritätsgefüge

Fragen der Macht und Autorität wirken sich auf fast jede Facette der organisationalen Veränderung aus. RTSC-Vorhaben bringen bestehende Annahmen über Macht und Autorität ans Tageslicht, etablieren – falls erforderlich – neue Annahmen und definieren Rollen und Beziehungen dahin gehend, dass Macht auf höchst funktionale und effektive Weise mit anderen geteilt wird.

Es gibt keinen idealen Weg zur „Lösung" der Frage: Sollten Führungskräfte sich direktiv oder partizipativ verhalten? Diese Frage ist ein typisches und wichtiges Beispiel einer Polarität, die kontinuierlich gemanagt werden muss (weil sie nicht gelöst werden kann). Die Auswirkung von RTSC auf Fragen der Macht und

---

2 Mit Polaritäten sind wechselseitig abhängige und füreinander notwendige Gegensätze gemeint, z. B. die Unterstützung von Teamarbeit *und* die Förderung individueller Initiative, damit langfristig ein nachhaltiger Erfolg erreicht werden kann.

Autorität führt zu Kulturen, die sowohl partizipativ *als auch* direktiv sind – ein weiteres Beispiel für paradoxes Denken.

Jede Polarität hat ihre zwei Seiten (siehe Tab. 4). Mit paradoxer Natur von Polaritäten ist gemeint, dass die Überfokussierung auf eine Seite des Pols, z. B. eine zu starke Betonung der Partizipation, schließlich dazu führt, dass man die andere Seite dieses Pols zu spüren bekommt. In diesem Fall zielt effektives Management darauf ab, eher die positiven Dimensionen des direktiven *und* partizipativen Verhaltens zu erreichen und zugleich ihre negativen Aspekte zu minimieren. RTSC unterstützt die Klienten darin, die Natur von Polaritäten zu verstehen und effektive Strategien für den Umgang damit zu entwickeln.

Ziel: Macht effektiv nutzen

positive Dimensionen	*positive Dimensionen*
• Entscheidungen sind schnell • Prozess ist eindeutig • Rollen sind klar – wir wissen, wo wir stehen • Leiter führen durch Entscheidungen	• kundige Entscheidungen werden mithilfe von breit gestreuten Beiträgen getroffen • hohes Maß an Eigentümerschaft in Bezug auf getroffene Entscheidungen • Befähigung wird durch die Aneignung von Autorität erreicht • Motivation stellt sich durch Entscheidungsfähigkeit ein

direktiv   **partizipativ**

negative Dimensionen	*negative Dimensionen*
• Daten/Optionen sind begrenzt • geringes Maß an Eigentümerschaft in Bezug auf getroffene Entscheidungen • Umwelt ist entmündigend • Leiter führen durch Kontrolle	• Entscheidungen sind langsam • Prozesse sind schwerfällig • Rollen und Autorität sind unklar • falsche Leute treffen Entscheidungen

Macht ineffektiv nutzen

Abbildung 4: Polaritätenkarte (Polarity Map™)

Erfolgsbedingungen

Die folgenden Faktoren entscheiden darüber, ob mit einem RTSC-Vorhaben ein nachhaltiger Erfolg erzielt wird.:

1. Mit dem gesamten Veränderungsvorhaben im Hinterkopf denken und handeln führt zu
   - individuellen Entscheidungen und Aktionen, die sich mit dem Gesamtvorhaben decken;
   - einem klaren Ziel, gewünschten Ergebnissen und einem Plan, der auf entstehende Realitäten antwortet, woraus sich die Wegekarte für die nächsten Schritte ergibt;
   - dem Wissen, dass zwar phänomenale Ergebnisse allein durch RTSC-Events erreichbar sind, diese allein aber wahrscheinlich nicht zur dauerhaften Veränderung führen.
2. Formale und informelle Leiter müssen
   - eine sichtbare, greifbare Verpflichtung auf das Vorhaben zeigen;
   - Zeit, Energie und signifikante organisationale Ressourcen aufbringen;
   - ihre tägliche Arbeit auf eine Weise verrichten, die mit der gewünschten Zukunft der Organisation in Einklang steht.
3. Ein hohes Maß an Mitwirkung und Befähigung der Menschen – wenn sie ihre Veränderungsvorhaben entwerfen und umsetzen, Unterstützungsinitiativen entwickeln, Strategien generieren und Handlungsweisen bestim-

men – ist das Gütesiegel der Strategischen Veränderung in Echtzeit. Bloße Zurschaustellung und Partizipation vieler bzw. wesentliche Beiträge von ein paar wenigen führen selten zur Eigentümerschaft auf breiter Basis oder zu guten strategischen Entscheidungen.

4. Prozesse, Systeme und Strukturen müssen die Aktionen widerspiegeln und verstärken, mit denen die Organisation auf ihrem Weg zur gewünschten Zukunft vorankommt. Wenn diese elementaren Aspekte des Lebens der Organisation nicht berücksichtigt werden, kommt das einer Entscheidung für eine kosmetische Veränderung gleich.

5. Strategische Veränderung in Echtzeit verlangt danach, dass Klientenorganisation, RTSC-Praktiker und Beratungsexperten, die vielleicht involviert sind, eine solide Partnerschaft eingehen. Diese Partnerschaft muss sich auf der Grundlage gemeinsamer Werte, klarer Erwartungen und regelmäßiger Reflexion kontinuierlich weiterentwickeln. Die Mitglieder der Organisation führen ihre eigenen Veränderungsvorhaben durch und beeinflussen die Art, wie RTSC-Praktiker arbeiten, genauso, wie die Praktiker die Organisation beeinflussen.

Der geschichtliche Kontext der Strategischen Veränderung in Echtzeit

RTSC hat sich aus einer vielfältigen Mischung von Arbeitsbereichen entwickelt, die wir in fünf Kategorien unterteilt haben: Zeit, Lernen, Veränderung, Systeme und Leistung (siehe Abb. 5).

$E = mc^2$

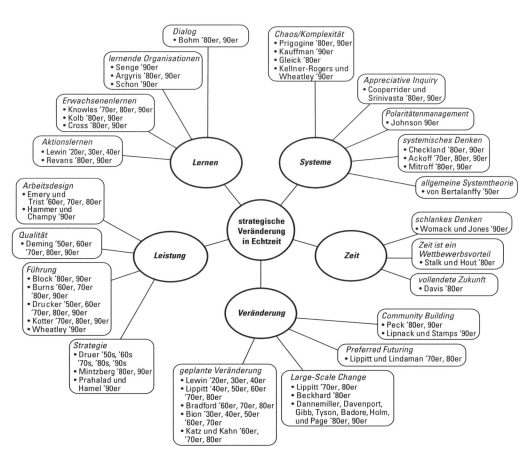

Abbildung 5: Denkrichtungen, die sich auf die Entwicklung von RTSC ausgewirkt haben

Die wichtigsten Punkte in der Entwicklungsgeschichte der Strategischen Veränderung in Echtzeit sind die folgenden.

Zu den frühen Anfängen von RTSC zählen die in den 40er- und 50er-Jahren des 20. Jahrhunderts entstandene Arbeit von Kurt Lewin zur Gruppendynamik sowie die in den 60er- und 70er-Jahren des 20. Jahrhunderts geleisteten Beiträge von Dick Beckhard, Ronald Lippitt und Eva Schindler-Rainman zur Arbeit mit Großgruppen. Ein zentrales Konstrukt von RTSC sind die Konzepte systemischen Denkens von Russ Ackoff, Peter Checkland und Ian Mitroff. Die Theorien über Erwachsenenlernen von Malcolm Knowles, K. Patricia Cross und David Kolb bieten Modelle, die die Praxis von RTSC prägen.

Eine weitere Stufe der Entwicklung bildet die von Kathleen Dannemiller, Al Davenport, Bruce Gibb und Chuck Tyson mit den internen Beratern Nancy Badore und Cynthia Holm geleistete Arbeit, die die Grundlage für das Vorhaben war, das Tom Page in den frühen 80er-Jahren des 20. Jahrhunderts bei *Ford* durchführte, um die Unternehmenskultur zu verändern. Unsere Arbeit und die unserer Kolleginnen und Kollegen bei *Dannemiller Tyson Associates* in den frühen 90er-Jahren des 20. Jahrhunderts hat zu einer breiteren Anwendung dieses ganzheitlichen Ansatzes geführt, der in *Real Time Strategic Change: How to Involve an Entire Organization in Fast and Far-Reaching Change* von Robert W. Jacobs (Berrett-Koehler 1994) beschrieben wird.

Seit dieser Zeit haben sich Konzepte und Praxis der Strategischen Veränderung in Echtzeit substanziell entwickelt. Ein großer Entwicklungsschritt ist dabei die Abkehr von der eventzentrierten Technik und die Hinwendung zu einem Ansatz, der auf das Veränderungsvorhaben fokussiert und Events als Teil davon impliziert. Der signifikanteste Fortschritt ist der gewesen, dass das Fundament von RTSC von Prozessen auf Prinzipien verlagert worden ist, was zu größerer Flexibilität in der Anwendung und größerer Nachhaltigkeit der Resultate geführt hat. Diese Innovationen, die eine profundere und breitere Anwendung systemischen Denkens widerspiegeln, sind eine direkte Antwort auf die Bedürfnisse der Klienten.

Der Beitrag von Stan Davis zum Thema Bewältigung in der *„vollendeten Zukunft"* (Managing in the „future perfect" tense) und unsere Übertragung der Konzepte des „schlanken Denkens" (Lean Thinking) von James Womack und Daniel Jones in die Praxis haben RTSC zutiefst geprägt. Diese Ideen zur Reduktion von Durchlaufzeiten haben unseren Fokus darauf gelenkt, Klienten darin zu unterstützen, gewünschte Arten der Führung des Geschäfts zu integrieren und diesen Vorgang schneller in die Tat umzusetzen.

Ilya Prigogine, Stuart Kauffman, Margaret Wheatley und Myron Kellner-Rogers haben unsere Vorstellungen von Chaos, Komplexität und selbst organisierten Systemen beeinflusst. Ihre Ideen haben die emergente Natur des RTSC-Ansatzes geprägt und bestätigt, insbesondere seine Beziehung zu den Bereichen Feldtheorie und komplexe adaptive Systeme.

Die Arbeit von Barry Johnson über Polaritätenmanagement (Polarity Management^TM) trägt in zweierlei Hinsicht zur Nachhaltigkeit bei: Organisationen lernen, wie sie effektiv mit Polaritäten umgehen und endlose Spiralen, in denen sie unlösbare Probleme zu lösen versuchen, vermeiden können. Dieser Autor beschreibt die Prinzipien der Strategischen Veränderung in Echtzeit als „Schlüsselpolaritäten, die gut gemanagt werden müssen, um nachhaltige Veränderung zu erreichen".

Strategische Veränderung in Echtzeit und Nachhaltigkeit

Nachhaltigkeit, d. h. die Fähigkeit einer Organisation, sich anpassen und weiterhin erfolgreich sein zu können, wenn neue Realitäten auftauchen, ist ohne spezielle Fokussierung und Investition, die ganz am Anfang der Veränderung vorgenommen werden, nicht erreichbar. Notwendig ist eine Art des Denkens, die sich auf Spektrum, Architektur und Umsetzung der Veränderungsvorhaben, auf spezifische Initiativen und auch auf die tägliche Arbeit auswirkt. Ohne Konzentration darauf, die Ergebnisse der Veränderung dauerhaft zu machen, erreichen Folgepläne, mit denen der Schwung erhalten werden soll, nicht nur nicht die gewünschten Ergebnisse, sondern können paradoxerweise davon ablenken. Folgepläne verstärken das Denkmuster, dass Veränderung keine reale Arbeit sei. Tatsächlich kann die erkannte Notwendigkeit, Folgepläne nach Initiativen wie z. B. groß angelegten Events zu entwickeln, signalisieren, dass die Organisation die gewünschte Veränderung gar nicht unterstützen soll. Unter solchen Umständen haben die Menschen tendenziell das Gefühl, dass die Arbeit an der Veränderung nicht ihre Aufgabe sei.

Nachhaltigkeit ist in allen Aspekten der Strategischen Veränderung in Echtzeit tief integriert. Sie ist darin enthalten, wie man sich der Sondierungsarbeit nähert, wie Pläne für das Veränderungsvorhaben entwickelt und systemweite Veränderungen durchgeführt werden. Es hängt von den Werkzeugen und Ansätzen ab, mit denen gewünschte Weisen der Führung des Geschäfts in die tägliche Arbeit übersetzt und zu einem Teil der Kultur gemacht werden.

Julie Beedon aus dem Unternehmen *VISTA Consulting* (Europa), das wichtige Beiträge zur Entwicklung von RTSC geleistet hat, sagt: „Mit Strategischer Veränderung in Echtzeit sind Organisationen erfolgreich, weil sie lernen, sich in Echtzeit umfeldbezogenen Veränderungen anzupassen. Man sieht, wie dies sich in den verschiedenen Teilen der Organisation und ebenso auf der Systemebene vollzieht. Mit der Zeit wird diese Adapatationsfähigkeit zu einem natürlichen Modus des Betriebsablaufs."

Nachhaltigkeit hängt auch davon ab, wie gut eine Organisation mit den Fragen umgeht, auf die es keine eindeutigen Antworten gibt: Team oder Individuum? Direktiver oder partizipativer Stil? Gegenwart oder Zukunft? Eigentümer oder Mitglieder? Wenn eine Organisation solche Polaritäten effektiv bewältigt, kann sie die typischen Ausschläge zwischen den beiden Polen vermeiden, die einen nachhaltigen Fortschritt behindern.

Nachhaltigkeit hängt auch – und das ist besonders bedeutsam – davon ab, dass die Organisation und ihre Mitglieder Kompetenzen entwickeln, die sie für die Identifizierung und Umsetzung zukünftiger Veränderungen brauchen, während sie sich gleichzeitig ihren Weg durch aktuelle Veränderungen bahnen.

Bill Buchanan, *Sedgwick County*, sagt: „Die Veränderung im Kreis war abhängig von … kontinuierlichem Lernen, Innovation und täglich eingegangenen Partnerschaften mit unseren Akteuren. Ganz am Anfang, als wir uns diese Dinge zu Eigen machten, ergaben sie für uns vom Kopf und vom Bauch her einen Sinn. Inzwischen sind sie ebenso ein Teil von dem, was wir sind, wie von dem, was wir tun – genau das macht die dauerhafte Veränderung aus."

Teil 3. Abschließende Gedanken der Herausgeber

Die vorhergehenden Kapitel enthalten detaillierte Informationen über Veränderungsmethoden. Vielleicht haben Sie sich inzwischen entschlossen, mit einer bestimmten Veränderungsinitiative den nächsten Schritt zu tun. Und vielleicht haben Sie sich auch für die Methode oder Methoden entschlossen, die für Ihre Organisation oder Gemeinde am besten passt bzw. passen. Was machen Sie nun als Nächstes?

Während die mitwirkenden Autorinnen und Autoren Ihnen Strategien angeboten haben, die Veränderung nach ihrer jeweiligen Methode initiieren und unterstützen, wollen wir Ihnen eine handliche Übersicht der „Best Practices" und andere Ratschläge anbieten, die aus *allen* Methodenkapiteln und unserer eigenen Erfahrung als Praktiker zusammengetragen wurden. Das nächste Kapitel, *Der Blick nach vorne,* bietet einige Vorschläge, die Ihnen unserer Ansicht nach helfen werden, Ihre Veränderungsarbeit zu einem Erfolg zu machen.

Doch wohin führt diese ganze Transformation mit ihrer Hebelwirkung?

Dieses Buch enthält eine große Bandbreite von Methoden, die aus unterschiedlichen Arbeitsbereichen stammen und Organisationen und Gemeinden auf ihren jeweiligen Reisen zu höheren Ebenen der Effektivität, intrinsischer Motivation, Community Building und Zufriedenheit am Arbeitsplatz helfen. Nachdem wir Ihnen einige erstaunliche Geschichten aus der Vergangenheit und Gegenwart vorgestellt haben, halten wir es für einen passenden Abschluss, auch in die Kristallkugel zu blicken und Ihnen eine Vorstellung davon zu geben, was wir an Entwicklung in der Zukunft sehen. Da wir beide unterschiedliche Erfahrungen haben, wollen wir Ihnen unsere individuellen Perspektiven zu Ihrem vollen Nutzen darlegen. Deshalb haben wir jeweils ein kurzes Kapitel geschrieben, in dem wir unsere Gedanken über die Zukunft skizzieren. Das 20. Kapitel gibt Tom Devanes Sichtweise wieder, und das 21. Kapitel beschreibt Peggy Holmans Vorstellung.

Eine letzte Anmerkung ist – rückblickend auf die Fülle der hier präsentierten leistungsstarken Veränderungsmethoden – noch wichtig. Wir sind überzeugt, dass diese Methoden ein reiches Vermächtnis an eine Revolution *in progress* sind. Wahrhaft revolutionär ist die Verpflichtung ihrer Urheber zu Partizipation und systemischer Veränderung. Die Geschichten im 20. und 21. Kapitel spekulieren darüber, wohin uns dieses Vermächtnis tragen wird.

Der Blick nach vorn: Nützliche Verfahren und ein paar Ratschläge zum Abschied

Fortschritt ist ein schönes Wort.
Aber die Veränderung ist sein Motor, und die Veränderung hat ihre Feinde.
Robert F. Kennedy

Die mitwirkenden Autorinnen und Autoren haben eine Fülle von Erfahrungen in den unterschiedlichsten Bereichen eingebracht, z. B. Organisationsentwicklung, Total Quality, kommunale Entwicklung, Sozialwissenschaft, Systemdynamik sowie Studien zu indigenen Kulturen, Intelligenz, Kreativität und Kunst. Wir haben viel Zeit darauf verwendet, mit den Autorinnen und Autoren über effektive Veränderungsstrategien zu diskutieren. Diese tief gehenden Gespräche haben uns die einzigartige Chance gegeben, aus den unterschiedlichsten Blickwinkeln und Arbeitsbereichen über effektive Veränderungsstrategien zu reflektieren. Auf der Basis unserer Interaktionen mit den mitwirkenden Autorinnen und Autoren und unserer eigenen Erfahrungen in der Welt des Wandels haben wir für Sie zwei Gegenstandsbereiche zum Gebrauch auf Ihrer Veränderungsreise entwickelt: nützliche Veränderungspraktiken und abschließende Ratschläge für den Gebrauch dieser Methoden.

Die Behandlung dieser Gegenstandsbereiche beruht auf unseren persönlichen Sichtweisen und eigenen Erfahrungen und gibt nicht unbedingt die Ansichten aller in diesem Buch vertretenen Autorinnen und Autoren wieder.

Nützliche Veränderungspraktiken

Wenn Sie ein auf Partizipation beruhendes Veränderungsvorhaben beginnen wollen, empfehlen wir Ihnen die folgenden sieben Praktiken.

Praktik Nr. 1: Machen Sie sich die Notwendigkeit der Veränderung bewusst.
Veränderung ist Schwerarbeit. Partizipation ist zwar ein attraktives Konzept, doch alle Methoden zu seiner Umsetzung erfordern Zeit, Geld und Verpflichtung. Sie können Unbehagen und Aufruhr verursachen. Stellen Sie sicher, dass der Veränderungsbedarf die Investition wert ist.

Praktik Nr. 2: Beschaffen Sie sich bald die Unterstützung des oberen Managements.
Mit der Verpflichtung der Spitze ist das Leben einfacher. Machen Sie Ihre Hausaufgaben in der vorgeschlagenen Methode, und führen Sie sich die Vorteile einer auf Partizipation beruhenden Veränderung für Ihre Organisation vor Augen. Spitzenmanager sind oft geschickt darin, ein Geschäft zu *führen*, aber nicht unbedingt darin, ein Geschäft zu *verändern*. Arbeiten Sie gemeinsam mit ihnen an dem Konzept, wie die „Verpflichtung des oberen Managements" in Ihrer Organisation aussehen würde.

Praktik Nr. 3: Denken Sie daran, dass Praktik Nr. 2 nicht immer möglich ist, und korrigieren Sie Ihre Strategie entsprechend.

In Abwandlung der Aussage des ewigen Wandlungsakteurs Mick Jagger sagen wir: „Man kann nicht immer das haben, was man will, aber wenn man es manchmal versucht, bekommt man das, was man braucht." Wenn das obere Management Ihrem Eindruck nach Belege dafür braucht, dass Partizipation die Wertschöpfung Ihrer Organisation steigert, sollten Sie Aktionen starten und die Vorteile demonstrieren. Diese Strategie ist allgemein bekannt als: „Besser um Vergebung bitten als um Erlaubnis fragen." Wir nennen Ihnen drei Aktionen, wie Sie ohne die direkte Unterstützung des oberen Manangements beginnen können:

- Arbeiten Sie mit einer relativ selbstständigen Gruppe, die ein *reales Bedürfnis* hat.
- Seien Sie kein Einzelgänger. Suchen Sie eine kritische Masse von Menschen zusammen, die sich dazu verpflichten, die Vorteile dieser partizipativen Methoden live zu demonstrieren.
- Suchen Sie einen Bereich aus, von dem die entscheidenden Akteure annehmen, dass er eine gute Chance auf Erfolg hat und nur ein geringes Risiko besteht, dass die Leistung der Organisation geschädigt wird.

Wenn Sie den Wert einer Methode einmal demonstriert haben, ist es sehr wahrscheinlich, dass man Sie bittet, diesen Wert in die restliche Organisation hineinzutragen.

Praktik Nr. 4: Kommunizieren Sie mit den Personen, die in der Veränderungsarbeit involviert oder davon betroffen sein werden.

Der Inhalt der Kommunikation kann je nach Methode stark schwanken. Beim Organization Workshop ist es z. B. empfehlenswert, explizite Informationen über Ziel, Konzepte und Methoden zu geben. Im Gegensatz dazu reicht es bei Open Space Technology aus, wenn man das Thema des Events mitteilt und die Erwartung weckt, dass etwas Besonderes geschehen wird.

Wenn eine weitere Gruppe von der Veränderungsarbeit betroffen ist, teilen Sie den Mitgliedern dieser Gruppe mit, was sich ereignen wird und wie sie davon profitieren können. Erstellen Sie mit dieser Gruppe, wenn möglich, gemeinsam eine Liste der Vorteile.

Praktik Nr. 5: Schließen Sie Abhängigkeit von externen Beratern so früh wie möglich aus.

Berater von außen sind teuer, und ihre langfristige Mitwirkung trägt normalerweise wenig dazu bei, dass interne Fähigkeiten aufgebaut werden. Arbeiten Sie schon früh in dem Prozess mit dem Berater zusammen, um mit ihm zu besprechen, wie er sein Wissen an Sie und Ihre Organisation oder Gemeinde weitergeben wird.

Praktik Nr. 6: Denken Sie daran: „Man kann das ganze Volk eine Zeit lang täuschen, und man kann einen Teil des Volkes die ganze Zeit täuschen, aber man kann nicht das ganze Volk die ganze Zeit täuschen."

Behalten Sie dieses Zitat von Abraham Lincoln im Hinterkopf. Wenn Sie die Partizipation der Beschäftigten – *auch für kurze Zeit, auch in einer kleinen Gruppe* – nicht ernsthaft steigern wollen, fangen Sie am besten nicht damit an. Die Belegschaft wird „den Braten riechen", und am Schluss haben Sie womöglich geringere Leistung, schlechtere Moral und weniger Motivation für zukünftige Veränderung.

Praktik Nr. 7: Fokussieren Sie auf den ganzen Veränderungsprozess, nicht nur auf die Events.

Während die meisten in diesem Buch behandelten Methoden ein Event bzw. eine Serie von Events in den Fokus nehmen, um Veränderung zu initiieren, gibt es noch mehr, das nach Aufmerksamkeit verlangt – unserer Ansicht nach noch viel mehr. Eine große Gruppe zusammenzubringen ist höchst sichtbar und kann ein großartiger Start sein. *Nachhaltige* Veränderung setzt voraus, dass man Prozessen und Ergebnissen fortwährend Aufmerksamkeit schenkt. In Krisenzeiten oder in Zeiten schwerer Arbeitsbelastung hat der Mensch die natürliche Tendenz, in vertraute Muster zurückzufallen. Dies sind die Zeiten, in denen das im Veränderungsvorhaben Gelernte bewusst angewendet werden sollte.

Abschließende Ratschläge für den Gebrauch dieser Methoden

Die beschriebenen Methoden haben zwar gemeinsame Elemente, besitzen aber auch einige spezifische Unterscheidungsmerkmale. Manche Methoden passen vielleicht großartig zu Ihrem organisationalen Umfeld. Andere vielleicht nicht. Welche Wahl Sie auch treffen: Die folgenden Ratschläge werden Ihnen mit Sicherheit helfen, erfolgreich zu sein.

Abschließender Ratschlag Nr. 1: Wählen Sie die Methode / n aus, die vielleicht nicht unbedingt zu ihrer momentanen Kultur passt / passen, von der / denen Sie aber annehmen, dass Sie damit von Ihrem jetzigen Ort zu der gewünschten Kultur kommen.

Wichtig ist, dass Sie ein Gespür haben für die *kulturelle Übereinstimmung* zwischen der Veränderungsmethode und Ihrem Umfeld. Nicht jeder Ansatz eignet sich für jede Situation oder jeden Arbeitsstil. Das heißt nicht, dass Sie niemals etwas tun sollten, was den Mitarbeitern ein gewisses Unbehagen bereitet. Es heißt auch nicht, dass Sie nicht versuchen können, die Kultur mit einer dieser Methoden und den entsprechenden Prinzipien zu verändern. Es heißt aber, dass Sie die Implikationen überdenken und sich auf die vor Ihnen liegenden Herausforderungen und Chancen vorbereiten sollten.

Abschließender Ratschlag Nr. 2: Machen Sie sich darauf gefasst – Ihre Verpflichtung zur Veränderung wird auf den Prüfstand gestellt werden.

Denken Sie daran, dass vielleicht nicht alle auf die Veränderungsreise mitgehen wollen. In der gesamten Menschheitsgeschichte haben sich große Anführer nie vor der Veränderung gescheut, nur weil ein paar Individuen ihre Vorschläge nicht mitgetragen haben. Die Verantwortung einer Führungsperson besteht *nicht* darin, alle sofort von der Veränderung zu überzeugen. Sie muss sich vielmehr über die Notwendigkeit der Veränderung, die Implikationen der Veränderung und ihre Erwartungen an alle Beteiligten im Klaren sein. Große Anführer respektieren die Tatsache, dass Menschen die freie Wahl haben, ob sie sich der Expedition anschließen oder nicht.

Abschließender Ratschlag Nr. 3: Arbeiten Sie mit einem kundigen, erfahrenen Veränderungsführer.

Menschliches Verhalten zu verändern ist eine komplexe Aufgabe. Lediglich die in den Methodenbeschreibungen vorgeschlagenen Schritte durchzuführen, als ob sie Anleitungen in einem Kochbuch wären, führt vielleicht nicht zu den Ergebnissen, die Sie, Ihre Organisation oder Ihre Gemeinde sich wünschen. Die einzelne Methode zu unterstützen, das ist ein solides Konzept. Stellen Sie sicher, dass die Beteiligten die Theorie und Prinzipien der gewählten Methode verstehen. Einige Methoden sind zwar flexibler als andere, doch eine gute Führungsperson, die den entsprechenden Prozess schon einmal durchgemacht hat, kann das Zünglein an der Waage sein.

Abschließender Ratschlag Nr. 4: Holen Sie sich die externe Unterstützung, die Sie brauchen, um erfolgreich zu sein.

Einen externen Berater zu engagieren kann sich lohnen. Außenstehende können die Gewässer der Organisation durchschauen, in denen die „Eingeweihten" schwimmen. Der Berater muss natürlich in der Methode, die Sie benutzen wollen, qualifiziert sein. Doch darüber hinaus gibt es unserer Ansicht nach noch ein weiteres Moment, auf das man bei der Auswahl eines Beraters achten sollte. Bei der Auswahl eines Partners besteht ein wesentliches und oftmals übersehenes Kriterium darin, dass die Chemie stimmt. Im Laufe des Veränderungsvorhabens muss Ihre Beziehung zu einem Berater vielleicht unbehagliche Zeiten überstehen. Stellen Sie sicher, dass Sie einen Verbündeten haben, der zur Stelle sein wird, wenn die Zeiten stürmisch werden, und der Ihnen die Wahrheit sagt, wenn Sie diese am wenigsten hören möchten.

Abschließender Ratschlag Nr. 5: Schicken Sie das Wort auf die Reise.

Planen Sie die Verbreitung von Informationen so früh wie möglich. Alle in diesem Buch beschriebenen Methoden haben das Potenzial, höchst zufrieden stellende, produktive Unternehmen und Gemeinschaften zu schaffen. Es ist eine gängige Tragödie, dass Organisationen in einem ihrer Bereiche ihre Vorteile erlangen, diese Vorteile aber nicht in den anderen Teilen der Organisation verbreiten. Halten Sie nach Gelegenheiten Ausschau, andere einzuladen, damit sie Ihre Errungenschaften kennen lernen. Je weiter sich die Veränderung ausbreitet, umso größer ist die Wahrscheinlichkeit, dass sie nachhaltig sein wird. In der Verbreitung des Reichtums liegt die Macht.

20

Meine Gedanken zur zukünftigen Entwicklung

Wer zögert, ist nicht nur verloren,
sondern auch meilenweit weg vom nächsten Ausgang.
Unbekannt

Ich habe versucht, für diejenigen, die sich für potenzielle Entwicklungen in der Zukunft interessieren, ein Paket mit praktischen Erkenntnissen zu schnüren, und die Trends, die ich sehe, in vier Kategorien organisiert:

- das Wesen der Veränderung ist die Veränderung;
- Planung;
- Strukturierung;
- Bedingungen für Hochleistung schaffen.

Einige der in diesem Kapitel beschriebenen Trends zeichnen sich bereits in einigen ausgereiften Hochleistungsorganisationen ab. In den kommenden zwei bis zehn Jahren werden sich diese Trend so weit verbreiten, dass sie für viele Organisationen zur Alltäglichkeit geworden sind und kein Novum mehr darstellen.

Gegenwärtig setzen Organisationen wie z. B. *Hewlett-Packard, StorageTek,* das *U. S. Federal Judicial Center* und *Weyerhaeuser Company* hoch entwickelte Designs von Arbeitssystemen um, mit denen sie ähnliche Organisationen in ihren Wirtschaftszweigen oder Arbeitsbereichen ausstechen können. *Microsoft* und *Johnson & Johnson* sind wegweisend, was hoch entwickelte Methoden der strategischen Planung und die auf Kernwerte orientierte Geschäftsführung anbelangt. Im öffentlichen Sektor sind es der *U. S. Forest Service* und der Bundesstaat Colorado, die in den Kreis der professionellen Städteplaner auch Gruppen von interessierten Bürgern aufnehmen, die an den Plänen zur kommunalen Entwicklung partizipieren können. Und neulich habe ich gehört, dass die *Land Bank of the Republic of South Africa* gezeigt hat, wie rasch eine Organisation mit 35 geographisch verstreuten Standorten transformiert werden kann, wenn eine Organisationsstruktur aus selbst gesteuerten Teams etabliert wird. Vielleicht können Sie, wenn Sie einige der in diesem Kapitel beschriebenen Trends, die sich momentan abzeichnen, kennen gelernt haben, für Ihre Organisation oder Gemeinde schon bald Nutzen daraus ziehen.

Das Wesen der Veränderung ist die Veränderung

Nachlassende Fokussierung auf Events. Man wird weniger ausschließlich auf Events fokussieren und sich dafür mehr auf Veränderungen des Verhaltens und des Denkens sowie auf stützende Mechanismen konzentrieren, die außerhalb der Events angesiedelt werden müssen. Zu durchdachten und gut durchgeführten Veränderungsprogrammen werden weiterhin Events gehören, doch eine stärkere Betonung wird auf die Gestaltung von Prozessen und Bedingungen gelegt werden, die (1) den Weg bereiten für effektive Veränderung und die (2) die Pläne umsetzen und die aus den Events gewonnenen Vorteile nachhaltig machen.

Nachlassendes Interesse daran, große Gruppen von Menschen in einem Raum zu versammeln. Seit Mitte der 90er-Jahre des 20. Jahrhunderts scheint das Pendel von der Vorgehensweise, nur ein paar wenige Menschen in eine groß angelegte Veränderung zu involvieren (wie das bei der Umsetzung von vielen Umstrukturierungen und großen Informationssystemen der Fall war), nach der anderen Seite auszuschlagen, und es werden alle in jede organisationale Entscheidung eingebunden. Es kann zwar eine gute Idee sein, von der Praxis loszukommen, dass ein paar wenige Menschen für viele Menschen entscheiden, doch alle gleichzeitig zu involvieren kann sich kontraproduktiv auswirken.

Meiner Ansicht nach wird die Größe einer Veränderungsgruppe weniger von dem fraglichen Prinzip „Wir müssen alle von der Entscheidung Betroffenen zusammenbringen, um zu entscheiden" abhängen, sondern eher darauf gegründet sein, welche Antworten gesucht werden auf Fragen wie: Worin besteht das eigentliche Ziel der Sitzung? Müssen alle an dem Treffen partizipieren, oder können wir Prozesse entwickeln, mit denen Beiträge gesammelt und die Informationen nach dem Treffen verbreitet werden? Wenn wir die Prinzipien der Gruppendynamik anschauen: Wie effektiv können Menschen sein, wenn wir sie alle in einem Raum versammeln? Wer ist am Schluss dafür verantwortlich, dass die in dieser Sitzung getroffenen Entscheidungen umgesetzt werden? Wenn es unbedingt erforderlich ist, dass alle partizipieren, gibt es Möglichkeiten, eine *Serie* von Events zu entwerfen, sodass eine volle Partizipation gewährleistet ist, aber in jeder Sitzung auch eine kontrollierbare Gruppendynamik herrscht?

Integration von Arbeitsbereichen. Organisationen und Gemeinden werden versuchen, die in einer Fülle von Arbeitsbereichen angesiedelten Verbesserungsinitiativen zu integrieren. Einige Kandidaten für effektive Integration sind Total Quality (TQ), Umgestaltung von Prozessen, Organisationsentwicklung (OE) sowie Finanzplanung und Finanzanalyse. Durch die Zusammenarbeit in Multifunktionsteams werden die Menschen außerdem mehr Möglichkeiten haben, quer durch die erwähnten Bereichen geschult zu werden.

Verlagerung im Wesen der Beratung. Berater werden weniger häufig engagiert werden, um Probleme zu lösen, die Organisationen und Gemeinden nicht aus eigener Kraft lösen können, insbesondere im Bereich Change Management. Stattdessen werden Unternehmen Berater engagieren, die *ihr Wissen transferieren*, damit die Menschen in der Organisation ihre Probleme selbst lösen und sich ihre eigenen Chancen aufbauen können. Um die Beratungszeit vor Ort zu verkürzen, werden die Berater Produkte entwickeln und die Klienten in der Anwendung transferierbarer Methoden unterweisen bzw. coachen, wodurch die Klienten Unabhängigkeit entwickeln können. Die externe Sachkenntnis wird zwar weiterhin nutzbringend sein in technischen Bereichen, wenn z. B. der Rat des Experten zur Einrichtung integrierter Schaltkreise gefordert ist, oder in dem Bereich, der sich mit der Verbesserung der Interaktionen und mit Veränderungsfähigkeiten in Organisationen befasst; doch die Menschen werden ihre eigenen Experten werden.

Fokussierung auf mehr als nur technische Arbeitsaufgaben. In der Arbeitswelt werden die Menschen nicht mehr ausschließlich für technische Arbeitsaufgaben wie z. B. für den Verkauf von Produkten, die Programmierung von Computersystemen oder die Koordination von Vertriebswegen verantwortlich sein. Die Menschen werden auch Verantwortung für den Diskurs darüber übernehmen, wie sie miteinander arbeiten und wie sie kontinuierlich Verbesserungen erreichen können. Sie werden über Fragen nachdenken und offen darüber diskutieren, wie z. B.: Gibt es einen klaren Strategieplan, den wir alle ausführen können? Wie können wir die Art und Weise unserer Interaktion verbessern? Sollte unsere Organisation umstrukturiert werden, damit wir den Strategieplan besser umsetzen können? Solche Fragen werden *alle* in der Organisation stellen, wenn sie wettbewerbsfähig bleiben soll. Man wird Zeit darauf verwenden, um darüber zu diskutieren, wie die

Menschen interagieren und wie sie Verbesserungen erreichen können; und diese Aktivität wird ein integraler Bestandteil ihrer Arbeit sein und *kein* von außen kommendes Schulungsprojekt.

Planung

Verstärkte Nutzung gruppenbasierter Planungs- und Lernsitzungen. Die Zeiten, in denen CEOs und Vice Presidents in einsamer Entscheidung Strategiepläne in ihren Büros entwickelt und diese Pläne dann mit einem Schaufellader „integriert" haben, sind vorbei. Die externen Bedingungen sind für solche individuellen Aktivitäten, die gemeinsame Annahmen und allgemeine Richtungen nicht verlangen und auch nicht fördern, zu komplex und turbulent geworden. Um die Menschen zusammenzubringen, damit sie eher in Gruppen planen, werden außerdem strategische *Planungs*sitzungen auch zu strategischen *Lern*sitzungen werden. Der dem Lernen gewidmete Anteil dieser Sitzungen wird darauf gerichtet sein, dass die Menschen andere Funktionsbereiche besser kennen lernen und erfahren, wie diese zu ihren eigenen jeweiligen Funktionsbereichen passen und wie alle diese Bereiche zusammenarbeiten können, um auf das externe Umfeld einen Einfluss mit starker Hebelwirkung auszuüben. Gemeinden werden ähnliche Vorteile erringen, wenn in ihren Planungs- und Lernsitzungen ein breiteres Spektrum an Standpunkten vertreten ist.

Andere Methoden, die strategische Richtung zu kommunizieren. Das uralte Problem, sicherzustellen, dass alle in der Organisation auf die gleiche Strategie hinarbeiten, wird durch eine neue Methode angegangen werden, die die Vision und die Strategie ausbreitet. Wenn alle Individuen und Gruppen auf allen Ebenen der Organisation das große Bild verstanden haben und mit den erforderlichen Informationen und Leitlinien ausgerüstet sind, werden sie dafür verantwortlich sein, ihre eigenen bereichsspezifischen Ziele zu setzen und zu beurteilen. Jede Ebene wird dann mit der nächsthöheren Ebene verhandeln, um Ausrichtung und Verständnis der Strategien zu gewährleisten. Weshalb wird dieser Prozess nützlich sein? Weil die Menschen oft erst darüber nachdenken müssen, wie sie im Kontext der neuen Strategie beurteilt werden, bevor sie wirklich begreifen können, was die Strategie für sie im Betriebsablauf bedeutet.

Ausgewogene Leistungsmessungen. Organisationen werden um *ausgewogene Messgrößen* bemüht sein, statt nur auf kurzfristige finanzielle Ziele zu fokussieren, wie das einige Organisationen viele Jahre lang gemacht haben. Zu diesen Messgrößen können Beurteilungen zählen, die sich auf bestimmte Aspekte des Geschäfts einer Organisation beziehen, z. B. auf Finanzbereich, Geschäftsprozess, Kundenbeziehung, Lernen und Innovation. (Diese Messgrößen sind einem Prozess der strategischen Planung, der Beurteilung und des Feedback entnommen, der unter dem Begriff Balanced Scorecard bekannt ist.)

Organisationsübergreifende Planung. Unterschiedliche Organisationen werden sich zu einem gemeinsamen Ziel zusammenschließen und auf dieses Ziel hin Pläne entwickeln. Ein aktuelles Beispiel dafür sind Leute von *Microsoft* (die keine Hardware herstellen) und Leute von *Intel* (die keine Software herstellen), die sich zusammengetan haben, um die nächste Hardware- und Softwaregeneration zu entwickeln, die neue Ebenen der Geschwindigkeit und der Betriebsleistung erreicht. Darüber hinaus wird sich der traditionelle Begriff von Grenzen verändern. Die Grenzen eines Arbeitssystems wie die im Fall von *Microsoft* und *Intel* werden von einem gemeinsamen Ziel und einer gemeinsamen Verpflichtung darauf, dieses Ziel zu erreichen, bestimmt werden und nicht mehr von traditionellen Grenzen, die um formale organisationale Gebilde herum gezogen sind. Dieses neue und durch sein Ziel definierte Arbeitssystem wird Pläne, die der Erreichung gemeinsamer Ziele dienen, entwickeln und überwachen – und nicht die einzelnen formalen Betriebseinheiten.

Strukturierung

Nicht die Hierarchie, sondern die Bürokratie wird als der neue Leistungsgegner erkannt werden. Man wird weniger Konzentration auf die Abschaffung von Hierarchien legen und dafür mehr Konzentration darauf, produktivere Interaktionen zwischen den einzelnen Ebenen und quer durch die Funktionshierarchie, wie sie im Organigramm dargestellt ist, zu gestalten. Organisationen werden erkennen, dass bürokratische Mentalitäten und Praktiken die Quelle vieler organisationaler Probleme sind und weniger die hierarchischen Strukturen. Zu den Beispielen besonders destruktiver Mentalitäten und Praktiken gehören unnötige Kontroll- und Überprüfungsfunktionen, komplexe und strenge Bewilligungsprozesse sowie Entscheidungen, die in der Hierarchiestruktur höher angesiedelt sind, als es für erstklassige Entscheidungen nötig ist. Im Gegensatz zu den Ansichten vieler Befürworter der Abschaffung von Hierarchien halte ich es nicht für zwingend, dass hierarchische Strukturen abgeschafft werden müssen, damit hohe Leistungen erzielt werden. Denn in vielen Organisationen habe ich etliche selbst gesteuerte Teams erlebt, die in einer hierarchischen Pyramide organisiert sind und damit außergewöhnliche Ergebnisse erzielen. Andererseits habe ich auch einige netzwerkbasierte Organisationsstrukturen erlebt, die jämmerlich versagt haben, weil bürokratische Mentalitäten und Praktiken, wie ich sie oben erwähnt habe, auf den täglichen Betriebsablauf der neuen Organisationsstruktur übertragen wurden. Während viele neu gegründete Unternehmen oder Betriebe „auf der grünen Wiese" vielleicht ein nichthierarchisches Design befürworten, entscheiden sich vielleicht viele große bestehende Organisationen dafür, an einem hierarchischen Modell auf ihrem Weg zu höherer Leistung festzuhalten. Um höhere Leistung zu erreichen, werden Organisationen, die auf einer hierarchischen Struktur beruhen, mindestens drei Schlüsselmodifikationen in ihrem Arbeitsumfeld vornehmen. Sie werden

- konzertierte Anstrengungen unternehmen, um bürokratische Mentalitäten und Praktiken zu beseitigen;
- die Anzahl der Ebenen in den hierarchischen Strukturen verringern (was nicht unbedingt einen Stellenabbau implizieren muss, sondern einfach bedeutet, dass mittlere Manager vielleicht andere Aufgaben als vorher übernehmen);
- innerhalb der hierarchischen Struktur Teams statt Individuen als Leistungseinheiten etablieren (siehe nachstehenden Absatz).

Verstärkter Einsatz von Teams als der Grundbaustein für Leistung und die Grundeinheit der Organisationsstruktur. Gegenwärtig setzen viele US-amerikanische Organisationen Teams ein, um spezifische Probleme anzugehen oder vielleicht auch um ein Produkt herzustellen. Doch die meisten dieser Organisationen halten eine offizielle Struktur aufrecht, die auf Funktionsbereiche hin organisiert ist. Um die Komplexität eines globalen Marktes und das Schwindel erregende Tempo der Veränderung zu bewältigen, werden Organisationen in der Zukunft Teams als ihren formalen Grundbaustein einsetzen. Teams werden keine *besondere* Art der Führung des Geschäfts sein; sie werden *die* Art der Führung des Geschäfts sein. Wir werden nicht mehr so viele Organisationen haben, die sich aus Abteilungen zusammensetzen; sie werden sich eher aus Teams zusammensetzen. Um diese Verlagerung zu unterstützen, wird das Berichtswesen mehr von Team zu Team stattfinden (statt dass Individuen an andere Individuen berichten oder ein Team an ein Individuum berichtet).

Verstärkte Nutzung der Gruppenverantwortung. Statt dass Individuen die Verantwortung dafür übernehmen, Ziele zu erreichen, werden Organisationen einzelnen Gruppen von Menschen die Verantwortung übertragen. Dies wird die Gesamtleistung der Organisation erhöhen, weil die intrinsische Motivation gesteigert und die bereichsübergreifende Kooperation stärker aktiviert wird, als dies früher mit der allein auf das Individuum bezogenen Zielsetzung, Verantwortlichkeit und Belohnung möglich war.

Verlagerung des Schwerpunkts bei der Umstrukturierung. In früheren Zeiten haben in den USA die Organisationen die meisten ihrer Verbesserungsvorhaben darauf gerichtet, *technische* Systeme in der Organisation umzustrukturieren – z. B. Geschäftsprozesse und Technologie. In der Zukunft werden Organisationen mehr Betonung auf die Umstrukturierung der *sozialen* Systeme legen – also auf die Art und Weise, wie die Mitarbeiter in der Arbeitswelt miteinander interagieren –, um wettbewerbsfähig zu sein, die Motivation der Belegschaft zu steigern und die Zufriedenheit am Arbeitsplatz zu heben. Bei groß angelegten Veränderungsvorhaben werden sich manche Unternehmen vielleicht sogar dafür entscheiden, das soziale System umzustrukturieren, *noch bevor* sie das technische System umstrukturieren. In Firmen, in denen ich diese Vorgehensweise erlebt habe, haben die Beschäftigten und das obere Management erklärt, dass sie mit dieser Strategie für die gesamte Transformation weniger Zeit gebraucht haben, als wenn sie mit der Umstrukturierung des technischen Systems begonnen hätten. In der Zukunft müssen sowohl soziale als auch technische Systeme umstrukturiert werden, doch größerer Wert wird auf die Umstrukturierung der sozialen Systeme gelegt werden, als dies heute der Fall ist (obwohl angeblich 70 % der bekanntesten Methoden der technischen Umstrukturierung fehlschlagen).

Intelligent angelegte Befähigung. In den nächsten Jahren werden wir schließlich den allmählichen Verfall der ungezügelten Befähigung in der Organisation erleben. Sie wird ersetzt werden durch die intelligent angelegte Befähigung, zu der Folgendes gehört. Den Menschen werden die Informationen angeboten, die sie brauchen, um neue Aufgaben anzunehmen; Training, um das Fähigkeitsniveau von Individuen und Gruppen zu erhöhen; klare Grenzen für Entscheidungen und Aufgaben; Zielsetzung auf lokaler Ebene und Aushandlung dieser Ziele mit anderen Gruppen, die von diesen Zielen betroffen sind; und Belohnungen, die mit Strategie und Struktur der Organisation in Einklang stehen.

Chaostheorie und Geschäftssituationen. Die Chaostheorie steht in den Naturwissenschaften und der Mathematik gegenwärtig an erster Stelle. Sie ist benutzt worden, um Erdbeben vorherzusagen, Klimamuster zu erklären und biologische Vorgänge darzustellen. Seit neuestem wird ihr auch enorme Beachtung in der Wirtschaftspresse geschenkt. Doch in einigen Organisationen, mit denen ich gearbeitet habe – vor allen Dingen solchen, in denen das obere Management einen akademischen Hintergrund hat –, ist man heftig dagegen gewesen, die Technik der Chaostheorie direkt in die organisationale Nutzung für Geschäftszwecke einzuführen. Die Erklärung dieser Manager war die, dass die Werkzeuge, Konzepte und Methoden der Chaostheorie nicht direkt auf ein Geschäftsumfeld angewendet werden könnten. Ihrer Ansicht nach gelte das insbesondere für die Geschäftsbereiche Management und Transformation der Organisation. Meiner Ansicht nach wird sich diese Kontroverse legen, wenn die Menschen zu der Einsicht gelangen, dass vielleicht nicht die *direkte Anwendung* der wissenschaftlichen Werkzeuge, Methoden und Prinzipien der Chaostheorie nützlich ist, sondern die *Metaphern* der Chaostheorie es sind, die für die Organisation wertvoll sein können. Wenn Organisationen die Konzepte in einem metaphorischen Sinn benutzen, entdecken sie vielleicht die fruchtbare Saat der Innovation, Transformation und der kontinuierlichen Verbesserung.

Bei vielen Managern hängt die Angst vor dieser Anwendung zum Teil damit zusammen, dass sie Schwierigkeiten damit haben, die Chaostheorie (als Wissenschaft) gegen den Begriff Chaos (mit dem jeder Mensch etwas anderes verbindet) abzugrenzen. Das Wort Chaos kann beängstigend sein, weil es suggeriert, dass die Resultate vollkommen unvorhersehbar sind; dagegen *kann* man mit der Technik der Chaostheorie zuvor unvorhersehbare Situationen vorhersehen, die auf chaotische Bedingungen zurückzuführen sind, die ohne die Werkzeuge der Chaostheorie nicht vorhersehbar wären. Die daraus resultierende Konfusion zwischen dem Alltagsgebrauch des Wortes Chaos und dem spezifischen Konzept in der Chaostheorie kann es schwierig machen, ein produktives Gespräch über ihre Anwendung in einem Geschäftssetting zu führen. Welcher klar denkende CEO würde seine Organisation in einen Zustand der kompletten Unordnung stürzen wollen und darauf hoffen, dass sie sich auf bessere Weise organisieren könnte? Was würden die Aktionäre und der Vorstand dazu sagen? Doch der gewollte Sturz einer Organisation in einen Zustand der Unordnung ist nicht das, was mit der Chaostheorie gemeint ist.

Wenn wir die mathematischen Gleichungen, die Computersimulationen und die physikalischen Gesetze der Chaostheorie weglassen, bleiben fünf Prinzipien – *im metaphorischen Sinn* –, die meines Erachtens im Geschäft nützlich sein können:

Prinzip der Chaostheorie	Beispiel für Anwendung im Geschäftsleben
Das Ergebnis einer Veränderung eines Systems ist extrem empfindlich gegenüber denjenigen Bedingungen, die zu Beginn der Veränderung existieren.	Wenn ein Transformationsvorhaben gestartet wird, ist es wichtig, dass die strategische Richtung artikuliert wird, die stützenden Mechanismen zur Stelle sind und die Menschen instruiert und für bevorstehende Transformationsaufgaben trainiert werden.
Es ist unmöglich, ein komplexes System von einer zentralen Quelle aus komplett zu kontrollieren.	Man bestimmt, welche Entscheidungen, Kontrollen und Informationen verteilt werden müssen und welche zentral lokalisiert bleiben müssen, damit die Organisation auf einem hohen Niveau agieren kann.
Ein paar einfach Regeln helfen, das Verhalten eines komplexen Systems zu gestalten.	Wenn man der Belegschaft ein paar Schlüsselwerte und Arbeitsprinzipien beibringt, kann das der Organisation viel Zeit sparen, die sie darauf verwenden würde, umfangreiche Handbücher zu schreiben, die spezifische Gebote und Verbote der Organisation enthalten. Wenn man den Menschen Werte und Prinzipien an die Hand gibt, führt das üblicherweise zu höherer Leistung, besserer Fokussierung auf die Geschäftsstrategie und zu weniger Konfusion unter der Belegschaft.
Um eine effektive Entwicklung (positive Veränderung) zu erreichen, ist es notwendig, die Gratwanderung zwischen totaler Kontrolle und Chaos auf sich zu nehmen.	Wenn man ein Projekt oder Transformationsvorhaben zu eng strukturiert (was manchmal als „stalinistische Grenzziehung" bezeichnet wird), wird die Kontrolle zu stark, die Kreativität abgewürgt, die Verpflichtung gemindert, und man erreicht nicht die gewünschten Ergebnisse. Wenn man ein Projekt zu locker strukturiert (keine Ordnung), sind die Resultate höchst unvorhersehbar, unkoordiniert und potenziell verhängnisvoll.
Optimale Lösungen für Probleme in einem System können in ein System einmünden, das voller autonomer Akteure ist, die ihr Bestes geben – vorausgesetzt, sie sind in den richtigen Gruppierungen organisiert (die von einem führenden Chaostheoretiker als *patches* bezeichnet werden).	Wenn ein Projekt, mit dem ein komplexer Kommunikationssatellit gebaut werden soll, stagniert, muss man herausfinden, ob das Projekt in *zu viele patches* (wodurch ein undirigierbares Chaos entstehen könnte) oder in *zu wenige patches* (wodurch die freiheitseinschränkende stalinistische Grenzziehung entsteht) aufgeteilt worden ist.

Tabelle 1: Die fünf Prinzipien

Ich selbst habe zwar noch keine Werkzeuge, mathematische Formeln oder Modelle der Chaostheorie gefunden, die sich direkt auf Geschäftstransformationen anwenden ließen, doch ich bin überzeugt, dass die beschriebenen Metaphern eine interessante Aussicht für die Verbesserung der Qualität solcher Vorhaben bieten können.

Selbst organisierte Systeme und Geschäftsstrukturen. Die Technik der Chaostheorie und die Technik selbst organisierter Systeme sind miteinander verwandt. Und wie die Chaostheorie hat auch das Konzept der selbst organisierten Systeme in jüngster Zeit ein gewisses Interesse in der Wirtschaftswelt erweckt, weshalb ich eine kurze Diskussion über organisationale Transformation in diesem Buch für gerechtfertigt halte. Wissenschaftlich gesehen, sammeln selbst organisierte Systeme Energie, Material und Information, um sich in komplexeren Systemen zu organisieren. Diese Selbstreorganisation ist das Ergebnis der Wechselwirkung mehrerer

Variablen in einer nichtlinearen Gleichung (das ist eine Situation, in der Ursache und Wirkung sich nicht proportional zueinander verhalten und Variablen fortwährend miteinander interagieren und ihre jeweiligen Wirkungen modifizieren). Biologische und chemische Systeme sind oft zitierte Beispiele für selbst organisierte Systeme in der wissenschaftlichen Welt. In der Wirtschaftswelt gehören *Visa* und das Internet zu den oft zitierten Beispielen für enorm erfolgreiche selbst organisierte Systeme.

Meiner Ansicht nach gibt es jedoch einige Vorbehalte bei der Anwendung selbst organisierter wissenschaftlicher Prinzipien auf Geschäftsstrukturen. Erstens begegnen wir derselben Falle, mit der sich die Chaostheorie auseinander setzen muss, und das ist die Tatsache, dass der schlichte Begriff *selbst organisiert* für jeden etwas anderes bedeutet und sich vielleicht nicht mit der wissenschaftlichen Definition von Selbstorganisation deckt. Ich habe erlebt, wie verhängnisvoll es in der Wirtschaft sein kann, wenn die Menschen in einer Organisation den Auftrag bekommen: „Organisieren Sie sich selbst, damit Sie zu einer Organisation mit besserer Leistung werden." (Auch wenn dies im allgemeinen Sprachgebrauch mit dem überein zu stimmen scheint, was eigentlich mit selbst organisiert gemeint ist.) Dieser Auftrag hat zwar manchmal funktioniert, in den meisten Fällen jedoch nicht. Weshalb? Weil selbst organisierte Systeme in der Wissenschaft genauso wie selbst organisierte Systeme in der Wirtschaft Informationen und Prinzipien brauchen, um eine höhere Ebene der Organisation erreichen zu können. Die Erlaubnis und der Wille zur Selbstorganisation reichen nicht aus. Kehren wir zurück zu unseren bemerkenswerten Erfolgsbeispielen in der Geschäftswelt. *Visa* hatte von Anfang an für die Menschen eine Reihe von Arbeitsprinzipien, die das frühe exponentiell ansteigende Wachstum steuerten und die es heute erfolgreich organisiert halten. Und auch das Internet hatte von Anfang an eine Reihe von Prinzipien, die die manchmal ordentliche, manchmal chaotische Entwicklung steuern. Einer Gruppe von Menschen lediglich den Auftrag und sogar die Autorität zu geben, sich anders zu organisieren, ist keine hinreichende Bedingung für Erfolg. Die Menschen brauchen auch Schlüsselinformationen, organisierende Prinzipien, Grenzen und normalerweise einen Prozess (z. B. eine der in diesem Buch beschriebenen Methoden).

Eine weitere praktische Frage stellt sich Managern und Organisationen im Hinblick auf die Mobilisierung knapper Ressourcen auf ein gemeinsames Ziel hin. Viele Vorhaben der Selbstorganisation gehen schief, weil Individuen beschließen, die ganze Zeit über ihren eigenen Interessen nachzugehen, obwohl ihre Interessen sich nicht mit der Richtung der Organisation decken. Wenn sie deswegen zur Rede gestellt werden, bringen sie Befähigung und kontinuierliche Selbstorganisation als Rechtfertigung vor. Es ist eine heikle Gratwanderung, wenn man sicherstellen will, dass Individuen das tun können, was sie wollen, und dass die Organisation auch das bekommt, was sie braucht. Ich habe zwei erfolgreiche Möglichkeiten gesehen, dieses Problem zu lösen. (1) Man legt das Arbeitsprinzip fest, wonach Aktivitäten und Ziele mit anderen, die von den Vorhaben betroffen sind, ausgehandelt werden müssen. (2) Man gewährt den Menschen einen bestimmten Zeitrahmen, z. B. 15 % der wöchentlichen Arbeitszeit, in dem sie ihren persönlichen Interessen, die mit ihrer Aufgabe in der Organisation zusammenhängen, nachgehen dürfen. Das Unternehmen *3M* hat eine solche Politik, nach der die Menschen ihre eigenen Projekte initiieren und daran arbeiten dürfen.

Die kontinuierliche Kommunikation zwischen Individuen und Arbeitsgruppen ist ein weiterer Bereich, der fortwährende Beachtung erfordert. *Während* des Events der Umstrukturierung sind alle Individuen vielleicht von einem Geist beseelt, doch die Geschäftsbedingungen verändern sich mit der Zeit, und deshalb muss ein Mechanismus zur Stelle sein, der sicherstellt, dass alle diese Veränderungen bemerkt und interpretiert werden und dass ihre Auswirkungen in den relevanten Teilen der Organisation verbreitet werden. Diese Kommunikations- und Koordinationsaktivitäten kommen oft zu kurz, besonders im heutigen Umfeld von Organisationen, die durch Stellenabbau und Abbau von Hierarchieebenen gekennzeichnet sind und deshalb vielleicht nicht mehr genug Personal für die Durchführung der erforderlichen Arbeit haben. Es besteht die Tendenz, dass die Menschen zu sehr mit ihren einzelnen Aufgaben beschäftigt sind und diese anderen wichtigen Aktivitäten vernachlässigen, um am Abend noch zu einer vernünftigen Zeit nach Hause gehen zu können.

Neben den genannten Aspekten muss man auch die Unterschiede zwischen neu gegründeten Unternehmen, die als selbst organisierte Systeme starten, und großen Organisationen berücksichtigen, die sich für die Selbstorganisation entscheiden, nachdem sie jahrelang in einem anderen Modus Bestand gehabt und gearbeitet haben. Beide von uns genannten bemerkenswerten Beispiele – *Visa* und Internet – haben sich von Anfang an nach selbst organisierten Prinzipien entwickelt. Für eine schon bestehende große Organisation ist es vielleicht nicht leicht, die Selbstorganisation schnell umzusetzen. Die Mentalität der Menschen in einer Organisation ist so beschaffen, dass sie tendenziell in alte Denk- und Verhaltensweisen zurückfallen, vor allem in Krisenzeiten. Eine schon bestehende Organisation, die sich auf den Weg zur Selbstorganisation begibt, wird meines Erachtens zwei wichtige Elemente brauchen: (1) eine bewusste, kontinuierliche, beharrliche Entschlossenheit vonseiten derjenigen, die gegenwärtig Schlüsselentscheidungen zentral kontrollieren, um in diesem neuen Modus zu operieren, und (2) ein Design, das Entscheidungen systematisch verlagert und die Fähigkeit zur Unabhängigkeit in Gruppen und Individuen aufbaut, die vorher die Fähigkeit nicht besaßen, in diesem Modus zu operieren.

Ein letzter Vorbehalt bei der Einsetzung selbst organisierter Systeme ist der, dass die Unterstützungssysteme unbedingt modifiziert werden müssen, um zu neuen gewünschten Verhaltensweisen zu motivieren. Zu *wissen*, dass man für das gemeinsame Gut arbeitet, hat für Beschäftigte seine Grenzen. Sie brauchen auch extrinsische Rückmeldung, durch die sie in ihrem neuen Verhalten bestärkt werden. Mit der Zeit wird sich die intrinsische Motivation wahrscheinlich abschwächen, wenn das äußere Belohnungs- und Anerkennungssystem weiterhin das auf der Struktur von Individuum und Abteilung (Bereich) basierende Verhalten honoriert, das den Gesamtzielen der Organisation vielleicht zuwiderläuft. Dieser Bereich wird in vielen selbst organisierten Systemen häufig übersehen.

Das Fazit lautet: Selbst organisierte Systeme können zwar Organisationen mit besseren Leistungen hervorbringen, doch müssen besondere Vorkehrungen dafür getroffen werden, dass diese Systeme die Bedingungen haben, unter denen sie erfolgreich sein können.

Die Entstehung globaler Teams und Produktentwicklung rund um die Uhr. Für viele Elektronik- und Halbleiterfirmen ist die schnelle Einführung neuer Produkte ein wichtiger Erfolgsfaktor. Als Reaktion darauf haben etliche Unternehmen globale Teams eingerichtet, die 24 Stunden am Tag neue Produkte entwickeln können – und nicht mehr wie früher auf acht bis zehn Stunden am Tag angewiesen sind. Dadurch, dass z. B. in Kalifornien, Singapur und in der Schweiz Designer sitzen, die sich am Ende ihrer jeweiligen Arbeitsschichten die Produktentwürfe weiterreichen, ist es für viele dieser Unternehmen möglich geworden, ihre herkömmlichen Entwicklungszeiten zu halbieren. Und diese Ergebnisse sind erreicht worden, ohne dass die einzelnen Entwickler viele Überstunden machen müssen. Unternehmen berichten, dass die Entwickler, auf die kein übermäßiger Druck ausgeübt wird, im Allgemeinen produktiver und innovativer sind, wenn das nächste Entwicklungsprojekt mit einem neuen globalen Team beginnt. Für solche globalen Teams werden sich die besten Strukturen, Interaktionsregeln und Managementpraktiken weiterentwickeln, und ich nehme an, dass wir in drei Jahren fast zweimal so viel wie heute darüber wissen, wie man diese Teams auf optimale Leistung hin gestaltet.

Bedingungen für Hochleistung schaffen

Große Projekte der Informationstechnologie (IT) wie SAP, Oracle, PeopleSoft *und* Baan *werden von den in diesem Buch vorgestellten Methoden verstärkt Gebrauch machen können, um Themen der Interaktion und menschlichen Leistung anzugehen.* IT ist ein Schlüsselfaktor, der zu Veränderung befähigt, und große Systeme, die alle Aspekte eines Geschäfts integrieren – die oft als „Unternehmenssysteme" *(enterprise systems)* bezeichnet werden –, zeigen den Weg zu erfolgreichen Transformationen in vielen Firmen weltweit. Um aus diesen Unternehmenssystemen das Beste herauszuholen, werden Organisationen sich vielen der in diesem Buch beschriebenen Methoden zuwenden. Weshalb? Die Methoden sind eine kosteneffiziente Art, Menschen, Strategien, Geschäftsprozesse und Technologie miteinander zu verbinden. Methoden, die für die *Planung* eingesetzt werden, können ein gemeinsames Verständnis der Strategien vermitteln, sodass die Menschen, die mit der neuen Technologie arbeiten, die von der Organisation artikulierte Strategie direkt unterstützen. Mit Methoden, die für die *Strukturierung* eingesetzt werden, können Arbeitsgruppen konstruiert werden, die effektiv mit der neuen Technologie interagieren. Wenn Organisationen ein Unternehmenssystem umsetzen, ist es normalerweise das Beste, wenn sie auch ihre Struktur ändern – doch leider behalten sie oft die alte Struktur bei –, um sich die neue Art und Weise, in der Informationen fließen und Entscheidungen getroffen werden, zunutze zu machen. Die beschriebenen *Anpassung*smethoden können helfen, jene dornigen Probleme anzugehen, die durch neue Computersysteme verursacht werden, z. B. wie man mit Machtverschiebungen in der Organisation umgeht, wie man zwischen Arbeitsgruppen und Kunden Partnerschaften aufbaut und wie man die Kommunikation in der Organisation verbessert.

Mehr Menschen übernehmen eine systemische Sicht auf Veränderung. Immer mehr Menschen werden mit den Konzepten des systemischen Denkens vertraut, wie es von Peter Senge bekannt gemacht worden ist. Als Konsequenz werden wir weniger Patchworkansätze finden, mit denen komplexe Probleme angegangen werden, und dafür mehr ganzheitliche Ansätze, die auf mehrere Bereiche abzielen (z. B. Konstruktion, Finanzen, Verkauf, Strategieplanung). Dadurch, dass man multiple Faktoren und Bereiche berücksichtigen wird, werden Organisationen und Gemeinden in der Lage sein, potenziell konfligierende Strategien zu identifizieren und auch potenzielle unbeabsichtigte Konsequenzen strategischer und taktischer Aktionen zu erklären. Sie werden auch nach Bereichen mit starker Hebelwirkung Ausschau halten – nach Bereichen, in denen eine kleine Anstrengung einen großen Nutzen erbringt.

Gesteigerte Konzentration auf Grenzen. Es wird mehr und nicht weniger Grenzen in Organisationen geben, wenn sie es mit Aktivitäten und Entscheidungen zu tun haben, deren Eigentümer spezifische Arbeitsgruppen sind. Diese klare Grenzdefinition wird die Identität der Arbeitsgruppe tendenziell erhöhen, Redundanz beseitigen und die Leistung der Organisation steigern. Die negative Konnotation des Wortes *Grenzen* – also die Funktionssilos, die Kommunikation und Teamarbeit hemmen – wird weniger wichtig werden, wenn Organisationen aktiv bessere Wege dafür gestalten, wie die Arbeit unterschiedlicher Gruppen integriert werden kann. Der Schlüssel wird darin liegen, dass die Arbeit von Gruppen *integriert* wird, und nicht darin, dass eine Gruppe macht, was sie will.

Eine größere Menge formaler Designs für effektive Partnerschaften. Organisationen werden mehr Aufmerksamkeit darauf verwenden, Partnerschaftsbeziehungen aller Arten aktiv zu gestalten: Beziehungen zwischen den Ebenen der Organisation, Beziehungen zwischen organisationalen Einheiten und Beziehungen zwischen Organisation und Kunden. Darüber hinaus wird es mehr auf gemeinsame Ziele gerichtete Partnerschaften zwischen Gruppen geben, die zuvor keine besonderen Arbeitsbeziehungen unterhalten hatten. Beispielsweise werden Finanzbereiche mit Personalbereichen Partnerschaften eingehen mit dem Ziel, teambasierte Strukturen zu entwerfen, in denen lokale Zielsetzung, Kennzahlen der Finanzanalyse, Kernkompetenzen und Belohnungssysteme eine wichtige Rolle spielen. Personalbereiche werden noch geschätztere Mitglieder des Managementteams werden, wenn sie ihr Verständnis für Geschäftsfragen und ihre Würdigung der Kultur als Mittel zur Wettbewerbsfähigkeit weiterhin steigern. Diese neuen Partnerschaftsbeziehungen werden nicht vom Himmel fallen – sie werden *gestaltet* werden, damit sie entstehen, und werden anschließend gemanagt werden müssen.

Wandel in der Wahrnehmung dessen, was Führung ausmacht. Führung wird nicht mehr *nur* mit einem hohen Maß an Autorität qua Position verbunden sein. Meiner Einschätzung nach wird Führung von drei zusätzlichen, nützlichen und starke Hebelwirkung besitzenden Perspektiven aus betrachtet werden. Erstens wird man sich Führung eher als eine *Aktivität* denken, statt Führung als etwas zu sehen, das nur mit höheren Positionen in der Organisation verbunden ist. Es wird eine Aktivität sein, an der sich im Kontext der neuen Organisation und der Gemeinde alle beteiligen können – nein, sogar *müssen*. Wichtige Entscheidungen werden zusammen mit der benötigten Information, Autorität und den Fähigkeiten, die für diese Entscheidungen gebraucht werden, auf die unterschiedlichen Organisationsebenen verteilt. Viele Organisationen werden erkennen müssen, dass der Managementstil des Befehlens und Kontrollierens nicht mehr geeignet ist, den Herausforderungen einer turbulenten Umwelt angemessen zu begegnen. Diese Organisationen werden optimistische Aktionen unternehmen, um Arbeitsumfelder zu schaffen, in denen Führung auf allen Organisationsebenen aktiv praktiziert wird und in denen eines der obersten Ziele von Führungspersonen darin besteht, auf allen Ebenen weitere Führungspersonen hervorzubringen.

Ein zweites emergentes Merkmal von Führungspersonen wird sein, dass sie weniger auf das Management von Menschen fokussieren werden als auf das Management von *Erfolgsbedingungen*. Neulich z. B. war es so, dass ein Vice President eines Herstellers von Verbrauchsgütern zunächst Schlüsselressourcen für ein spezielles Vorhaben einer Produktentwicklung identifizierte, dann die dafür notwendigen Finanzmittel bekam und danach einen Weg bahnte, um dem Team bei der Erreichung seiner Ziele zu helfen – während er selbst die ganze Zeit über im Hintergrund blieb! Von einer solchen Bescheidenheit hatte diese Firma in der Vergangenheit noch nie gehört, doch der Vice President war überzeugt, dass es wichtiger sei, dem Team ein Gefühl von Eigentümerschaft zu geben als von ihm von der ersten Minute an den Glauben an das Vorhaben abzuringen.

Eine dritte wichtige emergente Sicht auf Führung lenkt unsere Aufmerksamkeit darauf, wie wichtig die *Beziehung*saspekte von Führung sind. Die Grundannahme ist, dass es mindestens zwei Personen braucht, um einen Tango tanzen zu können (eine großartige Führungsperson ohne Gefolge ist nicht schrecklich effektiv), und dass alle Beteiligten gemeinsame Ziele haben, um etwas Signifikantes zu erreichen. Viele Organisationen, die ihre Konkurrenz ausstechen, haben diese Denkrichtung übernommen und betrachten Führung als „Einflussbeziehung unter Führern und Gefolgsleuten, die wirkliche Veränderungen beabsichtigen, in denen sich ihre wechselseitigen Ziele spiegeln" (Rost 1993). Wenn man Führung von dieser Warte aus betrachtet, werden drei wichtige Fokuspunkte deutlich, die für die kontinuierliche Verbesserung in den sich ununterbrochen ändernden Zielen und Beziehungen unter Führungspersonen und ihren Gefolgsleuten wichtig sind: Welches sind unsere wirklichen Ziele? Welche gemeinsame Wissensbasis haben alle Parteien in Bezug auf diese Ziele? Wie solide sind die Arbeits- und Einflussbeziehungen unter allen Beteiligten? Viele der in diesem Buch beschriebenen Methoden helfen, diese drei Sichtweisen bezüglich effektiver Führung zu fördern.

Eine sich abzeichnende Balance zwischen intrinsischer und extrinsischer Motivation. Weil die meisten Organisationen ihren Beschäftigten aufgrund des turbulenten Umfeldes keine Arbeitsplätze mehr garantieren können, sind die meisten Mitarbeiter nicht mehr bereit, sich an eine einzige Organisation zu binden. Wo die Bindung fehlt, verlangen die meisten Organisationen heute von ihren Beschäftigten zumindest die *Verpflichtung* auf ihre Unternehmensziele. In den vergangenen 20 Jahren lag der Fokus darauf, Verpflichtung über extrinsische Motivation zu bekommen. Extrinsische Motivation kann beschrieben werden als der Wunsch, etwas aufgrund von äußeren Einflüssen zu tun: z. B. aufgrund eines höheren Bonus, eines schönen Büroraumes, eines Firmenwagens oder eines höheren Gehalts. Da das Management will, dass mehr Menschen Verantwortung übernehmen und ein höheres Maß an Verpflichtung eingehen, wird es danach trachten, eher die intrinsische Motivation zu aktivieren. Intrinsische Motivation kommt, wie der Name sagt, von innen heraus. Sie ist der innere Antrieb eines Individuums, etwas z. B. aus Stolz auf sein Eigentum, aus dem Wunsch nach Selbstentwicklung oder aus einem Leistungsanspruch heraus zu tun. Wie stark sich die Menschen den Zielen der Organisation gegenüber verpflichtet fühlen, hängt eng damit zusammen, wie stark die Macht der Menschen ist, ihr Leben und insbesondere ihr Arbeitsumfeld zu gestalten. Natürlich können nicht alle Menschen in einer Organisation die Fähigkeit haben, alles zu gestalten, was die gesamte Organisation betrifft. Doch intrinsische Motivation kann dadurch mobilisiert werden: dass man den Beschäftigten ein großes Mitspracherecht bei ihrer lokalen Arbeit (innerhalb ihrer Arbeitsgruppe oder Abteilung) einräumt; dass man ihnen die Chancen gibt, neue Fähigkeiten zu erwerben; dass man ihnen ein stützendes Umfeld des kontinuierlichen Lernens anbietet; und dass man den Menschen die Werkzeuge und Informationen gibt, die sie brauchen, um ihre Arbeit gut zu machen.

Was nun?

Das waren die Prognosen. Was können Sie nun damit anfangen? Mein Vorschlag ist folgender: Sie rufen eine Gruppe zusammen, um in Erfahrung zu bringen, was Sie – wenn überhaupt – im Hinblick auf diese potenziellen Trends unternehmen wollen. Auf einer solchen Sitzung helfen Ihnen vielleicht die folgenden Fragen, wenn Sie über die einzelnen Trends diskutieren, die sich Ihrer Meinung nach auf Ihre Zukunft auswirken können:

- Welche Implikationen hat das für unsere Organisation oder Gemeinde?
- Haben wir Belege dafür, die uns vermuten lassen, dass diese Prognose oder der sich abzeichnende Trend auf unsere Kultur zutreffen könnte?
- Wenn das nicht in Einklang steht mit unserer gegenwärtigen Kultur, sollten wir uns dann vielleicht besser nicht diesen Trend zu Eigen machen?
- Wenn wir überzeugt sind, dass dieser Trend für uns wirklich wünschenswert ist, was können wir tun, um ihn umzusetzen?

Die Antwort auf die letzte Frage lässt sich für Sie vielleicht am leichtesten beantworten. Sie halten die Antwort gerade in den Händen. Alle in diesem Buch dargestellten Methoden sind dafür gedacht, den Weg zur erfolgreichen Transformation zu beginnen und ihn fortzusetzen. Eine oder mehrere dieser Methoden können wichtige Elemente einer erfolgreichen Transformation Ihrer Organisation oder Gemeinde sein.

Die einzige Frage, die jetzt noch bleibt, lautet: *Weshalb warten?*

Ich wünsche Ihnen viel Erfolg bei Ihrem Veränderungsvorhaben!

Meine Vision von der Zukunft

> *Die Zukunft gehört denjenigen,*
> *die an die Schönheit ihrer Träume glauben.*
> Eleanor Roosevelt

Dieses Buch beginnt mit der Frage:

> Wie können wir die nötigen Veränderungen so durchführen, dass viel Energie erzeugt und außergewöhnliche, nachhaltige Ergebnisse erzielt werden?

Die gemeinsamen Merkmale der beschriebenen Methoden geben die Antwort: durch die laufende Verpflichtung auf eine zwingende Zukunftsvision, durch eine ganzheitliche Sicht auf das System, durch öffentlich gemachte Informationen, durch die Aktivierung der Intelligenz und Macht des Individuums – mit Hirn, Herz und Geist zu partizipieren. Diese Anwort führt zu einer weiteren Frage:

> Wie wäre unsere Gesellschaft beschaffen, wenn alle Unternehmen und Gemeinden auf diese Weise arbeiten würden?

Das folgende Beispiel zeigt, wie die Antwort aussehen könnte:

> 32 Personen haben dazu beigetragen, dass der Inhalt dieses Buches entstehen konnte. Schreiben und Umschreiben machten es erforderlich, dass zwischen Herausgebern und Autoren Beziehungen aufgebaut wurden – Verbindungen sich entwickelt haben. Unsere Macht als Herausgeber kam nicht durch unsere Position zustande, sondern durch die Beziehungen, das Netz, das wir mit den Autoren aufgebaut haben. Durch die Informationstechnologie wurde unsere Arbeit unterstützt, da fertig gestellte Kapitel in Minutenschnelle per E-Mail verschickt werden konnten. Und unsere Freundschaften wurden durch diesen Austausch tiefer. Während wir als Herausgeber die Grenzen absteckten – das Ziel des Buches und eine Skizze dessen, was wir inhaltlich abgedeckt haben wollten –, gingen die Autoren bei ihrer Arbeit nach ihren eigenen Methoden vor. Manche arbeiteten mit einem Partner zusammen. Manche involvierten ihr gesamtes Büro, um den Beitrag zu lesen oder Ratschläge zu geben. Viele der Autoren teilten mir mit, dass sie mit ihren Ergebnissen zufrieden seien, weil der Beitrag authentisch das reflektiere, was ihr Anliegen sei und was sie zum Gesamtziel des Buches beitragen wollten.

Wie dieses Beispiel meiner Ansicht nach zeigt, liegt die Aussicht auf die Zukunft in einer *Partnerschaftsgesellschaft*, die durch *Selbstorganisation*[1] verwirklicht und

---

1 Weil die Anwendung dieser wissenschaftlichen Theorie auf das Wirtschaftsleben umstritten ist, benutze ich die Begriffe *Selbstorganisation* und *selbst organisierte Systeme* in einem deskriptiven Sinn. Ich glaube zwar, dass man die Anwendung der wissenschaftlichen Theorie auf soziale Systeme einmal gut verstehen wird, doch noch ist die Zeit dafür nicht gekommen.

von der *Informationstechnologie* gestützt wird. Ich bin höchst optimistisch, dass wir anfangen, gesündere Organisationen und Gemeinden zu schaffen, die für den einzelnen Menschen befriedigender sind. Mein Ziel ist es, Ihr Interesse dafür zu wecken, sich wirklich eine neue Art des Zusammenarbeitens zu Eigen zu machen. Diese Art beruht auf einer einzigen, tief greifenden Veränderung in die Richtung: *dass jeder von uns alle Macht hat, die wir brauchen, um die Welt zu erschaffen, in der wir leben wollen.* Dafür gibt es in diesem Buch Signale:

- Appreciative Inquiry (AI) führt den *positiven Veränderungskern* ein.
- Open Space Technology (OST) erinnert uns daran, aus *Leidenschaft* und *Verantwortung* zu handeln.
- Die Dialogmethode instruiert uns über *Reflexion* und *Erkundung.*

Meiner Ansicht nach lenken diese Elemente unsere Aufmerksamkeit auf das Allerbeste in unseren Organisationen, unseren Gemeinden und in uns selbst. Sie schärfen unser Bewusstsein für unsere Begabungen und sind die Triebfeder für unsere Bestrebungen. Wir beginnen, aus individueller Inspiration heraus zu handeln, die von einem tiefen kollektiven Verständnis getragen ist. Was wir tun, reflektiert das Beste von dem, was wir – als Individuen und als Gemeinschaft – sind und wovon wir träumen.

Um dieses Ideal zu erreichen, braucht es zwei wichtige Veränderungen:

- eine andere Beziehung zum Phänomen Macht, was zu
- einer völlig anderen Art des Arbeitens führt.

Die Partnerschaftsgesellschaft: Eine Machtverschiebung

In ihrem Buch *Kelch und Schwert* beschreibt Riane Eisler zwei Gesellschaftsmodelle. Das eine, das *Herrschaft*smodell, ist in den hierarchischen Strukturen der meisten Organisationen präsent – wobei die *Rangordnung (ranking)* das primäre Organisationsprinzip darstellt. Im anderen, dem *Partnerschaft*smodell, beruhen soziale Beziehungen primär auf dem Prinzip der *Verbindlichkeit (linking)* (Eisler 1988; dt. 1993, S. 20).

Die mutigen Menschen bei *GTE* haben gezeigt, was möglich ist:

Ganz plötzlich und ohne Erlaubnis fangen Mitarbeiter an, in der Firma Interviews durchzuführen über positive Themen wie Innovation, inspirierte Führung, revolutionäre Formen des Umgangs mit Kunden, Partnerschaften zwischen Arbeitnehmern und Arbeitgebern sowie „Spaß". Schon bald dringen diese Themen in Konferenzen, informelle Gespräche und Planungssitzungen des Managements ein – mit anderen Worten: die begeistert aufgenommenen Fragen verändern Fokussierung, Sprache, Agenden und Erkenntnisse des Unternehmens (Cooperrider 1998).

Ich halte David Cooperriders Beschreibung der Ereignisse bei *GTE* für eine bemerkenswerte Demonstration der von Riane Eisler beschriebenen Merkmale einer Partnerschaftsgesellschaft:

Statt nach Individuen zu verlangen, die in pyramidenartige Hierarchien passen, werden diese Institutionen heterarchisch strukturiert sein und sowohl Vielfalt als auch Flexibilität in Entscheidungsfindung und Aktion ermöglichen ... (Eisler 1988, p. 200).

Also ... lautet die Frage *nicht*, wie wir Konflikte ein für allemal aus der Welt schaffen können. Ein solches Vorhaben wäre aussichtslos ... Die Frage, ob es uns gelingt, unsere Welt von gewalttätigen Auseinandersetzungen zu befreien und statt dessen die friedliche Koexistenz durchzusetzen, ist vielmehr weitgehend davon abhängig, inwieweit wir es schaffen, die herkömmlich stets destruktiven Konflikte in produktive umzuwandeln (Eisler, dt. 1993, S.322 f.).

Und die vielleicht profundeste Implikation der Partnerschaftsgesellschaft ist die:

... Macht ... die eher gleichgesetzt wird mit *Verantwortlichkeit* und *Liebe* als mit Unterdrückung, Privileg und Angst (Eisler 1988, p. 28).

Zulassen, dass Vielfalt, flexible Entscheidungsfindung, produktiver Konflikt, friedliche Koexistenz, Macht als Verantwortlichkeit und Liebe möglich sind. Sind die Ereignisse bei *GTE* nicht die Vorboten der Elemente von Riane Eislers Partnerschaftsgesellschaft?

GTE ist meiner Ansicht nach ein wunderbares Beispiel dafür, was geschieht, wenn Menschen Eigentümer ihrer Macht sind: Sie übernehmen die Verantwortung für ihre Anliegen und handeln aus Liebe. Diese Menschen waren nicht paralysiert von der Angst vor Nachbeben. Sie haben nicht gewartet, bis die Erlaubnis von der Spitze der Hierarchie kam. Macht als *Rangordnung*, als Herrschaft über den anderen hat nicht funktioniert. Stattdessen haben die Menschen bei *GTE* neue *Netzwerke* aufgebaut, Verbündete gewonnen, die ebenso leidenschaftlich die gleichen Ziele verfolgten und diese erreichen wollten. Für diese Menschen manifestierte sich Macht in Form von Liebe und Verantwortlichkeit.

Vielleicht sagen Sie: „Wenn alle ihren Leidenschaften nachgehen, ihre eigenen Agenden verfolgen, werden unsere Organisationen auseinander brechen. Wir werden außer Kontrolle geraten, wir werden Chaos haben!"

Bewusste Selbstorganisation: Eine andere Art des Arbeitens

Ich glaube zwar nicht, dass wir außer Kontrolle geraten werden, aber ich glaube, dass wir eine andere Beziehung zu Chaos[2] und Ordnung entwickeln werden. Ich behaupte, dass die *bewusste Selbstorganisation* die einer Partnerschaftsgesellschaft zugrunde liegende Struktur ist. Wenn Gruppen sich auf Selbstorganisation verpflichten, scheinen drei Merkmale im Vordergrund zu stehen:

- Ein positiver Veränderungskern oder ein tief empfundenes Ziel gibt Richtung und bindet die Gemeinschaft zusammen.
- Die Menschen handeln aus Leidenschaft und Verantwortlichkeit.
- Reflexion und Erkundung fließen und münden schließlich in Aktion ein.

Ein Blick auf die Mechanismen eines OST-Events verdeutlicht das. Seine organisierenden Prinzipien und das Thema etablieren ordentliche Grenzen. Das Thema fungiert als positiver Veränderungskern – eine Frage, die tief in das kollektive Anliegen der Menschen hineinreicht und dadurch die Macht zur Transformation evoziert. In diesem Raum entwickelt sich immer eine intensive kollektive Reflexion. Die Menschen erkunden und hören einander zu und begreifen oft zum ersten Mal seit langem bestehende Differenzen. Sie handeln aus Leidenschaft und Verantwortlichkeit und aus einem tieferen Verständnis heraus. Mit anderen Worten: Aus der Ordnung heraus machen sie sich das Chaos zu Eigen, und was dabei herauskommt, sind unerwartete kreative und innovative Durchbrüche. Hätte *AT&T* vorhersagen können, in zwei Tagen ein Design auszutauschen, dessen Entwicklung zehn Monate gedauert hatte?

---

2 Ich benutze den Begriff *Chaos* ebenso in einem deskriptiven Sinn wie den Begriff *Selbstorganisation*.

Das Chaos annehmen

Dazu ein weiteres Beispiel:

> Vier Jahre lang leitete Birgitt Bolton eine kanadische Sozialbehörde nach der Organisationsmethode Open Space Technology. In dieser Zeit verdoppelten sich ihre Klientenzahl und auch ihre Produktivität. Die Behörde lernte: dass in allen Menschen Führung steckt; dass alle das Recht haben, an einer Vision zu arbeiten; dass alle eine Aufgabe in der Gemeinschaft haben; dass alle Verantwortung für gutes Management tragen. Der Behörde wurden zahlreiche Preise verliehen, die ihre Führung und Vortrefflichkeit lobten (Bolton 1997, p. 26 f.). Birgitt Bolton und ihre Organisation spannten Chaos und Ordnung erfolgreich in die Selbstorganisation ein, um sich selbst und ihrer Gemeinschaft zu dienen.

In westlichen Gesellschaften werden wir in der Vorstellung erzogen, dass Chaos schlecht sei – etwas Unkontrollierbares. Chaos kann beängstigend sein, weil Resultate unvorhersehbar sind. Doch Chaos ist die Heimat von Kreativität und Innovation. Wenn wir das Bekannte loslassen, werden wir frei dafür, etwas Neues zu schaffen.

„Graswurzelrevolutionen" wie die bei *GTE* oder in Birgitt Boltons Behörde verlangen meines Erachtens danach, dass man mit einem Fuß fest und bewusst, wenn auch nicht immer behaglich im Chaos steht. Ein Mensch, der am Rande organisationaler Erwartungen agiert, verfolgt vielleicht eine Idee, die von allen anderen als Zeitverschwendung angesehen wird. Welch profunde Stärkung individueller Macht, zum Wohle des Ganzen Verantwortung zu übernehmen! Und welch erschreckende Aussicht für große Organisationen, wenn turbulente Zeiten auf sie zukommen.

Was macht man in einem solchen Umfeld – wodurch wird sichergestellt, dass die Menschen zum Wohle des Ganzen Verantwortung übernehmen *werden*? Oder dass das, was ein Mensch als gut für das Ganze betrachtet, die investierte Zeit und Energie wirklich wert ist? Die Selbstorganisation nimmt zwar das Chaos an, gibt aber die Ordnung nicht auf.

Aus meiner Sicht trifft es zu, dass das *Ziel* – der positive Veränderungskern – und explizite *Arbeitsprinzipien* eine höchst elastische Struktur bieten, die alle benötigte Ordnung aufrechterhält. Tatsächlich „haben wir uns in unseren Organisationen selbst Schwierigkeiten bereitet, weil wir Kontrolle mit Ordnung verwechselt haben" (Wheatley 1992, p. 22; dt. 1997). Weil Macht in Partnerschaftsgesellschaften durch Liebe und Verantwortlichkeit und nicht durch Kontrolle verwirklicht wird, lernen auf Partnerschaft basierende Organisationen, dass Ordnung ausreicht, um ihre Bedürfnisse zu befriedigen. Ordnung, die als Verpflichtung auf ein tief empfundenes Ziel definiert wird, verbindet die Mitglieder einer Gemeinschaft miteinander. Ich habe beobachtet, dass Menschen, die durch die Macht dessen, was sie lieben, miteinander verbunden sind, nach dem streben, was für das Ganze am besten ist. Innerhalb dieser Grenzen lassen sich Individuen auf Reflexion und Erkundung ein und entwickeln eine größere Wertschätzung ihrer gegenseitigen Abhängigkeit. Sie folgen ihrer Leidenschaft und übernehmen Verantwortung – um kreativ und innovativ tätig zu sein und individuelle und kollektive Bedürfnisse zu erfüllen.

Dies führt jedoch zu einer weiteren Frage:

> Wir wissen viel darüber, wie Ordnung aufrechterhalten werden kann. Wie aber lernen wir, uns Chaos dienbar zu machen?

Wenn wir die Grenzen von Zeit und Raum erweitern, wird meines Erachtens der Raum für Chaos größer.

Denken Sie – zur Veranschaulichung – an eine gut geleitete Sitzung, an der Sie teilgenommen haben. Höchstwahrscheinlich hat die Agenda die Zeit kontrolliert, die jedem Teilnehmer zugestanden wurde. Der Raum, der von ausgewählten Teilnehmern okkupiert war, wurde vermutlich mit einer oder mehreren Präsentationen gefüllt. In einem solchen Setting gibt es wenig Raum für Chaos.

Im Gegensatz dazu bieten die meisten in diesem Buch beschriebenen Ansätze einen Hauch von Chaos. Der Raum beherbergt eine Mischung von Menschen aus dem gesamten System, die an interaktiven Aktivitäten mit offenem Ende teilnehmen. Die Zeit bleibt weiterhin von einer Agenda definiert. Durchbrüche entstehen oft aus diesen Vorstößen ins Unbekannte.

Einige der in diesem Buch beschriebenen Methoden dehnen die Grenzen von Zeit und Raum sogar weiter aus. Sie verlassen sich auf das dem Menschen innewohnende Verständnis, dass Chaos natürlich und das Potenzial für das Unerwartete unser natürliches Recht ist. Ein OST-Event begrenzt den Raum durch seine organisierenden Prinzipien und das Konferenzthema. Die im Chaos verbrachte Zeit dehnt sich von bestimmten Aktivitäten auf den gesamten Event aus. Wie die Menschen Zeit und Raum nutzen – wer teilnimmt, was sie machen und wann etwas geschieht, das ist ihren Entscheidungen überlassen. Manche Organisationen und Individuen verändern sich durch eine einzige Erfahrung in einem solchen Setting.

Ziel und Gegebenheiten der Organisation begrenzen den Raum, wenn diese als Arbeitsmodus angenommen worden sind, wie z. B. im Fall der von Birgitt Bolton geleiteten Sozialbehörde. Die Zeit dehnt sich auf die Lebensdauer der Organisation aus. Die bewusste Operation als selbst organisiertes System ist realisiert. Chaos muss nicht mehr gefürchtet werden; es tanzt mit der Ordnung, wenn die Menschen in den Arbeitsfluss einsteigen. Und wie besagte Behörde beweist, können die Ergebnisse dramatisch sein.

Bewusste Selbstorganisation erfordert viel Toleranz für Mehrdeutigkeit oder für ein längeres Ausharren „in der Fragephase". Fähigkeiten zur Reflexion und Erkundung werden zu einem vitalen Aspekt der täglichen Praxis. Ein Dialog kann sich über mehrere Monate hinziehen, bevor er schließlich zur Aktion führt. Und diese Aktion beruht nicht zwangsläufig auf Konsens, sondern ist von dem gemeinsamen Verständnis inspiriert, das durch die Exploration miteinander gewachsen ist. Während der Konsens uns an die Gruppenaktion binden kann – was oft wertvoll ist –, ist es genauso wichtig, Aktionen an den Rändern zu tolerieren. Diese Toleranz erhöht das langfristige Überleben (de Geus 1997, p. 146).

Einige Organisationen lernen gerade, als bewusste selbst organisierte Systeme zu arbeiten. Weitere Organisationen erleben einen Vorgeschmack von Selbstorganisation. Durch ihr Experimentieren lehren sie uns etwas über Gesellschaften, die auf Verbindlichkeit bzw. Vernetzung beruhen. Sie zeigen uns den Weg zu einer Partnerschaftsgesellschaft.

Der Einfluss der Informationstechnologie

Welche Rolle spielt die Informationstechnologie, wenn die Partnerschaftsgesellschaft durch Selbstorganisation geschaffen wird? Zwei Aspekte sind dabei wichtig:

- Das Internet bietet ein erstaunliches Modell der Selbstorganisation in Aktion.
- Durch die entstehenden Werkzeuge der Informationstechnologie wird Partnerschaft gefördert.

Das Internet als selbst organisiertes System

Das Internet hat seinen Ursprung in dem 1969 vom amerikanischen Verteidigungsministerium eingerichteten ARPAnet (*Advanced Research Project Agency*), das Computer in den Bereichen von Militärtechnik und Wissenschaft miteinander vernetzte. Damit es im Falle eines Atomangriffs nicht zerstört würde, wurde es als dezentrales Netzwerk ohne anfälligen Zentralcomputer eingerichtet – was der heutigen Computerarchitektur entspricht. Folglich entstanden Design und Gebrauch des Internets auf der Grundlage von *Verbindlichkeit* bzw. *Vernetzung* und nicht Rangordnung. 1986 finanzierte *National Science Foundation* das NSF*net*, das auf ARP*Anet* aufbaute und die Vernetzung von Wissenschaftlern, Universitäten und Forschungseinrichtungen weiter verbesserte. 1990 wurde der erste grafische Browser – kostenlos – eingeführt. Weil dieser eine einfache Möglichkeit bot, Informationen am Bildschirm anzuschauen, und außerdem neue Werkzeuge zur Herstellung grafischer Seiten (Websites) bereitstellte, nahm das World Wide Web, ein Element des Internets, eine explosionsartige Entwicklung. 1981 waren 213 Rechner miteinander verbunden. 1998 war die Zahl der Computer mit Zugang zum Internet auf 50 Millionen gestiegen (Greef et al. 1999). Inzwischen verfügen private Haushalte und Unternehmen auf der ganzen Welt über Zugang zu Internet und elektronischer Post. Organisationen aller Arten experimentieren mit dem Potenzial dieses neuen Mediums. Es hat einen fundamentalen Einfluss darauf, wer zu welchen Arten von Informationen Zugang hat und mit wem und wie wir kommunizieren. *Und niemand führt die Aufsicht darüber.*

Drei Begriffe sind für das Internet charakteristisch: *dezentral*, *international* und *weit offen* (Ludovic 1995). Seit der ersten Stunde beruht das Internet auf Partnerschaft und nicht auf Herrschaft. Das ist vielleicht der Grund, weshalb es ein so außergewöhnliches Beispiel für die Macht der Verbindlichkeit darstellt. Der positive Veränderungskern des Internets liegt meiner Ansicht nach in seiner vorbehaltlosen Reichweite und Freiheit, was für die meisten von uns eine seltene Erfahrung ist. Durch die Erstellung von Websites drücken die Menschen ihre Leidenschaft und Verantwortung aus. Und die E-Mail-Technik ermöglicht Gespräche zwischen vielen Menschen rund um den Globus, wodurch in einem noch nie dagewesenen Ausmaß sich von der Basis her die Fähigkeit zur Reflexion und Erkundung entwickelt. Diese Aspekte der Partnerschaftsgesellschaft zeigen sich deutlich darin, wie die Menschen das Internet benutzen.

Die Selbstorganisation ist sowohl Chaos als auch Ordnung. Das Chaos des Internets mit seinen Millionen von Computern, Benutzern und Websites ist einfach zu verstehen. Doch das Internet und seine zugrunde liegenden Technologien sind nicht ohne Ordnung. Auch hier fungieren Zeit und Raum meiner Ansicht nach als Grenzen. Das Internet hat seine Ordnung durch vereinbarte Protokolle, die den Cyber*space*, den virtuellen *Raum*, begrenzen. Mit anderen Worten: Eine Hand voll Prinzipien machen es möglich, dass die erstaunliche, elastische Verbindung von Millionen von Menschen und Computern funktioniert. Und die Menschen entwickeln ein neues Zeitgefühl, wenn sie im virtuellen Raum arbeiten. Die Korrespondenz per E-Mail ist dafür ein einfaches Beispiel: Der Gedankenaustausch findet über geographische Grenzen und Zeitzonen hinweg statt, ohne dass die Menschen zur selben Zeit am selben Ort zusammenkommen müssen. Wer sagt, dass die Zeit linear sei?

Partnerschaft und die Werkzeuge der Informationstechnologie

Ein persönliches Beispiel dafür, wie die Informationstechnologie Partnerschaft unterstützt, soll dies veranschaulichen:

> Dieses Buch hätte ohne unterstützende E-Mail-Technik nicht geschrieben werden können; oder zumindest hätte seine Fertigstellung wesentlich länger gedauert. Der offensichtliche Vorteil der E-Mail-Technik bestand darin, dass die Materialien zwischen Autoren und Herausgebern sehr schnell ausgetauscht werden konnten. Weniger offensichtlich war ihre Rolle, die sie in der Überwindung mehrere logistischer Herausforderungen spielte. Die meisten der mitwirkenden Autorinnen und Autoren sind oft auf Reisen. Per E-Mail konnten sie von jedem Punkt aus ihre Beiträge abrufen und bearbeiten. Und ihre Bearbeitungen konnten sie auf elektronischem Wege durchführen, was den Herausge-

bern stundenlanges Abschreiben ersparte. Die von Tom Devane und mir ge-schriebenen Kapitel verschmelzen Schreibstile und Ideen auf eine Art, die zu realisieren ich mir ohne diese elektronischen Werkzeuge nicht vorstellen kann. Die für das Buch nötigen Recherchen wurden per Internet durchgeführt. Außer der Tatsache, dass wir Zeit sparen konnten, hätte uns – verglichen mit der Bibliotheksrecherche – nie eine solche Mannigfaltigkeit an Quellen zur Verfü-gung gestanden. Arbeitspapiere der *Vereinten Nationen* und anderer Organi-sationen und Reden ihrer Repräsentanten wären zu teuer oder in der Beschaf-fung sehr zeitaufwendig oder in traditionelleren Publikationsformen über-haupt nicht erhältlich gewesen.

Die Informationstechnologie schuf zwar keine Partnerschaft, half uns aber, diese zu fördern. Der leichte Zugang zu Informationen und Menschen erlaubte Flexibi-lität und entschlossene Aktion. Die Technologie erweist sich als wertvoller Verbün-deter im Aufbau einer neuen Gesellschaft.

Zusammenfassung

Wie *GTE*, die von Birgitt Bolton geleitete Sozialbehörde und das Internet zeigen, wird die Partnerschaftsgesellschaft, die durch Selbstorganisation verwirklicht und von der Informationstechnologie gestützt wird, bereits von realen Menschen in realen Organisationen und Gemeinden gelebt. Doch ihr Erfolg erscheint den meisten von uns kontraintuitiv: Kann es denn funktionieren, wenn Kontrolle auf-gegeben, Chaos angenommen und die Macht der Liebe genutzt wird? Keine andere Organisationsform hat meines Erachtens eine größere Chance, ein friedliches, nachhaltiges, persönlich zufrieden stellendes Leben auf diesem Planeten zu schaf-fen.

Sie kennen nun ein Buch, das praktische Informationen darüber enthält, wie man durch Zusammenarbeit Veränderung hervorbringt, und das zwei manchmal komplementäre, manchmal entgegengesetzte Vorstellungen davon beschreibt, wo-hin die Reise uns führen könnte. Wir danken Ihnen dafür, dass Sie uns begleitet haben, und wünschen Ihnen viel Erfolg auf Ihren Reisen in und durch die Verän-derung.

Nachwort

Menschen sind praktisch veranlagt. Sie wollen Veränderung, fühlen sich aber machtlos, allein, wollen nicht der Grashalm sein, der über die anderen heraussteht und abgemäht wird. Sie warten auf ein Signal von einem anderen Menschen, der den ersten Schritt macht oder den zweiten. Und an bestimmten Punkten in der Geschichte gibt es unerschrockene Menschen, die die Hoffnung wagen, dass ihnen, wenn sie diesen ersten Schritt machen, andere schnell genug folgen, damit sie nicht abgemäht werden. Und wenn wir das verstanden haben, können wir diesen ersten Schritt machen. Das ist keine Fantasie. Das ist die Art, wie Veränderung in der Vergangenheit und sogar in jüngster Vergangenheit immer und immer wieder stattgefunden hat.[3]

Howard Zinn, bekannter Historiker des 20. Jahrhunderts

---

3 Howard Zinn (1994): You Can't Stay Neutral on a Moving Train. Boston (Beacon Press).

Literatur

Auden, W. H. a. L. Kronenberg (1962): The Viking Book of Aphorisms. New York (Viking).

Beckhard, R. a. R. T. Harris (1977): Organizational Transitions: Managing Complex Change. Reading, MA (Addison-Wesley).

Block, P. (1987): The Empowered Manager: Positive Political Skills at Work. San Francisco (Jossey-Bass).

Bolton, B. (1997): From One Leader to Many Leaders. *At Work* 6 (2): 26–27.

Bronowski, J. (1956): Science and Human Values. New York (Harper & Row).

Burbidge, J. (1993): The Technology of Participation: The Group Facilitation Methods of the Institute of Cultural Affairs. *New Designs for Youth Development* 10 (4).

Bushe, G. R. a. T. Pitman (1991): Appreciative Process: A Method for Transformational Change. *OD Practitioner* 23 (3).

Cayer, Mario, Université Laval, Faculté des Sciences d'Administration, Pavillon Palasis-Prince, Université Laval, Quebec, Canada G1K7P4, E-Mail: Mario.Cayer@mng.vlaval.ca.

Cohen, T. (1988): Nonprofits Must Learn how to Ask. *Philanthropy Journal* 8.

Cooperrider, D. (2000): Appreciative Inquiry. Rethinking Human Organization toward a Positive Theory of Change. Champaign, IL (Stipes).

Cooperrider, D. L. (1996a): Resources for Getting Appreciative Inquiry Started: An Example OD Proposal. *OD Practitioner* 28 (1/2).

Cooperrider, D. L. (1996b): The „Child" as Agent of Inquiry. *OD Practitioner* 28 (1/2).

Cooperrider, D. L. (1999): Positive Image Positive Action: The Affirmative Basis of Organizing. In: S. Srivastva a. D. L. Cooperrider (eds.): Appreciative Management and Leadership. Cleveland, OH (Williams), pp. 91–125.

Cooperrider, D. L. a. S. Srivastva (1987): Appreciative Inquiry in Organizational Life. In: W. Pasmore a. R. Woodman (eds.): Research in Organization Change and Development. Vol. 1. Greenwich, CT (JAI).

Covey, S. R. (1989): The 7 Habits of Highly Effective People: Restoring the Character Ethic. New York (Simon and Schuster). [Dt. (2000): Die sieben Wege zur Effektivität: ein Konzept zur Meisterung Ihres beruflichen und privaten Lebens. München (Heyne).]

Dunn, D. (1998): A Battle for Hearts and Minds: Facilitation in Sarajevo. *Initiatives* 14 (1).

Eisler, R. (1988): The Chalice and the Blade. New York (HarperCollins). [Dt. (1993): Kelch und Schwert: von der Herrschaft zur Partnerschaft; weibliches und männliches Prinzip in der Geschichte. München (Goldmann).]

Ellinor, L. a. G. Gerard (1998): Dialogue: Rediscover the Transforming Power of Conversation. New York (John Wiley & Sons). [Dt. (2000): Der Dialog im Unternehmen: Inspiration, Kreativität, Verantwortung. Stuttgart (Klett-Cotta).]

Federal Deposit Insurance Corporation (FDIC) (1997): Retail Shakeout: Causes and Implications for Lenders. New York Regional Outlook. [www.fdic.gov.]

French, W. L. a. C. H. Bell, Jr. (1994): Organization Development: Behavioral Science Interventions for Organization Improvement. Englewood Cliffs, NJ (Prentice-Hall). [Dt. (1994): Organisationsentwicklung. Sozialwissenschaftliche Strategien zur Organisationsveränderung. Bern/Stuttgart/Wien (Haupt).]

Gergen, K. (1992): Saturated Self: Dilemmas of Identity in Contemporary Life. New York (Basic Books). [Dt. (1996): Das übersättigte Selbst: Identitätsprobleme im heutigen Leben. Heidelberg (Carl-Auer-Systeme).]

Geus, A. de (1994): Vorwort zu: J. D. W. Morecroft a. J. D. Sterman (eds.): Modeling for Learning Organizations. Portland, OR (Productivity).

Geus, A. de (1997): The Living Company. Boston (Harvard Business School Press). [Dt. (1998): Jenseits der Ökonomie. Die Verantwortung der Unternehmen. Stuttgart (Klett-Cotta).]

Greef, D., C. Mannix, A. Leon-Prado a. E. Ruh, Jr. (1999): Raising Equity on the Internet. [www.mba1999.hbs.edu].

Hall, N. a. J. Winans (1997): The Way We Do Things Here. *Initiatives* 13 (2).

Hanson, M. (1997): Facilitating Civil Society. In: J. Burbidge (ed.): Beyond Prince and Merchant: Citizen Participation and the Rise of Civil Society. New York (Pact).

Hewlett-Packard (1998): Hewlett-Packard Industrial Communications. Palo Alto, CA.

International Association of Facilitators (IAF): Eine Beschreibung der IAF findet sich im Internet unter: www.iaf-world.org.

Leon, J. (1996): Human Solutions to Technology's Problems. *Initiatives* 12 (1).

Leonard Safir, L. a. W. Safire (1982): Good Advice. New York (Times Book).

Lippitt, R., J. Watson a. B. Westley (1958): The Dynamics of Planned Change. New York (Harcourt, Brace & World).

Ludovic, M. (1995): Internet History. [www.chpc.utah.edu].

Martens, J. a. J. Paul (1998): The Coffers are not Empty: Financing for Sustainable Development and the Role of the United Nations. [www.igc.apc.org/globalpolicy/socecon/global/paul.htm].

Moreels, R. (1997): Conflict in a Globalising World. (Belgian Secretary of State for Development Co-operation. Fourth United Nations Volunteers Intergovernmental Meeting, Bonn, Germany, February 12).

Naisbitt, J. (1980): Megatrends: Ten New Directions Transforming our Lives. New York (Warner Books). [Dt. (1984): Megatrends: 10 Perspektiven, die unser Leben verändern werden. Bayreuth (Hestia).]

Naisbitt, J. a. P. Aburdene (1990): Megatrends 2000: Ten New Directions for the 1990's. New York (William Morrow). [Dt. (1992): Megatrends 2000: Zehn Perspektiven für den Weg ins nächste Jahrtausend. Düsseldorf (Econ).]

Rost, J. C. (1993): Leadership for the Twenty-First Century. Westport, CT (Praeger).

Roy, L. F. (1995): Influencing Minds. Portland, OR (Feral House).

Schiller, M. a. M. Worthing (1998): Appreciative Leadership. [pers. Mitteilung an die Herausgeber.]

Sorenson, P. F., Jr. (1996): About this Issue. *OD Practitioner* 28 (1/2).

Spencer, L. (1989): Winning Through Participation: Meeting the Challenge of Corporate Change with the Technology of Participation. Dubuque, IA (Kendall/Hunt).

Stanfield, B. (1995): Transparent Strategy. *Edges* 7 (2).

Technical Symposium (1998): Technical Symposium to Examine International Migration and Development, New Release, June. [www.unfpa.org/icpd/round&meetings/hague_migra/migration.htm]

Weisbord, M. R. (1987): Productive Workplaces: Organizing and Managing for Dignity, Meaning, and Community. San Francisco (Jossey-Bass), p. 237–252.

Weisbord, M. R. a. S. Janoff (1995): Future Search: An Action Guide to Finding Common Ground in Organizations and Communities. San Francisco (Berrett-Koehler). [Dt. (2001): Future search – die Zukunftskonferenz. Wie Organisationen zu Zielsetzungen und gemeinsamem Handeln finden. Stuttgart (Klett-Cotta).]

Wheatley, M. (1992): Leadership and the New Science. San Francisco (Berrett-Koehler). [Dt. (1997): Quantensprung der Führungskunst: Leadership and the New Science; die neuen Denkmodelle der Naturwissenschaften revolutionieren die Management-Praxis. Reinbek bei Hamburg (Rowohlt).]

White, T. W. (1996): Working in Interesting Times. *Vital Speeches of the Day* LXII (15).

Whitney, D. a. D. L. Cooperrider (1998): The Appreciative Inquiry Summit: Overview and Application. *Employment Relations Today* (Summer).

Wieland, A. (1998): Strategic Planning: A Transformative Process. *The ToP Methods Exchange* 3 (4).

Über die Autoren

Cindy Adams leitet Maxcomm, Inc., ein international operierendes Unternehmen für organisationale Transformation. Sie ist spezialisiert auf die Gebiete organisationale Transformation, Veränderung der Unternehmenskultur, Arbeitsumstrukturierung, Conferencing mit Großgruppen, Coaching von Führungskräften, Teamentwicklung und Verbesserung der Kundenbetreuung. Sie hat den Grad des Magisters in Organisationsmanagement.

W. A. (Bill) Adams ist Mitbegründer von Maxcomm, Inc., und spezialisiert auf die Gebiete Whole-Systems Approach, organisationale Transformation und Veränderung der Unternehmenskultur. Er hat den Grad des Magisters in Organisationsmanagement und ist Mitautor des Buches *The Quest for Quality: Prescriptions for Achieving Service Excellence*.

Zu den Klienten von *Bill* und *Cindy Adams* gehören u. a. Ameritech IS, Oakwood Healthcare, Kemper Insurance, Intermedia Communications und American Express.

Emily M. und *Richard H. Axelrod* erkannten, dass es in der heutigen Welt nicht mehr akzeptabel ist, dass ein paar wenige Menschen sich hinter verschlossenen Türen treffen und für viele Menschen planen; so wurden sie zu Pionieren der Arbeit mit Großgruppen, mit deren Hilfe sie Veränderung in Organisationen bewirken. Sie haben zusammen 45 Jahre Erfahrung mit Beratung und Lehre in Ausbildungseinrichtungen, Firmen und Organisationen. Emily M. Axelrod hat an der University of North Carolina den Grad des Magisters in Erziehungswissenschaften und an der Loyola University den Grad des Magisters in Sozialarbeit erworben. Dick H. Axelrod hat an der University of Chicago den Grad des MBA (Master of Business Administration) erworben.

John Burbidge ist Leiter des Bereichs Kommunikation des ICA (Institute of Cultural Affairs) in den USA. Er ist Herausgeber von *Approaches That Work in Rural Development* und *Beyond Prince and Merchant: Citizen Participation and the Rise of Civil Society* wie auch von *Initiatives*, dem ICA-Newsletter in USA. Er hat ToP-Methoden der strategischen Planung bei den unterschiedlichsten Klienten angewendet.

David L. Cooperrider, Ph. D., ist u. a. Vorstandsvorsitzender des SIGMA Program for Global Change und außerordentlicher Professor für Organisationsverhalten an der Case Western Reserve University's Weatherhead School of Management. Er hat u. a. an der Stanford University, Katholieke University (Belgien), Benedictine University, Pepperdine University gelehrt und in den unterschiedlichsten Organisationen als Wissenschaftler und Berater gewirkt. Er ist Forschungsleiter eines mehrere Millionen Dollar teuren Programms und arbeitet mit 57 Organisationen in über 100 Ländern.

Kathleen D. Dannemiller hat die Methode Strategische Veränderung in Echtzeit mitentwickelt und ist eine leidenschaftliche Verfechterin der ganzheitlichen Systemveränderung. Sie ist Mitautorin des Buches *Real Time Strategic Change: A Consultant Guide to Large-Scale Meetings* und hat vielen anderen beigebracht, wie man die Methode anwendet.

Kathleen D. Dannemiller, Paul Tolchinsky und *Sylvia James* und haben das 12. Kapitel zwar verfasst, betrachten sich aber als „Sprachrohr" der gesamten Partnerschaftsgruppe Dannemiller Tyson Associates: Jeff Belanger, Al Blixt, Kathryn Church, Mary Eggers, Allen Gates, Henry Johnson, Lorri Johnson, Stas Kazmierski, Ron Koller, Roland Loup und Jim McNeil.

Linda Ellinor gehört zum Lehrkörper des Center for Creative Leadership in San Diego (Kalifornien) und hat mehr als 20 Jahre Erfahrung in Beratung, Unternehmensplanung und Organisationsarbeit. Bei Mnemos, Exxon Office Systems, AT&T und International Paper Corporation hat sie Positionen im Management und im Lehrkörper innegehabt. Sie hat an der Columbia University (New York) den Grad des MBA erworben.
   Linda Ellinor und *Glenna Gerard* sind Mitbegründerinnen der Beratungsfirma Dialogue Group.

Merrelyn Emery, Ph. D., wandte sich zunächst der Bildungsforschung zu. Eine Begegnung mit Fred Emery brachte sie 1969 zu ihrem eigentlichen Thema, nämlich der Theorie der offenen Systeme. Fred und Merrelyn Emery verbreiterten die Basis der Theorie und entwickelten ihre großen Methoden, um sowohl die Theorie zu testen als auch zuverlässige Ergebnisse zu gewährleisten.

Alan Scott Fitz, Ph. D., unterstützt seit den frühen 60er-Jahren des 20. Jahrhunderts Organisationen darin, Veränderung zu planen und zu bewältigen. Neben seiner Lebensaufgabe als Berater war Alan Scott Fitz Mitglied der medizinischen Fakultät der Yale University und Manager der Organisationsentwicklung bei Digital Equipment Company.

Gary R. Frank, Ph. D., ist freier Berater mit mehr als 18 Jahren Erfahrung. Seine Arbeit fokussiert primär darauf, Klienten durch große Systemveränderungen zu begleiten, um äußerst leistungsfähige Arbeitssysteme zu generieren. Zu seinen Kunden gehören Johnson & Johnson, Nabisco, Weyerhaeuser Company.

Glenna Gerard hat über 25 Jahre Arbeitserfahrung in öffentlichen und privaten Bereichen auf vielen Gebieten. Sie hat an der Columbia University den akademischen Grad des Bachelor in Industriechemie erworben. Ihre Philosophie lautet: Wenn wir dafür geschätzt werden, das ganze Potenzial unseres Denkens und Fühlens über wichtige Themen und Fragen einzubringen, wenn das Wort *undiskutabel* der Vergangenheit angehört, dann ist es möglich, für uns selbst, unsere Organisationen, Gemeinden und Familien lebensbejahendere Entscheidungen zu treffen.
   Glenna Gerard und *Linda Ellinor* sind Mitbegründerinnen der Beratungsfirma Dialogue Group.

Bryan Heymans ist Vice President des Kaizen Institute of America. Er ist in den Bereichen Finanzierung, Fertigung, Personalentwicklung und Organisationsentwicklung tätig. In seiner Funktion als Berater hat er World-Class Manufacturing und Kaizenpraktiken in vielen Organisationen eingeführt. Er hat eine reiche Erfahrung, wie man in Firmen Prozesse der organisationalen Veränderung initiiert.

Masaaki Imai ist der Autor zukunftsweisender Arbeiten über Kaizen (vgl. etwa *Kaizen: Der Schlüssel zum Erfolg im Wettbewerb* und *Gemba Kaizen: Permanente Qualitätsverbesserung, Zeitersparnis und Kostensenkung am Arbeitsplatz*). Er ist der Gründer des Kaizen Intitute und gilt als derjenige, dem es im Wesentlichen zu verdanken ist, dass die Aufmerksamkeit der westlichen Welt auf die Kaizen-philosphie gelenkt worden ist.

Robert W. Jacobs (Jake) und *Frank McKeown* haben Strategische Veränderung in Echtzeit mitentwickelt. Sie haben über 20 Jahre Beratungserfahrung. *Robert W. Jacobs* ist der Autor des Buches *Real Time Strategic Change: How to Involve an Entire Organization in Fast and Far-Reaching Change*.

Sylivia L. James arbeitet seit 20 Jahren als interne und externe Beraterin für groß angelegte Veränderungen. Sie hat sich darauf spezialisiert, mit der WSC-Methode das Arbeitsdesign in den unterschiedlichsten Systemen zu verändern.

Sandra Janoff, Ph. D., plant, entwirft und leitet große Vorhaben der Systemveränderung und Zukunftsveränderung in Schulsystemen, Unternehmen und Gemeinden.

Marvin Weisbord und *Sandra Janoff* leiten gemeinsam das Future Search Network. Sie sind Mitbegründer von Future Search Alliance und Mitautoren von *Future Search – die Zukunftskonferenz. Wie Organisationen zu Zielsetzungen und gemeinsamem Handeln finden*.

Alan Klein, Mitglied von OD (Organization Development) Network und des NTL (National Training Laboratories) Institute for Applied Behavioral Science, ist Lehrer, Trainer und Berater. Er führt SimuReal-Prozesse durch und unterstützt interne und externe Berater, die Methode in ihren Organisationen und Gemeinden anzuwenden.

Donald C. Klein, Ph. D., Mitglied von OD Network und des NTL Institute for Applied Behavioral Science, arbeitet als Trainer und Berater von Gemeinden, Regierungsbehörden und Wirtschaftsorganisationen. Er hat über Dynamik, Differenzen und Vielfalt bei der Veränderung von Gemeinden sowie über Macht und Veränderungsmethoden mit Großgruppen in Organisationen und Gemeinden geforscht und darüber geschrieben.

Lawrence L. Lippitt, Ph. D., wirkte bei der Entstehung und Entwicklung der Organisationsentwicklung mit. In den 70er-Jahren des 20. Jahrhunderts lehrte Lawrence L. Lippitt als Direktor des Small Group and Organization Studies Program an der Kent State University die Prinzipien von Preferred Futuring und wendete die Methode bei seinen Klienten an. Er ist zertifizierter Lehrer der Grundlagen und Methoden des Vajrayana-Buddhismus und entwickelt Preferred Futuring für das 21. Jahrhundert, indem er östliche Psychologie und westliche Verhaltenswissenschaft miteinander verbindet.

Frank McKeown und *Robert W. Jacobs* (Jake) haben Strategische Veränderung in Echtzeit mitentwickelt. Sie haben über 20 Jahre Beratungserfahrung. *Frank McKeown* hat vor seiner Beratungstätigkeit im privaten und im öffentlichen Sektor gearbeitet. Durch seine Arbeit zieht sich sein dauerhaftes Interesse an nachhaltiger Landnutzung, Strategie und Werteentwicklung.

Barry Oshry, Ph. D., wendete Erfahrungslernen an, um Organisationen zu untersuchen. Während seiner Zeit als Dozent an der Boston University's School of Management setzte er seine Experimente fort, die in sein Buch *Power and Position* eingeflossen sind. Zu seinen neuesten Büchern gehören *The Possibilities of Orga-nization*, *Space Work*, *In the Middle*, *Seeing Systems* und *Leading Systems: Lessons from the Power Lab.*

Harrison Owen ist Präsident der H. H. Owen and Company. Er arbeitete mit den unterschiedlichsten Organisationen, u. a. mit westafrikanischen Dörfern, städti-schen Gemeindeorganisationen in Amerika und Afrika, mit Peace Corps. 1977 gründete er H. H. Owen and Company. Veröffentlichungen u. a.: *The Spirit of Lea-dership. Führen heißt Freiräume schaffen* (Carl-Auer-Systeme Verlag), *Open Space Technology: Ein Leitfaden für die Praxis, Erweiterung des Möglichen. Die Entde-ckung von Open Space, Spirit: Transformation and Development in Organizations* und *Riding the Tiger.*

Marilyn Oyler, Direktorin des ICA's ToP Institute, koordiniert die nationale ToP-Fakultät mit mehr als 150 Trainern. Sie ist u. a. Dekanin des ToP Fast Track Trai-ning Program und hat darüber hinaus verschiedene Positionen inne, so etwa Schlüsselpositionen in Leitung und Management des ICA.

Todd Siler, Ph. D., ist Gründer und Direktor von Psi-Phi Communications, einer Firma, die darauf spezialisiert ist, innovative multimediale Lernmaterialien für die Förderung des schöpferischen Denkens (Think Like a Genius) zu entwickeln. Sein Buch *Breaking the Mind Barrier* wurde 1994 für den University of Louisville Grawemeyer Award in Education nominiert. Er erhielt zahlreiche Auszeichnun-gen. Seine Kunstwerke wurden und werden in großen Museen und Galerien aus-gestellt, bei Ronald Feldman Fine Arts in New York ebenso wie im Salomon R. Gug-genheim Museum in New York und im Puschkin-Museum in Moskau.

Chris Soderquist ist der Gründer von Pontifex Consulting. Er hat praktische Er-fahrung in der Arbeit mit verschiedenen Organisationen, z. B. mit großen Firmen, Kleinunternehmen, Regierungseinrichtungen und gemeinnützigen Organisatio-nen. Er kreierte zusammen mit Barry Richmond *Systems Thinking: Taking the Next Step*, eine interaktive Computer-Lernwelt, mit der die praktische Anwen-dung systemischen Denkens einem breiten Publikum zugänglich gemacht werden soll.

Anne Stadler war Fernsehproduzentin und Community Organizer und arbeitet in Organisationen nach der Open Space Technology, um selbst organisierte Lernge-meinschaften zu entwickeln. Zu ihrer praktischen Erfahrung gehört die Arbeit in Indien und USA mit den unterschiedlichsten Organisationen. Sie produzierte den Videofilm *Learning in Open Space*, in dem Harrison Owen die Philosophie und An-wendung der Open Space Technology erklärt.

Paul L. Tolchinsky, Ph. D., berät große Unternehmen in Nordamerika. Er besitzt umfangreiche Erfahrung im Management und Moderieren von Veränderungsvor-haben in großen Systemen, in der Gründung neuer Betriebe sowie in der Umstruk-turierung bereits existierender – vor allem gewerkschaftspflichtiger – Produk-tionsbetriebe, und er hat in den letzten zehn Jahren Forschungsprojekte in Japan geleitet. Seine Arbeit ist in *Large Group Interventions* festgehalten.

Marvin Weisbord arbeitet als Berater für Wirtschaftsorganisationen, Bildungsein-richtungen, Regierungsorganisationen und im Gesundheitswesen in Nordamerika und Skandinavien. Er ist Gründungspartner der Beratungsfirma Block Petrella Weisbord und Autor von *Organisationsdiagnose. Ein Handbuch mit Theorie und Praxis* und *Productive Workplaces* sowie Mitautor und Herausgeber von *Disco-vering Common Ground.*

Marvin Weisbord und *Sandra Janoff* leiten gemeinsam das Future Search Network. Sie sind Mitbegründer von Future Search Alliance und Mitautoren von *Future Search – die Zukunftskonferenz. Wie Organisationen zu Zielsetzungen und gemeinsamem Handeln finden.*

Diana Whitney, Ph. D., ist international arbeitende Beraterin, Autorin und Vortragende, deren Arbeit auf partizipative, kooperative Prozesse für den sozialen und organisationalen Wandel fokussiert. Sie ist Präsidentin der Corporation for Positive Change, einer Beratungsfirma, die die Anwendung von Appreciative Inquiry auf die Agenda von Unternehmen weltweit verbreitet. Zu ihren Klienten gehören GTE, Hunter Douglas, New York Power Authority und viele andere.